Theodore Petrou

Pandas Cookbook

Recipes for Scientific Computing,
Time Series Analysis and
Data Visualization using Python

pandas
クックブック

Pythonによるデータ処理のレシピ

黒川利明 [訳]

朝倉書店

Pandas Cookbook
by Theodore Petrou

Copyright © Packt Publishing 2017. First published in the English language under the title
'Pandas Cookbook' - (9781784393878)

Japanese translation rights arranged with MEDIA SOLUTIONS through Japan UNI agency, Inc., Tokyo

まえがき

　データサイエンスは，ハーバードビジネスレビュー誌 (https://hbr.org/2012/10/data-scientist-the-sexiest-job-of-the-21st-century) で，「21 世紀で最も魅力的な仕事」として取り上げられて以来，人気はうなぎ上りだ．2016 年と 2017 年には，Glassdoor [訳注] で 1 位となっている．データサイエンスのこの人気は，産業界での需要による．Netflix が映画のレコメンデーションを改善し，IBM Watson が米国で放送されているクイズ番組 Jeopardy で人間に勝ち，Tesla が自動運転車を開発し，メジャーリーグが正当に評価されていない選手の卵を発掘し，Google がインターネットで猫を見分けるといったアプリケーションがニュースで話題となっている．

[訳注] 2007 年創業の米国の企業評価ウェブサイト．2018 年にリクルートホールディングスの子会社になった．

　ほとんどすべての業界で，データサイエンスを使った新たなテクノロジーの構築やより深い洞察を得る方法が発見されている．このような成功の結果，データサイエンスにはオーラが漂っているようだ．この躍進の背後には，AI の範疇に属すアルゴリズムを生成する機械学習がある．

　どのような機械学習アルゴリズムでも，基本構築要素はデータだ．企業がこれを実感しても，データが不足することはない．IBM の 2017 年レポート (https://www-01.ibm.com/common/ssi/cgi-bin/ssialias?htmlfid=WRL12345USEN) によると，世界のデータの 90% が直近の 2 年間で作られた．機械学習に注目が集まっているが，学習するデータの品質に依存していることはまだよく理解されていない．データが機械学習の入力層に到達する前に，データを正しく準備するために，不正確なところはどこか，どうなっているかを徹底的に究明しておく必要がある．データを調査するためには，データを取得する必要がある．

　まとめると，データサイエンスのパイプラインは，データ取得，データ探索，機械学習の 3 段階となる．パイプラインのこの各段階で，多数のツールが競い合っている．データ探索とデータ分析という Python エコシステムで，指導的なツールが pandas だ．pandas はあらゆる種類のデータの検査，クリーニング，整然化，フィルタリング，変換，集約，(他のツールの助けで) 可視化を驚異的にこなす．しかし，データ取得や機械学習モデル構築のツールではない．

まえがき　i

Pythonを使っているデータアナリストやデータサイエンティストの多くは，業務のほとんどをpandasで行っている．データ探索と整備がほとんどの時間を占めるためだ．プロジェクトによっては，データ探索だけで機械学習がないこともある．データサイエンティストは，この段階であまりにも多くの時間を費やしているので，「データサイエンティストは，80%の時間をデータクリーニングに費やし，20%をデータクリーニングについて不満を述べることに費やす」というような伝説まで生じている．

　データ探索のためには多数のオープンソースで無料で使えるプログラミング言語があるが，現状は，PythonとRで独占されている．この2つの言語は，構文は非常に異なるもののともにデータ分析と機械学習に向いている．人気の尺度の1つに，Q&AサイトのStack Overflowにおける質問数がある (https://insights.stackoverflow.com/trends)．

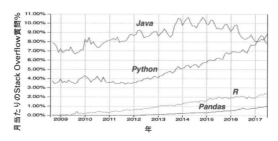

　これは真の利用率ではないが，明らかにPythonとRの人気が高まっている．Pythonの質問数が，データサイエンスが人気になった2012年までは一定していたのは興味深い．このグラフで驚異的なのは，pandasの質問がStack Overflowの最新質問数では1%に達していることだ．

　Pythonがデータサイエンス用の言語になった理由の1つは，学習と開発が容易で参入障壁が低いことだ．おまけに無料のオープンソースで，様々なハードウェアとソフトウェアで稼働し，起動や実行がスムーズだ．大規模で活発なコミュニティがあり，大量のオンラインリソースが無料で入手できる．私の意見では，Pythonはプログラム開発が楽しい言語だ．構文は明瞭簡潔で直感的だが，あらゆる言語と同様に，マスターするには長い時間がかかる．

　Pythonは，Rのようにはデータ分析専用に作られていないので，他のPythonライブラリよりもpandasの構文が不自然に思われるかもしれない．それが，Stack Overflowで質問が多い原因の1つかもしれない．強力な機能を備えているにもかかわらず，pandasのプログラムはきちんと書かれていないことが多い．本書の狙いの1つは，性能に優れてイディオムに沿ったpandasのコードを広めることだ．

　Stack Overflowは偉大だが，残念ながら，間違った情報も多くて，pandasのひどいコー

ドの原因にもなっている．これは Stack Overflow やそのコミュニティの責任ではない．pandas はオープンソースプロジェクトで，2018 年で 10 年目になるにもかかわらずメジャーな変更が最近を含めてたびたびあったためでもある．しかし，オープンソースのよいところは，新たな機能が常に追加されていくことだ．

本書のレシピは，データサイエンティストとしてデータ探索の 1 週間のブートキャンプを企画して実行したり，Stack Overflow で何百もの質問に答えたり，ローカルなミートアップでチュートリアルをしたりという私自身の経験に基づいている．レシピでは，一般的なデータ問題に対してイディオムに沿った解だけではなく，現場で目にするデータセットを通して驚異的な洞察を体験できる．pandas のライブラリも学べるので，生産性が上がるはずだ．pandas について通り一遍の知識しかない人と，マスターした人との間にはとてつもない違いがある．ライブラリの内から外まで知っていれば，データ問題の解決に役立つ興味深いノウハウが多数得られる．データ分析において pandas は楽しいツールだと私は感じているが，読者にとっても本書が楽しく有益なものとなることを祈る．質問があれば，遠慮なく Twitter: @TedPetrou まで知らせてほしい．

本書の内容

1 章 pandas 基礎では，Series と DataFrame という pandas の 2 つのデータ構造を構成要素に解剖し，その用語を学ぶ．カラムにはデータ型が 1 つ定まっているが，そのデータ型について述べる．メソッド呼び出しとチェイニングで，Series と DataFrame の能力をどう引き出すか学ぶ．

2 章 DataFrame の必須演算では，データ分析において行う基本的で一般的な演算に焦点を当てる．

3 章 データ分析開始では，データを読み込んだ後，開始するルーチンについて述べる．他にも興味深い発見があるはずだ．

4 章 データから部分抽出では，データから一部を抽出する様々な方法について，混乱のもとも含めて説明する．

5 章 Boolean インデックス法では，Boolean (論理) 条件を使ってデータの一部を抽出するクエリ処理を扱う．

6 章 インデックスアラインメントでは，非常に重要なのによく誤解されている Index オブジェクトを扱う．Index の誤用は，誤った結果を生み出す．レシピでは正しい使い方を学ぶので，強力な結果をもたらせるようになる．

7 章 集約，フィルタ，変換のためのグループ分けでは，データ分析において，ほぼあらゆる局面で必要となるグループ分け機能を学ぶ．各グループには，自分で定義した関数を適用する．

8 章 整然形式にデータを再構成では，整然データとはどんなものか，なぜ重要か

を説明し，整然としていないデータセットの様々な形式をどのようにすれば整然とできるかを説明する．

9章 pandas オブジェクトの結合では，DataFrame や Series を鉛直または水平に結合する多数の手法を学ぶ．Web スクレイピングを行って，トランプとオバマ両大統領の信認レベルを比較したり，関係データベースに接続する作業も行う．

10章 時系列分析では，高度で強力な時系列分析機能を学び，どのような次元でも時間的な解剖ができることを示す．

11章 matplotlib, pandas, seaborn による可視化では，pandas でのプロットを処理する matplotlib ライブラリを説明する．そして，pandas の plot メソッドに焦点を当て，最後に，pandas だけでは得られない，美しい可視化を行える seaborn ライブラリについて学ぶ．

本書を読むための準備

Python プログラミング言語にとって pandas はサードパーティパッケージであり，2018 年 10 月の最新版は 0.23.4 だ．現状，Python には 2.7 と 3.7 という 2 つの版がある．これから主となるのは Python 3 で，ユーザ，特に科学計算ユーザは，2020 年で Python 2 のサポートがなくなるために Python 3 を使用するようにと勧告されている．本書の例題はすべて，Python 3.6 の pandas 0.20 で実行してテストした．

pandas の他に，matplotlib 2.0 と seaborn 0.8 をインストールする必要がある．pandas で欠かせないのが Python 科学計算ライブラリの基盤となる NumPy ライブラリだ．

コンピュータに pandas と残りのライブラリをインストールするには様々な方法があるが，Anaconda をインストールするのが一番簡単だ．Anaconda は，Anaconda 社が作成配布しており，Windows, macOS, Linux で，科学計算に使う一般的なライブラリを一度にダウンロードできる．https://www.anaconda.com/download 参照．

Anaconda には，科学計算ライブラリの他に，Jupyter Notebook があり，Python も含めたプログラミング言語のプログラムをブラウザベースで開発できる．本書のレシピは Jupyter Notebook で開発され，各章ごとの Notebook がダウンロードできる．

本書で必要なライブラリは Anaconda を使わなくてもインストール可能だ．興味のある読者は，pandas のインストールページ (http://pandas.pydata.org/pandas-docs/stable/install.html) 参照．

Jupyter Notebook の実行

本書を活用するには，Jupyter Notebook を立ち上げて，レシピを読みながら，コードを実行するのが望ましい．そうすれば，ただ本を読むだけと比べて，自分自身のコードを試して，より深く理解できる．

Anacondaをインストールしたら，Jupyter Notebookを始めるのに2つのオプションがある[訳注]．
- Anaconda Navigatorを使う
- コマンドプロンプトで jupyter notebook コマンドを実行する

[訳注] Jupyter Notebook のアイコンをクリックしてもよい．

Anaconda Navigatorは，Anacondaで用意されているソフトウェアをGUI選択できるツール．実行すると次のような画面が出る．

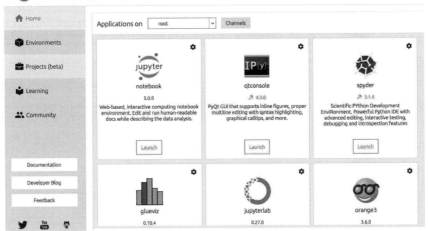

画面上には多くのプログラムがある．*Launch*をクリックするとJupyter Notebookが開く．ブラウザに新たなタブができ，ホームディレクトリのフォルダとファイルが下図のように表示される．

Anaconda Navigatorを使わずに，端末画面のコマンドプロンプトで jupyter notebook コマンドを下図のように実行してもよい．

まえがき　v

コマンド実行はホームディレクトリからでなくてもよい．どのディレクトリからも実行可能で，ブラウザの内容がそれを反映する．

この時点でJupyter Notebookのプログラムは実行開始したが，Pythonプログラム開発用のノートブックはまだ開いていない．そのためにはページ右側の **New** ボタンを押し，使用可能なカーネルのリストをドロップダウン表示する．Anacondaをダウンロードしただけだと，カーネルは1つ(Python 3)だけだ．**Python 3** カーネルを選ぶと，新たなタブが開いて，Pythonのコードを入力できる．

もちろん，新たなノートブックを開かず，既存のノートブックを開くこともできる．そのためには，Jupyter Notebookホームページでファイルシステムをナビゲートして，開きたいノートブックを選ぶ．Jupyter Notebookファイルの拡張子は `.ipynb`．例えば，本書のノートブックファイルをナビゲートする画面は下図のようになる．

想定読者

本書には100近いレシピが，非常に簡単なものから高度なものまで揃っている．どのレシピのコードも明確かつ簡潔で，最新のpandasイディオムに沿っている．「解説」では，レシピの各手順が何をしているか詳細に説明する．「補足」では，別のレシピのような内容を示すこともある．本書は，質量ともに他ではみられないようなpandasのコードを掲載している．

前半6章のレシピは、どちらかというと簡単でpandasの基本的な必須演算に焦点を当て、後半5章では、プロジェクト例を中心により高度な演算に焦点を当てる。材料が広範囲にわたるので、本書は初心者にも日常業務で使いこなしている人にも役立つはずだ。私の経験では、いつもpandasを使っている人でも、pandasのイディオムを知らないとマスターには程遠い状態だ。pandasの適用範囲の広さがその一因となっている。同じ作業でも複数の方法で達成可能なのが普通だが、その効率には違いのあることが多い。2つの解で効率差が10倍あるいはそれ以上ということもある。

本書を読むために本当に必要なのはPythonの知識だ。読者は、リスト、集合、辞書、タプルといったPythonの一般的な組み込みデータコンテナをよく知っているものと想定している。

本書の活用法

本書活用のポイントは次の2つだ。第1に、重要なことだが、コードをダウンロードして、Jupyter Notebookに格納すること。レシピを読むときに、各手順のコードを実行する、自分なりのコードで探索を進めること。第2に、pandasの公式文書(http://pandas.pydata.org/pandas-docs/stable/)を開いておく。文書には1000ページにわたって有用な情報がある。ほとんどの演算で例が載せられており、レシピの「参照」から該当項目にリンクが張られている。公式文書は、ほとんどの基本演算を扱っているが、例は自明で、データが、実際のデータセット分析ではありえないような、人工的なデータになっている。

本書の表記

本書では情報の種類ごとに表記を変える。レシピでは、コードを次のように表す。

```
>>> employee = pd.read_csv('data/employee')
>>> max_dept_salary = employee.groupby('DEPARTMENT')['BASE_SALARY'].max()
```

pandasのSeriesとDataFrameとは、ノートブックで表記が異なる。pandasのSeriesは、特にフォーマットされず、テキストがコードの後に出力される。

```
>>> max_dept_salary.head()
DEPARTMENT
Admn. & Regulatory Affairs      140416.0
City Controller's Office         64251.0
City Council                    100000.0
Convention and Entertainment     38397.0
Dept of Neighborhoods (DON)      89221.0
Name : BASE_SALARY, dtype: float64
```

DataFrame は，ノートブックで整形され，ボックス形式で表示される．

```
>>> employee.pivot_table(index='DEPARTMENT',
                         columns='GENDER',
                         values='BASE_SALARY').round(0).head()
```

GENDER DEPARTMENT	Female	Male
Admn. & Regulatory Affairs	48758.0	57592.0
City Controller's Office	58980.0	42640.0
City Council	59260.0	58492.0
Convention and Entertainment	38397.0	NaN
Dept of Neighborhoods (DON)	50578.0	43995.0

本文中のコード，テーブル名，フォルダ名，ファイル名，ファイル拡張子，パス名，ダミー URL，ユーザ入力，Twitter のハンドル名は，次のように等幅フォントで表される．
BASE_SALARY の平均を GENDER ごとに求めるには，`pivot_table` 法を用いる．

新出用語や**重要な用語**は太字で示す．

💡 ヒントはこのように示す．

⚠ 警告や重要な注意はこのように示す．

レシピでの想定事項

各レシピの冒頭で，pandas, NumPy, matplotlib が名前空間にインポート済みだと想定している．ノートブックにプロットを表示するためには，`%matplotlib inline` というおまじないのコマンドがいる．データはすべて data ディレクトリに格納されており，ほとんどは CSV ファイルなので，`read_csv` 関数で読み込める．

```
>>> import pandas as pd
>>> import numpy as np
>>> import matplotlib.pyplot as plt
>>> %matplotlib inline
>>> my_dataframe = pd.read_csv('data/dataset_name.csv')
```

データセットの説明

本書では，20 余りのデータセットを使う．レシピで使うときに，これらのデータの背景情報がとても役立つ．データセットの説明が https://github.com/PacktPublishing/Pandas-Cookbook の dataset_descriptions というノートブックにある．データセットの種類ごとに，カラム一覧，カラムの説明，データ取得について記述がある．

レシピの項目

レシピでは，次の項目を説明する．

内容≫
レシピで何をするか，どんなソフトウェアを準備するか，何が必要かを示す．

手順≫
レシピでの手順を示す．

解説≫
上の手順で何が起こるかを詳しく説明する．

補足≫
レシピへの補足．レシピについてもっと理解できるようにする．

参照≫
- レシピに関して役立つ情報へのリンク

読者のフィードバック

読者のフィードバックは大歓迎．本書を読んでどう思ったか，どこがよくてどこが悪かったか知らせてほしい．フィードバックによって今後出版する本が決まるので重要でもある．

メールでは feedback@packtpub.com に，本書の題名をメールの題名に書いてほしい．

もし，本にしたいテーマや経験があれば，www.packtpub.com/authors の著者への手引きを参照してほしい．

コードのダウンロード

レシピのコードは https://github.com/PacktPublishing/Pandas-Cookbook からダウンロードできる．

図のカラー画像のダウンロード

本書の画像は，スクリーンショットを含めて，すべて https://www.packtpub.com/sites/default/files/downloads/PandasCookbook_ColorImages.pdf からダウンロードできる．

謝　辞

まず妻の Eleni，子供たち Penelope と Niko に，執筆中迷惑をかけたことに感謝したい．Sonali Dayal は，本書の内容の構造化と効果向上のために役に立つフィードバックをずっと与えてくれた．Roy Keyes は，特別なデータサイエンティストで，彼なしにはヒューストンデータサイエンスは成り立たない．スキルの高い pandas ユーザ Scott Boston は，レシピのアイデアをくれた．Kim Williams，Randolph Adami，Kevin Higgins，Vishwanath Avasarala は，まだ経験の浅い私に多大なチャンスを与えてくれた．Schlumberger での同僚 Micah Miller は，何ごとにせよ，厳しく正直で有用なフィードバックをくれ，Python への移行の道筋を与えてくれた．

Phu Ngo は誰にもまして私の考えを批判して研ぎ澄ましてくれた．兄の Dean Petrou は，ポーカーでもビジネスでも私と一緒に分析スキルの開発を共にしてくれた．姉の Stephanie Burton は，私が何を考えているかを察知して，私にそれを気づかせてくれた．母の Sofia Petrou は，子供のときから，絶えず愛情，サポート，数学パズルを与えてくれた．父の Steve Petrou は，惜しくも亡くなったが今も私の心の中にいて，毎日私を励ましてくれている．

査読者紹介

Sonali Dayal はカリフォルニア大学バークレー校の生物統計学の修士学生．以前は，スタートアップ企業でフリーランスのソフトウェア/データサイエンスエンジニアとして，教師付き及び教師なし機械学習モデルやデータパイプラインとインタラクティブデータ分析ダッシュボードを作っていた．2011 年バージニア工科大学生化学科卒．

Kuntal Ganguly は，ビッグデータフレームワークと機械学習を使った大規模データ駆動システムの構築を専門とする大規模データ機械学習エンジニア．7 年間のビッグデータと機械学習アプリケーション開発経験がある．

彼は AWS の顧客が，Spark，Kafka，Storm，Solr といったマネッジドクラウドサービスとオープンソースの Hadoop エコシステム技術や scikit-learn，TensorFlow，Keras，BigDL のような機械学習と深層学習フレームワークを使って実時間アナリティクスシステムを構築するときのソリューションを提供している．ハンズオンのソフトウェア開発を楽しんでいて，いくつもの大規模分散アプリケーションを発想からアーキテクチャ，開発，運用まで行ってきた．機械学習と深層学習の実践者であり，AI アプリケーション構築の提唱者だ．

Packt の Learning Generative Adversarial Network and R Data Analysis Cookbook，第 2 版の著者．

Shilpi Saxena は，テクノロジーエバンジェリストを兼ねたベテランのマネジメントリード．エンジニアとして宇宙，保健，テレコム，雇用，工場生産など様々な分野を経験している．エンタプライズアプリケーションの企画から運用の全側面の経験があり，過去 3 年間は，地理的に分散した高度エンジニアチームによるビッグデータソリューションのアーキテクチャ，マネジメント，運用を行ってきた．彼女は，ソフトウェアインダストリにおいてプロダクトとサービスの両面でエンタプライズソリューションの様々な側面の開発実行を 12 年以上経験しており，そのうち 3 年はビッグデータを扱ってきた．様々な企業や団体で，開発者，技術リーダ，プロダクトオーナ，技術マネージャを経験してきたプロのエンジニア．AWS で自動スケーリングを備えた Storm と Impala によるビッグデータプロダクト実装のパイオニアの一人としてアーキテクチャと実作業に従事した．

LinkedIn は http://in.linkedin.com/pub/shilpi-saxena/4/552/a30

目次

1 pandas 基礎　　1
- レシピ 1　DataFrame の解剖学　　1
- レシピ 2　DataFrame 主要素へのアクセス　　3
- レシピ 3　データ型の理解　　5
- レシピ 4　データのカラムを Series として選択取得　　7
- レシピ 5　Series のメソッド呼び出し　　9
- レシピ 6　Series の演算子の働き　　14
- レシピ 7　Series のメソッドチェイニング　　18
- レシピ 8　分かりやすいインデックスに置き換え　　21
- レシピ 9　行とカラムの名前変更　　22
- レシピ 10　カラムの作成と削除　　23

2 DataFrame の必須演算　　27
- レシピ 11　DataFrame のカラムを複数選択　　27
- レシピ 12　カラムをメソッドで選択　　29
- レシピ 13　カラムを意味が分かるように順序付け　　32
- レシピ 14　DataFrame 全体の操作　　35
- レシピ 15　DataFrame のメソッドチェイニング　　38
- レシピ 16　DataFrame の演算子の働き　　40
- レシピ 17　欠損値の比較　　43
- レシピ 18　DataFrame 演算の方向を転置　　46
- レシピ 19　大学のキャンパスのダイバーシティ指標の計算　　48

3 データ分析開始　　54
- レシピ 20　データ分析ルーチンの開発　　54
- レシピ 21　データ型を変更してメモリ削減　　58
- レシピ 22　最大の中の最小を選択　　63
- レシピ 23　ソートして各グループでの最大を選択　　65

レシピ 24	sort_values で nlargest の代用	67
レシピ 25	トレール注文の価格計算	69

4 データから部分抽出 72

レシピ 26	Series データの選択	72
レシピ 27	DataFrame の行の選択	75
レシピ 28	DataFrame の行とカラムの同時選択	77
レシピ 29	整数とラベルの両方でデータ選択	80
レシピ 30	スカラー選択の高速化	81
レシピ 31	行の手軽なスライシング	83
レシピ 32	文字順にスライシング	85

5 Boolean インデックス法 88

レシピ 33	Boolean 統計量の計算	88
レシピ 34	複数の Boolean 条件の構築	91
レシピ 35	Boolean インデックス法によるフィルタリング	93
レシピ 36	インデックス選択による Boolean インデックス法の代用	95
レシピ 37	重複のないインデックスとソートしたインデックスによる選択	97
レシピ 38	株価見通しの計算	100
レシピ 39	SQL の WHERE 節の翻訳	102
レシピ 40	株式収益率の正規度判定	106
レシピ 41	query メソッドによる Boolean インデックス法の読みやすさ改善	109
レシピ 42	where メソッドによる Series の保持	110
レシピ 43	DataFrame の行のマスキング	113
レシピ 44	Boolean，整数位置，ラベルによる選択	116

6 インデックスアラインメント 120

レシピ 45	Index オブジェクトの検査	120
レシピ 46	デカルト積の作成	122
レシピ 47	インデックス爆発	125
レシピ 48	等しくないインデックスの値を埋める	127
レシピ 49	別の DataFrame からカラムを追加	132
レシピ 50	各カラムの最大値をハイライトする	134
レシピ 51	メソッドチェイニングで idxmax の代用	139
レシピ 52	最多の最大値を求める	144

7 集約，フィルタ，変換のためのグループ分け　　146

- レシピ 53　集約の定義　　147
- レシピ 54　複数のカラムと関数のグループ分けと集約　　149
- レシピ 55　グループ分けの後で MultiIndex 解消　　151
- レシピ 56　集約関数のカスタマイズ　　154
- レシピ 57　集約関数の *args と **kwargs をカスタマイズ　　157
- レシピ 58　groupby オブジェクトの検討　　160
- レシピ 59　マイノリティが多数派の（米国の）州をフィルタリング　　164
- レシピ 60　減量の勝負で transform　　167
- レシピ 61　SAT の加重平均点を州ごとに apply で計算　　171
- レシピ 62　連続変数でグループ分け　　176
- レシピ 63　都市間の航空便の総数　　179
- レシピ 64　定時運航便の最長ストリーク　　182

8 整然形式にデータを再構成　　189

- レシピ 65　変数値カラム名を stack で整然化　　190
- レシピ 66　変数値カラム名を melt で整然化　　194
- レシピ 67　複数の変数グループを同時にスタック　　197
- レシピ 68　スタックしたデータを元に戻す　　201
- レシピ 69　groupby 集約の後で unstack　　204
- レシピ 70　groupby 集約で pivot_table の代用　　207
- レシピ 71　変形を容易にするレベル軸の名前変更　　210
- レシピ 72　複数の変数がカラム名になっている場合の整然化　　213
- レシピ 73　複数の変数がカラム値の場合の整然化　　217
- レシピ 74　複数の値が同じセルにある場合の整然化　　221
- レシピ 75　変数がカラム名とカラム値になっている場合の整然化　　224
- レシピ 76　複数の観察が同じテーブルにある場合の整然化　　226

9 pandas オブジェクトの結合　　233

- レシピ 77　DataFrame に新たな行を追加　　233
- レシピ 78　複数の DataFrame を接合　　239
- レシピ 79　トランプとオバマの大統領支持率比較　　242
- レシピ 80　concat, join, merge の相違点を理解　　255
- レシピ 81　SQL データベースへの接続　　263

10　時系列分析　269

- レシピ 82　Python と pandas の日付ツールの違いの理解　269
- レシピ 83　時系列を賢くスライシング　275
- レシピ 84　DatetimeIndex でだけ働くメソッドを使う　279
- レシピ 85　週ごとの犯罪件数　283
- レシピ 86　週ごとの犯罪と交通事故を別々に集約　286
- レシピ 87　曜日と年での犯罪件数の測定　289
- レシピ 88　DatetimeIndex で無名関数を使いグループ分け　297
- レシピ 89　Timestamp と別のカラムでグループ分け　300
- レシピ 90　merge_asof で犯罪率が 20% 低かったのは最近ではいつかを見つける　305

11　matplotlib, pandas, seaborn による可視化　309

- レシピ 91　matplotlib 入門　310
- レシピ 92　matplotlib でデータの可視化　319
- レシピ 93　pandas のプロットの基本　326
- レシピ 94　flights データセットの可視化　330
- レシピ 95　層グラフで今後の傾向を発見する　339
- レシピ 96　seaborn と pandas の違いを理解　343
- レシピ 97　seaborn グリッドで多変量解析　348
- レシピ 98　diamonds データセットの Simpson パラドックスを seaborn で明らかにする　353

訳者あとがき　358
索　引　361

Chapter 1

pandas 基礎

◎本章のレシピ

1. DataFrame の解剖学
2. DataFrame 主要素へのアクセス
3. データ型の理解
4. データのカラムを Series として選択取得
5. Series のメソッド呼び出し
6. Series の演算子の働き
7. Series のメソッドチェイニング
8. 分かりやすいインデックスに置き換え
9. 行とカラムの名前変更
10. カラムの作成と削除

　本章の目的は，Series と DataFrame のデータ構造を解剖して pandas の基礎を理解することだ．pandas ユーザは，Series と DataFrame の成分要素を理解して，pandas のデータの各カラムが 1 つのデータ型を保持することを心得ねばならない．

　本章では，DataFrame のデータのカラムを選択する方法と，カラムが Series として返されることを学ぶ．この 1 次元オブジェクトを使うことで，様々なメソッドや演算子の作用が分かりやすくなる．Series のメソッドの多くが，Series を出力する．これによって，**メソッドチェイニング**という連続的なメソッド呼び出しが可能となる．

　Series と DataFrame の Index は，多くの演算子の働きを理解するカギとなる，他のデータ分析ライブラリには見られない特徴的な要素だ．Series の値に意味のあるラベルを付けるときに，Index を効果的に使う．最後の方の 2 つのレシピでは，データ分析でよく使われる簡単なタスクを扱う．

レシピ 1　DataFrame の解剖学

　pandas の詳細を学ぶ前に，DataFrame の成分要素をまず理解する必要がある．pandas の DataFrame のデータを (Jupyter Notebook で) 表示すると，行とカラムからなる普通のデータにしか見えない．内部に隠されているのは，DataFrame の可能性を最大限引

き出すために心得ておかねばならない，**インデックス**，**カラム**，**データ**(値ともいう)の3要素だ．

内容

このレシピでは，映画のデータセットを DataFrame に読み込み，その主要成分をラベル付き図式で示す．

手順

1) 関数 read_csv を使って映画のデータセットを読み込み，先頭の5行を head メソッドで表示．

```
>>> movie = pd.read_csv('data/movie.csv')
>>> movie.head()
```

2) DataFrame のラベル付き解剖図式を示す．

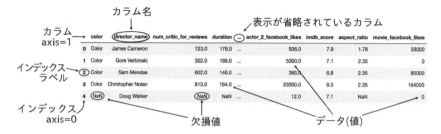

解説

pandas は，データをまずディスクからメモリに読み込み，強力かつ広範な機能を備えた read_csv 関数を使って DataFrame に格納する．出力で，カラムとインデックスはともに太字なので，すぐに見分けられる．通常，**インデックスラベル**と**カラム名**は，インデックスとカラムの個別メンバーを指すのに使う．用語**インデックス**は，インデックスラベル全体を指し，用語**カラム**はカラム名全体を指す．

カラムとインデックスは，DataFrame のカラムと行にラベル付けする．ラベルを使って，データの部分集合を簡単に直接アクセスできる．複数の Series や DataFrame を結合すると，計算実行の前にまずインデックスを揃える(アライン align という用語を使う)．カラムとインデックスはまとめて**軸**と呼ばれる．

> DataFrame には鉛直軸(インデックス)と水平軸(カラム)の2つがある．pandas は，NumPy の用語を継承するので，整数 0/1 が鉛直/水平軸を指すのにも使われる．

DataFrame のデータ(値)は，通常フォントで表すが，カラムやインデックスとは異なる要素だ．pandas では，**NaN (not a number, 非数)** で欠損値を表す．カラム color には文字列しかないが，NaN で欠損値を表していることに注意．

カラム中央の…は，カラムの個数が定められた表示限度を超えているために表示されていないカラムが少なくとも1つあることを示す．

 Python標準ライブラリにはcsvモジュールが含まれており，データの読み込みとパースに用いることができる．pandasのread_csv関数は，csvモジュールよりも，性能，機能とも勝る．

補足

headメソッドは，表示行数を制御する単一パラメータnを取る．同様に，tailメソッドは，末尾のn行を返す．

参照

- read_csv関数のpandas公式文書 (http://bit.ly/2vtJQ9A)

レシピ2　DataFrame主要素へのアクセス

DataFrameの3要素，インデックス，カラム，データは，DataFrameからそれぞれ直接アクセスできる．

これらの要素は，それ自体が独自の属性とメソッドをもつPythonオブジェクト．DataFrame全体ではなく，個別要素に対して演算を施すことが多い．

内容》》

このレシピでは，DataFrameのインデックス，カラム，データをそれぞれ別の変数に取得して，カラムとインデックスが同じオブジェクトを継承していることを示す．

手順》》

1) DataFrame属性のindex, columns, valuesを使って，インデックス，カラム，データをそれぞれの変数に代入する．

```
>>> movie = pd.read_csv('data/movie.csv')
>>> index = movie.index
>>> columns = movie.columns
>>> data = movie.values
```

2) 各要素の値を表示．

```
>>> index
RangeIndex(start=0, stop=5043, step=1)
>>> columns
Index(['color', 'director_name', 'num_critic_for_reviews',
       ...
       'imdb_score', 'aspect_ratio', 'movie_facebook_likes'],
      dtype='object')

>>> data
```

```
array([['Color', 'James Cameron', 723.0, ..., 7.9, 1.78, 33000],
       ...,
       ['Color', 'Jon Gunn', 43.0, ..., 6.6, 1.85, 456]],
      dtype=object)
```

3) DataFrameの各要素の型を出力．型名は，出力のピリオドの後の単語で表示．

```
>>> type(index)
pandas.core.indexes.range.RangeIndex
>>> type(columns)
pandas.core.indexes.base.Index
>>> type(data)
numpy.ndarray
```

4) 興味深いのは，インデックスとカラムの型に密接な関係があること．組み込みのissubclass関数で，RangeIndexがIndexのサブクラスであることを確認．

```
>>> issubclass(pd.RangeIndex, pd.Index)
True
```

解説 >>

DataFrameの主要3成分には，属性 index, columns, values でアクセスできる．columns属性の出力は，カラム名のシーケンスに見えるが，実は，Indexオブジェクトだ．関数 type がオブジェクトの**完全修飾名**を与える．

> 変数 columns に対する完全修飾クラス名は pandas.core.indexes.base.Index．先頭がパッケージ名，その後に，モジュールのパス，最後が型名．オブジェクトを参照するには，通常，パッケージ名の後に，オブジェクト型名を続ける．この場合には，カラム(の値)が pandas Index オブジェクト．

組み込みの issubclass 関数は，第1引数が第2引数からクラス継承しているかどうかをチェックする．オブジェクト Index と RangeIndex とは，よく似ており，pandasでは，実際，インデックスとカラムそれぞれの型を備えたオブジェクトが多数ある．インデックスとカラムは両方とも Index オブジェクトの一種だ．その意味では，インデックスとカラムは同じものということになるが，アックス(つまり，軸の方向)が異なっている．**行インデックス**と**列インデックス**と呼ばれることもある．

> 今の文脈では，Index オブジェクトは，インデックスとカラムに使われるオブジェクトすべてを指し，pd.Index のサブクラスとなる．Index オブジェクトのすべては次の通り．CategoricalIndex, MultiIndex, IntervalIndex, Int64Index, UInt64Index, Float64Index, RangeIndex, TimedeltaIndex, DatetimeIndex, PeriodIndex．

RangeIndex は，Pythonの range オブジェクトによく似た Index オブジェクトの一種．この値のシーケンスは，必要になるまではメモリにロードされないので，メモリを節約できる．start, stop, step という値で定義される．

> **補足**
> 可能な限り，Indexオブジェクトは，ハッシュ表を使って実装され，選択とデータアラインメントが非常に高速になる．Pythonの集合と同様に，和と積が使えるが，重複が許され，順序が維持されるところは集合と異なる．
>
> ⚠ Pythonの辞書と集合もハッシュ表を使って実装され，メンバー確認操作がオブジェクトのサイズにかかわらず一定時間で高速処理できる．
>
> DataFrameのvalues属性が，NumPyのn次元配列，ndarrayで返されることに注意．pandasでは，ndarrayをほとんどの場合使う．インデックス，カラム，データは，実は，NumPyのndarrayだ．ndarrayはpandasの基盤オブジェクトであり，その上に他の多くのオブジェクトが作られている．indexとcolumnsの値を調べれば，それが分かる．

```
>>> index.values
array([ 0, 1, 2, ..., 4913, 4914, 4915])
>>> columns.values
array(['color', 'director_name', 'num_critic_for_reviews',
       ...
       'imdb_score', 'aspect_ratio', 'movie_facebook_likes'],
      dtype=object)
```

> **参照**
> - pandas公式文書，「Indexing and Selecting data」の章 (http://bit.ly/2vm8f12)
> - pandas開発者，Wes McKinneyの「pandasの設計と開発の中身」というスライド (http://bit.ly/2u4YVLi)

レシピ3 データ型の理解

広義のデータは，連続データとカテゴリデータに分類される．連続データは数値で，身長，労賃，給与のようなある種の測定値を表す．連続データには無限の可能値がある．カテゴリデータの方は，車の色，ポーカーの役の種類，シリアルのブランドなどの離散的で有限個の値を表す．

pandasには，連続かカテゴリかとデータを分ける機能はない．その代わりに，様々なデータ型を定義している．次の表は，pandasの全データ型を，文字列での名前と注記を含めて示す．

共通データ型名	NumPy/pandas オブジェクト	pandas 文字列名	注記
Boolean	np.bool	bool	1バイトに格納
整数	np.int	int	デフォルトは64ビット．符号なし整数の np.uint もある．
浮動小数点数	np.float	float	デフォルトは64ビット．
複素数	np.complex	complex	データ分析では滅多に使わない．
オブジェクト	np.object	O, object	普通は文字列だが複数の異なる型や Python のオブジェクト (タプル，リスト，辞書など) のあるカラムではすべてを扱える型．
日付時間	np.datetime64, pd.Timestamp	datetime64	ナノ秒単位の時刻
Timedelta	np.timedelta64, pd.Timedelta	timedelta64	日数からナノ秒までの時間
カテゴリ	pd.Categorical	category	pandas のみ．異なる値の個数が比較的少ないオブジェクトカラムで役立つ．

内容

このレシピでは DataFrame の各カラムのデータ型を表示する．データ型を知っておかないと，可能な演算が分からないので重要だ．

手順

1) 属性 dtypes を使って各カラムとそのデータ型を表示する．

```
>>> movie = pd.read_csv('data/movie.csv')
>>> movie.dtypes
color                       object
director_name               object
num_critic_for_reviews      float64
duration                    float64
director_facebook_likes     float64
                             ...
title_year                  float64
actor_2_facebook_likes      float64
imdb_score                  float64
aspect_ratio                float64
movie_facebook_likes          int64
Length: 28, dtype: object
```

2) dtypes.value_counts メソッドを使って各データ型の個数を数える．

```
>>> movie.dtypes.value_counts()
float64    13
```

```
int64        3
object      12
```

解説

　DataFrame の各カラムには 1 つのデータ型がある．例えば，`aspect_ratio` カラムの値はすべて 64 ビット浮動小数点数で，`movie_facebook_likes` カラムの値はすべて 64 ビット整数だ．全データをメモリに格納するのに必要なサイズが何であれ，pandas のデフォルトの数値の型は，64 ビットの整数と浮動小数点数だ．カラムには整数値の 0 しか値がなくても，データ型は int64 だ．DataFrame の全データ型の個数を直接返す `dtypes.value_counts` メソッドは便利だ．

 全要素が同じ型のカラムを指す別名が**一様 (同種) データ**だ．DataFrame 全体としては，カラムごとにデータ型が異なる**非一様 (異種) データ**であることが多い．

　オブジェクトデータ型は他のデータ型とは異なる．オブジェクトデータ型のカラムは，どのような Python オブジェクトも含むことができる．普通は，オブジェクトデータ型のカラムは文字列だ．整数，Boolean，文字列，リストや辞書のような Python オブジェクトが混じっていてもかまわない．あらゆる型のデータを受け入れる「catch-all」というべきカラムがオブジェクトデータ型でできる．

補足

　pandas のデータ型のほとんどは，NumPy の上に直接作られる．これによって，pandas と NumPy の演算統合が容易になる．pandas の発展普及に伴い，オブジェクトデータ型を文字列値だけのカラムに使うのは，無理が生じてきた．現在の pandas では，カテゴリデータ型を作って，有限個の値しかもたない文字列カラムを扱うようになった．

参照

- dtypes の pandas 公式文書 (http://bit.ly/2vxe8ZI)
- **データ型**についての NumPy 公式文書 (http://bit.ly/2wq0qEH)

レシピ 4　データのカラムを Series として選択取得

　DataFrame の 1 つのカラムのデータは Series だ．インデックスとデータからなる 1 次元のデータになる．

内容

　このレシピでは，インデックス演算子によるものとドット表記によるものと 2 種類の Series 選択の構文を検討する．

手順

1) 文字列のカラム名をインデックス演算子に渡し，データの Series を選択する．

```
>>> movie = pd.read_csv('data/movie.csv')
>>> movie['director_name']
```

2) 別の方式は，ドット表記による．

```
>>> movie.director_name
```

3) Series の内容を解剖．

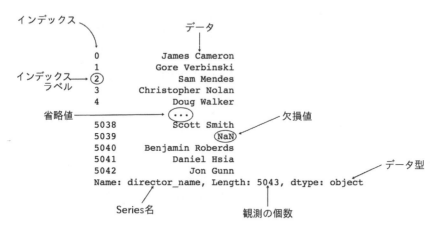

4) 出力が Series か確認．

```
>>> type(movie['director_name'])
pandas.core.series.Series
```

解説

Python には，リスト，タプル，辞書のデータ保持用の組み込みオブジェクトがある．どれもインデックス演算子でデータを選択する．DataFrame は，これらよりも強力で複雑なデータコンテナだが，データ選択の基本的手段として，やはりインデックス演算子を使う．DataFrame のインデックス演算子に文字列を渡せば，Series が返る．

Series の出力内容は，DataFrame に比べると見かけがよくない．データのカラム1つを表す．インデックスと値の他に，Series の名前，長さ，データ型を表示する．

別の方式として，カラム名を属性とするドット表記で選択できるが，あまり勧められないし，エラーになることがある．この例では大丈夫だが，ベストプラクティスではないし，エラーや誤用のもとになりかねない．空白や特殊文字を含むカラム名では，この方式でアクセスできない．例えば，director name というカラム名では失敗する．count のような DataFrame のメソッド名と重なる名前もドット表記ではダメだ．ドット表記で，新たな値の代入やカラム削除を行うと，予期せぬ結果になることがある．したがって，プロダクションコードでは，カラムへのアクセスにドット表記を用いてはならない．

> **補足**

問題があるのに，なぜドット表記構文を使うのだろうか．打ち込む文字数が少ないので，怠け者のプログラマが使うことがある．しかし，主たる理由は，自動補完機能があるととても便利なためだ．そのために，本書でもドット表記でカラム選択することがある．オブジェクトで使える属性やメソッドが一覧表示されるので，自動補完機能は素晴らしい．

手順1でインデックス演算子を使った後にチェイニングしようとすると，補完機能が働かないかもしれないが，手順2では補完機能が働く．次のスクリーンショットは，ドット表記でdirector_nameを選ぶときのポップアップウィンドウだ．ドットの後に**タブ**キーを押すと，属性とメソッドがすべて表示される．

```
movie.director_name.
movie.director_name.abs
movie.director_name.add
movie.director_name.add_prefix
movie.director_name.add_suffix
movie.director_name.agg
movie.director_name.aggregate
movie.director_name.align
movie.director_name.all
movie.director_name.any
movie.director_name.append
```

💡 Jupyter Notebookでは，オブジェクトのどこかにカーソルを置き，シフト＋Tab＋Tabとするとウィンドウがポップアウトしてさらに便利だ．これもチェイニングしようとすると消える．

ドット表記が目につくもう1つの理由は，質問解答サイトStack Overflowで，よく使われるためだ．以前のカラム名が，Seriesのnameで属性になっていることにも注意．

```
>>> director = movie['director_name']
>>> director.name
'director_name'
```

このSeriesを，to_frameメソッドで1カラムのDataFrameにすることもできる．このメソッドは，Seriesの名前を新たなカラム名とする．

```
>>> director.to_frame()
```

> **参照**

- Pythonオブジェクトで，インデックス演算子の機能を理解するには，特殊メソッド__getitem__のPython文書 (http://bit.ly/2u5ISN6) 参照
- 2章**レシピ11 DataFrameのカラムを複数選択**

レシピ5　Seriesのメソッド呼び出し

1次元Seriesの処理は，pandasのあらゆるデータ分析の基本構成要素だ．SeriesとDataFrameの実行文の間を行き来するのが典型的なワークフローだ．Seriesのメソッド呼び出しが，Seriesの提供機能を使う基本だ．

> **内容**

SeriesとDataFrameには途方もない能力が備わっている．Seriesの全属性，メソッド

について調べるには，dir 関数を使う．Series と DataFrame で共通する属性とメソッドを求めることもできる．多数の属性とメソッドが共用されている．

```
>>> s_attr_methods = set(dir(pd.Series))
>>> len(s_attr_methods)
442
>>> df_attr_methods = set(dir(pd.DataFrame))
>>> len(df_attr_methods)
445
>>> len(s_attr_methods & df_attr_methods)
376
```

このレシピでは，Series の一般的で強力なメソッドを扱う．多数のメソッドが DataFrame と共通する．

手順

1) movie データセットを読み込み，データ型の異なるカラムを 2 つ選択する．director_name カラムは文字列を含みオブジェクトデータ型，actor_1_facebook_likes カラムは数値データを含み float64 データ型である．

```
>>> movie = pd.read_csv('data/movie.csv')
>>> director = movie['director_name']
>>> actor_1_fb_likes = movie['actor_1_facebook_likes']
```

2) Series の head を調べる．

```
>>> director.head()
0        James Cameron
1       Gore Verbinski
2          Sam Mendes
3    Christopher Nolan
4         Doug Walker
Name: director_name, dtype: object

>>> actor_1_fb_likes.head()
0     1000.0
1    40000.0
2    11000.0
3    27000.0
4      131.0
Name: actor_1_facebook_likes, dtype: float64
```

3) 通常，Series のデータ型から，どのメソッドが最も役立つか分かる．例えば，オブジェクトデータ型で役立つのは，異なる値の個数を数える value_counts だ．

```
>>> director.value_counts()
Steven Spielberg          26
```

```
Woody Allen               22
Martin Scorsese           20
Clint Eastwood            20
                          ..
Fatih Akin                 1
Analeine Cal y Mayor       1
Andrew Douglas             1
Scott Speer                1
Name: director_name, Length: 2397, dtype: int64
```

4) `value_counts` はオブジェクトデータ型の Series に役立つが，数値 Series でも有用な洞察が得られることがある．例えば，`actor_1_fb_likes` に用いると，「いいね！」の回数の高い値が 1000 に丸められているのが判明する (ちょうど 1000 の倍数になるのはありそうにないから)．

```
>>> actor_1_fb_likes.value_counts()
1000.0     436
11000.0    206
2000.0     189
3000.0     150
            ...
216.0        1
859.0        1
225.0        1
334.0        1
Name: actor_1_facebook_likes, Length: 877, dtype: int64
```

5) Series の要素数を数えるには，`size` や `shape` 属性または `len` 関数を使う．

```
>>> director.size
4916
>>> director.shape
(4916,)
>>> len(director)
4916
```

6) さらに，非欠損値の個数を数える `count` メソッドが役立つが，引数が多くて，使い方を間違いやすい．

```
>>> director.count()
4814
>>> actor_1_fb_likes.count()
4909
```

7) 基本要約統計量には，`min`, `max`, `mean`, `median`, `std`, `sum` がある．

```
>>> actor_1_fb_likes.min(), actor_1_fb_likes.max(), \
```

```
          actor_1_fb_likes.mean(), actor_1_fb_likes.median(), \
          actor_1_fb_likes.std(), actor_1_fb_likes.sum()
(0.0, 640000.0, 6494.488490527602, 982.0, 15106.98, 31881444.0)
```

8) 手順7を簡略化するには，describe メソッドを使い，要約統計量と他の値を一度に返す．オブジェクトデータ型に describe を使うと，全く異なる出力になる．

```
>>> actor_1_fb_likes.describe()
count     4909.000000
mean      6494.488491
std      15106.986884
min          0.000000
25%        607.000000
50%        982.000000
75%      11000.000000
max     640000.000000
Name: actor_1_facebook_likes, dtype: float64
>>> director.describe()
count              4814
unique             2397
top     Steven Spielberg
freq                 26
Name: director_name, dtype: object
```

9) quantile メソッドは，数値データの正確な四分位を計算する．

```
>>> actor_1_fb_likes.quantile(.2)
510
>>> actor_1_fb_likes.quantile([.1, .2, .3, .4, .5,
                               .6, .7, .8, .9])
0.1      240.0
0.2      510.0
0.3      694.0
0.4      854.0
         ...
0.6     1000.0
0.7     8000.0
0.8    13000.0
0.9    18000.0
Name: actor_1_facebook_likes, Length: 9, dtype: float64
```

10) 手順6の count メソッドは，手順5の Series の全要素数より少ない値を返すので，Series に欠損値のあることが分かる．isnull メソッドを使えば，個別の値が欠損値かどうかを決めることができる．結果は，元の Series と同じ長さの Boolean の Series．

```
>>> director.isnull()
0       False
1       False
2       False
3       False
        ...
4912    True
4913    False
4914    False
4915    False
Name: director_name, Length: 4916, dtype: bool
```

11) fillna メソッドで，Series 内の欠損値を置き換えられる．

```
>>> actor_1_fb_likes_filled = actor_1_fb_likes.fillna(0)
>>> actor_1_fb_likes_filled.count()
4916
```

12) Series から欠損値を削除するには dropna を使う．

```
>>> actor_1_fb_likes_dropped = actor_1_fb_likes.dropna()
>>> actor_1_fb_likes_dropped.size
4909
```

解 説

　DataFrame のインデックス演算子に文字列を渡すと単一カラムが Series として選択される．データ分析でよく使われるのでこれらのメソッドをこのレシピで取り上げた．
　このレシピの各手順は，単純で出力も分かりやすい．出力は読みやすいが，返されるオブジェクトが何か分からないことがあるかもしれない．スカラー値，タプル，Series，Python オブジェクトのどれかという質問に答えるには，各手順での戻り値を検討すればよい．読者は実際にやってみてほしい．
　手順 1 の head メソッドは，Series を返す．
　value_counts も Series を返すが，元の Series の一意な値をインデックスで示し，個数を値とする．手順 5 で，size と count はスカラー値を返し，shape は 1 要素タプルを返す．

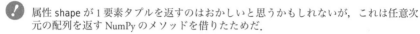
属性 shape が 1 要素タプルを返すのはおかしいと思うかもしれないが，これは任意次元の配列を返す NumPy のメソッドを借りたためだ．

　手順 7 では個々のメソッドがスカラー値を返し，タプルで出力する．これは，Python では，括弧のないカンマ区切りの式をタプルとして扱うためだ．
　手順 8 では describe が，要約統計量の名前をインデックス，統計量を値とする Series を返す．
　手順 9 の quantile は柔軟で，単一値についてはスカラー値を，リストについては

Series を返す.

手順 10, 11, 12 では, isnull, fillna, dropna がすべて Series を返す.

> **補足**
>
> value_counts メソッドは, Series のメソッドの中では情報量が最も多く, カテゴリカラムのある探索的データ分析でよく使われる. デフォルトではカウント数を返すが, normalize パラメータを True にすると, 相対度数を返し, 分布についての情報が得られる.

```
>>> director.value_counts(normalize=True)
Steven Spielberg      0.005401
Woody Allen           0.004570
Martin Scorsese       0.004155
Clint Eastwood        0.004155
                        ...
Fatih Akin            0.000208
Analeine Cal y Mayor  0.000208
Andrew Douglas        0.000208
Scott Speer           0.000208
Name: director_name, Length: 2397, dtype: float64
```

このレシピでは, count メソッドの値が size 属性の値と合致しないことから欠損値があると判明する. もっと直接的には, hasnans 属性が使える.

```
>>> director.hasnans
True
```

非欠損値に対して True を返す, isnull の反対の notnull メソッドもある.

```
>>> director.notnull()
0       True
1       True
2       True
3       True
         ...
4912    False
4913    True
4914    True
4915    True
Name: director_name, Length: 4916, dtype: bool
```

> **参照**
>
> - 多数の Series メソッドを続けて呼び出すには, 1 章**レシピ 7 Series のメソッドチェイニング**参照

レシピ 6　Series の演算子の働き

Python にはオブジェクト操作の演算子が多数ある. 演算子そのものはオブジェク

トではないが，オブジェクトを操作する構文構造でありキーワードだ．例えば，2 整数の間にプラス演算子を置けば，Python が加算する．次に演算子の例を示す．

```
>>> 5 + 9    # 5＋9の加算演算子
14
>>> 4 ** 2   # 4の2乗の指数演算子
16
>>> a = 10   # 10をaに代入する代入演算子
>>> 5 <= 9   # booleanを返す比較(以下)演算子
True
```

演算子は数値データだけでなく，あらゆる型のオブジェクトに働く．様々なオブジェクトに演算子を働かせた例を次に示す．

```
>>> 'abcde' + 'fg'
'abcdefg'
>>> not (5 <= 9)
False
>>> 7 in [1, 2, 6]
False
>>> set([1,2,3]) & set([2,3,4])
set([2,3])
```

tutorials point (https://www.tutorialspoint.com/) には Python の全基本演算子の表 (http://bit.ly/2u5g5Io) がある．全演算子が全オブジェクトに実装されているわけではない．次の例では，対応していない演算子を使ってエラーになる．

```
>>> [1, 2, 3] - 3
TypeError: unsupported operand type(s) for -: 'list' and 'int'
>>> a = set([1,2,3])
>>> a[0]
TypeError: 'set' object does not support indexing
```

Series と DataFrame にはほとんどの Python 演算子を使える．

内容

このレシピでは，様々な Series オブジェクトに様々な演算子を適用して，全く別の値の新たな Series を作る．

手順

1) movie データから imdb_score カラムを Series で選択．

```
>>> movie = pd.read_csv('data/movie.csv')
>>> imdb_score = movie['imdb_score']
>>> imdb_score
0      7.9
1      7.1
2      6.8
```

```
         ...
4913     6.3
4914     6.3
4915     6.6
Name: imdb_score, Length: 4916, dtype: float64
```

2) 加算演算子を使うと Series の各要素に 1 追加できる．

```
>>> imdb_score + 1
0        8.9
1        8.1
2        7.8
         ...
4913     7.3
4914     7.3
4915     7.6
Name: imdb_score, Length: 4916, dtype: float64
```

3) 減算 (-)，乗算 (*)，除算 (/)，べき乗 (**) などの基本算術演算子もスカラー値に同様に働く．この手順では，2.5 を掛ける．

```
>>> imdb_score * 2.5
0        19.75
1        17.75
2        17.00
         ...
4913     15.75
4914     15.75
4915     16.50
Name: imdb_score, Length: 4916, dtype: float64
```

4) Python には整数除算 (切り捨て除算) (//) や余りを返すモジュロ演算 (%) がある．Series に同様に働く．

```
>>> imdb_score // 7
0        1.0
1        1.0
2        0.0
         ...
4913     0.0
4914     0.0
4915     0.0
Name: imdb_score, Length: 4916, dtype: float64
```

5) 大なり (>)，小なり (<)，以上 (>=)，以下 (<=)，等価 (==)，不等価 (!=) という 6 つの比較演算子がある．Series に条件比較を施すと True か False の値の Series になる．

```
>>> imdb_score > 7
```

```
0         True
1         True
2         False
         ...
4913      False
4914      False
4915      False
Name: imdb_score, Length: 4916, dtype: bool
>>> director = movie['director_name']
>>> director == 'James Cameron'
0         True
1         False
2         False
         ...
4913      False
4914      False
4915      False
Name: director_name, Length: 4916, dtype: bool
```

解説

このレシピでは，全演算子が Series の各要素に働く．ネイティブ Python ではシーケンスの各要素に for ループでイテレーションする必要がある．pandas では，NumPy ライブラリのベクトル演算機能を活用して，for ループを明示的に書かなくてもシーケンス全体に演算を適用できる．どの演算も演算結果で値が異なる同じインデックスの Series を返す．

補足

このレシピで使った演算すべてには，同じ結果を出す等価なメソッドがある．例えば，手順 1 の imdb_score + 1 は，add メソッドで同じことができる．レシピの各手順について，次のメソッド版を調べること．

```
>>> imdb_score.add(1)                  # imdb_score + 1
>>> imdb_score.mul(2.5)                # imdb_score * 2.5
>>> imdb_score.floordiv(7)             # imdb_score // 7
>>> imdb_score.gt(7)                   # imdb_score > 7
>>> director.eq('James Cameron')       # director == 'James Cameron'
```

pandas には，なぜ演算子と等価なメソッドがあるのだろうか．本来，演算子はある演算だけを行い，メソッドはパラメータに応じてデフォルトの機能を変えるものだ．

演算子群	演算子	Series メソッド名
算術	+, -, *, /, //, %, **	add, sub, mul, div, floordiv, mod, pow
比較	<, >, <=, >=, ==, !=	lt, gt, le, ge, eq, ne

Python の Series オブジェクトが，演算子に対して何をすべきかをどうして知るのかと疑問

に思う人もいるだろう．例えば，式 imdb_score * 2.5 がどうやって Series の各要素に 2.5 を掛けることを知るのだろうか．Python のオブジェクトには**特殊メソッド**を使って演算子とコミュニケーションを取る標準的な方式がある．

その特殊メソッドは，演算子が適用されるとオブジェクトの内部で呼び出される．それらのメソッドは，公式文書でも非常に重要なもので，Python データモデルにおいて言語全体でどのオブジェクトでも同じく定義されている．例えば，乗算演算子が使われれば，常に，__mul__ が呼び出される．Python は，式 imdb_score * 2.5 を imdb_score.__mul__(2.5) と解釈する．

特殊メソッドを使うのと演算子を使うのとは同じことをしているので，違いはない．演算子は，特殊メソッドを分かりやすい構文にしただけだ．

> **参照**
> - 演算子についての Python 公式文書 (http://bit.ly/2wpOId8)
> - データモデルについての Python 公式文書 (http://bit.ly/2v0LrDd)

レシピ 7 Series のメソッドチェイニング

Python では，あらゆる変数がオブジェクトであり，全オブジェクトがオブジェクトを参照する属性やオブジェクトを返すメソッドを備えている．ドット表記を用いたメソッドの順次呼び出しは，**メソッドチェイニング**と呼ばれる．Series と DataFrame のメソッドが Series と DataFrame を返して，さらにメソッドが呼び出されるので，pandas はメソッドチェイニングに適したライブラリだ．

> **内容**

メソッドチェイニングのよさを理解するために，簡単な英語の文章を使い，一連のイベントを一連のメソッドに翻訳する．次の文を使う．*A person drives to the store to buy food, then drives home and prepares, cooks, serves, and eats the food before cleaning the dishes.*（ある人が食料品を買いに店まで車を運転し，家に帰って，準備して調理し食べてから皿を洗った．）

この Python 版は，次のようになる．

```
>>> person.drive('store')\
        .buy('food')\
        .drive('home')\
        .prepare('food')\
        .cook('food')\
        .serve('food')\
        .eat('food')\
        .cleanup('dishes')
```

このコードでは，オブジェクト person が，元の文章で行ったことすべてに対応するメソッドを呼び出す．メソッドに渡されるパラメータが，メソッドの演算を指定す

る.

メソッドチェイン全体を1行で書くこともできるが，メソッドを1行ごとに書いた方が読みやすい．Pythonでは，1つの式を複数行にわたって書くことは普通ではないため，バックスラッシュを使って文字を次行につなげる必要がある．別の方式としては，式全体を括弧で括る．読みやすくするため，ドットの位置を揃える．このレシピでは，pandasのSeriesで同様のメソッドチェイニングを使う．

手順

1) movieデータセットをロードして，2つのカラムを別々のSeriesとして選択.

```
>>> movie = pd.read_csv('data/movie.csv')
>>> actor_1_fb_likes = movie['actor_1_facebook_likes']
>>> director = movie['director_name']
```

2) チェインに追加するメソッドでよく使うのがheadメソッドだ．長々しい出力を防ぐことができる．短いチェインなら，メソッドごとに行替えをする必要はない．

```
>>> director.value_counts().head(3)
Steven Spielberg    26
Woody Allen         22
Clint Eastwood      20
Name: director_name, dtype: int64
```

3) 欠損値の個数を数えるには，isnullの後にsumメソッドをチェイニングする．

```
>>> actor_1_fb_likes.isnull().sum()
7
```

4) Facebookの「いいね！」の個数が半端になることはないので，actor_1_fb_likesの非欠損値はすべて整数．欠損値のある数値カラムはデータ型がfloatになる．actor_1_fb_likesの欠損値をゼロに置き換えれば，astypeメソッドでデータ型を整数にできる．

```
>>> actor_1_fb_likes.dtype
dtype('float64')
>>> actor_1_fb_likes.fillna(0)\
                    .astype(int)\
                    .head()
0     1000
1    40000
2    11000
3    27000
4      131
Name: actor_1_facebook_likes, dtype: int64
```

解説

Pythonでは，オブジェクトのメソッドがオブジェクトを返し，そのオブジェクトにメソッドがあるので，全オブジェクトでメソッドチェイニングが可能だ．メソッドは同じ型のオブジェクトを返さなくてもよい．

手順2では，まずvalue_countsでSeriesを返し，続いてheadメソッドをチェイニングして先頭の3要素を選んだ．最終的に返したオブジェクトはSeriesで，必要ならメソッドをもっとチェイニングできる．

手順3では，isnullメソッドがBoolean Seriesを作る．pandasでは，False/Trueを数値的に0/1と評価するので，sumメソッドで欠損値の個数を返す．

手順4のチェイニングした3メソッドは，それぞれSeriesを返す．直感的に分かりにくいかもしれないが，astypeメソッドは，異なるデータ型の新たなSeriesを作って返す．

補足

手順3で，欠損値の総数をBooleanの総和で求める代わりに，Seriesの平均を取って，欠損値の個数のパーセントを求めることもできる．

```
>>> actor_1_fb_likes.isnull().mean()
0.0014
```

このレシピの「内容」で述べたように，複数行にわたるコードをバックスラッシュではなく括弧で括ることもできる．手順4を次のように書き直せる．

```
>>> (actor_1_fb_likes.fillna(0)
                     .astype(int)
                     .head())
```

欠点もいくつかあり，プログラマすべてがメソッドチェイニングを好んで使うわけではない．1つの欠点はデバッグが難しくなること．途中で生成されるオブジェクトはどれも変数に格納されないので，予期せぬ結果が生じた場合，それがどこで起こったか正確にトレースするのが難しい．

このレシピの冒頭の例を，各メソッドの結果をそれぞれ異なる変数に格納するよう書き直すことができる．こうすると，ステップごとにオブジェクトを調べることができるのでバグのトラッキングがはるかに易しくなる．

```
>>> person1 = person.drive('store')
>>> person2 = person1.buy('food')
>>> person3 = person2.drive('home')
>>> person4 = person3.prepare('food')
>>> person5 = person4.cook('food')
>>> person6 = person5.serve('food')
>>> person7 = person6.eat('food')
>>> person8 = person7.cleanup('dishes')
```

レシピ 8 分かりやすいインデックスに置き換え

DataFrame のインデックスは，各行のラベルだ．DataFrame 作成時に，インデックスが指定されていないと，デフォルトで，行数を n として整数の 0 から $n-1$ までをインデックスとする RangeIndex が作られる．

内容

このレシピでは，movie データセットの意味のないデフォルトのインデックスを使わず，分かりやすい意味のあるインデックスで置き換える．

手順

1) movie データセットを読み込み，set_index メソッドを使って，映画の題名をインデックスにする．

```
>>> movie = pd.read_csv('data/movie.csv')
>>> movie2 = movie.set_index('movie_title')
>>> movie2
```

2) 別の方式としては，最初に読み込むとき，read_csv 関数の index_col パラメータでインデックスとして使うカラムを指定する．

```
>>> movie = pd.read_csv('data/movie.csv', index_col='movie_title')
```

movie_title	color	director_name	num_critic_for_reviews	duration	...	actor_2_facebook_likes	imdb_score	aspect_ratio	movie_facebook_likes
Avatar	Color	James Cameron	723.0	178.0	...	936.0	7.9	1.78	33000
Pirates of the Caribbean: At World's End	Color	Gore Verbinski	302.0	169.0	...	5000.0	7.1	2.35	0
Spectre	Color	Sam Mendes	602.0	148.0	...	393.0	6.8	2.35	85000
The Dark Knight Rises	Color	Christopher Nolan	813.0	164.0	...	23000.0	8.5	2.35	164000
Star Wars: Episode VII - The Force Awakens	NaN	Doug Walker	NaN	NaN	...	12.0	7.1	NaN	0

解説

各行の意味がはっきりするインデックスが分かりやすい．デフォルトの RangeIndex はあまり役に立たない．各行で 1 つの映画を示しているので，タイトルをインデックスにするのが妥当だ．前もってどのカラムがインデックスとして役立つかわかっていれば，read_csv 関数の index_col パラメータで指定できる．

set_index と read_csv は両方とも，デフォルトでインデックスとして使ったカラムを削除する．set_index では drop パラメータを False にすれば，DataFrame のカラムを削除しないで保持できる．

補足

逆に，reset_index メソッドでインデックスをカラムにすることができる．そうすると，movie_title のカラムが復活し，インデックスが RangeIndex に戻る．reset_index は，インデックスのカラムを常に DataFrame の先頭に置くので，カラムの順序が変わってしまうこと

がある．
```
>>> movie2.reset_index()
```

参照

- RangeIndex に関する pandas 公式文書 (http://bit.ly/2hs6DNL)

レシピ 9　行とカラムの名前変更

　DataFrame で最もよく使う基本演算は，行やカラムの名前変更だ．分かりやすくて簡潔で，大文字小文字，空白，下線などが通常の表記法に従うのがよい名前だ．

内容

　このレシピでは，行とカラムの名前を変える．

手順

1) movie データセットを読み込み，インデックスを映画のタイトルに変えて分かりやすくする．

```
>>> movie = pd.read_csv('data/movie.csv', index_col='movie_title')
```

2) DataFrame の rename メソッドは，辞書を取って，古い値を新しい値にマッピングする．行の変更とカラムの変更のために辞書を作る．

```
>>> idx_rename = {'Avatar':'Ratava', 'Spectre': 'Ertceps'}
>>> col_rename = {'director_name':'Director Name',
                  'num_critic_for_reviews': 'Critical Reviews'}
```

3) rename メソッドに辞書を渡し，結果を新たな変数に代入する．

```
>>> movie_renamed = movie.rename(index=idx_rename,
                                 columns=col_rename)
>>> movie_renamed.head()
```

movie_title	color	Director Name	Critical Reviews	duration	...	actor_2_facebook_likes	imdb_score	aspect_ratio	movie_facebook_likes
Ratava	Color	James Cameron	723.0	178.0	...	936.0	7.9	1.78	33000
Pirates of the Caribbean: At World's End	Color	Gore Verbinski	302.0	169.0	...	5000.0	7.1	2.35	0
Ertceps	Color	Sam Mendes	602.0	148.0	...	393.0	6.8	2.35	85000
The Dark Knight Rises	Color	Christopher Nolan	813.0	164.0	...	23000.0	8.5	2.35	164000
Star Wars: Episode VII - The Force Awakens	NaN	Doug Walker	NaN	NaN	...	12.0	7.1	NaN	0

解説

　DataFrame の rename メソッドは，行とカラムのラベルを index と columns パラメータで同時に変更する．パラメータを辞書にすると，古い値を新たな値にマップする．

補足

行とカラムの名前を変更する方法は複数ある．インデックスとカラムの属性にPythonのリストを直接代入することもできる．この場合，リストの要素が行やカラムの要素と同じ個数でなければならない．次のコードでは，Indexオブジェクトの tolist メソッドを使って，ラベルのPythonリストを作る．それから，リストの要素を2つばかり変更し，その変更したリストを index と columns 属性に代入する．

```
>>> movie = pd.read_csv('data/movie.csv', index_col='movie_title')
>>> index = movie.index
>>> columns = movie.columns
>>> index_list = index.tolist()
>>> column_list = columns.tolist()
# row と column のラベルを代入で変更する
>>> index_list[0] = 'Ratava'
>>> index_list[2] = 'Ertceps'
>>> column_list[1] = 'Director Name'
>>> column_list[2] = 'Critical Reviews'
>>> print(index_list)
['Ratava', "Pirates of the Caribbean: At World's End", 'Ertceps', 'The Dark
Knight Rises', ... ]
>>> print(column_list)
['color', 'Director Name', 'Critical Reviews', 'duration', ...]
# 最後に index と columns に代入する
>>> movie.index = index_list
>>> movie.columns = column_list
```

レシピ10　カラムの作成と削除

データ分析では，新たな変数を表す新たなカラムを作る必要がよくある．通常，新たなカラムは，すでにデータセットに含まれているカラムから作られる．pandasでは，DataFrameに新たなカラムを作る方法が複数ある．

内容

このレシピでは，movieデータセットで，代入を使って新たなカラムを作り，dropメソッドでカラムを削除する．

手順

1) 新たなカラムを作る最も簡単な方法は，スカラー値を代入することだ．新たなカラム名の文字列をインデックス演算子に与えればよい．movieデータセットに，映画を見たかどうかを示す has_seen カラムを作ることにする．値にはゼロを代入する．デフォルトでは，新たなカラムは末尾に追加される．

```
>>> movie = pd.read_csv('data/movie.csv')
```

```
>>> movie['has_seen'] = 0
```

2) Facebookの「いいね！」の個数を含むカラムが複数個ある．すべての俳優と監督のFacebookの「いいね！」を足し合わせて，actor_director_facebook_likesカラムに代入する．

```
>>> movie['actor_director_facebook_likes'] = \
        (movie['actor_1_facebook_likes'] +
         movie['actor_2_facebook_likes'] +
         movie['actor_3_facebook_likes'] +
         movie['director_facebook_likes'])
```

3) 1章の**レシピ5 Seriesのメソッド呼び出し**で，movieデータセットには欠損値のあることが分かっている．手順2のように数値カラムを互いに足し合わせるとき，pandasでは，欠損値をデフォルトでゼロとする．しかし，行の値がすべて欠損値の場合，総和も欠損値になる．新たなカラムに欠損値があるかどうか調べて，欠損値を0にする．

```
>>> movie['actor_director_facebook_likes'].isnull().sum()
122
>>> movie['actor_director_facebook_likes'] = \
    movie['actor_director_facebook_likes'].fillna(0)
```

4) cast_total_facebook_likesという名前のカラムもある．このカラムの値の何パーセントが新たに作成したactor_director_facebook_likesカラムからきているか調べると面白そうだ．パーセントのカラムを作る前に，基本的なデータ検定をやっておこう．cast_total_facebook_likesがactor_director_facebook_likesより小さくなることがないことを確認する．

```
>>> movie['is_cast_likes_more'] = \
        (movie['cast_total_facebook_likes'] >=
         movie['actor_director_facebook_likes'])
```

5) is_cast_likes_moreがBooleanの新しいカラムだ．このカラムの値がすべてTrueかどうかはallで調べられる．

```
>>> movie['is_cast_likes_more'].all()
False
```

6) 少なくとも1つは，actor_director_facebook_likesがcast_total_facebook_likesより大きいことが判明した．その監督のFacebookの「いいね！」がcast_total_facebook_likesに含まれていない可能性がある．元に戻って，actor_director_facebook_likesカラムを削除する．

```
>>> movie = movie.drop('actor_director_facebook_likes', axis='columns')
```

7) 俳優の「いいね！」の総和だけのカラムを作る．

```
>>> movie['actor_total_facebook_likes'] = \
        (movie['actor_1_facebook_likes'] +
         movie['actor_2_facebook_likes'] +
         movie['actor_3_facebook_likes'])
>>> movie['actor_total_facebook_likes'] = \
        movie['actor_total_facebook_likes'].fillna(0)
```

8) 今度は,cast_total_facebook_likes が actor_total_facebook_likes より小さくないか調べる.

```
>>> movie['is_cast_likes_more'] = \
        (movie['cast_total_facebook_likes'] >=
         movie['actor_total_facebook_likes'])
>>> movie['is_cast_likes_more'].all()
True
```

9) 最後に,cast_total_facebook_likes の何パーセントが actor_total_facebook_likes からきたかを計算する.

```
>>> movie['pct_actor_cast_like'] = \
        (movie['actor_total_facebook_likes'] /
         movie['cast_total_facebook_likes'])
```

10) このカラムの最小値と最大値が 0 と 1 の間にあることを検証する.

```
>>> (movie['pct_actor_cast_like'].min(),
     movie['pct_actor_cast_like'].max())
(0.0, 1.0)
```

11) このカラムを Series として出力できる.インデックスを映画の題名にして,値を分かりやすくする.

```
>>> movie.set_index('movie_title')['pct_actor_cast_like'].head()
movie_title
Avatar                                      0.577369
Pirates of the Caribbean: At World's End    0.951396
Spectre                                     0.987521
The Dark Knight Rises                       0.683783
Star Wars: Episode VII - The Force Awakens  0.000000
Name: pct_actor_cast_like, dtype: float64
```

解説

カラム作成はその一例だが,pandas の演算は柔軟性に富む.このレシピでは,手順1でスカラー値,手順2で Series を代入して新たなカラムを作った.

手順2では,4つの Series を加算演算子で足し合わせた.手順3では,メソッドチェイニングを使って欠損値を見つけ,値を補った.手順4では比較演算子「>=」で Boolean Series を返し,手順5で,all メソッドで評価して,すべての値が True かど

うかをチェックした．

削除するには，drop メソッドに行やカラムの名前を渡す．デフォルトでは，インデックス名で行を削除する．カラムの削除には，axis パラメータを 1 か columns に設定しておかねばならない．デフォルト値は，axis が 0 または index だ．

手順 7 と 8 では，director_facebook_likes カラムのない状態で手順 3 から 5 に相当する作業を行った．手順 9 では最終的に，手順 4 で求めようとしていたカラムを計算し，手順 10 で，パーセントの値が 0 と 1 の間に相当していることを検証した．

補足

DataFrame の末尾ではなく，所定の位置に新たなカラムを挿入することが insert メソッドでできる．insert メソッドは，第 1 引数に新たなカラムを挿入する位置を整数で，第 2 引数に新たなカラムの名前，第 3 引数に値を取る．カラム名の整数位置を知るには，Index メソッド get_loc を使う必要がある．

insert メソッドは，DataFrame をインプレースで変更するから，代入文が必要ない．映画の収益のカラムは，gross から budget を差し引き，次のようにして gross の後に挿入できる．

```
>>> profit_index = movie.columns.get_loc('gross') + 1
>>> profit_index
9
>>> movie.insert(loc=profit_index,
                 column='profit',
                 value=movie['gross'] - movie['budget'])
```

drop メソッドでカラムを削除する代わりに，del 文を使うこともできる．

```
>>> del movie['actor_director_facebook_likes']
```

参照

- あまり頻繁には行われない，行の追加削除については，9 章レシピ 77 **DataFrame に新たな行を追加**参照
- 3 章レシピ 20 **データ分析ルーチンの開発**

Chapter 2

DataFrameの必須演算

◎本章のレシピ
- 11 DataFrame のカラムを複数選択
- 12 カラムをメソッドで選択
- 13 カラムを意味が分かるように順序付け
- 14 DataFrame 全体の操作
- 15 DataFrame のメソッドチェイニング
- 16 DataFrame の演算子の働き
- 17 欠損値の比較
- 18 DataFrame 演算の方向を転置
- 19 大学のキャンパスのダイバーシティ指標の計算

本章では，DataFrame の基本演算を学ぶ．レシピの多くは，主として Series の演算を扱った 1 章 pandas 基礎と似通っている．

レシピ11 DataFrame のカラムを複数選択

カラムを 1 つ選択するには，DataFrame のインデックス演算子にカラム名の文字列を渡せばよい．これは，1 章の**レシピ 4 データのカラムを Series として選択取得**で扱った．作業中のデータセットの部分集合が必要になることもよくあるが，それには複数カラムを選択する．

内容

このレシピでは，movie データセットの actor と director のカラムをすべて選択する．

手順

1) movie データセットを読み込んで，必要なカラムのリストをインデックス演算子に渡す．

```
>>> movie_actor_director = movie[['actor_1_name', 'actor_2_name',
                                  'actor_3_name', 'director_name']]
>>> movie_actor_director.head()
```

	actor_1_name	actor_2_name	actor_3_name	director_name
0	CCH Pounder	Joel David Moore	Wes Studi	James Cameron
1	Johnny Depp	Orlando Bloom	Jack Davenport	Gore Verbinski
2	Christoph Waltz	Rory Kinnear	Stephanie Sigman	Sam Mendes
3	Tom Hardy	Christian Bale	Joseph Gordon-Levitt	Christopher Nolan
4	Doug Walker	Rob Walker	NaN	Doug Walker

2) DataFrame のカラムを1つだけ選択する場合もある．それには，1要素のリストを渡せばよい．

```
>>> movie[['director_name']].head()
```

	director_name
0	James Cameron
1	Gore Verbinski
2	Sam Mendes
3	Christopher Nolan
4	Doug Walker

解説

　DataFrame のインデックス演算子は，様々なオブジェクトを柔軟に受け入れる．文字列が渡されると，1次元 Series を返す．リストなら，リストの中のカラムすべてを指定順序にした DataFrame を返す．

　手順2では，単一カラムを Series ではなく DataFrame で返す方法を示した．普通は，カラムを文字列で選択するので，Series になる．DataFrame を出力にしたいなら，カラム名の1要素リストにすればよい．

補足

　インデックス演算子に長いリストを渡すと読みにくくなる．これを避けるには，カラム名のリストを変数にまず代入する．次のコードは，手順1と同じ結果になる．

```
>>> cols = ['actor_1_name', 'actor_2_name', 'actor_3_name', 'director_name']
>>> movie_actor_director = movie[cols]
```

　pandas で最も多い例外は，KeyError だ．このエラーは主として，カラム名やインデックス名の打ち間違いによる．リストを使わずに複数のカラムを直接選択するつもりでも，同じエラーになる．

```
>>> movie['actor_1_name', 'actor_2_name', 'actor_3_name', 'director_name']
KeyError: ('actor_1_name', 'actor_2_name', 'actor_3_name', 'director_name')
```

　カラムをリストにすることを忘れやすいので，このエラーはよく起こる．プログラムはいったい何が起こったのか分からなくなる．上のようなカンマ区切りの文字列名4つは，タプルオブジェクトになる．通常，タプルは丸括弧で括るが，それは必ずしも必要ではない．

```
>>> tuple1 = 1, 2, 3, 'a', 'b'
>>> tuple2 = (1, 2, 3, 'a', 'b')
```

```
>>> tuple1 == tuple2
True
```

そのために，pandas は，タプルと文字通り等しいカラム名('actor_1_name', 'actor_2_name', 'actor_3_name', 'director_name')を探す．見つからないのが当然で KeyError になる．

レシピ12 カラムをメソッドで選択

カラム選択は，インデックス演算子で直接行うのが普通だが，DataFrame のメソッドを使って選択する方法もある．select_dtypes と filter という 2 つのメソッドが役立つ．

内容》》

pandas のデータ型とデータのアクセス方法を心得ていなければならない．1 章**レシピ 3 データ型の理解**には，pandas の全データ型の表がある．

手順》》

1) movie データセットを読み込み，映画の題名を行のラベルに使う．データ型ごとにカラムがいくつあるか出力するために get_dtype_counts メソッドを使う．

```
>>> movie = pd.read_csv('data/movie.csv', index_col='movie_title')
>>> movie.get_dtype_counts()
float64    13
int64       3
object     11
dtype: int64
```

2) select_dtypes メソッドを使って整数カラムだけを選ぶ．

```
>>> movie.select_dtypes(include=['int']).head()
```

movie_title	num_voted_users	cast_total_facebook_likes	movie_facebook_likes
Avatar	886204	4834	33000
Pirates of the Caribbean: At World's End	471220	48350	0
Spectre	275868	11700	85000
The Dark Knight Rises	1144337	106759	164000
Star Wars: Episode VII - The Force Awakens	8	143	0

3) 数値カラムすべてを選びたければ，文字列 number を include パラメータに渡せばよい．

```
>>> movie.select_dtypes(include=['number']).head()
```

movie_title	num_critic_for_reviews	duration	director_facebook_likes	actor_3_facebook_likes	actor_1_facebook_likes	gross	num_voted_users
Avatar	723.0	178.0	0.0	855.0	1000.0	760505847.0	886204
Pirates of the Caribbean: At World's End	302.0	169.0	563.0	1000.0	40000.0	309404152.0	471220
Spectre	602.0	148.0	0.0	161.0	11000.0	200074175.0	275868
The Dark Knight Rises	813.0	164.0	22000.0	23000.0	27000.0	448130642.0	1144337
Star Wars: Episode VII - The Force Awakens	NaN	NaN	131.0	NaN	131.0	NaN	8

4) `filter` メソッドでカラム選択という別の方法もある．この方が柔軟性に富み，使うパラメータに基づいてカラム名(またはインデックスラベル)を探し出す．例えば，facebook という文字列を含むカラム名をすべて探し出せる．

```
>>> movie.filter(like='facebook').head()
```

movie_title	director_facebook_likes	actor_3_facebook_likes	actor_1_facebook_likes	cast_total_facebook_likes	actor_2_facebook_likes	movie_facebook_likes
Avatar	0.0	855.0	1000.0	4834	936.0	33000
Pirates of the Caribbean: At World's End	563.0	1000.0	40000.0	48350	5000.0	0
Spectre	0.0	161.0	11000.0	11700	393.0	85000
The Dark Knight Rises	22000.0	23000.0	27000.0	106759	23000.0	164000
Star Wars: Episode VII - The Force Awakens	131.0	NaN	131.0	143	12.0	0

5) `filter` メソッドでは，`regex` パラメータに正規表現を渡して，対応するカラムを探すこともできる．名前の中に数字が含まれるカラムをすべて探し出すには次のようにする．

```
>>> movie.filter(regex='\d').head()
```

movie_title	actor_3_facebook_likes	actor_2_name	actor_1_facebook_likes	actor_1_name	actor_3_name	actor_2_facebook_likes
Avatar	855.0	Joel David Moore	1000.0	CCH Pounder	Wes Studi	936.0
Pirates of the Caribbean: At World's End	1000.0	Orlando Bloom	40000.0	Johnny Depp	Jack Davenport	5000.0
Spectre	161.0	Rory Kinnear	11000.0	Christoph Waltz	Stephanie Sigman	393.0
The Dark Knight Rises	23000.0	Christian Bale	27000.0	Tom Hardy	Joseph Gordon-Levitt	23000.0
Star Wars: Episode VII - The Force Awakens	NaN	Rob Walker	131.0	Doug Walker	NaN	12.0

解説

手順1では，各データ型の度数を出力．`dtypes` 属性で各カラムのデータ型を取得する方法もある．`select_dtypes` メソッドは，`include` パラメータにデータ型のリストを取って，そのデータ型のカラムからなる DataFrame を返す．リストの要素は，デー

タ型の文字列名か実際の Python オブジェクトになる．

filter メソッドでは，実際のデータ値は調べないで，カラム名だけを調べて，カラムを選ぶ．3 つの互いに排他的な items, like, regex いうパラメータがあり，どれか 1 つしか使えない．like パラメータは文字列を取り，それが含まれるカラム名すべてを探す．柔軟性のより高い正規表現を用いる regex パラメータも使える．手順 5 の正規表現 \d は，0 から 9 までの数字を表し，数字を含む文字列ならどれともマッチングする．

 正規表現は，テキストの一部を抽出するのに使うパターンを表した特別な文字列．非常に複雑なパターンのマッチングができる．

補足

filter メソッドには，items パラメータもあるが，これはカラム名そのもののリストを取る．インデックス演算子と同じことになるが，指定したカラム名がなくても KeyError にならないところが違う．例えば，movie.filter(items=['actor_1_name', 'asdf']) を実行しても，エラーにならず 1 カラムの DataFrame を返す．

select_dtypes では，文字列でも Python オブジェクトでもよいという柔軟性でかえって何を使えばよいか迷うことがある．次の表を見れば，様々なカラムのデータ型から選ぶ方式がはっきりする．pandas では，データ型指定の標準的な推奨方式がないので，どちらの方式も理解しておいた方がよい．

Python オブジェクト	文字列	注記
np.number	number	サイズに関係なく整数も浮動小数点数も選ぶ
np.float64, np.float_, float	float64, float_, float	64 ビット浮動小数点数だけ選ぶ
np.float16, np.float32, np.float128	float16, float32, float128	16，32，128 ビット浮動小数点数だけをそれぞれ選ぶ
np.floating	floating	サイズに関係なく浮動小数点数を選ぶ
np.int0, np.int64, np.int_, int	int0, int64, int_, int	64 ビット整数だけを選ぶ
np.int8, np.int16, np.int32	int8, int16, int32	8，16，32 ビット整数だけをそれぞれ選ぶ
np.integer	integer	サイズに関係なく整数を選ぶ
np.object	object, 0	オブジェクトデータ型を選ぶ
np.datetime64	datetime64, datetime	日付時間はすべて 64 ビット
np.timedelta64	timedelta64, timedelta	時間間隔はすべて 64 ビット
pd.Categorical	category	NumPy には該当するデータ型がなく，pandas 特有

整数と浮動小数点数はすべてデフォルトが 64 ビットなので，この表からも分かるように，int か float の文字列で選べる．サイズに関係なくすべての整数または浮動小数点数を選ぶ

には，文字列 **number** を使う．

参照
- 1 章レシピ 3 データ型の理解
- 滅多に使われないが，select メソッドは，名前に基づいてカラムを選択する (http://bit.ly/2fchzhu) [訳注]

[訳注] 上の pandas.DataFrame.select の説明にもあるように，最新版 0.21.0 からは非推奨となっており，df.loc を使うべき．

訳者追加：正規表現はこの後の 8 章**レシピ 67 複数の変数グループを同時にスタック**や**レシピ 71 変形を容易にするレベル軸の名前変更**などでも登場する重要な概念，機能なので，ここでまとめて参照資料を示しておく．
- Python 公式文書の正規表現の項目 (https://docs.python.org/3/library/re.html)
- Regular Expression.info というサイト (https://www.regular-expressions.info/index.html) にチュートリアルがある

レシピ 13 カラムを意味が分かるように順序付け

　データセットを DataFrame に読み込んだ後の最初の作業は，カラムの順序をどうするか考えることだ．この基本的な作業はしばしば見過ごされるが，その後の分析の進捗が大きく違ってくる．コンピュータには，カラム順に好みはなく，計算量が変わることもない．しかし，私たち人間は，カラムを通常左から右へ読むものだから，データの解釈に順序がもろに影響する．カラムの配置がでたらめだと，クローゼットに衣類がでたらめに入っているのと同じことになる．スーツがシャツの隣で，ズボンがショーツの上にあると困ってしまう．よく考えられたカラムの順序は，情報を見つけたり解釈するのがはるかに容易になる．

　データセットのカラム配置について，標準的な規則はない．しかし，分析が楽になるように，常に守っておくガイドラインを作るのがよい方法だ．アナリストのグループでデータセットを共有する場合には特に有効となる．

内容

　カラムの順序については，次のような簡単なガイドラインがある．
- カラムを離散か連続かで分ける
- 離散カラムと連続カラムで共通のカラムをグループ分けする
- カテゴリデータの最も重要なカラム群を連続データより前に置く

　このレシピでは，このガイドラインに沿ってカラムをグループ分けする方法を示す．

手順

1) movie データセットを読み込み，データをざっと眺める．

```
>>> movie = pd.read_csv('data/movie.csv')
```

```
>>> movie.head()
```

	color	director_name	num_critic_for_reviews	duration	director_facebook_likes	actor_3_facebook_likes	actor_2_name	actor_1_facebook_likes	gross
0	Color	James Cameron	723.0	178.0	0.0	855.0	Joel David Moore	1000.0	760505847.0
1	Color	Gore Verbinski	302.0	169.0	563.0	1000.0	Orlando Bloom	40000.0	309404152.0
2	Color	Sam Mendes	602.0	148.0	0.0	161.0	Rory Kinnear	11000.0	200074175.0
3	Color	Christopher Nolan	813.0	164.0	22000.0	23000.0	Christian Bale	27000.0	448130642.0
4	NaN	Doug Walker	NaN	NaN	131.0	NaN	Rob Walker	131.0	NaN

2) すべてのカラム名を出力して，離散カラムと連続カラムで似たようなものがないか調べる．

```
>>> movie.columns
Index(['color', 'director_name', 'num_critic_for_reviews',
       'duration', 'director_facebook_likes',
       'actor_3_facebook_likes', 'actor_2_name',
       'actor_1_facebook_likes', 'gross', 'genres',
       'actor_1_name', 'movie_title', 'num_voted_users',
       'cast_total_facebook_likes', 'actor_3_name',
       'facenumber_in_poster', 'plot_keywords',
       'movie_imdb_link', 'num_user_for_reviews', 'language',
       'country', 'content_rating', 'budget', 'title_year',
       'actor_2_facebook_likes', 'imdb_score', 'aspect_ratio',
       'movie_facebook_likes'], dtype='object')
```

3) このカラムの順序に論理があるようには見えない．「内容」で示したガイドラインに従って，カラム名をリストに分けていく．

```
>>> disc_core = ['movie_title', 'title_year',
                 'content_rating', 'genres']
>>> disc_people = ['director_name', 'actor_1_name',
                   'actor_2_name', 'actor_3_name']
>>> disc_other = ['color', 'country', 'language',
                  'plot_keywords', 'movie_imdb_link']
>>> cont_fb = ['director_facebook_likes', 'actor_1_facebook_likes',
               'actor_2_facebook_likes', 'actor_3_facebook_likes',
               'cast_total_facebook_likes', 'movie_facebook_likes']
>>> cont_finance = ['budget', 'gross']
>>> cont_num_reviews = ['num_voted_users', 'num_user_for_reviews',
                        'num_critic_for_reviews']
>>> cont_other = ['imdb_score', 'duration',
                  'aspect_ratio', 'facenumber_in_poster']
```

4) 最終的なカラム順序になるよう，リストを順にまとめて連結する．元のカラムがすべてリストに含まれていることを確認する．

```
>>> new_col_order = disc_core + disc_people + \
    disc_other + cont_fb + \
    cont_finance + cont_num_reviews + \
    cont_other
>>> set(movie.columns) == set(new_col_order)
True
```

5) カラム順序を新しくしたリストを DataFrame のインデックス演算子に渡して，カラムの順序を整える．

```
>>> movie2 = movie[new_col_order]
>>> movie2.head()
```

	movie_title	title_year	content_rating	genres	director_name	actor_1_name	actor_2_name	actor_3_name	color	country	language
0	Avatar	2009.0	PG-13	Action|Adventure|Fantasy|Sci-Fi	James Cameron	CCH Pounder	Joel David Moore	Wes Studi	Color	USA	English
1	Pirates of the Caribbean: At World's End	2007.0	PG-13	Action|Adventure|Fantasy	Gore Verbinski	Johnny Depp	Orlando Bloom	Jack Davenport	Color	USA	English
2	Spectre	2015.0	PG-13	Action|Adventure|Thriller	Sam Mendes	Christoph Waltz	Rory Kinnear	Stephanie Sigman	Color	UK	English
3	The Dark Knight Rises	2012.0	PG-13	Action|Thriller	Christopher Nolan	Tom Hardy	Christian Bale	Joseph Gordon-Levitt	Color	USA	English
4	Star Wars: Episode VII - The Force Awakens	NaN	NaN	Documentary	Doug Walker	Doug Walker	Rob Walker	NaN	NaN	NaN	NaN

解説

DataFrame からカラムの部分集合を選択するには，カラム名のリストを使う．例えば，movie[['movie_title', 'director_name']] で，movie_title と director_name のカラムだけの DataFrame が新たにできる．名前によるカラム選択が，pandas の DataFrame のインデックス演算子では，デフォルトの振る舞いだ．

手順3では，すべてのカラム名を型(離散か連続か)とデータの類似性に基づき，リストに分割し整理する．映画の題名のような最も重要なカラムを先頭に置く．

手順4では，カラム名のすべてのリストを連結し，できたリストには元のカラム名だけがすべて含まれることを検証する．Python の集合には順序がなく,等式によって,集合の要素が互いに含まれていることをチェックできる．このレシピのように，手作業でカラムの順序を整えるのは，ヒューマンエラーを招きやすい．新しいカラムリストを作るときに，元のカラムを含めることを忘れやすいためだ．

手順5で，新たなカラム順をインデックス演算子にリストとして渡し，順序変更が完了する．元の順序と比べると，新たな順序ははるかに分かりやすい．

補足

ここで述べた簡単なガイドラインの他にもカラムの順序についてのガイドラインがある．

整然データに関する Hadley Wickham の画期的な論文(http://bit.ly/2v1hvH5)では、まず固定変数を置き、次に測定変数を置く。このレシピで使ったデータは、統制実験で得られたものではないため、どの変数が固定で、どれが測定によるかの決定は裁量の余地がある。測定変数の候補には、総売り上げの gross や imdb_score がある。例えば、この順序の場合には、離散変数と連続変数が混ざってしまう。Facebook の「いいね！」の個数の数値カラムを俳優名の直後に置くのがよいかもしれない。カラム順序はコンピュータの演算性能には関係しないので、自分なりのカラム順序のガイドラインに従うのでもちろんかまわない。

関係データベースから直接データを取得することもよくあるだろう。関係データベースでの標準的な方式は、主キーがもしあるなら先頭で、外部キーがその後に続く。

 主キーは、現在のテーブルで行を一意に識別する。外部キーは他のテーブルの行を一意に識別する。

参照

- Hadley Wickham の整然データについての論文(http://bit.ly/2v1hvH5)

レシピ14 DataFrame 全体の操作

1章**レシピ5 Series のメソッド呼び出し**では、1つのカラムのデータの Series に様々なメソッドで操作を施した。DataFrame から同じメソッドを呼び出せば、カラムそれぞれを同時に操作できる。

内容≫

このレシピでは、movie データセットで、よくある属性やメソッドを DataFrame に使って探索する。

手順≫

1) movie データセットを読み込み、shape, size, ndim といった基本的な分かりやすい属性を取得し、len 関数を用いて探索する。

```
>>> movie = pd.read_csv('data/movie.csv')
>>> movie.shape
(4916, 28)
>>> movie.size
137648
>>> movie.ndim
2
>>> len(movie)
4916
```

2) count メソッドを使い、各カラムの非欠損値の個数を数える。出力は前のカラム名をインデックスとする Series になる。

```
>>> movie.count()
color                    4897
```

```
director_name              4814
num_critic_for_reviews     4867
duration                   4901
                           ...
actor_2_facebook_likes     4903
imdb_score                 4916
aspect_ratio               4590
movie_facebook_likes       4916
Length: 28, dtype: int64
```

3) min, max, mean, median, std のような要約統計量を計算する他のメソッドは，どれもカラム名がインデックスで計算結果を値とする同様の Series を返す．

```
>>> movie.min()
num_critic_for_reviews       1.00
duration                     7.00
director_facebook_likes      0.00
actor_3_facebook_likes       0.00
                             ...
actor_2_facebook_likes       0.00
imdb_score                   1.60
aspect_ratio                 1.18
movie_facebook_likes         0.00
Length: 16, dtype: float64
```

4) describe メソッドは非常に強力で，前の手順で求めたすべての記述統計量と四分位を一度に計算する．最終結果は，記述統計量をインデックスとする DataFrame だ．

```
>>> movie.describe()
```

	num_critic_for_reviews	duration	director_facebook_likes	actor_3_facebook_likes	actor_1_facebook_likes	gross
count	4867.000000	4901.000000	4814.000000	4893.000000	4909.000000	4.054000e+03
mean	137.988905	107.090798	691.014541	631.276313	6494.488291	4.764451e+07
std	120.239379	25.286015	2832.954125	1625.874802	15106.986884	6.737255e+07
min	1.000000	7.000000	0.000000	0.000000	0.000000	1.620000e+02
25%	49.000000	93.000000	7.000000	132.000000	607.000000	5.019656e+06
50%	108.000000	103.000000	48.000000	366.000000	982.000000	2.504396e+07
75%	191.000000	118.000000	189.750000	633.000000	11000.000000	6.110841e+07
max	813.000000	511.000000	23000.000000	23000.000000	640000.000000	7.605058e+08

5) describe メソッドの percentiles パラメータを使って百分位を細かく計算できる．

```
>>> movie.describe(percentiles=[.01, .3, .99])
```

	num_critic_for_reviews	duration	director_facebook_likes	actor_3_facebook_likes	actor_1_facebook_likes	gross
count	4867.000000	4901.000000	4814.000000	4893.000000	4909.000000	4.054000e+03
mean	137.988905	107.090798	691.014541	631.276313	6494.488491	4.764451e+07
std	120.239379	25.286015	2832.954125	1625.874802	15106.986884	6.737255e+07
min	1.000000	7.000000	0.000000	0.000000	0.000000	1.620000e+02
1%	2.000000	43.000000	0.000000	0.000000	6.080000	8.474800e+03
30%	60.000000	95.000000	11.000000	176.000000	694.000000	7.914069e+06
50%	108.000000	103.000000	48.000000	366.000000	982.000000	2.504396e+07
99%	546.680000	189.000000	16000.000000	11000.000000	44920.000000	3.264128e+08
max	813.000000	511.000000	23000.000000	23000.000000	640000.000000	7.605058e+08

解説

手順1は，データセットのサイズに関する基本情報を与える．shape属性は行数とカラム数からなる2要素タプルを返す．size属性は，DataFrameの全要素数を返すが，行数とカラム数との積だ．ndim属性は次元数を返すが，DataFrameではすべて2となる．pandasでは，行数を返すlen関数が定義されている．

手順2と3のメソッドは，各カラムを単一の数値に集約する．各カラム名は，Seriesのインデックスラベルで，集約結果が対応する値だ．

細かく調べれば，手順3の出力で手順2のオブジェクトカラムがないことに気付くはずだ．この理由は，オブジェクトカラムに欠損値があり，pandasでは，文字列と欠損値の比較をどうすればよいか分からないためだ．最小値を計算できないカラムを黙って削除する．

 この文脈では，「黙って (silently)」とは，エラーも警告も投げないことを意味する．これは少々危険で，ユーザはpandasのことをよく知っておく必要がある．

数値カラムにも欠損値があるが，結果を返す．pandasでは，デフォルトで数値カラムの欠損値をスキップする．この振る舞いは，skipnaパラメータをFalseにすると変わり，1つでも欠損値があると集約メソッドではNaNを返すようになる．

describeメソッドは，主な要約統計量を一度に表示し，percentilesパラメータに0から1までの数のリストを渡せば，さらに多くのパーセンタイル値を表示に含めることができる．デフォルトでは，数値カラムの情報だけを示す．describeメソッドについて学ぶには3章**レシピ20 データ分析ルーチンの開発**を参照すること．

補足

skipnaパラメータを変えると出力がどう変わるか見るため，手順3で値をFalseにした．欠損値のない数値カラムだけが計算結果を示す．

```
>>> movie.min(skipna=False)
num_critic_for_reviews       NaN
duration                     NaN
director_facebook_likes      NaN
actor_3_facebook_likes       NaN
```

```
                              ...
actor_2_facebook_likes        NaN
imdb_score                    1.6
aspect_ratio                  NaN
movie_facebook_likes          0.0
Length: 16, dtype: float64
```

レシピ15 DataFrame のメソッドチェイニング

メソッドチェイニングがよい方法だと信じるかどうかはとにかく，pandas のデータ分析ではよく使われている．1 章**レシピ 7 Series のメソッドチェイニング**では Series メソッドの様々なチェイニングを示した．本章のメソッドチェイニングは DataFrame で始まる．メソッドチェイニングで重要なのは，途中のステップで返されるオブジェクトについて正確に知っておくことだ．pandas では，ほとんどが DataFrame, Series, スカラー値のいずれかだ．

内容

このレシピでは，movie データセットの各カラムの欠損値をすべて数え上げる．

手順

1) 欠損値を数えるには，まず isnull メソッドを呼び出して DataFrame の値を Boolean にする．movie データセットに isnull メソッドを適用する．

```
>>> movie = pd.read_csv('data/movie.csv')
>>> movie.isnull().head()
```

	color	director_name	num_critic_for_reviews	duration	director_facebook_likes	actor_3_facebook_likes	actor_2_name	actor_1_facebook_likes	gross	genres
0	False	False	False	False	False	False	False	False	False	False
1	False	False	False	False	False	False	False	False	False	False
2	False	False	False	False	False	False	False	False	False	False
3	False	False	False	False	False	False	False	False	False	False
4	True	False	True	True	False	True	False	False	True	False

2) Boolean の True/False を 1/0 に解釈する sum メソッドをチェイニングする．Series が返されることに注意．

```
>>> movie.isnull().sum().head()
color                       19
director_name              102
num_critic_for_reviews      49
duration                    15
director_facebook_likes    102
dtype: int64
```

3) 一歩進めて Series の sum を取り，DataFrame 全体での欠損値の個数をスカラー値

で返す．

```
>>> movie.isnull().sum().sum()
2654
```

4) 少し違う課題，DataFrame にそもそも欠損値があるかどうか調べることを考える．これには，any メソッドを続けて 2 回使う．

```
>>> movie.isnull().any().any()
True
```

解説

isnull メソッドは，呼び出し側 DataFrame と同じサイズだが，値がすべて Boolean の DataFrame を返す．これを検証するため，次のようにデータ型を数えてみる．

```
>>> movie.isnull().get_dtype_counts()
bool    28
dtype: int64
```

Boolean は数値としては 0/1 に評価されるので，手順 2 のようにカラムで総和を取ることができる．結果の Series にも sum メソッドがあるので，DataFrame 全体での欠損値の個数の総和が得られる．

手順 4 では DataFrame の any メソッドで Boolean の Series を返すが，これは各カラムに True が少なくとも 1 つあるかどうかを示す．この結果の Boolean の Series に，any メソッドを続けてチェイニングし，カラムのいずれかに欠損値がなかったかどうかを決める．手順 4 の結果は True で，DataFrame 全体の中に欠損値が少なくとも 1 つある．

補足

movie データセットのほとんどはオブジェクトデータ型で欠損値がある．デフォルトでは，min, max, sum という集約メソッドは，次のコードで分かるように個別の値は返さない．このコードは，3 つのオブジェクトカラムを選んで，それぞれの最大値を求めようとする．

```
>>> movie[['color', 'movie_title', 'country']].max()
Series([], dtype: float64)
```

各カラムについて何かを返すようにするには，欠損値に対して値を補わねばならない．ここでは，空文字列を割り当てる．

```
>>> movie.select_dtypes(['object']).fillna('').min()
color                                                 Color
director_name                                 Etienne Faure
actor_2_name                                  Zubaida Sahar
genres                                              Western
actor_1_name                                  Oscar Jaenada
movie_title                                         Æon Flux
actor_3_name                                  Oscar Jaenada
plot_keywords                           zombie|zombie spoof
```

```
movie_imdb_link         http://www.imdb.com/title/tt5574490/?ref_=fn_t...
language                                                            Zulu
country                                                     West Germany
content_rating                                                         X
dtype: object
```

読みやすさのために，メソッドチェイニングでは，バックスラッシュを使って改行をエスケープし，メソッド呼び出しを1行ごとに書くことが多い．こうすると読みやすくなり，各ステップで返されるものについてコメントを付けられる．

```
>>> # rewrite the above chain on multiple lines
>>> movie.select_dtypes(['object']) \
        .fillna('') \
        .min()
```

> すべてが文字列のカラムでは，最小値や最大値が一般に定義されていないので，集約演算を行うのは普通ではない．平均や分散のような明らかに文字列としての意味をもたないメソッドは呼び出しても働かない．

参照

- 1章レシピ7 Series のメソッドチェイニング

レシピ16 DataFrame の演算子の働き

1章**レシピ6 Series の演算子の働き**では，演算子の基本を述べたが，このレシピでも参照する．Python の算術及び比較演算子は Series でと同様に DataFrame でも動作する．

内容≫

算術及び比較演算子のどれかが DataFrame に働くと，それは各カラムの各値に作用する．DataFrame に演算子を働かす場合，通常は，カラムのすべてが数値またはオブジェクト(普通は文字列)だ．DataFrame のデータが同種でない場合，演算は失敗しやすい．そのような失敗の事例を，数値とオブジェクトデータ型を含む大学データセットで見てみよう．DataFrame の各値に5を足そうとすると，文字列に整数を加算できないので TypeError が起こる．

```
>>> college = pd.read_csv('data/college.csv')
>>> college + 5
TypeError: Could not operate 5 with block values must be str, not int
```

DataFrame で演算子を使ってうまくいくには，まず同種データを選択することだ．このレシピでは，`UGDS_` で始まるカラムすべてを選ぶ．これらのカラムは，人種ごとの学部生の割合を示す．初めにデータをインポートして，大学名をインデックスラベルとして用い，`filter` メソッドで必要なカラムを選ぶ．

```
>>> college = pd.read_csv('data/college.csv', index_col='INSTNM')
>>> college_ugds_ = college.filter(like='UGDS_')
>>> college_ugds_.head()
```

INSTNM	UGDS_WHITE	UGDS_BLACK	UGDS_HISP	UGDS_ASIAN	UGDS_AIAN	UGDS_NHPI	UGDS_2MOR	UGDS_NRA	UGDS_UNKN
Alabama A & M University	0.0333	0.9353	0.0055	0.0019	0.0024	0.0019	0.0000	0.0059	0.0138
University of Alabama at Birmingham	0.5922	0.2600	0.0283	0.0518	0.0022	0.0007	0.0368	0.0179	0.0100
Amridge University	0.2990	0.4192	0.0069	0.0034	0.0000	0.0000	0.0000	0.0000	0.2715
University of Alabama in Huntsville	0.6988	0.1255	0.0382	0.0376	0.0143	0.0002	0.0172	0.0332	0.0350
Alabama State University	0.0158	0.9208	0.0121	0.0019	0.0010	0.0006	0.0098	0.0243	0.0137

このレシピでは，DataFrame に複数の演算子を使って学部学生のカラムの値を小数点以下 2 桁にまとめる．この結果が round メソッドを使ったものと等しいことを確かめる．

手順

1) 演算子で丸めの冒険を始めるため，最初に college_ugds_ の各値に .00501 を加える．

```
>>> college_ugds_ + .00501
```

INSTNM	UGDS_WHITE	UGDS_BLACK	UGDS_HISP	UGDS_ASIAN	UGDS_AIAN	UGDS_NHPI	UGDS_2MOR	UGDS_NRA	UGDS_UNKN
Alabama A & M University	0.03831	0.94031	0.01051	0.00691	0.00741	0.00691	0.00501	0.01091	0.01881
University of Alabama at Birmingham	0.59721	0.26501	0.03331	0.05681	0.00721	0.00571	0.04181	0.02291	0.01501
Amridge University	0.30401	0.42421	0.01191	0.00841	0.00501	0.00501	0.00501	0.00501	0.27651
University of Alabama in Huntsville	0.70381	0.13051	0.04321	0.04261	0.01931	0.00521	0.02221	0.03821	0.04001
Alabama State University	0.02081	0.92581	0.01711	0.00691	0.00601	0.00561	0.01481	0.02931	0.01871

2) 整数 (切り捨て) 除算演算子 // を使い，整数パーセントに丸める．

```
>>> (college_ugds_ + .00501) // .01
```

INSTNM	UGDS_WHITE	UGDS_BLACK	UGDS_HISP	UGDS_ASIAN	UGDS_AIAN	UGDS_NHPI	UGDS_2MOR	UGDS_NRA	UGDS_UNKN
Alabama A & M University	3.0	94.0	1.0	0.0	0.0	0.0	0.0	1.0	1.0
University of Alabama at Birmingham	59.0	26.0	3.0	5.0	0.0	0.0	4.0	2.0	1.0
Amridge University	30.0	42.0	1.0	0.0	0.0	0.0	0.0	0.0	27.0
University of Alabama in Huntsville	70.0	13.0	4.0	4.0	1.0	0.0	2.0	3.0	4.0
Alabama State University	2.0	92.0	1.0	0.0	0.0	0.0	1.0	2.0	1.0

3) 丸めの練習のために 100 で割る．

```
>>> college_ugds_op_round = (college_ugds_ + .00501) // .01 / 100
>>> college_ugds_op_round.head()
```

INSTNM	UGDS_WHITE	UGDS_BLACK	UGDS_HISP	UGDS_ASIAN	UGDS_AIAN	UGDS_NHPI	UGDS_2MOR	UGDS_NRA	UGDS_UNKN
Alabama A & M University	0.03	0.94	0.01	0.00	0.00	0.0	0.00	0.01	0.01
University of Alabama at Birmingham	0.59	0.26	0.03	0.05	0.00	0.0	0.04	0.02	0.01
Amridge University	0.30	0.42	0.01	0.00	0.00	0.0	0.00	0.00	0.27
University of Alabama in Huntsville	0.70	0.13	0.04	0.04	0.01	0.0	0.02	0.03	0.04
Alabama State University	0.02	0.92	0.01	0.00	0.00	0.0	0.01	0.02	0.01

4) 今度は DataFrame の round メソッドを使って丸めてみる．NumPy の丸め機能は，ちょうど真ん中の数値を偶数側に丸める．そのために，丸めの前に端数を加えておく．

```
>>> college_ugds_round = (college_ugds_ + .00001).round(2)
```

5) DataFrame の equals メソッドで 2 つの DataFrame が等しいかチェックする．

```
>>> college_ugds_op_round.equals(college_ugds_round)
True
```

解説

手順 1 では加算演算子を使って，DataFrame の各カラムの各値にスカラー値を足し合わせる．カラムはすべて数値なので，この演算は期待通りに働く．カラムに欠損値があるが，演算後も欠損値のままだ．

数学的には，.005 を加えるだけで，次の手順の整数除算で正しく整数パーセントに丸められるはずだ．ところが，浮動小数点数の不正確さによって問題が生じる．

```
>>> .045 + .005
0.049999999999999996
```

余分の .00001 を付け加えることで，浮動小数点数表示の最初の 4 桁が実際の値と同じになる．データセットの小数部分の最大精度が 4 桁なのでこれがうまくいく．

手順 2 で DataFrame の全値に整数除算演算子 // を適用する．小数で割っているのだから，本質的には 100 を掛けて，整数に切り下げている．整数除算の方が加算よりも優先度が高いので，式の先頭には括弧が必要だ．手順 3 では除算演算子を使って，小数点が正しい位置にくる浮動小数点数に戻している．

手順 4 では，これまでの手順と同じことを round メソッドで行う．これを行う前に，再度余分の .00001 を各 DataFrame 値に足しておかねばならないが，手順 1 とは理由が異なる．NumPy と Python 3 では，正確に真ん中の位置にある数を丸めるときに偶数の側に丸める．この「偶数への丸め」(http://bit.ly/2x3V5TU) は，学校では通常きちんと教えてくれない．これは常に切り上げるわけではない (http://bit.ly/2zhsPy8).

ここでは，切り上げておかないと DataFrame の値が前のと合わなくなる．equals メソッドは，DataFrame の要素とインデックスとが同じかどうかチェックして，Boolean

を返す．

補足

Seriesの場合と同様に，演算子に等価なメソッドがある．演算子を次のように等価なメソッドで置き換えられる．

```
>>> college_ugds_op_round_methods = college_ugds_.add(.00501) \
                                                .floordiv(.01) \
                                                .div(100)
>>> college_ugds_op_round_methods.equals(college_ugds_op_round)
True
```

参照

- 浮動小数点数算術についてコンピュータサイエンティストなら知っておくべきこと (http://bit.ly/2vmYZKi)

レシピ17 欠損値の比較

pandasでは欠損値をNumPyのNaNオブジェクト(np.nan)で表す．これは，自分自身とも等しくない異常なオブジェクトだ．PythonのNoneオブジェクトでも自分自身との比較でTrueを返す．

```
>>> np.nan == np.nan
False
>>> None == None
True
```

不等価演算子(!=)を除いて他の比較演算子もnp.nanにはFalseを返す．

```
>>> np.nan > 5
False
>>> 5 > np.nan
False
>>> np.nan != 5
True
```

内容

SeriesとDataFrameは，等価演算子 == を使って要素ごとに比較し，同じサイズのオブジェクトを返す．このレシピでは等価演算子の使い方を示すが，equalsメソッドとは使い方が全く異なる．

前の**レシピ16 DataFrameの演算子の働き**でと同様に，大学データセットで人種ごとの学部学生の割合を示すカラムを用いる．

```
>>> college = pd.read_csv('data/college.csv', index_col='INSTNM')
>>> college_ugds_ = college.filter(like='UGDS_')
```

手順 >>>

1) 等価演算子がどのように働くかの感じをつかむために，スカラー値と各要素を比較する．

```
>>> college_ugds_ == .0019
```

INSTNM	UGDS_WHITE	UGDS_BLACK	UGDS_HISP	UGDS_ASIAN	UGDS_AIAN	UGDS_NHPI	UGDS_2MOR	UGDS_NRA	UGDS_UNKN
Alabama A & M University	False	False	False	True	False	True	False	False	False
University of Alabama at Birmingham	False	False	False	False	False	False	False	False	False
Amridge University	False	False	False	False	False	False	False	False	False
University of Alabama in Huntsville	False	False	False	False	False	False	False	False	False
Alabama State University	False	False	False	True	False	False	False	False	False

2) これは期待通りに動いたが，DataFrame を欠損値と比較すると問題が生じる．この同じ等価演算子を2つの DataFrame を要素ごとに比較するのにも使える．例えば，college_ugds_ を次のように自分自身と比較する．

```
>>> college_self_compare = college_ugds_ == college_ugds_
>>> college_self_compare.head()
```

INSTNM	UGDS_WHITE	UGDS_BLACK	UGDS_HISP	UGDS_ASIAN	UGDS_AIAN	UGDS_NHPI	UGDS_2MOR	UGDS_NRA	UGDS_UNKN
Alabama A & M University	True	True	True	True	True	True	True	True	True
University of Alabama at Birmingham	True	True	True	True	True	True	True	True	True
Amridge University	True	True	True	True	True	True	True	True	True
University of Alabama in Huntsville	True	True	True	True	True	True	True	True	True
Alabama State University	True	True	True	True	True	True	True	True	True

3) 一見したところは，期待通りにすべての値が等しいようだ．しかし，all メソッドを使って，カラムには True しか含まれないかチェックすると，予期せぬ結果になる．

```
>>> college_self_compare.all()
UGDS_WHITE    False
UGDS_BLACK    False
UGDS_HISP     False
UGDS_ASIAN    False
UGDS_AIAN     False
UGDS_NHPI     False
UGDS_2MOR     False
UGDS_NRA      False
UGDS_UNKN     False
dtype: bool
```

4) これは，欠損値同士が等しくならないことによる．等価演算子を使って欠損値を数え上げ，Boolean カラムの総和を取ろうとすると，どのカラムでもゼロになる．

```
>>> (college_ugds_ == np.nan).sum()
UGDS_WHITE     0
UGDS_BLACK     0
UGDS_HISP      0
UGDS_ASIAN     0
UGDS_AIAN      0
UGDS_NHPI      0
UGDS_2MOR      0
UGDS_NRA       0
UGDS_UNKN      0
dtype: int64
```

5) 欠損値を数えるには，主に isnull メソッドを使う．

```
>>> college_ugds_.isnull().sum()
UGDS_WHITE     661
UGDS_BLACK     661
UGDS_HISP      661
UGDS_ASIAN     661
UGDS_AIAN      661
UGDS_NHPI      661
UGDS_2MOR      661
UGDS_NRA       661
UGDS_UNKN      661
dtype: int64
```

6) 2つの DataFrame 全体を比較する正しい方法は，等価演算子ではなく equals メソッドを使うことだ．

```
>>> college_ugds_.equals(college_ugds_)
True
```

解説

手順1では DataFrame をスカラー値と比較し，手順2では DataFrame 同士を比較した．どちらの演算も見た目は単純で直感的に思える．第2の演算は実際には DataFrame のインデックスラベルが同じかどうか，すなわち要素の個数が同じかをチェックする．そうでないと演算が失敗する．6章**レシピ46 デカルト積の作成**にもっと説明がある．

手順3では DataFrame のカラムがどれも互いに等しくないことを検証する．手順4ではさらに，np.nan が自分自身と等価でないことを示す．手順5では，DataFrame に欠損値があることを検証する．最後に，手順6で DataFrame 同士を比較する正しい方法が equals メソッドによる比較で，常に，Boolean スカラー値が返ることを示す．

補足

すべての比較演算子には，より機能に富むメソッドが対応している．間違いやすいのだが，DataFrame の eq メソッドは，等価演算子同様，要素ごとに比較する．しかし，eq メソッドは，

equals メソッドと同じではない．等価演算子と同じように働く．次のコードは，手順1と同じ結果になる．

```
>>> college_ugds_.eq(.0019)  # college_ugds_ == .0019 と同じ
```

pandas.testing パッケージには，ユニットテスト作成時に開発者が使わなければならない関数がある．assert_frame_equal 関数は，2つの DataFrame が等しくないと AssertionError を起こす．渡された2つのフレームが等しいと None を返す．

```
>>> from pandas.testing import assert_frame_equal
>>> assert_frame_equal(college_ugds_, college_ugds_)
```

> ユニットテストはソフトウェア開発で非常に重要な部分であり，コードが正しく実行していることを確認する．pandas には，正しく実行していることを確認するための何千というユニットテストがある．pandas でユニットテストをどのように行うかについては，公式文書の「Contributing to pandas」節を読むこと (http://bit.ly/2vmCSU6)．

レシピ18 DataFrame 演算の方向を転置

DataFrame のメソッドの多くには axis パラメータがある．これは，演算の方向を決める．値は0か1のどちらかで，**index** または **columns** という文字列で指定してもよい．

内容 >>>

ほとんどの DataFrame で axis のデフォルトは 0/index だ．このレシピでは，その同じメソッドで，演算方向を転置する方法を示す．簡略化のため，大学データセットで，人種のパーセントに関わるカラムだけを使う．

手順

1) 大学データセットを読み込む．UGDS_ で始まるカラムはある人種の学部学生のパーセントを表す．filter メソッドを使ってカラムを抜き出す．

```
>>> college = pd.read_csv('data/college.csv', index_col='INSTNM')
>>> college_ugds_ = college.filter(like='UGDS_')
>>> college_ugds_.head()
```

INSTNM	UGDS_WHITE	UGDS_BLACK	UGDS_HISP	UGDS_ASIAN	UGDS_AIAN	UGDS_NHPI	UGDS_2MOR	UGDS_NRA	UGDS_UNKN
Alabama A & M University	0.0333	0.9353	0.0055	0.0019	0.0024	0.0019	0.0000	0.0059	0.0138
University of Alabama at Birmingham	0.5922	0.2600	0.0283	0.0518	0.0022	0.0007	0.0368	0.0179	0.0100
Amridge University	0.2990	0.4192	0.0069	0.0034	0.0000	0.0000	0.0000	0.0000	0.2715
University of Alabama in Huntsville	0.6988	0.1255	0.0382	0.0376	0.0143	0.0002	0.0172	0.0332	0.0350
Alabama State University	0.0158	0.9208	0.0121	0.0019	0.0010	0.0006	0.0098	0.0243	0.0137

2) DataFrame のカラムデータは一様で，演算は鉛直方向でも水平方向でも問題ない．count メソッドで非欠損値の個数を返す．axis のデフォルトは 0．

```
>>> college_ugds_.count()
```

```
UGDS_WHITE     6874
UGDS_BLACK     6874
UGDS_HISP      6874
UGDS_ASIAN     6874
UGDS_AIAN      6874
UGDS_NHPI      6874
UGDS_2MOR      6874
UGDS_NRA       6874
UGDS_UNKN      6874
```

> 💡 axis は，ほとんど常に 0 なので，次を行う必要はないが，手順 2 のコードが college_ugds_.count(axis=0) と college_ugds_.count(axis='index') に同じことを理解しておくとよい．

3) axis を 1/columns に変えれば，演算が転置されて，行データの非欠損値を数え上げる．

```
>>> college_ugds_.count(axis='columns').head()
INSTNM
Alabama A & M University                 9
University of Alabama at Birmingham      9
Amridge University                       9
University of Alabama in Huntsville      9
Alabama State University                 9
```

4) 非欠損値を数え上げる代わりに，各行の和を取ることができる．各行のパーセントを足し合わせると 1 (100%) になる．メソッド sum を使って検証できる．

```
>>> college_ugds_.sum(axis='columns').head()
INSTNM
Alabama A & M University                 1.0000
University of Alabama at Birmingham      0.9999
Amridge University                       1.0000
University of Alabama in Huntsville      1.0000
Alabama State University                 1.0000
```

5) カラムの分布については，median メソッドを使うことができる．

```
>>> college_ugds_.median(axis='index')
UGDS_WHITE     0.55570
UGDS_BLACK     0.10005
UGDS_HISP      0.07140
UGDS_ASIAN     0.01290
UGDS_AIAN      0.00260
UGDS_NHPI      0.00000
UGDS_2MOR      0.01750
UGDS_NRA       0.00000
```

```
UGDS_UNKN      0.01430
```

解説

演算の方向は，pandas の難しいところで，解釈についてはインターネットでの議論のスレッドがにぎわっている．pandas 初心者の多くは，axis パラメータの意味を覚えきれない．幸い，pandas の演算方向は 2 つしかない．力任せの解法は，どちらも試してみて，望ましい結果の出る方を使う．私の記憶法は，1 がカラムに似ていて，axis=1 での演算が新たなカラムデータを返す (データは，カラムと同じ要素がある) というものだ．

手順 3 でこれを確認した．(head メソッドなしの) 結果は新たなカラムデータで，必要なら DataFrame に新たなカラムとして追加できる．axis が 0/index の他の手順では，新しい行データが返る．

補足

axis=1 での cumsum メソッドは，各行の人種のパーセントの累積和．データの少し異なる側面を示す．例えば，各校での白人，黒人，ヒスパニック系のパーセントがすぐわかる．

```
>>> college_ugds_cumsum = college_ugds_.cumsum(axis=1)
>>> college_ugds_cumsum.head()
```

INSTNM	UGDS_WHITE	UGDS_BLACK	UGDS_HISP	UGDS_ASIAN	UGDS_AIAN	UGDS_NHPI	UGDS_2MOR	UGDS_NRA	UGDS_UNKN
Alabama A & M University	0.0333	0.9686	0.9741	0.9760	0.9784	0.9803	0.9803	0.9862	1.0000
University of Alabama at Birmingham	0.5922	0.8522	0.8805	0.9323	0.9345	0.9352	0.9720	0.9899	0.9999
Amridge University	0.2990	0.7182	0.7251	0.7285	0.7285	0.7285	0.7285	0.7285	1.0000
University of Alabama in Huntsville	0.6988	0.8243	0.8625	0.9001	0.9144	0.9146	0.9318	0.9650	1.0000
Alabama State University	0.0158	0.9366	0.9487	0.9506	0.9516	0.9522	0.9620	0.9863	1.0000

参照

- cumsum の pandas 公式文書 (http://bit.ly/2v3B6EZ)

レシピ19 大学のキャンパスのダイバーシティ指標の計算

大学のキャンパスにおけるダイバーシティの様々な側面とそのインパクトについては，毎年多数の論説が書かれている．様々な組織がダイバーシティを測定する指標 (メトリクス) を開発している．US News は，様々なカテゴリで大学ランキングを発表しているが，ダイバーシティもその 1 つだ．そのダイバーシティインデックスによるダイバーシティに優れた上位 10 大学は次のようになっている．

```
>>> pd.read_csv('data/college_diversity.csv', index_col='School')
```

School	Diversity Index
Rutgers University--Newark Newark, NJ	0.76
Andrews University Berrien Springs, MI	0.74
Stanford University Stanford, CA	0.74
University of Houston Houston, TX	0.74
University of Nevada--Las Vegas Las Vegas, NV	0.74
University of San Francisco San Francisco, CA	0.74
San Francisco State University San Francisco, CA	0.73
University of Illinois--Chicago Chicago, IL	0.73
New Jersey Institute of Technology Newark, NJ	0.72
Texas Woman's University Denton, TX	0.72

内容

大学データセットは，人種を9つのカテゴリに分けている．**ダイバーシティ**のように明確な定義のないものを定量化するには，非常に単純なものから始めるのがよい．このレシピでは，ダイバーシティ指標を学生数の15%以上を占める人種の個数に等しいとする．

手順

1) 大学データセットを読み込み，学部学生の人種のカラムだけをフィルタリングして選ぶ．

```
>>> college = pd.read_csv('data/college.csv', index_col='INSTNM')
>>> college_ugds_ = college.filter(like='UGDS_')
```

2) 多くの大学で人種のカラムには欠損値がある．各行の欠損値を数えて，結果のSeriesを降順にソートできる．こうすると，欠損値のある大学が分かる．

```
>>> college_ugds_.isnull()\
            .sum(axis=1)\
            .sort_values(ascending=False)\
            .head()
INSTNM
Excel Learning Center-San Antonio South         9
Philadelphia College of Osteopathic Medicine    9
Assemblies of God Theological Seminary          9
Episcopal Divinity School                       9
Phillips Graduate Institute                     9
dtype: int64
```

3) 人種のカラムすべてが欠損している大学が分かったので，dropnaメソッドを使って，9つの人種のパーセントがすべて欠損した行を削除できる．それから，残っている欠損値を数える．

```
>>> college_ugds_ = college_ugds_.dropna(how='all')
>>> college_ugds_.isnull().sum()
UGDS_WHITE    0
UGDS_BLACK    0
UGDS_HISP     0
UGDS_ASIAN    0
UGDS_AIAN     0
UGDS_NHPI     0
UGDS_2MOR     0
UGDS_NRA      0
UGDS_UNKN     0
dtype: int64
```

4) データセットには欠損値が残っていない．これで，ダイバーシティ指標を計算できる．最初に，大きいか等しいという比較の ge メソッドを使って値を Boolean に変換する．

```
>>> college_ugds_.ge(.15)
```

INSTNM	UGDS_WHITE	UGDS_BLACK	UGDS_HISP	UGDS_ASIAN	UGDS_AIAN	UGDS_NHPI	UGDS_2MOR	UGDS_NRA	UGDS_UNKN
Alabama A & M University	False	True	False	False	False	False	False	False	False
University of Alabama at Birmingham	True	True	False	False	False	False	False	False	False
Amridge University	True	True	False	False	False	False	False	False	True
University of Alabama in Huntsville	True	False	False	False	False	False	False	False	False
Alabama State University	False	True	False	False	False	False	False	False	False

5) 次に，sum メソッドを使って各大学の True の個数を数える．Series が返ることに注意．

```
>>> diversity_metric = college_ugds_.ge(.15).sum(axis='columns')
>>> diversity_metric.head()
INSTNM
Alabama A & M University               1
University of Alabama at Birmingham    2
Amridge University                     3
University of Alabama in Huntsville    1
Alabama State University               1
dtype: int64
```

6) 分布の感じをつかむため，この Series に value_counts メソッドを使う．

```
>>> diversity_metric.value_counts()
1    3042
2    2884
3     876
4      63
```

```
0    7
5    2
dtype: int64
```

7) 驚いたことに，5つの人種カテゴリが15%以上の大学が2つある．diversity_metric の Series をソートして，どの大学なのか見つけ出そう．

```
>>> diversity_metric.sort_values(ascending=False).head()
INSTNM
Regency Beauty Institute-Austin           5
Central Texas Beauty College-Temple       5
Sullivan and Cogliano Training Center     4
Ambria College of Nursing                 4
Berkeley College-New York                 4
dtype: int64
```

8) これらの大学がそれほどダイバーシティに富むのか少し心配だ．上位2大学の元のパーセントを調べよう．.loc インデクサ[訳注]を使って，インデックスラベルから選択する．

[訳注] インデクサについては**レシピ26 Series データの選択**参照．

```
>>> college_ugds_.loc[['Regency Beauty Institute-Austin',
                       'Central Texas Beauty College-Temple']]
```

INSTNM	UGDS_WHITE	UGDS_BLACK	UGDS_HISP	UGDS_ASIAN	UGDS_AIAN	UGDS_NHPI	UGDS_2MOR	UGDS_NRA	UGDS_UNKN
Regency Beauty Institute-Austin	0.1867	0.2133	0.1600	0.0000	0.0	0.0	0.1733	0.0	0.2667
Central Texas Beauty College-Temple	0.1616	0.2323	0.2626	0.0202	0.0	0.0	0.1717	0.0	0.1515

9) 「分からない」と「2つ以上の人種」というカテゴリに集約されているようだ．それにもかかわらず，2大学ともダイバーシティに富んでいる．US News の上位10大学がこのダイバーシティ指標でどう評価されるか調べてみる．

```
>>> us_news_top = ['Rutgers University-Newark', 'Andrews University',
                   'Stanford University', 'University of Houston',
                   'University of Nevada-Las Vegas']
>>> diversity_metric.loc[us_news_top]
INSTNM
Rutgers University-Newark         4
Andrews University                3
Stanford University               3
University of Houston             3
University of Nevada-Las Vegas    3
dtype: int64
```

> **解説**

　手順2では欠損値の個数を数えて，多い順に大学を表示した．DataFrameのカラムは9つなので，大学の欠損値の個数は最大9だ．多くの大学でカラムに欠損値がある．手順3では，値がすべて欠損している行を削除した．手順3のdropnaメソッドにはhowパラメータがあって，デフォルトが文字列anyだが，allにも変更できる．anyに設定した場合は，1つ以上欠損値のある行を削除．allに設定すると，すべての値が欠損した行を削除する．

　この場合には，確実な方法で，すべての値が欠損している行を削除する．欠損値が0パーセントを表す可能性もあるからだ．ただし，dropna実行後に欠損値が見られなかったので，今回そういうことはなかったようだ．もし欠損値が残っていたなら，fillna(0)メソッドを実行して残っていた欠損値を0にする．

　手順4で，以上比較のgeメソッドを使って，定義したダイバーシティ指標を計算する．結果はすべての値がBooleanのDataFrameであり，axis='columns'に設定して水平方向の和を取る．

　手順6では，value_countsメソッドを使って，ダイバーシティ指標の分布を得る．学部学生で，3つの人種が15%以上という大学は極めてまれだ．手順7と8では，この指標で2大学が最もダイバーシティに優れることが分かった．この2大学のダイバーシティは高いが，人種の多くがきちんと登録されているわけではなく，「分からない」や「2つ以上」というカテゴリに暗黙的に分類されていることが分かった．

　手順9では，US Newsの記事の上位5大学を選んだ．そして，新たに作ったSeriesでダイバーシティ指標を求めた．これらの大学が，この単純な指標でも高得点なのが判明した．

> **補足**

　違う観点で，最大人種のパーセントを使うことにより，最もダイバーシティが少ない大学を見つけることもできる．

```
>>> college_ugds_.max(axis=1).sort_values(ascending=False).head(10)
INSTNM
Dewey University-Manati                            1.0
Yeshiva and Kollel Harbotzas Torah                 1.0
Mr Leon's School of Hair Design-Lewiston           1.0
Dewey University-Bayamon                           1.0
Shepherds Theological Seminary                     1.0
Yeshiva Gedolah Kesser Torah                       1.0
Monteclaro Escuela de Hoteleria y Artes Culinarias 1.0
Yeshiva Shaar Hatorah                              1.0
Bais Medrash Elyon                                 1.0
Yeshiva of Nitra Rabbinical College                1.0
```

```
dtype: float64
```

9つの人種カテゴリすべてが1%を超える大学があるかどうかも見つけられる．

```
>>> (college_ugds_ > .01).all(axis=1).any()
True
```

参照

- US News Campus Ethnic Diversity 2015-2016 (`http://bit.ly/2vmDhWC`)

Chapter 3 データ分析開始

◎本章のレシピ
- 20 データ分析ルーチンの開発
- 21 データ型を変更してメモリ削減
- 22 最大の中の最小を選択
- 23 ソートして各グループでの最大を選択
- 24 sort_values で nlargest の代用
- 25 トレール注文の価格計算

　データセットを DataFrame としてインポートした後，読者はアナリストとしてまず行わねばならないステップを考えておくことが重要だ．データを初めて調べるときに，通常どのようなタスクを行うか．可能なデータ型すべてが分かっているか．本章では，新たなデータセットを扱うときに行うタスクをまず学ぶ．さらに，そう簡単ではない作業課題について，pandas ではどうすればよいか学習する．

レシピ20 データ分析ルーチンの開発

　データ分析の開始をどうするか標準的な方式はないが，普通は，データセットを最初に検討するときに，自分でルーチンを定めて開発するのがよいやり方だ．朝起きて，シャワーを浴び，仕事に出かけ，食事をするなどと同じように，データ分析開始ルーチンで新たなデータセットへの取り組みを迅速に進めることができる．このルーチンは，pandas やデータ分析に慣れるに従い進化する，タスクの動的なチェックリストにもなる．

　探索的データ分析 (EDA，**Exploratory Data Analysis**) は，統計的検定手続きを使わないデータ分析のプロセス全体を指す用語[訳注]．EDA では，データ間の関係を様々に可視化して興味深いパターンを発見したり，仮説を開発する．

> [訳注] EDA は，John Tukey の 1962 年の論文 "*The Future of Data Analysis*" に始まり，その著作 "*Exploratory Data Analysis*" で確立された．古典的統計学から脱して，現在のデータサイエンスにつながるものだ．

内容≫

このレシピでは，EDA の基本的な部分，ルーチンの一環として系統的に**メタデータ**の収集と **1 変量記述統計**を扱う．また，データセットを pandas DataFrame としてインポートしたときのタスクが通常どうなるかを示す．このレシピは，データセットを最初に検討するときのルーチンの基礎になる．

 メタデータとは，データセットを記述するもので，データについてのデータだ．メタデータの例には，カラム/行の個数，カラム名，カラムのデータ型，データセットの提供元，収集日時，カラムで許される値などがある．1 変量記述統計とは，データセットの個別変数 (カラム) についての，他の変数とは独立な要約統計量．

手順≫

まず大学の college データセットのメタデータを収集し，次に各カラムの基本要約統計量を求める．

1) データセットを読み込み，先頭の 5 行を head メソッドで調べる．

```
>>> college = pd.read_csv('data/college.csv')
>>> college.head()
```

	INSTNM	CITY	STABBR	HBCU	MENONLY	WOMENONLY	RELAFFIL	SATVRMID	SATMTMID	DISTANCEONLY	...	UGDS_2MOR	UGDS_NRA
0	Alabama A & M University	Normal	AL	1.0	0.0	0.0	0	424.0	420.0	0.0	...	0.0000	0.0059
1	University of Alabama at Birmingham	Birmingham	AL	0.0	0.0	0.0	0	570.0	565.0	0.0	...	0.0368	0.0179
2	Amridge University	Montgomery	AL	0.0	0.0	0.0	1	NaN	NaN	1.0	...	0.0000	0.0000
3	University of Alabama in Huntsville	Huntsville	AL	0.0	0.0	0.0	0	595.0	590.0	0.0	...	0.0172	0.0332
4	Alabama State University	Montgomery	AL	1.0	0.0	0.0	0	425.0	430.0	0.0	...	0.0098	0.0243

2) shape 属性から DataFrame の次元を得る．

```
>>> college.shape
>>> (7535, 27)
```

3) 各カラムのデータ型，非欠損値の個数，メモリ使用量を info メソッドで表示する．

```
>>> college.info()
```

```
<class 'pandas.core.frame.DataFrame'>
RangeIndex: 7535 entries, 0 to 7534
Data columns (total 27 columns):
INSTNM              7535 non-null object
CITY                7535 non-null object
STABBR              7535 non-null object
HBCU                7164 non-null float64
...
PCTFLOAN            6849 non-null float64
UG25ABV             6718 non-null float64
MD_EARN_WNE_P10     6413 non-null object
GRAD_DEBT_MDN_SUPP  7503 non-null object
dtypes: float64(20), int64(2), object(5)
memory usage: 1.6+ MB
```

4) 数値カラムの要約統計量を求め，出力を読みやすいように横に転置する．

```
>>> college.describe(include=[np.number]).T
```

	count	mean	std	min	25%	50%	75%	max
HBCU	7164.0	0.014238	0.118478	0.0	0.0000	0.00000	0.000000	1.0
MENONLY	7164.0	0.009213	0.095546	0.0	0.0000	0.00000	0.000000	1.0
WOMENONLY	7164.0	0.005304	0.072642	0.0	0.0000	0.00000	0.000000	1.0
RELAFFIL	7535.0	0.190975	0.393096	0.0	0.0000	0.00000	0.000000	1.0
...	...	...	...	...	...	...	...	...
CURROPER	7535.0	0.923291	0.266146	0.0	1.0000	1.00000	1.000000	1.0
PCTPELL	6849.0	0.530643	0.225544	0.0	0.3578	0.52150	0.712900	1.0
PCTFLOAN	6849.0	0.522211	0.283616	0.0	0.3329	0.58330	0.745000	1.0
UG25ABV	6718.0	0.410021	0.228939	0.0	0.2415	0.40075	0.572275	1.0

5) オブジェクトのカテゴリカラムの要約統計量を求める．

```
>>> college.describe(include=[np.object, pd.Categorical]).T
```

	count	unique	top	freq
INSTNM	7535	7535	University of Phoenix-Illinois	1
CITY	7535	2514	New York	87
STABBR	7535	59	CA	773
MD_EARN_WNE_P10	6413	598	PrivacySuppressed	822
GRAD_DEBT_MDN_SUPP	7503	2038	PrivacySuppressed	1510

解説

データセットインポート後，通常，head メソッドで DataFrame の先頭の数行を出力し，自分の目で調べてみる．行数とカラム数のタプルを返す shape 属性が，最初のメタデータを与える．

メタデータを一度に得るには info メソッドを使う．DataFrame の各カラム名，非欠損値の個数，各カラムのデータ型，メモリ使用量が得られる．DataFrame では，カラム値は常に 1 つのデータ型になる．同じことは関係データベースでも成り立つ．DataFrame は，全体としては，様々なデータ型のカラムで構成される．

> pandas は，内部では，同じデータ型のカラムをブロックにまとめている．pandas の内部構造の詳しい解説は，Jeff Tratner のスライド (http://bit.ly/2xHIv1g) にある．

手順 4 と 5 は，様々なデータ型のカラムで 1 変量記述統計を取る．describe メソッドは include パラメータのデータ型に基づいて，様々に出力できる．デフォルトで，describe メソッドは，**カテゴリ**カラムは黙って無視し，数値 (ほとんどは**連続**) カラムすべての要約を出力する．np.number または文字列 **number** を使って整数と浮動小数点数の両方を含めることができる．データ型の階層では，数が整数と浮動小数点数の上に位置する．次の図式で，NumPy のデータ型階層が理解できる．

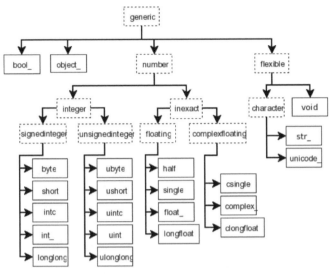

> データは大きくは連続かカテゴリかに分類できる．連続データは数値で，身長，体重，給料のように値に無限の可能性がある．カテゴリデータは離散値で，民族，雇用形態，車の色などのように有限個の可能性しかない．カテゴリデータは数値的にも文字によってもどちらでも表せる．

カテゴリカラムは，通常は，型 np.object または pd.Categorical となる．手順 5 は，これらの型を表す．手順 4 と 5 の両方で，DataFrame の出力が T 属性[訳注]で横に転置される．これにより，多数のカラムからなる DataFrame が読みやすくなる．

[訳注] 公式文書では，property T だが，本書では，「属性」という訳語に統一している．

補足

describe メソッドでは，数値カラムに対して正確なパーセンタイル指定ができる．

```
>>> college.describe(include=[np.number],
                     percentiles=[.01, .05, .10, .25, .5,
                                  .75, .9, .95, .99]).T
```

	count	mean	std	min	1%	5%	10%	25%	50%	75%	90%	95%	99%	max
HBCU	7164.0	0.014238	0.118478	0.0	0.0000	0.0000	0.0000	0.0000	0.00000	0.000000	0.00000	0.00000	1.000000	1.0
MENONLY	7164.0	0.009216	0.095520	0.0	0.0000	0.0000	0.0000	0.0000	0.00000	0.000000	0.00000	0.00000	0.000000	1.0
...	...	...	...	...	...	...	...	...	...	...	...	...	...	...
PCTFLOAN	6849.0	0.522211	0.283616	0.0	0.0000	0.0000	0.0000	0.3329	0.58330	0.745000	0.84752	0.89792	0.986368	1.0
UG25ABV	6718.0	0.410021	0.228939	0.0	0.0025	0.0374	0.0899	0.2415	0.40075	0.572275	0.72666	0.80000	0.917383	1.0

データ辞書

データ分析で重要なのは，データ辞書の作成と保守．データ辞書は，データの各カ

ラムのメタデータと注記の表．データ辞書の主目的は，カラム名の意味を説明すること．大学データセットでは，初めてのデータアナリストにとってはなじみのない略語が多数ある．

大学データセットのデータ辞書は college_data_dictionary.csv ファイルにある．

```
>>> pd.read_csv('data/collge_data_dictionary.csv')
```

	column_name	description
0	INSTNM	Institution Name
1	CITY	City Location
2	STABBR	State Abbreviation
3	HBCU	Historically Black College or University
...	...	...
23	PCTFLOAN	Percent Students with federal loan
24	UG25ABV	Percent Students Older than 25
25	MD_EARN_WNE_P10	Median Earnings 10 years after enrollment
26	GRAD_DEBT_MDN_SUPP	Median debt of completers

見てわかるように，カラム名の略記を解読できる．DataFrame は，データ辞書を書くのには適していない．Excel や Google Sheets のように値の編集やカラム追加が簡単にできるのがよい．最低限，データ辞書には，データへの注記を保管する機能が必要だ．同僚のアナリストと最初に共有するのがデータ辞書だ．

作業中のデータセットがデータベースからきており，その管理者に連絡して情報を入手する必要がよく生じる．本格的なデータベースには，一般的には，**スキーマ**という，より正式のデータ表現がある．可能であるなら，データセットをデータ設計に関する専門知識のある人々と検討するのがよい．

参照

- NumPy のデータ階層文書 (http://bit.ly/2yqsg7p)

レシピ21　データ型を変更してメモリ削減

pandas では，連続データ対カテゴリデータという大分類が存在しないが，様々なデータ型に対して細かく定義している．

内容>>

このレシピでは，大学データセットのカラムオブジェクトのデータ型を，pandas のカテゴリデータ型に変更してメモリ使用量を劇的に減らす．

手順

1) 大学データセットを読み込んだ後，いくつかのデータ型のカラムを選択し，メモリ量をどれだけ減らせるか後で示せるようにする．

```
>>> college = pd.read_csv('data/college.csv')
>>> different_cols = ['RELAFFIL', 'SATMTMID', 'CURROPER', 'INSTNM', 'STABBR']
>>> col2 = college.loc[:, different_cols]
>>> col2.head()
```

	RELAFFIL	SATMTMID	CURROPER	INSTNM	STABBR
0	0	420.0	1	Alabama A & M University	AL
1	0	565.0	1	University of Alabama at Birmingham	AL
2	1	NaN	1	Amridge University	AL
3	0	590.0	1	University of Alabama in Huntsville	AL
4	0	430.0	1	Alabama State University	AL

2) 各カラムのデータ型を示す．

```
>>> col2.dtypes
RELAFFIL       int64
SATMTMID     float64
CURROPER       int64
INSTNM        object
STABBR        object
dtype:        object
```

3) memory_usage メソッドで各カラムのメモリ使用量を示す．

```
>>> original_mem = col2.memory_usage(deep=True)
>>> original_mem
Index             80
RELAFFIL       60280
SATMTMID       60280
CURROPER       60280
INSTNM        660240
STABBR        444565
dtype: int64
```

4) RELAFFIL カラムは 0/1 値しか含まないので 64 ビット整数を使う必要はない．astype メソッドで 8 ビット (1 バイト) 整数に変換する．

```
>>> col2['RELAFFIL'] = col2['RELAFFIL'].astype(np.int8)
```

5) dtypes 属性でデータ型の変更を確認．

```
>>> col2.dtypes
RELAFFIL        int8
```

```
SATMTID      float64
CURROPER     int64
INSTNM       object
STABBR       object
dtype:       object
```

6) 各カラムのメモリ使用量を再度表示して，メモリ削減を確認．

```
>>> college[different_cols].memory_usage(deep=True)
Index       80
RELAFFIL    7535
SATMTMID    60280
CURROPER    60280
INSTNM      660240
STABBR      444565
```

7) メモリ量をさらに削減するため，object データ型で，濃度(異なる値の個数)が低いものをカテゴリ型に変更する．まず，object のカラムで異なる値の個数を調べる．

```
>>> col2.select_dtypes(include=['object']).nunique()
INSTNM    7535
STABBR    59
dtype: int64
```

8) 異なる値の個数が全体の 1% 以下なので STABBR カラムをカテゴリ型に変更する．

```
>>> col2['STABBR'] = col2['STABBR'].astype('category')
>>> col2.dtypes
RELAFFIL     int8
SATMTMID     float64
CURROPER     int64
INSTNM       object
STABBR       category
dtype: object
```

9) 再度メモリ使用量を計算．

```
>>> new_mem = col2.memory_usage(deep=True)
>>> new_mem
Index        80
RELAFFIL     7535
SATMTMID     60280
CURROPER     60280
INSTNM       660699
STABBR       13576
dtype: int64
```

10) 最後に，元のメモリ量と更新したメモリ量とを比較する．RELAFFIL カラムは，
予期通り元の 8 分の 1 に，STABBR カラムは元の 3% に削減できた．

```
>>> new_mem / original_mem
Index       1.000000
RELAFFIL    0.125000
SATMTMID    1.000000
CURROPER    1.000000
INSTNM      1.000695
STABBR      0.030538
dtype: float64
```

解説

pandas では，DataFrame の必要最大サイズが何であろうと，デフォルトで 64 ビットの integer と float データ型にする．整数，浮動小数点数，さらには Boolean データ型も手順 4 で行ったように astype メソッドに文字列またはオブジェクトを渡して正確な型へ変換できる．

データ辞書から値が 0/1 と分かるので，RELAFFIL カラムは，小整数型に変換できる．RELAFFIL のメモリは，整数型の CURROPER の 8 分の 1 になった．

 表示されているメモリの単位は，ビットではなくバイトだ．1 バイトは 8 ビットなので，RELAFFIL は 8 ビット整数になり，メモリ使用が 1 バイトで 7535 行だから，7535 バイトになった．

INSTNM のような，データ型が object のカラムは，カラムの各値が同じデータ型の他の pandas データ型のカラムとは異なる．例えば，カラムが int64 型の場合，どのカラム値も int64 型だ．object データ型の場合はそれとは異なり，各カラム値はあらゆるデータ型の可能性がある．object データ型には，文字列，数，日付時間，さらには，リストやタプルという Python オブジェクトすら含まれる．そのために，object データ型は，「**catch-all**（その他すべて）」と呼ばれることがあり，他のデータ型のどれともマッチしないデータのカラムとなる．しかし，object データ型のほとんどは，文字列なのが実態だ．

 PostgreSQL や Microsoft の SQL Server のような関係データベース管理システムには，varchar, text, nchar のような複数文字のデータ型があり，普通は，最大文字数が指定される．pandas の object データ型は，それらよりはるかに広範なデータ型となる．オブジェクトカラムの値は，どんなデータ型も許される．

したがって，object データ型のカラムの値は一定しない．他のデータ型と異なり，前もって値のメモリ量を決定できない．memory_usage メソッドでは，パラメータ deep を True にしないと object データ型カラムの正確なメモリ量が得られない．

object データ型カラムでは，メモリを最大限削減できる可能性がある．pandas では，

NumPyにはないカテゴリデータ型がある．そのcategory型に型変換すると，pandasの内部では，一意文字列値と整数とのマッピングを生成する．文字列自体は，一度だけメモリに格納される．すでに見たように，データ型を変更するだけで，メモリ使用量の97%を削減できた．

インデックスがほんのわずかしかメモリを消費しないことにも気付いたはずだ．このレシピのように，DataFrameの作成時にインデックスを特に指定しないと，pandasはデフォルトで，インデックスをRangeIndexにする．RangeIndexは，組み込みのrange関数とよく似ている．オンデマンドで値を生成するので，インデックス作成に必要な最小限の情報しか格納しない．

補足

整数型や浮動小数点型のカラムとobjectデータ型カラムがどれだけ異なるか理解するには，1つの値を変更して，メモリ使用量がどうなるかを調べるのがよい．カラムCURROPERとINSTNMは，それぞれint64型とobject型だ．

```
>>> college.loc[0, 'CURROPER'] = 10000000
>>> college.loc[0, 'INSTNM'] = college.loc[0, 'INSTNM'] + 'a'
>>> college[['CURROPER', 'INSTNM']].memory_usage(deep=True)
Index            80
CURROPER      60280
INSTNM       660345
```

64ビット整数では，大きな数でもメモリ量は変わらないので，CURROPERのメモリ使用量は変わらない．他方，オブジェクト型のINSTNMでは，1文字追加しただけで105バイトもメモリ使用量が増える．

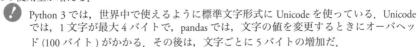 Python 3では，世界中で使えるように標準文字形式にUnicodeを使っている．Unicodeでは，1文字が最大4バイトで，pandasでは，文字の値を変更するときにオーバヘッド(100バイト)がかかる．その後は，文字ごとに5バイトの増加だ．

あらゆるカラムが，指定した型に変換できるとは限らない．データ辞書では，0/1値しか含まないはずのMENONLYカラムを取り上げよう．読み込み時のこのカラムのデータ型は，期待に反してfloat64だ．その理由は，np.nanで示される欠損値があり，欠損値を表す整数値表現がないためだ．欠損値がたとえ1か所だけでも，数値カラムのデータ型は，浮動小数点数型になる．integerデータ型のカラムは，欠損値があるとfloat型に変換される．

```
>>> college['MENONLY'].dtype
dtype('float64')
>>> college['MENONLY'].astype(np.int8)
ValueError: Cannot convert non-finite values (NA or inf) to integer
```

また，データ型を表すのに，Pythonオブジェクトの代わりにその文字列名を用いてもよい．例えば，DataFrameのdescribeメソッドでincludeパラメータを使う場合，正式なNumPy/pandasのリストで，文字列を使うことができる．2章**レシピ12 カラムをメソッドで選択**の「補足」で，オブジェクトと文字列名の対照表を掲載した．例えば，次の4つのコードはどれも同じ結果になる．

```
>>> college.describe(include=['int64', 'float64']).T
>>> college.describe(include=[np.int64, np.float64]).T
>>> college.describe(include=['int', 'float']).T
>>> college.describe(include=['number']).T
```

型を変更する場合にも文字列名を使うことができる．

```
>>> college['MENONLY'] = college['MENONLY'].astype('float16')
>>> college['RELAFFIL'] = college['RELAFFIL'].astype('int8')
```

 文字列を NumPy/pandas オブジェクトの代わりに使うことは，pandas ライブラリの他の部分でもあり，同じものにアクセスする方法が 2 種類あるために，混乱の原因となっている．

最後に，すべての行インデックスを格納する Int64Index と比べると，RangeIndex はメモリ格納が極小なので，メモリ使用量が大きく異なる．

```
>>> college.index = pd.Int64Index(college.index)
>>> college.index.memory_usage()  # 以前は 80 だけ
60280
```

参照

- データ型に関する pandas ドキュメントの「dtypes」の章 (http://bit.ly/2vxe8ZI)

レシピ22 最大の中の最小を選択

このレシピでは，「最上位 100 大学のうち，この 5 校が入学金最安」とか「住みたい都市最上位 50 のうち，この 10 都市が最も生活費が安い」というようなニュースの見出しが作れる．分析において，上位 n 個の値をもつデータのグループを 1 つのカラムにまとめ，この部分集合で，別のカラムの下位 m 個の値を求める．

内容

このレシピでは，nlargest と nsmallest という便利なメソッドを使って，高評価の上位 100 本の映画から制作費の最も安い 5 本の映画を求める．

手順

1) movie データセットを読み込み，movie_title, imdb_score, budget というカラムを選ぶ．

```
>>> movie = pd.read_csv('data/movie.csv')
>>> movie2 = movie[['movie_title', 'imdb_score', 'budget']]
>>> movie2.head()
```

	movie_title	imdb_score	budget
0	Avatar	7.9	237000000.0
1	Pirates of the Caribbean: At World's End	7.1	300000000.0
2	Spectre	6.8	245000000.0
3	The Dark Knight Rises	8.5	250000000.0
4	Star Wars: Episode VII - The Force Awakens	7.1	NaN

2) `nlargest` メソッドを使い，`imdb_score` カラム上位 100 本の映画を選ぶ．

```
>>> movie2.nlargest(100, 'imdb_score').head()
```

	movie_title	imdb_score	budget
2725	Towering Inferno	9.5	NaN
1920	The Shawshank Redemption	9.3	25000000.0
3402	The Godfather	9.2	6000000.0
2779	Dekalog	9.1	NaN
4312	Kickboxer: Vengeance	9.1	17000000.0

3) `nsmallest` メソッドをチェイニングして，上位 100 本の映画の中から最安値の 5 本の映画を返す．

```
>>> movie2.nlargest(100, 'imdb_score').nsmallest(5, 'budget')
```

	movie_title	imdb_score	budget
4804	Butterfly Girl	8.7	180000.0
4801	Children of Heaven	8.5	180000.0
4706	12 Angry Men	8.9	350000.0
4550	A Separation	8.4	500000.0
4636	The Other Dream Team	8.4	500000.0

解説

`nlargest` メソッドの第 1 パラメータ n は整数でなければならず，その個数の最上位行を選んで返す．第 2 パラメータ `columns` はカラム名の文字列を取る．手順 2 では，評価点上位 100 本の映画を返す．中間結果を変数に保存することもできるが，手順 3 で `nsmallest` メソッドをチェイニングして，`budget` でソートした結果の最下位 5 行を返す．

補足

`nlargest`/`nsmallest` メソッドのパラメータ `columns` にカラム名のリストを渡すこともできる．これは，リストの最初のカラムで n 番目に複数の同じ値がきたとき，順位を付ける場合には役立つ．

レシピ23 ソートして各グループでの最大を選択

データ分析で最も基本的でよく使われる演算は，グループ内で，あるカラムの最大値をもつ行を選ぶことだ．例えば，各年の最高評価の映画や，内容種別ごとに最高売り上げの映画を探すようなことだ．この作業では，グループのメンバーを順位付けするために，グループやカラムのソートが必要で，その後，各グループで最上位メンバーを抽出する．

内容

このレシピでは，各年の最高評価を受けた映画を選ぶ．

手順

1) movie データセットを読み込み，必要な movie_title, title_year, imdb_score という3カラムだけにする．

```
>>> movie = pd.read_csv('data/movie.csv')
>>> movie2 = movie[['movie_title', 'title_year', 'imdb_score']]
```

2) sort_values メソッドを使って DataFrame を title_year でソートする．デフォルトは昇順だが，ascending パラメータを False に設定して，逆の降順にする．

```
>>> movie2.sort_values('title_year', ascending=False).head()
```

	movie_title	title_year	imdb_score
2366	Fight Valley	2016.0	5.0
3817	Yoga Hosers	2016.0	4.8
1367	The 5th Wave	2016.0	5.2
1742	The Boss	2016.0	5.3
519	The Secret Life of Pets	2016.0	6.8

3) 年だけがソートされていることに注意．複数カラムを同時にソートするには，リストを使う．年と評価を両方ともソートする方法を示す．

```
>>> movie3 = movie2.sort_values(['title_year','imdb_score'], ascending=False)
>>> movie3.head()
```

	movie_title	title_year	imdb_score
4409	Kickboxer: Vengeance	2016.0	9.1
4372	A Beginner's Guide to Snuff	2016.0	8.7
3870	Airlift	2016.0	8.5
27	Captain America: Civil War	2016.0	8.2
98	Godzilla Resurgence	2016.0	8.2

4) drop_duplicates メソッドを使って，年ごとに先頭の行だけを保持する．

```
>>> movie_top_year = movie3.drop_duplicates(subset='title_year')
>>> movie_top_year.head()
```

	movie_title	title_year	imdb_score
4409	Kickboxer: Vengeance	2016.0	9.1
3816	Running Forever	2015.0	8.6
4468	Queen of the Mountains	2014.0	8.7
4017	Batman: The Dark Knight Returns, Part 2	2013.0	8.4
3	The Dark Knight Rises	2012.0	8.5

解説

　手順1で，データセットを必要なカラムだけに減らした．このレシピそのものは，元のDataFrame全体でも問題ない．手順2では，DataFrameを1つのカラムだけでソートしたが，この結果は本当に求めているものではなかった．手順3で，複数カラムを同時に使ってソートした．これは，まずtitle_yearをすべてソートし，次にtitle_yearの値ごとに，imdb_scoreでソートする．

　drop_duplicatesメソッドのデフォルトの動作は，同じ行の中で先頭だけを残すのだが，これでは，このDataFrameの各行が異なっているので，どの行も削除されない．subsetパラメータにカラム(またはカラムのリスト)を渡すと，そのカラムだけを比較する．手順3で年と評価点でソートしたので，各年の最高評価の映画が求まる．

補足

　あるカラムを昇順に，同時に別のカラムを降順にソートすることも可能．そのためには，ascendingパラメータにBooleanリストを渡し，各カラムのソート順の方向を指定する．下のコードでは，title_yearとcontent_ratingを降順，budgetを昇順にソートする．こうすると，各年の内容基準ごとに，制作費最少の映画が求まる．

```
>>> movie4 = movie[['movie_title', 'title_year',
                    'content_rating', 'budget']]
>>> movie4_sorted = movie4.sort_values(['title_year',
                                        'content_rating', 'budget'],
                                        ascending=[False, False, True])
>>> movie4_sorted.drop_duplicates(subset=['title_year',
                                          'content_rating']).head(10)
```

	movie_title	title_year	content_rating	budget
4108	Compadres	2016.0	R	3000000.0
4772	Fight to the Finish	2016.0	PG-13	150000.0
4775	Rodeo Girl	2016.0	PG	500000.0
3309	The Wailing	2016.0	Not Rated	NaN
4773	Alleluia! The Devil's Carnival	2016.0	NaN	500000.0
4848	Bizarre	2015.0	Unrated	500000.0
821	The Ridiculous 6	2015.0	TV-14	NaN
4956	The Gallows	2015.0	R	100000.0
4948	Romantic Schemer	2015.0	PG-13	125000.0
3868	R.L. Stine's Monsterville: The Cabinet of Souls	2015.0	PG	4400000.0

　drop_duplicates はデフォルトでは先頭だけを保持するが，この振る舞いは keep パラメータで変えられる．last を渡すと各グループの末尾の行を残し，False にすると重複したものすべてを削除する．

レシピ24　sort_values で nlargest の代用

　前のレシピ22 最大の中の最小を選択とレシピ23 ソートして各グループでの最大を選択では，少しだけ異なるが同じようにソートしていた．データのカラムの上位 n 個を求めるのは，カラム全体を降順にソートして先頭の n 個を取るのと等価だ．pandas では，様々な方法でこれを行う多数の演算がある．

内容》

　このレシピでは，レシピ22 最大の中の最小を選択と同じことを sort_values メソッドで行い，両者の違いを検討する．

手順》

1) **レシピ22 最大の中の最小を選択**の最終手順 3 の結果を再生する．

```
>>> movie = pd.read_csv('data/movie.csv')
>>> movie2 = movie[['movie_title', 'imdb_score', 'budget']]
>>> movie_smallest_largest = movie2.nlargest(100, 'imdb_score') \
                                   .nsmallest(5, 'budget')
>>> movie_smallest_largest
```

	movie_title	imdb_score	budget
4804	Butterfly Girl	8.7	180000.0
4801	Children of Heaven	8.5	180000.0
4706	12 Angry Men	8.9	350000.0
4550	A Separation	8.4	500000.0
4636	The Other Dream Team	8.4	500000.0

2) sort_values を使って，作業の前半を行い，head メソッドで先頭 100 行を取得する．

```
>>> movie2.sort_values('imdb_score', ascending=False).head(100)
```

3) 高評価の上位 100 本の映画が得られたので，sort_values と head を再度使って，budget の最下位 5 本を取得する．

```
>>> movie2.sort_values('imdb_score', ascending=False).head(100) \
        .sort_values('budget').head()
```

	movie_title	imdb_score	budget
4815	A Charlie Brown Christmas	8.4	150000.0
4801	Children of Heaven	8.5	180000.0
4804	Butterfly Girl	8.7	180000.0
4706	12 Angry Men	8.9	350000.0
4636	The Other Dream Team	8.4	500000.0

解説

sort_values メソッドに head メソッドをチェイニングすると，手順 2 のように nlargest とほぼ同じことができる．手順 3 では sort_values をさらにチェイニングし，head メソッドで先頭 5 行を取って，nsmallest と同じことをした．

手順 1 の DataFrame の出力と手順 3 の出力とをよく調べよう．同じか？ 違う．何が起こったか．違っている理由を理解するため，レシピの中間段階の末尾を調べよう．

```
>>> movie2.nlargest(100, 'imdb_score').tail()
```

	movie_title	imdb_score	budget
4023	Oldboy	8.4	3000000.0
4163	To Kill a Mockingbird	8.4	2000000.0
4395	Reservoir Dogs	8.4	1200000.0
4550	A Separation	8.4	500000.0
4636	The Other Dream Team	8.4	500000.0

```
>>> movie2.sort_values('imdb_score', ascending=False).head(100).tail()
```

	movie_title	imdb_score	budget
3799	Anne of Green Gables	8.4	NaN
3777	Requiem for a Dream	8.4	4500000.0
3935	Batman: The Dark Knight Returns, Part 2	8.4	3500000.0
4636	The Other Dream Team	8.4	500000.0
2455	Aliens	8.4	18500000.0

8.4 という評価で 100 本を超える映画があるために違いが生じた．nlargest と sort_values の両メソッドで，値の重複に対する処理が異なるので，異なる 100 行の

DataFrame が得られた．

> **補足**
>
> nlargest の文書を読むと [訳注]，keep パラメータには first, last, False という 3 つの値が可能だ．他の pandas メソッドでは，keep=False なら重複を残すべきだ．残念ながら pandas は，このオプションでエラーを起こす．私は GitHub で，このイシューを pandas 開発チームに送って修正を要望した (http://bit.ly/2fGrCMa)．
>
> [訳注] 0.23.1 の pandas 文書 (https://pandas.pydata.org/pandas-docs/stable/generated/pandas.DataFrame.nlargest.html) では，keep パラメータは，first と last しかない．経緯は上のイシュースレッドを読むとよい．

レシピ 25　トレール注文の価格計算

株取引の戦略は本質的に無限個ある．多くの投資家が使っている基本的な取引の 1 つが，ストップオーダー (逆指値注文) だ．ストップオーダーとは，市場価格が指定価格に達したときに株式を売買するという注文だ．ストップオーダーは，莫大な損失を防ぎ利益を確保するために役立つ．

このレシピの目的は，現在保有している株式を売るために使うストップオーダーの検討だ．典型的なストップオーダーでは，価格は注文期間に変動しない．例えば，1 株当たり 100 ドルの株を購入したら，値下がり損失を 10% 以内にするため，ストップオーダーを 90 ドルに設定する．

より高度な戦略は，ストップオーダーの売値を株式の時価が値上がりしている場合，価格に応じて常に修正することだ．これは**トレール注文**と呼ばれる．具体的には，先ほどの 100 ドルの株が，120 ドルに値上がりしたら，時価の 10% 下のストップオーダーの売値を 108 ドルにする．

トレール注文では，価格を下げることはなく，購入以来の最高値に常に対応している．株価が 120 ドルから 110 ドルに値下がりしてもストップオーダーは 108 ドルのままだ．株価が 120 ドルを超えたときだけ価格を上げる．

> **内容**
>
> このレシピでは，株価をオンラインで取り込む，サードパーティの pandas-datareader パッケージが必要だ．これは Anaconda にプリインストールされていない．これをインストールするには，コマンドラインで conda install pandas-datareader を実行する．Anaconda を使っていない場合は，pip install pandas-datareader を実行してインストールできる．このレシピでは，どんな株式でも，購入価格を与えてトレール注文の価格を決定する．

> **手順**
>
> 1) 最初に，テスラモーターズ (TSLA) の株を扱い，2017 年の上場日に購入したと仮

定する.

```
>>> import pandas_datareader as pdr
>>> tsla = pdr.DataReader('tsla', data_source='google', start='2017-1-1')
>>> tsla.head(8)
```

Date	Open	High	Low	Close	Volume
2017-01-03	214.86	220.33	210.96	216.99	5923254
2017-01-04	214.75	228.00	214.31	226.99	11213471
2017-01-05	226.42	227.48	221.95	226.75	5911695
2017-01-06	226.93	230.31	225.45	229.01	5527893
2017-01-09	228.97	231.92	228.00	231.28	3979484
2017-01-10	232.00	232.00	226.89	229.87	3659955
2017-01-11	229.07	229.98	226.68	229.73	3650825
2017-01-12	229.06	230.70	225.58	229.59	3790229

2) 簡単にするため，取引日の終値を使う．

```
>>> tsla_close = tsla['Close']
```

3) cummax メソッドを使って，今日までの終値の最高値をトラックする．

```
>>> tsla_cummax = tsla_close.cummax()
>>> tsla_cummax.head(8)
Date
2017-01-03    216.99
2017-01-04    226.99
2017-01-05    226.99
2017-01-06    229.01
2017-01-09    231.28
2017-01-10    231.28
2017-01-11    231.28
2017-01-12    231.28
Name: Close, dtype: float64
```

4) 損失を 10% に限るために，tsla_cummax に 0.9 を掛ける．これでトレール注文の価格ができる．

```
>>> tsla_trailing_stop = tsla_cummax * .9
>>> tsla_trailing_stop.head(8)
Date
2017-01-03    195.291
2017-01-04    204.291
2017-01-05    204.291
2017-01-06    206.109
2017-01-09    208.152
```

```
2017-01-10    208.152
2017-01-11    208.152
2017-01-12    208.152
Name: Close, dtype: float64
```

解説 >>

cummax メソッドは，現在値までの最大値を保持する．このシリーズに対して 0.9 あるいは適当な値幅を掛けることによって，トレール注文の価格が求まる．この例では，TSLA の株が値上がりしていたので，トレール注文の価格も上がっていた．

補足

このレシピでは，証券取引でストップオーダーがいつ実行されるか，実行時の収益がどうなるかの計算に pandas がどれだけ役立つかのさわりを示した．このレシピを使って，株のティッカーシンボル，取得日時，ストップパーセントを入力すれば，トレール注文の価格を返すようにすることも可能だ．

```
>>> def set_trailing_loss(symbol, purchase_date, perc):
        close = pdr.DataReader(symbol, 'google',
                            start=purchase_date)['Close']
        return close.cummax() * perc
>>> msft_trailing_stop = set_trailing_loss('msft', '2017-6-1', .85)
>>> msft_trailing_stop.head()
Date
2017-06-01    59.585
2017-06-02    60.996
2017-06-05    61.438
2017-06-06    61.642
2017-06-07    61.642
Name: Close, dtype: float64
```

同様の戦略が減量プログラムにも使える．最少体重からあまりに逸脱すると警告を発するようにできる．pandas には，最小値をトラックする cummin メソッドがある．毎日の体重をシリーズに格納し，次のコードで，これまでに記録した最少体重から 5% 上の減量のトレール体重を求めることができる．

```
>>> weight.cummin() * 1.05
```

参照

- pandas には他にも累積値に関するメソッドがある．cumsum (http://bit.ly/2v3B6EZ) 及び cumprod (http://bit.ly/2uHBWGt)

Chapter 4

データから部分抽出

◎本章のレシピ

- **26** Series データの選択
- **27** DataFrame の行の選択
- **28** DataFrame の行とカラムの同時選択
- **29** 整数とラベルの両方でデータ選択
- **30** スカラー選択の高速化
- **31** 行の手軽なスライシング
- **32** 文字順にスライシング

Series や DataFrame のデータは，あらゆる次元で Index オブジェクトによってラベル付けされている．NumPy の n 次元配列と pandas データ構造との違いは，この Index にある．Index は，データの行とカラムにそれぞれ意味のあるラベルを付け，pandas ユーザは，このラベルでデータを選択できる．さらに，pandas では，行とカラムの整数による位置でデータを選択することもできる．ラベルと整数の両方で選択できることはよいが，構文が混乱する原因にもなっている．

ラベルや整数でデータ選択することは pandas に限らない．Python の組み込みデータ構造の辞書とリストは，どちらかの方式でデータを選択する．辞書もリストもそのための命令があるが，インデックス演算に渡せるものについてはユースケースが限定されている．辞書のキー(ラベル)は，文字列，整数，タプルのような変更不能オブジェクトに限られる．リストでは，選択に整数またはスライスオブジェクトを使わねばならない．辞書では，インデックス演算子にキーを渡すことで，一時に1つのオブジェクトしか選択できない．pandas では，リストのような整数によるデータ選択と，辞書のようなラベルによるデータ選択の両機能を併せ持つ．

レシピ26 Series データの選択

Series と DataFrames は，複雑なデータコンテナで，データを様々な方法で選択するために複数の属性を備えている．インデックス演算子の他に iloc 及び loc 属性があり，インデックス演算で独特な使い方ができる．この両属性を**インデクサ**[訳注]と呼ぶ．

! インデックスに関する用語は間違いやすい．用語「**インデックス演算子**」は Series や DataFrames の直後の角括弧 [] を指し，インデクサと区別するために用いる．例えば，Series s に対して，s[item] や s.loc[item] でデータを選択できるが，前者はインデックス演算子を使い，後者は .loc インデクサを使っている．

Series や DataFrames のインデクサでは，(Python のリストのような) 整数位置による選択も，(Python の辞書のような) ラベルによる選択もできる．.iloc インデクサは，Python のリストのように，整数位置の選択しかできない．.loc インデクサは，Python の辞書のように，インデックスラベルによる選択しかできない．

[訳注]「インデクサ」は，Petrou さんの用語．同じ「インデクサ」という用語を例えば McKinney は違う意味で使っている．loc/iloc 属性による値取得をするものを本書ではインデクサと呼ぶ．インデックス演算子と呼ぶ人もいるので，上の ! で特記しているように，本書では区別するためにこのように用語を変えている．

内容 >>

.iloc と .loc はともに Series と DataFrames で使える．このレシピでは，.iloc による整数位置と .loc によるラベルとで，Series データを選択する．インデクサには，スカラー値だけでなくリストやスライスを使うこともできる．

手順 >>

1) 大学データセットを，校名をインデックスとして読み込む．インデックス演算子で 1 つのカラムを Series として選択する．

```
>>> college = pd.read_csv('data/college.csv', index_col='INSTNM')
>>> city = college['CITY']
>>> city.head()
INSTNM
Alabama A & M University                      Normal
University of Alabama at Birmingham           Birmingham
Amridge University                            Montgomery
University of Alabama in Huntsville           Huntsville
Alabama State University                      Montgomery
Name: CITY, dtype: object
```

2) .iloc インデクサは整数位置でしか選択できない．整数を渡すとスカラー値を返す．

```
>>> city.iloc[3]
Huntsville
```

3) .iloc にリストを渡し，複数の整数位置で選択する．Series が返る．

```
>>> city.iloc[[10,20,30]]
INSTNM
Birmingham Southern College                           Birmingham
George C Wallace State Community College-Hanceville   Hanceville
```

```
Judson College                                Marion
Name: CITY, dtype: object
```

4) スライス表記を用い，等間隔にデータを選ぶ．

```
>>> city.iloc[4:50:10]
INSTNM
Alabama State University              Montgomery
Enterprise State Community College    Enterprise
Heritage Christian University           Florence
Marion Military Institute                 Marion
Reid State Technical College           Evergreen
Name: CITY, dtype: object
```

5) 次は，インデックスラベルでだけ選択できる .loc インデクサ．文字列を1つ渡すと，スカラー値が返る．

```
>>> city.loc['Heritage Christian University']
Florence
```

6) 複数の異なるラベルを選択するには，リストを使う．

```
>>> np.random.seed(1)
>>> labels = list(np.random.choice(city.index, 4))
>>> labels
['Northwest HVAC/R Training Center',
 'California State University-Dominguez Hills',
 'Lower Columbia College',
 'Southwest Acupuncture College-Boulder']
>>> city.loc[labels]
INSTNM
Northwest HVAC/R Training Center              Spokane
California State University-Dominguez Hills    Carson
Lower Columbia College                       Longview
Southwest Acupuncture College-Boulder         Boulder
Name: CITY, dtype: object
```

7) データを等間隔で選ぶにはスライス表記を使う．start と stop の値が文字列であることを確認しておくこと．ステップのサイズには整数を使うことができる．

```
>>> city.loc['Alabama State University':
             'Reid State Technical College':10]
INSTNM
Alabama State University              Montgomery
Enterprise State Community College    Enterprise
Heritage Christian University           Florence
Marion Military Institute                 Marion
Reid State Technical College           Evergreen
```

```
Name: CITY, dtype: object
```

解説

Series 中の値は，0 から始まる整数値で参照できる．手順 2 では，.iloc インデクサで 4 番目の要素を選択した．手順 3 では，3 個の整数のリストをインデックス演算子に渡して，その整数位置の要素の Series を返した．Python のリストでは，このような複数の異なる要素を選択することはできないので，pandas の機能強化の例になる．

手順 4 では，start, stop, step のスライス表記を使って Series から要素を抽出する．

手順 5 から 7 では，手順 2 から 4 までと同じことをラベルインデクサ .loc で行う．ラベルはインデックスと正確にマッチしなければならない．手順 6 では，インデックスから 4 つのラベルを無作為抽出してリストに格納し，それを使って Series を選択した．.loc インデクサでの選択は，手順 7 で分かるように末尾の要素を常に含む．

補足

手順 2 や 5 のように，インデックス演算子にスカラー値を渡すと，スカラー値が返る．他の手順でのように，リストやスライスを渡すと，Series を返す．戻り値が一貫していないと思うかもしれないが，Series を辞書型のオブジェクトで，ラベルを値にマップすると考えれば，これらの戻り値は妥当だ．要素を 1 つ選んで Series に保持するなら，スカラー値ではなく 1 要素のリストで渡すのが当然だ．

```
>>> city.iloc[[3]]
INSTNM
University of Alabama in Huntsville Huntsville
Name: CITY, dtype: object
```

.loc でスライス表記を用いる場合には注意すること．start インデックスが stop インデックスの後に位置すると，例外は起こらずに，空 Series が返る．

```
>>> city.loc['Reid State Technical College': 'Alabama State University':10]
Series([], Name: CITY, dtype: object)
```

参照

- pandas 公式文書のインデックス法の章「Indexing and Selecting Data」(http://bit.ly/2fdtZWu)

レシピ27 DataFrame の行の選択

DataFrame の行を選択する最も明示的で好まれる方法は，.iloc 及び .loc インデクサによるものだ．ともに，行またはカラムを独立かつ同時に選ぶことができる．

内容

このレシピでは，.iloc 及び .loc インデクサを使って，DataFrame から行を選択する方法を示す．

手順

1) college データセットを読み込み，インデックスを校名にする．

```
>>> college = pd.read_csv('data/college.csv', index_col='INSTNM')
>>> college.head()
```

INSTNM	CITY	STABBR	HBCU	MENONLY	WOMENONLY	RELAFFIL	SATVRMID	SATMTMID	DISTANCEONLY	UGDS	...	UGDS_2MOR
Alabama A & M University	Normal	AL	1.0	0.0	0.0	0	424.0	420.0	0.0	4206.0	...	0.0000
University of Alabama at Birmingham	Birmingham	AL	0.0	0.0	0.0	0	570.0	565.0	0.0	11383.0	...	0.0368
Amridge University	Montgomery	AL	0.0	0.0	0.0	1	NaN	NaN	1.0	291.0	...	0.0000
University of Alabama in Huntsville	Huntsville	AL	0.0	0.0	0.0	0	595.0	590.0	0.0	5451.0	...	0.0172
Alabama State University	Montgomery	AL	1.0	0.0	0.0	0	425.0	430.0	0.0	4811.0	...	0.0098

2) .iloc インデクサに整数を渡し，その位置の行全体を選ぶ．

```
>>> college.iloc[60]
CITY                              Anchorage
STABBR                                   AK
HBCU                                      0
                                    ...
UG25ABV                              0.4386
MD_EARN_WNE_P10                       42500
GRAD_DEBT_MDN_SUPP                  19449.5
Name: University of Alaska Anchorage, Length: 26, dtype: object
```

3) .loc インデクサにインデックスラベルを渡して，手順2と同じ行を選ぶ．

```
>>> college.loc['University of Alaska Anchorage']
CITY                              Anchorage
STABBR                                   AK
HBCU                                      0
                                    ...
UG25ABV                              0.4386
MD_EARN_WNE_P10                       42500
GRAD_DEBT_MDN_SUPP                  19449.5
Name: University of Alaska Anchorage, Length: 26, dtype: object
```

4) 重なりのない行集合を DataFrame で選ぶには，.iloc インデクサに整数のリストを渡す．

```
>>> college.iloc[[60, 99, 3]]
```

	CITY	STABBR	HBCU	MENONLY	WOMENONLY	RELAFFIL	SATVRMID	SATMTMID	DISTANCEONLY	UGDS	...	UGDS_2MOR
INSTNM												
University of Alaska Anchorage	Anchorage	AK	0.0	0.0	0.0	0	NaN	NaN	0.0	12865.0	...	0.0980
International Academy of Hair Design	Tempe	AZ	0.0	0.0	0.0	0	NaN	NaN	0.0	188.0	...	0.0160
University of Alabama in Huntsville	Huntsville	AL	0.0	0.0	0.0	0	595.0	590.0	0.0	5451.0	...	0.0172

5) `.loc` インデクサに校名のリストを渡して，手順2と同じ行を選ぶ．

```
>>> labels = ['University of Alaska Anchorage',
              'International Academy of Hair Design',
              'University of Alabama in Huntsville']
>>> college.loc[labels]
```

6) スライス表記を `.iloc` に用いてデータの全セグメントを選ぶ．

```
>>> college.iloc[99:102]
```

	CITY	STABBR	HBCU	MENONLY	WOMENONLY	RELAFFIL	SATVRMID	SATMTMID	DISTANCEONLY	UGDS	...	UGDS_2MOR
INSTNM												
International Academy of Hair Design	Tempe	AZ	0.0	0.0	0.0	0	NaN	NaN	0.0	188.0	...	0.0160
GateWay Community College	Phoenix	AZ	0.0	0.0	0.0	0	NaN	NaN	0.0	5211.0	...	0.0127
Mesa Community College	Mesa	AZ	0.0	0.0	0.0	0	NaN	NaN	0.0	19055.0	...	0.0205

7) スライス表記は，`.loc` インデクサでも働くが，最後のラベルのデータも含まれる．

```
>>> start = 'International Academy of Hair Design'
>>> stop = 'Mesa Community College'
>>> college.loc[start:stop]
```

解説

`.iloc` または `.loc` インデクサにスカラー値，スカラー値のリスト，あるいはスライスオブジェクトを渡すと，pandasがインデックスラベルを走査して適切な行を選んで返す．スカラー値1つだけなら，Seriesが返される．リストやスライスオブジェクトなら，DataFrameが返される．

補足

手順5のインデックスラベルのリストは，手順4の出力から切り貼りしなくても，結果のDataFrameから直接取り出せる．

```
>>> college.iloc[[60, 99, 3]].index.tolist()
['University of Alaska Anchorage',
 'International Academy of Hair Design',
 'University of Alabama in Huntsville']
```

> 参照
> ・6章レシピ45 インデックスオブジェクトの検査

レシピ28 DataFrame の行とカラムの同時選択

DataFrame からカラムを選ぶには直接インデックス演算子を使うのが正しい手法だが，それでは行とカラムを同時に選ぶことができない．行とカラムの同時選択には，正しい行選択とカラム選択をカンマで区切り，.iloc または .loc インデクサに渡す必要がある．

内容

行とカラムを選択する始原的な形式は，次のようなコードになる．

```
>>> df.iloc[rows, columns]
>>> df.loc[rows, columns]
```

ここで，変数 rows と columns とは，スカラー値，リスト，スライスオブジェクト，Boolean シーケンスのどれでもよい．

> インデクサに Boolean シーケンスを渡すことについては5章「Boolean インデックス法」参照．

このレシピでは各手順で，.iloc を使った行とカラムの同時選択と，.loc を使った同時選択との両方を示す．

手順

1) 大学データセットを読み込み，インデックスを校名にする．スライス表記で最初の3行と最初の4カラムを選ぶ．

```
>>> college = pd.read_csv('data/college.csv', index_col='INSTNM')
>>> college.iloc[:3, :4]
>>> college.loc[:'Amridge University', :'MENONLY']
```

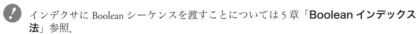

2) 異なるカラム2つの全行を選ぶ．

```
>>> college.iloc[:, [4,6]].head()
>>> college.loc[:, ['WOMENONLY', 'SATVRMID']].head()
```

	WOMENONLY	SATVRMID
INSTNM		
Alabama A & M University	0.0	424.0
University of Alabama at Birmingham	0.0	570.0
Amridge University	0.0	NaN
University of Alabama in Huntsville	0.0	595.0
Alabama State University	0.0	425.0

3) 共通部分のない行の集合と列の集合を選ぶ．

```
>>> college.iloc[[100, 200], [7, 15]]
>>> rows = ['GateWay Community College',
            'American Baptist Seminary of the West']
>>> columns = ['SATMTMID', 'UGDS_NHPI']
>>> college.loc[rows, columns]
```

	SATMTMID	UGDS_NHPI
INSTNM		
GateWay Community College	NaN	0.0029
American Baptist Seminary of the West	NaN	NaN

4) 単一スカラー値を選ぶ．

```
>>> college.iloc[5, -4]
>>> college.loc['The University of Alabama', 'PCTFLOAN']
-.401
```

5) 行をスライスして1つのカラムを選ぶ．

```
>>> college.iloc[90:80:-2, 5]
>>> start = 'Empire Beauty School-Flagstaff'
>>> stop = 'Arizona State University-Tempe'
>>> college.loc[start:stop:-2, 'RELAFFIL']
INSTNM
Empire Beauty School-Flagstaff    0
Charles of Italy Beauty College   0
Central Arizona College           0
University of Arizona             0
Arizona State University-Tempe    0
Name: RELAFFIL, dtype: int64
```

解説

　行とカラムを同時に選ぶカギは，角括弧の中のカンマの使い方を理解することだ．カンマの左側の選択は，行インデックスによる行選択，カンマの右側は常にカラムインデックスによるカラム選択だ．

　行とカラムを同時に選ぶ必要はない．手順2で，カラムの部分集合から行を選ぶ方

法を示した．コロンはスライスオブジェクトを表し，その次元のすべての値を返す．

> **補足**
>
> 行の部分集合を全カラムとともに選ぶ場合，コロンの後にカンマを使う必要はない．カンマがない場合のデフォルトは全カラム選択だ．前の**レシピ 27 DataFrame の行の選択**はまさにこの方式で行を選んでいた．ただし，コロンを使って全カラムのスライスを表すことができる．次の 2 行のコードは等価だ．
>
> ```
> >>> college.iloc[:10]
> >>> college.iloc[:10, :]
> ```

レシピ 29　整数とラベルの両方でデータ選択

.iloc 及び .loc インデクサは，整数かラベル位置のどちらかでデータを選ぶが，整数とラベルの両方を同時に用いることはできない．pandas の初期の版には，別の .ix インデクサがあって，整数とラベルを混ぜて指定できた．これは場合によると便利だったが，本質的に曖昧で多くの pandas ユーザに混乱をきたした．.ix インデクサは廃止されており，利用すべきではない．

> **内容**
>
> .ix インデクサが廃止されるまでは，大学データセットの先頭の 5 行と UGDS_WHITE から UGDS_UNKN までのカラムとを college.ix[:5, 'UGDS_WHITE':'UGDS_UNKN'] で選ぶことができた．これは，現在では .iloc 及び .loc インデクサを使って直接実行するわけにはいかない．このレシピでは，カラムの整数位置をどのようにして見つけるかを示し，それから .iloc を使って選択を完了する．

> **手順**

1) 大学データセットを読み込み，校名 (INSTNM) をインデックスとする．

```
>>> college = pd.read_csv('data/college.csv', index_col='INSTNM')
```

2) Index メソッド get_loc を使って必要なカラムの整数位置を見つける．

```
>>> col_start = college.columns.get_loc('UGDS_WHITE')
>>> col_end = college.columns.get_loc('UGDS_UNKN') + 1
>>> col_start, col_end
```

3) .iloc で整数位置を使い，col_start と col_end を使ってカラムを選択する．

```
>>> college.iloc[:5, col_start:col_end]
```

	UGDS_WHITE	UGDS_BLACK	UGDS_HISP	UGDS_ASIAN	UGDS_AIAN	UGDS_NHPI	UGDS_2MOR	UGDS_NRA	UGDS_UNKN
INSTNM									
Alabama A & M University	0.0333	0.9353	0.0055	0.0019	0.0024	0.0019	0.0000	0.0059	0.0138
University of Alabama at Birmingham	0.5922	0.2600	0.0283	0.0518	0.0022	0.0007	0.0368	0.0179	0.0100
Amridge University	0.2990	0.4192	0.0069	0.0034	0.0000	0.0000	0.0000	0.0000	0.2715
University of Alabama in Huntsville	0.6988	0.1255	0.0382	0.0376	0.0143	0.0002	0.0172	0.0332	0.0350
Alabama State University	0.0158	0.9208	0.0121	0.0019	0.0010	0.0006	0.0098	0.0243	0.0137

解説

手順 2 では，まず columns 属性でカラムインデックスを取り出す．インデックスの get_loc メソッドがインデックスラベルを取って整数位置を返す．スライスするカラムの先頭と末尾の整数位置が分かる．.iloc のスライシングでは末尾の要素が含まれないので 1 を加える．手順 3 は，行とカラムにスライス表記を使う．

補足

整数とラベルの混合という同じことを .loc でも行える．次のコードは，行を 10 行目から 15 行目 (含む) まで，カラムを UGDS_WHITE から UGDS_UNKN まで選択する方法を示す．

```
>>> row_start = df_college.index[10]
>>> row_end = df_college.index[15]
>>> college.loc[row_start:row_end, 'UGDS_WHITE':'UGDS_UNKN']
```

.ix で同じことが次のように書ける (廃止されているので，こんなことをしてはいけない).

```
>>> college.ix[10:16, 'UGDS_WHITE':'UGDS_UNKN']
```

.loc と .iloc をチェイニングしても同じことができるが，インデクサのチェイニングは，普通は，よくない手法だ．

```
>>> college.iloc[10:16].loc[:, 'UGDS_WHITE':'UGDS_UNKN']
```

参照

- 2 章レシピ 12 カラムをメソッドで選択

レシピ30 スカラー選択の高速化

.iloc 及び .loc インデクサはともに Series や DataFrame からスカラー値の要素 1 つを取り出すことができる．しかし，同じことをより高速に行う .iat 及び .at インデクサもある．.iloc 同様，.iat インデクサは整数位置を使い，カンマで区切った 2 つの整数を渡さねばならない．.loc 同様，.at インデクサはラベルを使って選択し，2 つのラベルをカンマ区切りで渡す．

内容

計算時間が最重要課題なら，このレシピは貴重だ．スカラー選択の場合，.iloc 及び .loc に比べて .iat 及び .at がどれだけ性能を向上させるかを示す．

手順

1) 校名をインデックスにして college データセットを読み込む．.loc に校名とカラム名を渡して，スカラー値を選ぶ．

```
>>> college = pd.read_csv('data/college.csv', index_col='INSTNM')
>>> cn = 'Texas A & M University-College Station'
>>> college.loc[cn, 'UGDS_WHITE']
.661
```

2) 同じ結果を .at で得る．

```
>>> college.at[cn, 'UGDS_WHITE']
.661
```

3) IPython や Jupyter Notebook 上での動作が前提だが，マジックコマンド %timeit を使って速度の違いを計る．

```
>>> %timeit college.loc[cn, 'UGDS_WHITE']
8.97 µs ± 617 ns per loop (mean ± std. dev. of 7 runs, 100000 loops each)
>>> %timeit college.at[cn, 'UGDS_WHITE']
6.28 µs ± 214 ns per loop (mean ± std. dev. of 7 runs, 100000 loops each)
```

4) この選択の整数位置を求め，.iloc と .iat の速度の違いを計る．

```
>>> row_num = college.index.get_loc(cn)
>>> col_num = college.columns.get_loc('UGDS_WHITE')
>>> row_num, col_num
(3765, 10)
>>> %timeit college.iloc[row_num, col_num]
9.74 µs ± 153 ns per loop (mean ± std. dev. of 7 runs, 100000 loops each)
>>> %timeit college.iat[row_num, col_num]
7.29 µs ± 431 ns per loop (mean ± std. dev. of 7 runs, 100000 loops each)
```

解説

スカラーインデクサ .iat と .at は，スカラー値しか扱わない．他のものが渡されると失敗する．これらは，スカラー選択の場合，すぐに使える .iloc と .loc の互換品となる．マジックコマンド timeit は，前に %% だと，コードブロックの全時間を，% だけだと 1 回当たりの時間を計る．スカラーインデクサにすると，平均して 2.5 マイクロ秒の節約になることが分かった．これは大したものではないと思うかもしれないが，プログラムでスカラー選択が繰り返される場合，大きな違いになる．

補足

.iat と .at は Series にも使える．スカラー値を渡せば，スカラーが返される．

```
>>> state = college['STABBR'] # Series 選択
>>> state.iat[1000]
```

```
'IL'
>>> state.at['Stanford University']
'CA'
```

レシピ31 行の手軽なスライシング

本章のレシピでは，Series と DataFrame の行およびカラムの部分集合を選択するのに .iloc 及び .loc インデクサを用いる方法を示した．実は，インデックス演算子で簡単に行を選択する近道がある．それは pandas の追加機能にすぎない．インデックス演算子の本来の機能は，DataFrame のカラム選択だ．行選択の場合には，曖昧さがない .iloc や .loc を使うのが一番よい．

内容≫

このレシピでは，Series と DataFrame 両方のインデックス演算子にスライスオブジェクトを渡す．

手順≫

1) 校名をインデックスにして college データセットを読み込み，インデックス 10 から 20 まで 2 行おきに行を選択する．

```
>>> college = pd.read_csv('data/college.csv', index_col='INSTNM')
>>> college[10:20:2]
```

INSTNM	CITY	STABBR	HBCU	MENONLY	WOMENONLY	RELAFFIL	SATVRMID	SATMTMID	DISTANCEONLY	UGDS	...	UGDS_2MOR	UGDS_NR
Birmingham Southern College	Birmingham	AL	0.0	0.0	0.0	1	560.0	560.0	0.0	1180.0	...	0.0051	0.000
Concordia College Alabama	Selma	AL	1.0	0.0	0.0	1	420.0	400.0	0.0	322.0	...	0.0031	0.046
Enterprise State Community College	Enterprise	AL	0.0	0.0	0.0	0	NaN	NaN	0.0	1729.0	...	0.0254	0.001
Faulkner University	Montgomery	AL	0.0	0.0	0.0	1	NaN	NaN	0.0	2367.0	...	0.0173	0.018
New Beginning College of Cosmetology	Albertville	AL	0.0	0.0	0.0	0	NaN	NaN	0.0	115.0	...	0.0000	0.000

2) 同じスライシングを Series でも行う．

```
>>> city = college['CITY']
>>> city[10:20:2]
INSTNM
Birmingham Southern College              Birmingham
Concordia College Alabama                    Selma
Enterprise State Community College       Enterprise
Faulkner University                      Montgomery
```

```
New Beginning College of Cosmetology          Albertville
Name: CITY, dtype: object
```

3) Series も DataFrame もインデックス演算子にラベルでもスライシングできる．

```
>>> start = 'Mesa Community College'
>>> stop = 'Spokane Community College'
>>> college[start:stop:1500]
```

	CITY	STABBR	HBCU	MENONLY	WOMENONLY	RELAFFIL	SATVRMID	SATMTMID	DISTANCEONLY	UGDS	...	UGDS_2MOR	UGDS_NRA
INSTNM													
Mesa Community College	Mesa	AZ	0.0	0.0	0.0	0	NaN	NaN	0.0	19055.0	...	0.0205	0.0257
Hair Academy Inc-New Carrollton	New Carrollton	MD	0.0	0.0	0.0	0	NaN	NaN	0.0	504.0	...	0.0000	0.0000
National College of Natural Medicine	Portland	OR	0.0	0.0	0.0	0	NaN	NaN	0.0	NaN	...	NaN	NaN

4) Series に同じスライシングをする．

```
>>> city[start:stop:1500]
INSTNM
Mesa Community College                            Mesa
Hair Academy Inc-New Carrollton             New Carrollton
National College of Natural Medicine          Portland
Name: CITY, dtype: object
```

解説

インデックス演算子は，渡されるオブジェクトの型に応じて振る舞いを変える．次の擬似コードでは，DataFrame のインデックス演算子がオブジェクトを処理する方式を説明する．

```
>>> df[item] # `df` は DataFrame, item がオブジェクト
If item is a string then
    Find a column name that matches the item exactly
    Raise KeyError if there is no match
    Return the column as a Series
If item is a list of strings then
    Raise KeyError if one or more strings in item don't match columns
    Return a DataFrame with just the columns in the list
If item is a slice object then
    Works with either integer or string slices
    Raise KeyError if label from label slice is not in index
    Return all ROWS that are selected by the slice
If item is a list, Series or ndarray of booleans then
    Raise ValueError if length of item not equal to length of DataFrame
    Use the booleans to return only the rows with True in same location
```

ほとんどの場合は，このロジックでカバーされているが，すべてではない．Series の場合も少し違っていて，実は，DataFrame の場合よりも複雑になる．その複雑さを考えると，Series にインデックス演算子そのものを使うのは避けて，.iloc 及び .loc インデクサを使った方がよい．

 Series にインデックス演算子を使うユースケースとしては，Boolean インデックス法の場合がある．6 章「インデックスアラインメント」に詳細がある．

私は，この種の行スライシングを「手軽な」と題名に使ったが，それは，正式な .iloc や .loc を使わないからだ．個人的には，行スライシングには，.iloc 及び .loc インデクサを常に使うようにしている．誤解の余地がなくなるからだ．

補足

この手軽なスライシングがカラムではうまくいかず，DataFrame の行と Series についてだけうまくいくことを認識しておくことが重要だ．行とカラムとを同時に選ぶのにも使えない．例えば，次のコードは，先頭の 10 行と 2 つのカラムを選ぼうとしている．

```
>>> college[:10, ['CITY', 'STABBR']]
TypeError: unhashable type: 'slice'
```

この選択を行うには，.iloc か .loc を使わないといけない．次のコードは，先頭の 10 行をまず選び，それからラベルの .loc インデクサを使う．

```
>>> first_ten_instnm = college.index[:10]
>>> college.loc[first_ten_instnm, ['CITY', 'STABBR']]
```

レシピ32 文字順にスライシング

.loc インデクサは通常インデックスの文字列ラベルでデータを選ぶ．インデックスで，文字列の文字順序に基づいてデータ選択することもできる．具体的には，.loc では，スライス表記を使い，インデックスの文字順序を使って行選択が可能だ．ただし，これはインデックスがソートされている場合に限る．

内容

このレシピでは，まずインデックスをソートし，それから .loc インデクサの中でスライス表記を用いて 2 つの文字列の間のすべての行を選ぶ．

手順

1) college データセットを読み込み，校名をインデックスにする．

```
>>> college = pd.read_csv('data/college.csv', index_col='INSTNM')
```

2) 校名が文字順で 'Sp' と 'Su' の間の全大学を選ぼうとする．

```
>>> college.loc['Sp':'Su']
KeyError: 'Sp'
```

3) このコマンドは，インデックスがソートされていないので失敗した．インデックスをソートする．

```
>>> college = college.sort_index()
```

INSTNM	CITY	STABBR	HBCU	MENONLY	WOMENONLY	RELAFFIL	SATVRMID	SATMTMID	DISTANCEONLY	UGDS	...	UGDS_2MOR
A & W Healthcare Educators	New Orleans	LA	0.0	0.0	0.0	0	NaN	NaN	0.0	40.0	...	0.0000
A T Still University of Health Sciences	Kirksville	MO	0.0	0.0	0.0	0	NaN	NaN	0.0	NaN	...	NaN
ABC Beauty Academy	Garland	TX	0.0	0.0	0.0	0	NaN	NaN	0.0	30.0	...	0.0000
ABC Beauty College Inc	Arkadelphia	AR	0.0	0.0	0.0	0	NaN	NaN	0.0	38.0	...	0.0000
AI Miami International University of Art and Design	Miami	FL	0.0	0.0	0.0	0	NaN	NaN	0.0	2778.0	...	0.0018

4) 手順2と同じコマンドを実行する．

```
>>> college.loc['Sp':'Su']
```

INSTNM	CITY	STABBR	HBCU	MENONLY	WOMENONLY	RELAFFIL	SATVRMID	SATMTMID	DISTANCEONLY	UGDS	...	UGDS_2MOR	UGDS_NRA
Spa Tech Institute-Ipswich	Ipswich	MA	0.0	0.0	0.0	0	NaN	NaN	0.0	37.0	...	0.000	0.0
Spa Tech Institute-Plymouth	Plymouth	MA	0.0	0.0	0.0	0	NaN	NaN	0.0	153.0	...	0.000	0.0
Spa Tech Institute-Westboro	Westboro	MA	0.0	0.0	0.0	0	NaN	NaN	0.0	90.0	...	0.000	0.0
...	...	...	...	...	...	...	...	...	...	...	...	...	...
Stylemaster College of Hair Design	Longview	WA	0.0	0.0	0.0	0	NaN	NaN	0.0	77.0	...	0.013	0.0
Styles and Profiles Beauty College	Selmer	TN	0.0	0.0	0.0	0	NaN	NaN	0.0	31.0	...	0.000	0.0
Styletrends Barber and Hairstyling Academy	Rock Hill	SC	0.0	0.0	0.0	0	NaN	NaN	0.0	45.0	...	0.000	0.0

201 rows × 26 columns

解説

`.loc`の通常の振る舞いは，渡されたラベルに基づいてデータを選択することだ．インデックスにそのラベルが見つからないと`KeyError`を起こす．ただし，この振る舞いには，インデックスが文字順にソートされているときに限り，例外があり，スライスを渡すことができる．startラベルとstopラベルの間のスライスを，この2つのラベルがインデックスの値そのものでなくても選ぶことができる．

補足

このレシピで，アルファベットの2文字で大学を選ぶなら簡単だ．例えば，文字DからS

で始まる大学すべてを選ぶなら，college.loc['D':'T'] とできる．このようなスライシングも末尾を含むので，Tという名の大学が選ばれる．

このスライシングは，インデックスが逆方向にソートされていても大丈夫だ．インデックスの属性 is_monotonic_increasing または is_monotonic_decreasing でソートの方向が分かる．文字順のスライシングができるには，どちらかの属性が True でなければならない．例えば，次のコードは，インデックスをZからAに文字順にソートしている．

```
>>> college = college.sort_index(ascending=False)
>>> college.index.is_monotonic_decreasing
True
>>> college.loc['E':'B']
```

INSTNM	CITY	STABBR	HBCU	MENONLY	WOMENONLY	RELAFFIL	SATVRMID	SATMTMID	DISTANCEONLY	UGDS	...	UGDS_2MOR
Dyersburg State Community College	Dyersburg	TN	0.0	0.0	0.0	0	NaN	NaN	0.0	2001.0	...	0.0185
Dutchess Community College	Poughkeepsie	NY	0.0	0.0	0.0	0	NaN	NaN	0.0	6885.0	...	0.0446
Dutchess BOCES-Practical Nursing Program	Poughkeepsie	NY	0.0	0.0	0.0	0	NaN	NaN	0.0	155.0	...	0.0581
...	...	...	...	...	...	...	...	...	...	...	...	...
BJ's Beauty & Barber College	Auburn	WA	0.0	0.0	0.0	0	NaN	NaN	0.0	28.0	...	0.0714
BIR Training Center	Chicago	IL	0.0	0.0	0.0	0	NaN	NaN	0.0	2132.0	...	0.0000
B M Spurr School of Practical Nursing	Glen Dale	WV	0.0	0.0	0.0	0	NaN	NaN	0.0	31.0	...	0.0000

1411 rows × 26 columns

 Pythonのソートでは，大文字が小文字より先に，数字が大文字より先になる．

Chapter 5 Booleanインデックス法

◎本章のレシピ

- 33 Boolean 統計量の計算
- 34 複数の Boolean 条件の構築
- 35 Boolean インデックス法によるフィルタリング
- 36 インデックス選択による Boolean インデックス法の代用
- 37 重複のないインデックスとソートしたインデックスによる選択
- 38 株価見通しの計算
- 39 SQL の WHERE 節の翻訳
- 40 株式収益率の正規度判定
- 41 query メソッドによる Boolean インデックス法の読みやすさ改善
- 42 where メソッドによる Series の保持
- 43 DataFrame の行のマスキング
- 44 Boolean，整数位置，ラベルによる選択

データセットのデータをフィルタリングすることは，基本的でよく使われる演算だ．pandas では **Boolean インデックス法** によるデータのフィルタリング (subsetting ともいう) に多くの方式がある．Boolean インデックス法 (**Boolean 選択** ともいう) は紛らわしい用語だが，pandas では，各行の論理値 (True か False) で行を選択することを指す．その論理値は通常，DataFrame のカラムに対して Boolean 条件を適用して作成し，Series か NumPy の `ndarray` に格納する．本章では，まず Boolean Series を作成し，統計量を計算して，より複雑な条件式を作成してから，Boolean インデックス法を使いデータを様々な方式でフィルタリングする．

レシピ33 Boolean 統計量の計算

Boolean Series を初めて学ぶときには，基本的な要約統計量を計算するとよい．各値が 0 か 1 になるので，数値に関する Series のメソッドすべてが Boolean にも使える．

内容≫

このレシピでは，データのカラムに対して条件を当てはめ，その結果の要約統計量

を計算する．

手順

1) movie データセットを読み込み，インデックスを映画の題名に設定し，先頭の行を何行か調べる．

```
>>> movie = pd.read_csv('data/movie.csv', index_col='movie_title')
>>> movie.head()
```

movie_title	color	director_name	num_critic_for_reviews	duration	director_facebook_likes	actor_3_facebook_likes	actor_2_name	actor_1_facebook_likes
Avatar	Color	James Cameron	723.0	178.0	0.0	855.0	Joel David Moore	1000.0
Pirates of the Caribbean: At World's End	Color	Gore Verbinski	302.0	169.0	563.0	1000.0	Orlando Bloom	40000.0
Spectre	Color	Sam Mendes	602.0	148.0	0.0	161.0	Rory Kinnear	11000.0
The Dark Knight Rises	Color	Christopher Nolan	813.0	164.0	22000.0	23000.0	Christian Bale	27000.0
Star Wars: Episode VII - The Force Awakens	NaN	Doug Walker	NaN	NaN	131.0	NaN	Rob Walker	131.0

2) 映画の上演時間が 2 時間を超えるかどうかを，duration Series に対して比較演算子「>」を使って調べる．

```
>>> movie_2_hours = movie['duration'] > 120
>>> movie_2_hours.head(10)
movie_title
Avatar                                        True
Pirates of the Caribbean: At World's End      True
Spectre                                       True
The Dark Knight Rises                         True
Star Wars: Episode VII - The Force Awakens   False
John Carter                                   True
Spider-Man 3                                  True
Tangled                                      False
Avengers: Age of Ultron                       True
Harry Potter and the Half-Blood Prince        True
Name: duration, dtype: bool
```

3) この Series で，2 時間を超える映画の本数が分かる．

```
>>> movie_2_hours.sum()
1039
```

4) 2 時間を超える映画のパーセントを求めるには，mean メソッドを使う．

```
>>> movie_2_hours.mean()
0.2114
```

5) 手順4の結果は，誤解を招く危険がある．カラム duration には，欠損値がいくつかある．手順1の DataFrame の出力に戻って調べれば，最後の行で duration の値が欠損値であることが分かる．手順2の Boolean 条件は，欠損値に対して False を返す．最初に欠損値を削除してから，条件を評価して，平均を取らねばならない．

```
>>> movie['duration'].dropna().gt(120).mean()
.2112
```

6) describe メソッドを使って，Boolean Series の要約統計量をいくつか出力する．

```
>>> movie_2_hours.describe()
count     4916
unique       2
top      False
freq      3877
Name: duration, dtype: object
```

【解説】

ほとんどの DataFrame では，movie データセットのように Boolean のカラムは存在しない．Boolean Series を作る一番簡単な方法は，カラムに比較演算子による条件を適用して Series を取得することだ．手順2では，「>」演算子を使って上演時間が2時間(120分)を超えるかどうかを調べた．手順3と4では，Boolean Series の総和と平均という2つの重要な統計量を計算した．Python では False/True を 0/1 と評価するので，この手法が使える．

読者は，Boolean Series の平均が True 値のパーセントであることを自分で証明できるはずだ．normalize パラメータを True にした value_counts メソッドを使って分布が得られる．

```
>>> movie_2_hours.value_counts(normalize=True)
False    0.788649
True     0.211351
Name: duration, dtype: float64
```

手順5では，手順4の結果が正しくないことを警告する．duration カラムに欠損値があっても，Boolean 条件は欠損値に対する値を False として評価する．欠損値を削除することで，正しい統計量が得られる．これはメソッドチェイニングにより，1つの手順で実行できる．

手順6は，度数情報を表示して，pandas では，Boolean カラムを object データ型を扱う場合と同様に扱っていることを示す．これは，Boolean Series を数値データとして扱うよりも自然な方法だ．

補足

同じ DataFrame の 2 つのカラムを比較して Boolean Series を作ることもできる．例えば，actor 2 よりも Facebook で「いいね！」の個数が多い actor 1 の映画のパーセントを求めることができる．それには，2 つのカラムをまず選び，どちらかの映画で欠損値のある行を削除し，比較した後で平均を計算すればよい．

```
>>> actors = movie[['actor_1_facebook_likes',
                    'actor_2_facebook_likes']].dropna()
>>> (actors['actor_1_facebook_likes'] >
         actors['actor_2_facebook_likes']).mean()
.978
```

参照

- 1 章レシピ 7 Series のメソッドチェイニング
- 1 章レシピ 6 Series の演算子の働き

レシピ34　複数の Boolean 条件の構築

Python では，論理式に組み込み論理演算子 and, or, not を使う．これらのキーワードは，pandas の Boolean インデックス法には使えなくて，&, |, ~ で置き換える．さらに，各論理式を括弧で括らないとエラーになる．

内容

データセットに対して適切なフィルタを作るには，複数の論理式を組み合わせて，部分集合を正確に抽出できるようにする．このレシピでは，複数の論理式を作り，それらを組み合わせて，imdb_score が 8 より高く，content_rating が PG-13, title_year が 2000 年より前か 2009 年より後の映画をすべて求める．

手順

1) movie データセットをロードして，題名をインデックスにする．

```
>>> movie = pd.read_csv('data/movie.csv', index_col='movie_title')
```

2) 選択基準それぞれによる Boolean の Series で表す集合を格納する変数を作る．

```
>>> criteria1 = movie.imdb_score > 8
>>> criteria2 = movie.content_rating == 'PG-13'
>>> criteria3 = ((movie.title_year  2000) | (movie.title_year > 2009))
>>> criteria2.head() # 基準の Series はどれも同じように見える
movie_title
Avatar                                      True
Pirates of the Caribbean: At World's End    True
Spectre                                     True
The Dark Knight Rises                       True
Star Wars: Episode VII - The Force Awakens  False
```

```
Name: content_rating, dtype: bool
```

3) 基準を組み合わせて，1つのBooleanのSeriesにする．

```
>>> criteria_final = criteria1 & criteria2 & criteria3
>>> criteria_final.head()
movie_title
Avatar                                          False
Pirates of the Caribbean: At World's End        False
Spectre                                         False
The Dark Knight Rises                            True
Star Wars: Episode VII - The Force Awakens      False
dtype: bool
```

解説

Seriesのすべての値は，標準比較演算子(<, >, ==, !=, <=, >=)を使ったスカラー値の比較で得られる．式 `movie.imdb_score > 8` から，`imdb_score` が8を超えるならTrue，8以下ならFalseというBooleanのSeriesが得られる．このBooleanのSeriesのインデックスは元のと同じなので，この場合は映画の題名．

変数 criteria3 は，2つの独立な論理式から作られる．各論理式は括弧で括らないといけない．縦棒(パイプ文字ともいう) | は, 両方のSeriesの値の論理or条件を作る．

3つの基準すべてを合わせてTrueにならないと，レシピの要求に合致しない．これらはアンド記号(アンパーサンド)&で組み合わされ，Seriesの値の論理and条件を作る．

補足

pandasでは論理演算子の構文が違うということは，演算子の優先度が同じでないということだ．比較演算子は，and, or, not よりも優先度が高い．しかし，pandasの新たな演算子 (&, |, ~) は，比較演算子よりも優先度が高い．だから，括弧がいる．ちなみに，&, |, ~ は Python では，ビット演算子なので，当然，優先度が高くなる．例を使って説明する．次の式を考える．

```
>>> 5 < 10 and 3 > 4
False
```

まず式 5 < 10 を評価し，次に 3 > 4 を，最後に and を評価する．Python の評価は次のようになっている．

```
>>> 5 < 10 and 3 > 4
>>> True and 3 > 4
>>> True and False
>>> False
```

criteria3 の式を次のようにしたらどうなるだろうか．

```
>>> movie.title_year < 2000 | movie.title_year > 2009
TypeError: cannot compare a dtyped [float64] array with a scalar of type [bool]
```

「|」が比較演算子より優先度が高いので，2000 | movie.title_year がまず評価され，これが意味をなさないのでエラーが起こる．正しい順序で比較するために括弧が必要になる．

pandas では and, or, not をなぜ使えないのだろうか．これらのキーワードの評価の際，Python はオブジェクト全体の真理値を見つけようとする．Series 全体が True か False かは意味がなく，各要素にしか意味がないので，pandas ではエラーを起こす．

 多くの Python オブジェクトには Boolean 値が対応する．例えば，0 以外の整数は True と考えられる．空文字列以外の文字列も True だ．非空の集合，タプル，辞書，リストも True．空の DataFrame や Series は，True でも False でもなく，Boolean 値を求めるとエラーを起こす．一般に，Python オブジェクトの真理値を得るには関数 bool に渡す．

参照

- Python 演算子優先順位 (http://bit.ly/2vxuqSn)

レシピ35 Boolean インデックス法によるフィルタリング

Series と DataFrame の Boolean 選択はほとんど同じだ．どちらの場合も，フィルタリングするオブジェクトと同じような Boolean Series をインデックス演算子に渡す．

内容

このレシピでは，映画の別々のデータセットにそれぞれ独立の Boolean 基準 2 つを作る．映画のデータセットの1つは，前の**レシピ 34 複数の Boolean 条件の構築**によるもので，imdb_score が 8 より高く，content_rating が PG-13 で，title_year が 2000 年以前か 2009 年以降だ．2つ目のデータセットは，imdb_score が 5 より低く，content_rating が R で，title_year が 2000 年から 2010 年までだ．

手順

1) movie データセットを読み込み，インデックスを movie_title に設定し，1つ目の基準集合を作る．

```
>>> movie = pd.read_csv('data/movie.csv', index_col='movie_title')
>>> crit_a1 = movie.imdb_score > 8
>>> crit_a2 = movie.content_rating == 'PG-13'
>>> crit_a3 = (movie.title_year < 2000) | (movie.title_year > 2009)
>>> final_crit_a = crit_a1 & crit_a2 & crit_a3
```

2) 2つ目の基準集合を作る．

```
>>> crit_b1 = movie.imdb_score < 5
>>> crit_b2 = movie.content_rating == 'R'
>>> crit_b3 = ((movie.title_year >= 2000) & (movie.title_year <= 2010))
>>> final_crit_b = crit_b1 & crit_b2 & crit_b3
```

3) pandas の or 演算子を使って 2 つの基準集合の和を取る．これによって，どちらかの基準に適合する映画すべての Boolean Series が得られる．

```
>>> final_crit_all = final_crit_a | final_crit_b
>>> final_crit_all.head()
movie_title
Avatar                                        False
Pirates of the Caribbean: At World's End      False
Spectre                                       False
The Dark Knight Rises                         True
Star Wars: Episode VII - The Force Awakens    False
dtype: bool
```

4) Boolean Seriesができたら，データをフィルタリングするためにインデックス演算子に渡す．

```
>>> movie[final_crit_all].head()
```

movie_title	color	director_name	num_critic_for_reviews	duration	director_facebook_likes	actor_3_facebook_likes	actor_2_name	actor_1_facebook_likes
The Dark Knight Rises	Color	Christopher Nolan	813.0	164.0	22000.0	23000.0	Christian Bale	27000.0
The Avengers	Color	Joss Whedon	703.0	173.0	0.0	19000.0	Robert Downey Jr.	26000.0
Captain America: Civil War	Color	Anthony Russo	516.0	147.0	94.0	11000.0	Scarlett Johansson	21000.0
Guardians of the Galaxy	Color	James Gunn	653.0	121.0	571.0	3000.0	Vin Diesel	14000.0
Interstellar	Color	Christopher Nolan	712.0	169.0	22000.0	6000.0	Anne Hathaway	11000.0

5) DataFrameのカラムすべてについてデータのフィルタリングに成功した．フィルタが正しく行われたかどうかを手作業で確認するのは簡単ではない．.locインデクサで行とカラムの両方をフィルタリングして確かめる．

```
>>> cols = ['imdb_score', 'content_rating', 'title_year']
>>> movie_filtered = movie.loc[final_crit_all, cols]
>>> movie_filtered.head(10)
```

movie_title	imdb_score	content_rating	title_year
The Dark Knight Rises	8.5	PG-13	2012.0
The Avengers	8.1	PG-13	2012.0
Captain America: Civil War	8.2	PG-13	2016.0
Guardians of the Galaxy	8.1	PG-13	2014.0
Interstellar	8.6	PG-13	2014.0
Inception	8.8	PG-13	2010.0
The Martian	8.1	PG-13	2015.0
Town & Country	4.4	R	2001.0
Sex and the City 2	4.3	R	2010.0
Rollerball	3.0	R	2002.0

解説

手順 1 と 2 では，簡単な論理式から基準集合をそれぞれ作った．ここで行ったように論理式の変数を違える必要はないが，読みやすさと論理的な間違いのデバッグにはこの方がよい．両方の映画集合を使うので，手順 3 では，pandas の論理 or 演算子を使って組み合わせた．

手順 4 では，Boolean インデックス法の動作を正確な構文で示した．手順 3 で作った Boolean の Series をインデックス演算子に直接渡すだけでよい．ロジックが正しく実装されたかどうか直接チェックするのは，この無駄な情報を排した DataFrame では簡単だ．

 Boolean インデックス法は，.iloc インデクサではうまくいかない．Boolean Series を渡すと，例外が起きる．しかし，Boolean ndarray を渡せば，他のインデクサでのレシピと同じようにうまくいく．

補足

すでに述べたように，短い論理式を組み合わせる代わりに長い論理式 1 つで済ますこともできる．手順 1 の変数 final_crit_a と同じものが，次の長い 1 行のコードでできる．

```
>>> final_crit_a2 = (movie.imdb_score > 8) & \
                    (movie.content_rating == 'PG-13') & \
                    ((movie.title_year < 2000) | (movie.title_year > 2009))
>>> final_crit_a2.equals(final_crit_a)
True
```

参照

- Boolean インデックス法についての pandas 公式文書 (http://bit.ly/2v1xK77)
- Python オブジェクトの真偽値のチェック (http://bit.ly/2vn8WXX)

レシピ36 インデックス選択による Boolean インデックス法の代用

Boolean 選択の特別な場合は，インデックスを活用して済ますことができる．インデックスによる選択は，直感的で読みやすい．

内容

このレシピでは，college データセットを用い，Boolean インデックス法とインデックス選択の両方で指定した州の大学を選び，それぞれの性能を比較する．

手順

1) college データセットを読み込み，Boolean インデックス法でテキサス州 (TX) の全大学を選ぶ．

```
>>> college = pd.read_csv('data/college.csv')
```

```
>>> college[college['STABBR'] == 'TX'].head()
```

	INSTNM	CITY	STABBR	HBCU	MENONLY	WOMENONLY	RELAFFIL	SATVRMID	SATMTMID	DISTANCEONLY
3610	Abilene Christian University	Abilene	TX	0.0	0.0	0.0	1	530.0	545.0	0.0
3611	Alvin Community College	Alvin	TX	0.0	0.0	0.0	0	NaN	NaN	0.0
3612	Amarillo College	Amarillo	TX	0.0	0.0	0.0	0	NaN	NaN	0.0
3613	Angelina College	Lufkin	TX	0.0	0.0	0.0	0	NaN	NaN	0.0
3614	Angelo State University	San Angelo	TX	0.0	0.0	0.0	0	475.0	490.0	0.0

2) 同じことをインデックス選択で行うためには，STABBR カラムをインデックスにする必要がある．その後，.loc インデクサでラベルを使って選択．

```
>>> college2 = college.set_index('STABBR')
>>> college2.loc['TX'].head()
```

STABBR	INSTNM	CITY	HBCU	MENONLY	WOMENONLY	RELAFFIL	SATVRMID	SATMTMID	DISTANCEONLY	UGDS
TX	Abilene Christian University	Abilene	0.0	0.0	0.0	1	530.0	545.0	0.0	3572.0
TX	Alvin Community College	Alvin	0.0	0.0	0.0	0	NaN	NaN	0.0	4682.0
TX	Amarillo College	Amarillo	0.0	0.0	0.0	0	NaN	NaN	0.0	9346.0
TX	Angelina College	Lufkin	0.0	0.0	0.0	0	NaN	NaN	0.0	3825.0
TX	Angelo State University	San Angelo	0.0	0.0	0.0	0	475.0	490.0	0.0	5290.0

3) 両方の速度を比較．

```
>>> %timeit college[college['STABBR'] == 'TX']
1.43 ms ± 53.5 µs per loop (mean ± std. dev. of 7 runs, 1000 loops each)
>>> %timeit college2.loc['TX']
526 µs ± 6.67 µs per loop (mean ± std. dev. of 7 runs, 1000 loops each)
```

4) Boolean インデックス法の方がインデックス選択より 3 倍時間がかかっている．インデックスの設定の手間を考慮する必要があるので，その時間も計る．

```
>>> %timeit college2 = college.set_index('STABBR')
1.04 ms ± 5.37 µs per loop (mean ± std. dev. of 7 runs, 1000 loops each)
```

[解説]

手順 1 ではデータのどの行のカラム STABBR が TX に等しいかという Boolean Series を作った．この Series をインデックス演算子に渡してデータを抽出した．このプロセ

スは，このカラムをインデックスにして，基本的なラベルの`.loc`インデックス選択でも行える．インデックス選択の方がBoolean選択よりもずっと速い．

補足

このレシピでは，1つの州だけで選んだ．Boolean選択でもインデックス選択でも複数の州を指定できる．**Texas (TX)**, **California (CA)**, **New York (NY)** を選ぶことにする．Boolean選択では，`isin`メソッドを使うが，インデックス選択では，州のリストを`.loc`に渡すだけでよい．

```
>>> states = ['TX', 'CA', 'NY']
>>> college[college['STABBR'].isin(states)]
>>> college2.loc[states]
```

このレシピで説明できていない多くのことがまだある．pandasでは，インデックスに重複がないか，ソートされているかに基づいてインデックスの実装が異なる．詳細は次の**レシピ37 重複のないインデックスとソートしたインデックスによる選択**参照．

レシピ37 重複のないインデックスとソートしたインデックスによる選択

インデックス選択の性能は，インデックスに重複がないか，またはソートされていると劇的に向上する．前の**レシピ36 インデックス選択によるBooleanインデックス法の代用**では，重複のあるソートされていないインデックスを使ったので，選択は遅かった．

内容

このレシピでは，collegeデータセットを用い，重複がないか，ソートされたインデックスを使ってインデックス選択の性能を上げる．引き続き，Booleanインデックス法と性能を比較する．

手順

1) collegeデータセットを読み込み，STABBRがインデックスの別のDataFrameを作り，インデックスがソートされているかチェックする．

```
>>> college = pd.read_csv('data/college.csv')
>>> college2 = college.set_index('STABBR')
>>> college2.index.is_monotonic
False
```

2) college2のインデックスをソートして，別のオブジェクトとして保存する．

```
>>> college3 = college2.sort_index()
>>> college3.index.is_monotonic
True
```

3) これら3つのDataFrameでテキサス州(TX)の選択を計時する

```
>>> %timeit college[college['STABBR'] == 'TX']
1.43 ms ± 53.5 µs per loop (mean ± std. dev. of 7 runs, 1000 loops each)
>>> %timeit college2.loc['TX']
526 µs ± 6.67 µs per loop (mean ± std. dev. of 7 runs, 1000 loops each)
>>> %timeit college3.loc['TX']
183 µs ± 3.67 µs per loop (mean ± std. dev. of 7 runs, 1000 loops each)
```

4) ソートしたインデックスは，Boolean選択よりほぼ10倍速い．インデックスに重複がない場合を調べよう．これには，校名をインデックスに使う．

```
>>> college_unique = college.set_index('INSTNM')
>>> college_unique.index.is_unique
True
```

5) BooleanインデックスでStanford Universityを選ぶ．

```
>>> college[college['INSTNM'] == 'Stanford University']
```

	INSTNM	CITY	STABBR	HBCU	MENONLY	WOMENONLY	RELAFFIL	SATVRMID	SATMTMID	DISTANCEONLY	...	UGDS_2MOR	UGDS_NRA
4217	Stanford University	Stanford	CA	0.0	0.0	0.0	0	730.0	745.0	0.0	...	0.1067	0.0819

6) インデックス選択でStanford Universityを選ぶ．

```
>>> college_unique.loc['Stanford University']
CITY Stanford
STABBR CA
HBCU 0
...
UG25ABV 0.0401
MD_EARN_WNE_P10 86000
GRAD_DEBT_MDN_SUPP 12782
Name: Stanford University, dtype: object
```

7) 両方は同じデータだが，オブジェクトは異なる．それぞれを計時する．

```
>>> %timeit college[college['INSTNM'] == 'Stanford University']
1.3 ms ± 56.8 µs per loop (mean ± std. dev. of 7 runs, 1000 loops each)
>>> %timeit college_unique.loc['Stanford University']
157 µs ± 682 ns per loop (mean ± std. dev. of 7 runs, 10000 loops each)
```

解説

college2のようにインデックスがソートされておらず重複があるなら，pandasでは選択を正しく行うために，インデックスの値をいちいちチェックしなければならない．college3のように，インデックスがソートされていると，pandasは**二分探索**というアルゴリズムを用いて性能を改善する．

このレシピの後半では，重複がないカラムをインデックスに用いた．pandasでは重複がないインデックスをハッシュ表で実装し，選択はさらに高速になる．インデック

ス位置がその長さに関係なくほぼ同じ時間で探し出せる．

> 補足

Boolean 選択では，条件にいくつでもカラムを使えるので，インデックス選択よりも柔軟性に富む．このレシピでは，単一カラムをインデックスに使った．複数カラムを連結してインデックスにすることも可能だ．例えば，次のコードでは，インデックスを都市のカラムと州のカラムを連結したものにする．

```
>>> college.index = college['CITY'] + ', ' + college['STABBR']
>>> college = college.sort_index()
>>> college.head()
```

	INSTNM	CITY	STABBR	HBCU	MENONLY	WOMENONLY	RELAFFIL	SATVRMID	SATMTMID	DISTANCEONLY	...	UGDS_2MOR
ARTESIA, CA	Angeles Institute	ARTESIA	CA	0.0	0.0	0.0	0	NaN	NaN	0.0	...	0.0175
Aberdeen, SD	Presentation College	Aberdeen	SD	0.0	0.0	0.0	1	440.0	480.0	0.0	...	0.0284
Aberdeen, SD	Northern State University	Aberdeen	SD	0.0	0.0	0.0	0	480.0	475.0	0.0	...	0.0219
Aberdeen, WA	Grays Harbor College	Aberdeen	WA	0.0	0.0	0.0	0	NaN	NaN	0.0	...	0.0937
Abilene, TX	Hardin-Simmons University	Abilene	TX	0.0	0.0	0.0	1	508.0	515.0	0.0	...	0.0298

これにより，Boolean インデックス法を使わずに，指定した都市と州の組み合わせで大学を選べる．

```
>>> college.loc['Miami, FL'].head()
```

	INSTNM	CITY	STABBR	HBCU	MENONLY	WOMENONLY	RELAFFIL	SATVRMID	SATMTMID	DISTANCEONLY	...	UGDS_2MOR
Miami, FL	New Professions Technical Institute	Miami	FL	0.0	0.0	0.0	0	NaN	NaN	0.0	...	0.0000
Miami, FL	Management Resources College	Miami	FL	0.0	0.0	0.0	0	NaN	NaN	0.0	...	0.0000
Miami, FL	Strayer University-Doral	Miami	FL	NaN	NaN	NaN	1	NaN	NaN	NaN	...	NaN
Miami, FL	Keiser University-Miami	Miami	FL	NaN	NaN	NaN	1	NaN	NaN	NaN	...	NaN
Miami, FL	George T Baker Aviation Technical College	Miami	FL	0.0	0.0	0.0	0	NaN	NaN	0.0	...	0.0046

複合インデックス選択と Boolean インデックス法の速度を比較できる．10 倍よりも大きい差がある．

```
>>> %%timeit
>>> crit1 = college['CITY'] == 'Miami'
>>> crit2 = college['STABBR'] == 'FL'
>>> college[crit1 & crit2]
2.43 ms ± 80.4 µs per loop (mean ± std. dev. of 7 runs, 100 loops each)
>>> %timeit college.loc['Miami, FL']
197 µs ± 8.69 µs per loop (mean ± std. dev. of 7 runs, 10000 loops each)
```

参照

- 二分探索アルゴリズム (https://ja.wikipedia.org/wiki/二分探索)

レシピ38 株価見通しの計算

　株式の値上がり期待で購入した投資家は，最高値かその近くで売ろうとする．これは，実際には，特に株価があるしきい値よりも高い割合がこれまで少ない場合には，非常に難しい．Boolean インデックス法を使って，株価がある値段より上または下の全期間を求めることができる．この計算実行から，株式を売買する期間について見通しを立てることができる．

内容

　このレシピでは，Schlumberger の株価を 2010 年初頭から 2017 年の中頃まで検討する．Boolean インデックス法を使って，この期間の終値の最高及び最低 10% の Series を抽出する．それから，全点をプロットして，上位及び下位 10% をハイライトする．

手順

1) Schlumberger (SLB) の株価データを読み込み，Date カラムをインデックスにして，それを DatetimeIndex に変換する．

```
>>> slb = pd.read_csv('data/slb_stock.csv', index_col='Date',
                      parse_dates=['Date'])
>>> slb.head()
```

Date	Open	High	Low	Close	Volume
2010-01-04	66.39	67.20	66.12	67.11	5771234
2010-01-05	66.99	67.62	66.73	67.30	7366270
2010-01-06	67.17	68.94	67.03	68.80	9949946
2010-01-07	68.49	69.81	68.21	69.51	7700297
2010-01-08	69.19	72.00	69.09	70.65	13487621

2) 終値を Series で選択し，describe メソッドを使って，要約統計量を Series で返す．

```
>>> slb_close = slb['Close']
>>> slb_summary = slb_close.describe(percentiles=[.1, .9])
>>> slb_summary
count   1895.000000
mean      79.121905
std       11.767802
min       51.750000
10%       64.892000
50%       78.000000
```

```
90%   93.248000
max  117.950000
Name: Close, dtype: float64
```

3) Boolean インデックス法を使って，最高及び最低の 10 パーセンタイル内の終値を選ぶ．

```
>>> upper_10 = slb_summary.loc['90%']
>>> lower_10 = slb_summary.loc['10%']
>>> criteria = (slb_close < lower_10) | (slb_close > upper_10)
>>> slb_top_bottom_10 = slb_close[criteria]
```

4) フィルタリングした Series を灰色で黒の終値の上にプロットする．matplotlib ライブラリで，10 位及び 90 位パーセンタイルの水平線を描く．

```
>>> slb_close.plot(color='black', figsize=(12,6))
>>> slb_top_bottom_10.plot(marker='o', style=' ', ms=4, color='lightgray')
>>> xmin = criteria.index[0]
>>> xmax = criteria.index[-1]
>>> plt.hlines(y=[lower_10, upper_10], xmin=xmin, xmax=xmax, color='black')
```

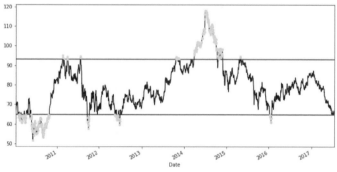

解説

手順 2 の describe メソッドの結果は，インデックスラベルに要約統計量を示す Series そのもの．この要約 Series が 10 位パーセンタイルと 90 位パーセンタイルをそれぞれ別の変数に格納するのに使われる．手順 3 は Boolean インデックス法を使って，上位及び下位 10% の分布を選ぶ．

Series と DataFrame はともに plot メソッドで直接プロットできる．最初の plot メソッド呼び出しは，SLB の終値を保持する slb_close Series による．これは黒の線．slb_top_bottom_10 の点は灰色で終値の線の上に上書きする．style パラメータは空白 1 つで線を描かない．ms パラメータは取引高だ．

matplotlib には hlines という便利な関数があって水平線を書く．y 値のリストを取

り，xmin から xmax までプロットする．

　描いたプロットによる新たな見通しから，SLB の上場来最高値は 120 ドルに近いが，直近 7 年間のうち 10% しか 93 ドルを超えていないことが分かる．

補足

　上下 10 パーセンタイルを示すのに，赤や灰色で点を上書きする代わりに，matplotlib の fill_between 関数を使うこともできる．この関数は 2 つの線で挟まれた領域を塗りつぶす．オプションの where パラメータが Boolean Series を取り，どの位置で塗りつぶすか指定できる．

```
>>> slb_close.plot(color='black', figsize=(12,6))
>>> plt.hlines(y=[lower_10, upper_10],
               xmin=xmin, xmax=xmax,color='lightgray')
>>> plt.fill_between(x=criteria.index, y1=lower_10,
                     y2=slb_close.values, color='black')
>>> plt.fill_between(x=criteria.index,y1=lower_10,
                     y2=slb_close.values, where=slb_close < lower_10,
                     color='lightgray')
>>> plt.fill_between(x=criteria.index, y1=upper_10,
                     y2=slb_close.values, where=slb_close > upper_10,
                     color='lightgray')
```

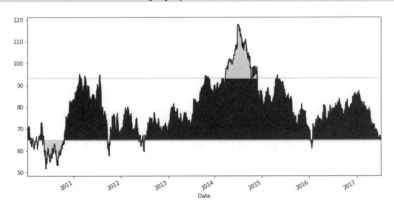

参照

- 11 章「matplotlib, pandas, seaborn による可視化」

レシピ39　SQL の WHERE 節の翻訳

　pandas ユーザの多くは，**構造化クエリ言語 (SQL)** を使ってデータベースで直接データ処理した経験がある．SQL は，データベースに格納されているデータを定義，処理，制御する標準言語だ．SQL を使ってデータを選択，フィルタリング，集約，ソートするには SELECT 文を使うのが普通だ．pandas には，データベースにコネクトして

SQL 文を送る機能が備わっている．

 SQL はデータサイエンティストにとっては，非常に重要な言語で知っておかねばならない．世界のデータの多くがデータベースに格納されており，データの取得，処理，分析に SQL を使う必要がある．SQL の構文は比較的単純で学習が容易だ．Oracle，Microsoft，IBM といった企業ごとに様々な SQL 実装がある．構文は実装によって変わってしまうが，核心部分はほぼ共通だ．

内容 ≫

SQL の SELECT 文では，WHERE 節がデータのフィルタリングによく使われる．このレシピでは，従業員データセットの部分集合を選択する SQL クエリに等しい pandas コードを書く．

 このレシピを使うために SQL 構文を理解している必要はない．

警察署か消防で働き，基本給が 8 万ドルから 12 万ドルの間の女性従業員を抽出するという作業を行うものと仮定する．次の SQL 文がこのクエリを行う．

```
SELECT
    UNIQUE_ID,
    DEPARTMENT,
    GENDER,
    BASE_SALARY
FROM
    EMPLOYEE
WHERE
    DEPARTMENT IN ('Houston Police Department-HPD',
                   'Houston Fire Department (HFD)') AND
    GENDER = 'Female' AND
    BASE_SALARY BETWEEN 80000 AND 120000;
```

手順 ≫

1) employee データセットを DataFrame に読み込む．

```
>>> employee = pd.read_csv('data/employee.csv')
```

2) データをフィルタリングする前に，対象カラムを自分の目で調べてフィルタリングする正確な値がどうなっているか確認するのが役立つ．

```
>>> employee.DEPARTMENT.value_counts().head()
Houston Police Department-HPD      638
Houston Fire Department (HFD)      384
Public Works & Engineering-PWE     343
Health & Human Services            110
Houston Airport System (HAS)       106
Name: DEPARTMENT, dtype: int64
>>> employee.GENDER.value_counts()
```

```
Male    1397
Female   603
>>> employee.BASE_SALARY.describe().astype(int)
count      1886
mean      55767
std       21693
min       24960
25%       40170
50%       54461
75%       66614
max      275000
Name: BASE_SALARY, dtype: int64
```

3) フィルタリング基準ごとに1つの文を書く．isin メソッドを使って，多くの値の1つと等しいかチェックする．

```
>>> depts = ['Houston Police Department-HPD',
             'Houston Fire Department (HFD)']
>>> criteria_dept = employee.DEPARTMENT.isin(depts)
>>> criteria_gender = employee.GENDER == 'Female'
>>> criteria_sal = (employee.BASE_SALARY >= 80000) & \
                   (employee.BASE_SALARY <= 120000)
```

4) すべての Boolean Series を組み合わせる．

```
>>> criteria_final = (criteria_dept & criteria_gender & criteria_sal)
```

5) Boolean インデックス法を使って，最終的なフィルタリング基準に合致する行だけを選ぶ．

```
>>> select_columns = ['UNIQUE_ID', 'DEPARTMENT', 'GENDER', 'BASE_SALARY']
>>> employee.loc[criteria_final, select_columns].head()
```

	UNIQUE_ID	DEPARTMENT	GENDER	BASE_SALARY
61	11087	Houston Fire Department (HFD)	Female	96668.0
136	6146	Houston Police Department-HPD	Female	81239.0
367	7589	Houston Police Department-HPD	Female	86534.0
474	5407	Houston Police Department-HPD	Female	91181.0
513	6252	Houston Police Department-HPD	Female	81239.0

解説

フィルタリングを実際に行う前に，使う文字列を正確に知っておく必要がある．Series の value_counts メソッドで正確な文字列名と値の個数がともに分かる．

Series の isin メソッドは SQL の IN 演算子と等価で，保持したいすべての値のリストを渡すことができる．OR で条件を連ねて，この演算式の代用とすることも可能だが，効率的ではなく，イディオムでもない．

criteria_sal という給与基準は，2つの単純な不等式を組み合わせている．基準すべてを最終的に pandas の and 演算子 & で結合して，1つの Boolean Series をフィルタとする．

補足

pandas では，多くの演算が複数の方式を取る．このレシピでは給与基準に2つの別々の論理式を使った．SQL と同様に，Series には between メソッドがあって，給与基準を次のように書ける．

```
>>> criteria_sal = employee.BASE_SALARY.between(80000, 120000)
```

isin には，別の pandas の文で生成した値のシーケンスを渡すという便利な使い方がある．こうすると，正確な文字列を自分で入力してリストにする手間が省ける．例えば，最も人数の多い上位5部門を除くには次のようにする．

```
>>> top_5_depts = employee.DEPARTMENT.value_counts().index[:5]
>>> criteria = ~employee.DEPARTMENT.isin(top_5_depts)
>>> employee[criteria]
```

これに等価な SQL 文は次のようになる．

```
SELECT
    *
FROM
    EMPLOYEE
WHERE
    DEPARTMENT not in
    (
     SELECT
         DEPARTMENT
     FROM (
         SELECT
             DEPARTMENT,
             COUNT(1) as CT
         FROM
             EMPLOYEE
         GROUP BY
             DEPARTMENT
         ORDER BY
             CT DESC
         LIMIT 5
         )
);
```

Series の全 Boolean 値を否定する，pandas の否定演算子 ~ の使い方に注意．

参照

- Series の isin (http://bit.ly/2v1GPfQ) 及び between (http://bit.ly/2wq9YPF) メソッドに関する pandas 公式文書の該当節

- 9 章レシピ 81 SQL データベースへの接続
- W3 schools による SQL の基本的説明 (http://bit.ly/2hsq8Wp)
- W3 schools による SQL IN 演算子の説明 (http://bit.ly/2v3H7Bg)
- W3 schools による SQL BETWEEN 演算子の説明 (http://bit.ly/2vn5UTP)

レシピ40 株式収益率の正規度判定

統計の初歩の教科書では，様々なデータの母集団に対して正規分布で記述することが多い．無作為抽出などのランダムプロセスでたいていは正規分布になることは多いが，実際のデータはもっと複雑だ．株式収益率は，見かけは正規分布だが，実際にはかけ離れているという典型的な例だ．

内容

このレシピでは，インターネット小売りの巨人 Amazon の日次株式収益率をどのようにして求めるかを示し，それが正規分布に従っているかどうか検討する．

手順

1) Amazon の株価情報をロードして，日付をインデックスにする．

```
>>> amzn = pd.read_csv('data/amzn_stock.csv', index_col='Date',
                       parse_dates=['Date'])
>>> amzn.head()
```

Date	Open	High	Low	Close	Volume
2010-01-04	136.25	136.61	133.14	133.90	7600543
2010-01-05	133.43	135.48	131.81	134.69	8856456
2010-01-06	134.60	134.73	131.65	132.25	7180977
2010-01-07	132.01	132.32	128.80	130.00	11030124
2010-01-08	130.56	133.68	129.03	133.52	9833829

2) 終値だけの Series を作り，pct_change メソッドを使って日次収益率を取得する．

```
>>> amzn_daily_return = amzn.Close.pct_change()
>>> amzn_daily_return.head()
Date
2010-01-04         NaN
2010-01-05    0.005900
2010-01-06   -0.018116
2010-01-07   -0.017013
2010-01-08    0.027077
Name: Close, dtype: float64
```

3) 欠損値を削除し，ヒストグラムをプロットして，分布を調べる．

```
>>> amzn_daily_return = amzn_daily_return.dropna()
>>> amzn_daily_return.hist(bins=20)
```

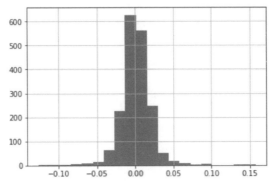

4) 正規分布近似は 68-95-99.7 規則に従う．すなわち，データの 68% が平均の 1 標準偏差，95% が 2 標準偏差，99.7% が 3 標準偏差に収まる．日次収益率が平均から 1,2,3 標準偏差に収まるパーセントを計算する．そのためには，平均と標準偏差がいる．

```
>>> mean = amzn_daily_return.mean()
>>> std = amzn_daily_return.std()
```

5) 観察ごとに z-score の絶対値を計算する．z-score は，平均から標準偏差でいくつ乖離しているかを示す．

```
>>> abs_z_score = amzn_daily_return.sub(mean).abs().div(std)
```

6) 日次収益率が平均から 1,2,3 標準偏差に収まるパーセントを計算する．

```
>>> pcts = [abs_z_score.lt(i).mean() for i in range(1,4)]
>>> print('{:.3f} fall within 1 standard deviation. '
         '{:.3f} within 2 and {:.3f} within 3'.format(*pcts))
0.787 fall within 1 standard deviation. 0.957 within 2 and 0.985 within 3
```

解説

デフォルトでは，Series の `pct_change` メソッドは，その前の要素と比べてパーセントの変化を求める．これによって，株価終値の Series から日次収益率が得られる．結果の Series の先頭要素は，その前の要素がないので，欠損値．

1 次元数値データを要約して可視化するヒストグラムは素晴らしい図だ．この分布が対称的なのは明らかだが，正規分布かどうかは決定が難しい．分布の正規度を判定する統計公式があるが，ここでは簡単に 68-95-99.7 規則にどれだけ従うかを調べる．

手順 5 は，各観測が平均から標準偏差でいくつ離れているかを，すなわち z-score を計算する．この手順では引き算や割り算を記号 (- と /) ではなく，メソッドで行う．

手順6で平均を取るのはおかしいと思うかもしれない．abs_z_score.lt(i) 式の結果は Boolean の Series だ．Boolean が評価すると 0 か 1 になるので，Series の平均は，True のパーセントを返すが，それこそ求めるものだ．

結果の数値 (78.7-95.7-98.5) を 68-95-99.7 規則と比較して，正規度を簡単に判定できる．1 標準偏差と 3 標準偏差に関して，パーセントが大きく乖離しており，Amazon の日次収益率は正規分布ではないと結論できる．

補足

このプロセスを自動化するため，株価データの DataFrame を取って，日次収益率のヒストグラムと 1,2,3 標準偏差に収まるパーセントを出力する関数を書くことができる．次の関数はこれを行い，メソッドの代わりに式を使う．

```
>>> def test_return_normality(stock_data):
        close = stock_data['Close']
        daily_return = close.pct_change().dropna()
        daily_return.hist(bins=20)
        mean = daily_return.mean()
        std = daily_return.std()
        abs_z_score = abs(daily_return - mean) / std
        pcts = [abs_z_score.lt(i).mean() for i in range(1,4)]

        print('{:.3f} fall within 1 standard deviation. '
              '{:.3f} within 2 and {:.3f} within 3'.format(*pcts))
>>> slb = pd.read_csv('data/slb_stock.csv', index_col='Date',
                      parse_dates=['Date'])
>>> test_return_normality(slb)
0.742 fall within 1 standard deviation. 0.946 within 2 and 0.986 within 3
```

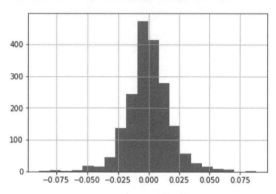

参照

- Series の pct_change メソッドの pandas 公式文書の該当節 (http://bit.ly/2wcjmqT)

query メソッドによる Boolean インデックス法の読みやすさ改善

Boolean インデックス法は，特に1行で複雑なフィルタを書く場合，読み書きしやすい構文になっているとは限らない．pandas には，DataFrame の query メソッドで文字列を使う別の方式があり，読みやすさが改善する場合がある．

> DataFrame の query メソッドは，実験段階で Boolean インデックス法ほどの機能がなく，プロダクションコードに使うべきではない[訳注]．

[訳注] 0.2.3.1 版では，この条件は取れている．

内容≫

このレシピでは，前の**レシピ 39 SQL の WHERE 節の翻訳**を，DataFrame の query メソッドを使って書き直す．目的は警察署か消防署で働き，基本給が 8 万ドルから 12 万ドルの間の女性従業員を抽出すること．

手順≫

1) 従業員データを読み込み，部門を指定し，カラムを変数にインポートする．

```
>>> employee = pd.read_csv('data/employee.csv')
>>> depts = ['Houston Police Department-HPD',
             'Houston Fire Department (HFD)']
>>> select_columns = ['UNIQUE_ID', 'DEPARTMENT',
                      'GENDER', 'BASE_SALARY']
```

2) クエリ文字列を作り，メソッドを実行する．

```
>>> qs = "DEPARTMENT in @depts " \
         "and GENDER == 'Female' " \
         "and 80000 <= BASE_SALARY <= 120000"
>>> emp_filtered = employee.query(qs)
>>> emp_filtered[select_columns].head()
```

	UNIQUE_ID	DEPARTMENT	GENDER	BASE_SALARY
61	11087	Houston Fire Department (HFD)	Female	96668.0
136	6146	Houston Police Department-HPD	Female	81239.0
367	7589	Houston Police Department-HPD	Female	86534.0
474	5407	Houston Police Department-HPD	Female	91181.0
513	6252	Houston Police Department-HPD	Female	81239.0

解説≫

query メソッドに渡す文字列は，普通の pandas のコードというよりは，簡単な英文のようだ．depts でのようにアットマーク記号 (@) を使って Python 変数を参照することも可能．query の名前空間には DataFrame の全カラム名が引用符なしに使える．

Female のように文字列が必要なら，引用符で括る必要がある．

query 構文のもう 1 つよいところは，2 重不等式を 1 つの式で表せ，Boolean インデックス法のように記号を使わず，and, or, not という論理演算子を使えることだ．

補足
部門名のリストを手入力する代わりにプログラムで作ることもできる．例えば，人数が多い上位 10 部門以外の女性従業員を求める場合，次のようなコードを使える．

```
>>> top10_depts = employee.DEPARTMENT.value_counts().index[:10].tolist()
>>> qs = "DEPARTMENT not in @top10_depts and GENDER == 'Female'"
>>> employee_filtered2 = employee.query(qs)
>>> employee_filtered2.head()
```

	DEPARTMENT	GENDER
0	Municipal Courts Department	Female
73	Human Resources Dept.	Female
96	City Controller's Office	Female
117	Legal Department	Female
146	Houston Information Tech Svcs	Female

参照
- query メソッドの pandas 公式文書 (http://bit.ly/2vnlwXk)

レシピ 42　where メソッドによる Series の保持

Boolean インデックス法では，基準に合致しない行を除くことでデータセットをフィルタリングする．これらの値を削除する代わりに，where メソッドを使って保持できる．where メソッドは Series と DataFrame のサイズを保持し，基準に合致しない値を欠損値にするか，何かほかのものに置き換える．

内容
このレシピでは，where メソッドに Boolean 条件を渡して，movie データセットの actor 1 の Facebook の「いいね！」個数の最小値と最大値の切り下げ値と切り上げ値を決める．

手順
1) movie データセットを読み込み，映画の題名をインデックスにし，actor_1_facebook_likes カラムの欠損値以外をすべて選ぶ．

```
>>> movie = pd.read_csv('data/movie.csv', index_col='movie_title')
>>> fb_likes = movie['actor_1_facebook_likes'].dropna()
>>> fb_likes.head()
movie_title
```

```
Avatar                                      1000.0
Pirates of the Caribbean: At World's End   40000.0
Spectre                                    11000.0
The Dark Knight Rises                      27000.0
Star Wars: Episode VII - The Force Awakens   131.0
Name: actor_1_facebook_likes, dtype: float64
```

2) describe メソッドを使って分布の感じをつかむ．

```
>>> fb_likes.describe(percentiles=[.1, .25, .5, .75, .9]).astype(int)
count      4909
mean       6494
std       15106
min           0
10%         240
25%         607
50%         982
75%       11000
90%       18000
max      640000
Name: actor_1_facebook_likes, dtype: int64
```

3) さらに，この Series のヒストグラムをプロットして，分布を目で確かめる．

```
>>> fb_likes.hist()
```

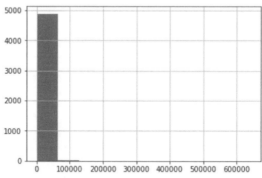

4) この分布の図は見た目も悪く，分布の様子が分かりにくい．しかし，手順2の要約統計量から，右に大きく歪んでおり，中央値より1桁多い観察値が多いことが分かる．「いいね！」の個数が2万より少ないかどうかをチェックする基準を作る．

```
>>> criteria_high = fb_likes < 20000
>>> criteria_high.mean().round(2)
.91
```

5) 約91%の映画で俳優1が2万未満の「いいね！」だ．Boolean 条件を渡せる

whereメソッドを使う．デフォルトの振る舞いは元と同じサイズのSeriesで，Falseの位置をすべて欠損値で置き換える．

```
>>> fb_likes.where(criteria_high).head()
movie_title
Avatar                                          1000.0
Pirates of the Caribbean: At World's End           NaN
Spectre                                        11000.0
The Dark Knight Rises                              NaN
Star Wars: Episode VII - The Force Awakens       131.0
Name: actor_1_facebook_likes, dtype: float64
```

6) whereメソッドの第2パラメータotherで置換する値を制御できる．欠損値をすべて2万に変える．

```
>>> fb_likes.where(criteria_high, other=20000).head()
movie_title
Avatar                                          1000.0
Pirates of the Caribbean: At World's End       20000.0
Spectre                                        11000.0
The Dark Knight Rises                          20000.0
Star Wars: Episode VII - The Force Awakens       131.0
Name: actor_1_facebook_likes, dtype: float64
```

7) 同様に，「いいね！」の最少個数の下限設定基準を設けることができる．別のwhereメソッドをチェイニングして，基準に合致しない値を300に変える．

```
>>> criteria_low = fb_likes > 300
>>> fb_likes_cap = fb_likes.where(criteria_high, other=20000)\
                        .where(criteria_low, 300)
>>> fb_likes_cap.head()
movie_title
Avatar                                          1000.0
Pirates of the Caribbean: At World's End       20000.0
Spectre                                        11000.0
The Dark Knight Rises                          20000.0
Star Wars: Episode VII - The Force Awakens       300.0
Name: actor_1_facebook_likes, dtype: float64
```

8) 元のSeriesの長さと変更したSeriesの長さは同じ．

```
>>> len(fb_likes), len(fb_likes_cap)
(4909, 4909)
```

9) 修正Seriesのヒストグラムを作る．データの範囲を絞ったのでプロットが見やすくなった．

```
>>> fb_likes_cap.hist()
```

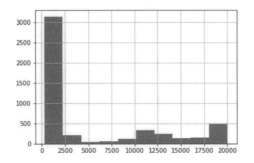

解説

whereメソッドも呼び出し元オブジェクトのサイズと形を保存して，Booleanが Trueの値は変更しない．手順1で欠損値を削除したのは，その後の手順ではwhereメソッドが欠損値を正当な値で置き換えたであろうことを考慮すると重要だ．

手順2の要約統計量が，データを切り上げるとよいという手がかりを与えた．手順3のヒストグラムは，対照的に，全データを1つのビンに押し込めた．データには外れ値が多すぎて，この単純なヒストグラムは役に立たない．whereメソッドはデータの切り上げ，切り下げを可能にし，ヒストグラムのビンが見やすくなる．

補足

pandasには，実は，この演算の代わりになる clip, clip_lower, clip_upper という組み込みメソッドがある．clipメソッドは，切り上げ切り下げを同時に行える．これらで同じことになるか次のようにチェックできるが，確かにそうなる．

```
>>> fb_likes_cap2 = fb_likes.clip(lower=300, upper=20000)
>>> fb_likes_cap2.equals(fb_likes_cap)
True
```

参照

- whereメソッド(とマスキング)のpandas公式文書(http://bit.ly/2vmW2cv)

レシピ43　DataFrameの行のマスキング

maskメソッドは，whereメソッドと正反対の演算をする．デフォルトでは，Boolean条件がTrueになるところを欠損値にする．本質的に，文字通りのデータセットのマスキング，覆いをかける．

内容

このレシピでは，映画データセットで2010年より後の映画にマスキングをして，欠損値のある行をすべてフィルタリングする．

1) movie データセットを読み込み，映画の題名をインデックスにし，基準を作る．

```
>>> movie = pd.read_csv('data/movie.csv', index_col='movie_title')
>>> c1 = movie['title_year'] >= 2010
>>> c2 = movie['title_year'].isnull()
>>> criteria = c1 | c2
```

2) DataFrame の mask メソッドを使って，2010 年より後の映画の行の値を欠損値にする．title_year の元の値が欠損の映画もマスキングされる．

```
>>> movie.mask(criteria).head()
```

movie_title	color	director_name	num_critic_for_reviews	duration	director_facebook_likes	actor_3_facebook_likes	actor_2_name	actor_1_facebook_likes
Avatar	Color	James Cameron	723.0	178.0	0.0	855.0	Joel David Moore	1000.0
Pirates of the Caribbean: At World's End	Color	Gore Verbinski	302.0	169.0	563.0	1000.0	Orlando Bloom	40000.0
Spectre	NaN	NaN	NaN	NaN	NaN	NaN	NaN	NaN
The Dark Knight Rises	NaN	NaN	NaN	NaN	NaN	NaN	NaN	NaN
Star Wars: Episode VII - The Force Awakens	NaN	NaN	NaN	NaN	NaN	NaN	NaN	NaN

3) この DataFrame は，3,4,5 行目の全値が欠損値であることに注意．dropna メソッドをチェイニングして，全部が欠損値の行を取り除く．

```
>>> movie_mask = movie.mask(criteria).dropna(how='all')
>>> movie_mask.head()
```

movie_title	color	director_name	num_critic_for_reviews	duration	director_facebook_likes	actor_3_facebook_likes	actor_2_name	actor_1_facebook_likes
Avatar	Color	James Cameron	723.0	178.0	0.0	855.0	Joel David Moore	1000.0
Pirates of the Caribbean: At World's End	Color	Gore Verbinski	302.0	169.0	563.0	1000.0	Orlando Bloom	40000.0
Star Wars: Episode VII - The Force Awakens	NaN	Doug Walker	NaN	NaN	131.0	NaN	Rob Walker	131.0
Spider-Man 3	Color	Sam Raimi	392.0	156.0	0.0	4000.0	James Franco	24000.0
Harry Potter and the Half-Blood Prince	Color	David Yates	375.0	153.0	282.0	10000.0	Daniel Radcliffe	25000.0

4) 手順 3 の演算は基本 Boolean インデックス法を複雑にしただけだ．この 2 つの手法が同じ DataFrame になるかどうかチェックする．

```
>>> movie_boolean = movie[movie['title_year'] < 2010]
```

```
>>> movie_mask.equals(movie_boolean)
False
```

5) equalsメソッドが等しくないと告げている．何かおかしい．同じ形かどうか基本チェックを行う．

```
>>> movie_mask.shape == movie_boolean.shape
True
```

6) maskメソッドは，多数の欠損値を作った．欠損値はfloatデータ型なので，整数カラムが浮動小数点数型になっている．equalsメソッドは，カラムの値が同じでもデータ型が異なるとFalseを返す．このシナリオになっているのかどうか，データ型をチェックする．

```
>>> movie_mask.dtypes == movie_boolean.dtypes
color                          True
director_name                  True
num_critic_for_reviews         True
duration                       True
director_facebook_likes        True
actor_3_facebook_likes         True
actor_2_name                   True
actor_1_facebook_likes         True
gross                          True
genres                         True
actor_1_name                   True
num_voted_users                False
cast_total_facebook_likes      False
.....
dtype: bool
```

7) 2つのカラムのデータ型が違っていた．pandasには，この場合の別法がある．テストモジュール(ユーザは開発者が主)に，assert_frame_equal関数があり，SeriesとDataFrameの等価性をデータ型の等価性は無視してチェックする．

```
from pandas.testing import assert_frame_equal
>>> assert_frame_equal(movie_boolean, movie_mask, check_dtype=False)
```

解説

デフォルトでは，maskメソッドは，データを欠損値でマスクする．maskメソッドの第1パラメータは条件でcriteriaのようにBoolean Seriesのことが多い．maskメソッドはDataFrameから呼ばれるので，条件がFalseの各行の全値が欠損値に変わる．手順3では，マスキングしたDataFrameを使って全部が欠損値の行を削除した．手順4は，同じことをBooleanインデックス法でどう行うかを示した．

データ分析において，結果は常に検証していくことが大事だ．SeriesとDataFrame

の等価性チェックは非常によく使われる検証法だ．手順4の最初の試みは，期待外れの結果になった．行とカラムの個数が同じか，行とカラムの名前が同じかなどの基本チェックがさらに深堀する前に重要となる．

手順6は，2つのSeriesのデータ型を比較する．ここで，なぜDataFrameが等しくなかったかの理由が判明する．equalsメソッドは，値とデータ型の両方とも同じかチェックする．手順7のassert_frame_equal関数には多くのパラメータがあり，等価性を様々に試験できる．assert_frame_equalを呼び出した後に出力がないことに注意．このメソッドは，2つのDataFrameが等価ならNoneを返し，違っているとエラーを起こす．

補足
マスキングして欠損行削除方式とBooleanインデックス法との速度の違いを比較する．この場合，Booleanインデックス法の方が1桁速い．

```
>>> %timeit movie.mask(criteria).dropna(how='all')
11.2 ms ± 144 µs per loop (mean ± std. dev. of 7 runs, 100 loops each)
>>> %timeit movie[movie['title_year'] < 2010]
1.07 ms ± 34.9 µs per loop (mean ± std. dev. of 7 runs, 1000 loops each)
```

参照
- assert_frame_equalのpandas公式文書 (http://bit.ly/2u5H5Yl)
- assert文のpandas公式文書 (http://bit.ly/2v1YKmY)

レシピ44 Boolean，整数位置，ラベルによる選択

4章「データから部分抽出」では.ilocと.locインデクサによりデータの様々な部分を抽出する広範囲のレシピを紹介した．これらのインデクサでは，整数位置かラベルで行とカラムを同時に選択できる．さらに，Booleanインデックス法により，これらのインデクサでデータの抽出ができる．

内容
このレシピでは，.ilocと.locの両インデクサにより行とカラムをフィルタリングする．

手順
1) movieデータセットを読み込み，題名をインデックスにし，内容評価がGでIMDBの点数が4より低い全映画にマッチングするBoolean Seriesを作る．

```
>>> movie = pd.read_csv('data/movie.csv', index_col='movie_title')
>>> c1 = movie['content_rating'] == 'G'
>>> c2 = movie['imdb_score'] < 4
>>> criteria = c1 & c2
```

2) 最初にこの基準を.locインデクサに渡して，行をフィルタリングする．

```
>>> movie_loc = movie.loc[criteria]
>>> movie_loc.head()
```

movie_title	color	director_name	num_critic_for_reviews	duration	director_facebook_likes	actor_3_facebook_likes	actor_2_name	actor_1_facebook_likes
The True Story of Puss'N Boots	Color	Jérôme Deschamps	4.0	80.0	0.0	0.0	André Wilms	44.0
Doogal	Color	Dave Borthwick	31.0	77.0	3.0	593.0	Kylie Minogue	787.0
Thomas and the Magic Railroad	Color	Britt Allcroft	47.0	85.0	2.0	402.0	Colm Feore	1000.0
Barney's Great Adventure	Color	Steve Gomer	24.0	76.0	9.0	47.0	Kyla Pratt	595.0
Justin Bieber: Never Say Never	Color	Jon M. Chu	84.0	115.0	209.0	41.0	Sean Kingston	569.0

3) このDataFrameがインデックス演算子で直接作られたのと正確に等しいかチェックする．

```
>>> movie_loc.equals(movie[criteria])
True
```

4) .ilocインデクサで同じBooleanインデックス法を行おうとする．

```
>>> movie_iloc = movie.iloc[criteria]
ValueError: iLocation based boolean indexing cannot use an indexable as a mask
```

5) インデックスの制約でBooleanのSeriesを直接使うことができないことが分かる．しかし，Booleanのndarrayなら使える．配列の抽出にvalues属性を使う．

```
>>> movie_iloc = movie.iloc[criteria.values]
>>> movie_iloc.equals(movie_loc)
True
```

6) 普通の使い方ではないが，カラム選択にBooleanインデックス法を使える．データ型が64ビット整数のカラムすべてを次のように選ぶ．

```
>>> criteria_col = movie.dtypes == np.int64
>>> criteria_col.head()
color                      False
director_name              False
num_critic_for_reviews     False
duration                   False
director_facebook_likes    False
dtype: bool

>>> movie.loc[:, criteria_col].head()
```

movie_title	num_voted_users	cast_total_facebook_likes	movie_facebook_likes
Avatar	886204	4834	33000
Pirates of the Caribbean: At World's End	471220	48350	0
Spectre	275868	11700	85000
The Dark Knight Rises	1144337	106759	164000
Star Wars: Episode VII - The Force Awakens	8	143	0

7) criteria_col が Series でインデックスがあるので，.iloc を使うためには基盤 ndarray を用いなければならない．次で，手順 6 と同じ結果が得られる．

```
>>> movie.iloc[:, criteria_col.values].head()
```

8) Boolean の Series を行選択に用いなければならず，同時に整数かラベルのどちらかでカラムを選択しなければならない．行とカラムの選択の間はカンマで区切る必要があることを忘れないこと．行基準をそのまま使い，content_rating, imdb_score, title_year, gross を選ぶ．

```
>>> cols = ['content_rating', 'imdb_score', 'title_year', 'gross']
>>> movie.loc[criteria, cols].sort_values('imdb_score')
```

movie_title	content_rating	imdb_score	title_year	gross
Justin Bieber: Never Say Never	G	1.6	2011.0	73000942.0
Sunday School Musical	G	2.5	2008.0	NaN
Doogal	G	2.8	2006.0	7382993.0
Barney's Great Adventure	G	2.8	1998.0	11144518.0
The True Story of Puss'N Boots	G	2.9	2009.0	NaN
Thomas and the Magic Railroad	G	3.6	2000.0	15911333.0

9) 同じことを .iloc でもできるが，全カラムの整数位置を得なければならない．

```
>>> col_index = [movie.columns.get_loc(col) for col in cols]
>>> col_index
[20, 24, 22, 8]
>>> movie.iloc[criteria.values, col_index]
```

解説

Boolean インデックス法は，.iloc には Series を渡せないが，その基盤である ndarray には渡せるという断り付きで .iloc と .loc インデクサ両方に使える．Series の criteria の基盤の 1 次元 ndarray を見てみる．

```
>>> a = criteria.values
>>> a[:5]
```

```
array([False, False, False, False, False], dtype=bool)
>>> len(a), len(criteria)
(4916, 4916)
```

　この配列は Series と同じ長さ．movie DataFrame の長さだ．Boolean 配列の整数位置は，DataFrame のそれとアラインメントしており，期待通りにフィルタリングする．配列は .loc 演算子でも働く．.iloc では配列が必須．

　手順6と7は，行ではなくカラムのフィルタリング方法を示す．コロン「:」は行すべての選択を示すので必要．:の後ろのカンマが行とカラムの選択を分ける．他に，select_dtypes メソッドを使い，整数データ型でカラム選択という簡単な方法もある．

　手順8と9は，行とカラムを Boolean インデックス法で同時に選ぶ，よく使われ役立つ方法を示す．行とカラムの選択の間にカンマを置けばよい．手順9では，リスト内包表記を使ってカラム名から整数位置を get_loc メソッドで取り出す．

補足

　インデックス法を使っている DataFrame と同じ長さではない Series オブジェクトに，Boolean 配列やリストを渡すことも実際は可能だ．第1と第3行，そして第1と第4カラムを選択する次の例を見る．

```
>>> movie.loc[[True, False, True], [True, False, False, True]]
```

movie_title	color	duration
Avatar	Color	178.0
Spectre	Color	148.0

　Boolean リストはどちらも長さが異なる．リストで Boolean 値が与えられていない箇所の行とカラムは取り除かれている．

参照

- 4章レシピ29 整数とラベルの両方でデータ選択
- 2章レシピ12 カラムをメソッドで選択

Chapter 6

インデックスアラインメント

◎本章のレシピ
- 45 Index オブジェクトの検査
- 46 デカルト積の作成
- 47 インデックス爆発
- 48 等しくないインデックスの値を埋める
- 49 別の DataFrame からカラムを追加
- 50 各カラムの最大値をハイライトする
- 51 メソッドチェイニングで idxmax の代用
- 52 最多の最大値を求める

複数の Series や DataFrame を組み合わせると，計算が始まる前に，軸ごとにデータの各次元のアラインメントが行われる．この裏で自動的に行われる軸アラインメントは，初心者には混乱の種になるものだが，パワーユーザには，大きな柔軟性を与える．本章では，Index オブジェクトの詳細を学んでから，自動アラインメントを活用した様々なレシピを示す．

レシピ45 Index オブジェクトの検査

1 章で述べたように，Series や DataFrames の各軸には，値にラベルを付ける Index オブジェクトがある．Index オブジェクトの型は様々だが，同じ振る舞いをする．MultiIndex を除けば，Index オブジェクトはすべて，Python の集合と NumPy の ndarray を実装し，その機能を備えた 1 次元データ構造だ．

内容

このレシピでは，大学データセットのカラムインデックスを調べ，その機能を試す．

手順

1) college データセットを読み込み，カラムインデックスを変数に代入し，出力する．

```
>>> college = pd.read_csv('data/college.csv')
>>> columns = college.columns
```

```
>>> columns
Index(['INSTNM', 'CITY', 'STABBR', 'HBCU', ...], dtype='object')
```

2) values 属性を使って，もとの NumPy 配列にアクセスする．

```
>>> columns.values
array(['INSTNM', 'CITY', 'STABBR', 'HBCU', ...], dtype=object)
```

3) スカラー，リスト，スライスの整数位置をインデックスにして要素を選択する．

```
>>> columns[5]
'WOMENONLY'
```

```
>>> columns[[1,8,10]]
Index(['CITY', 'SATMTMID', 'UGDS'], dtype='object')
```

```
>>> columns[-7:-4]
Index(['PPTUG_EF', 'CURROPER', 'PCTPELL'], dtype='object')
```

4) インデックスは，Series や DataFrames と同じメソッドを使う．

```
>>> columns.min(), columns.max(), columns.isnull().sum()
('CITY', 'WOMENONLY', 0)
```

5) Index オブジェクトに基本算術演算と比較演算を適用する．

```
>>> columns + '_A'
Index(['INSTNM_A', 'CITY_A', 'STABBR_A', 'HBCU_A', ...],
      dtype='object')
```

```
>>> columns > 'G'
array([ True, False, True, True, ...], dtype=bool)
```

6) Index オブジェクトの値を直接変更しようとするとエラーになる．Index は変更不能オブジェクト．

```
>>> columns[1] = 'city'
TypeError: Index does not support mutable operations
```

解説

Index オブジェクトの操作からわかるように，Series や ndarray と同じところが多い．最大の相違点は，手順 6 にあるように，Index の値が変更不能なことだ．

補足

Index では，和，積，差，対称差という集合演算ができる．

```
>>> c1 = columns[:4]
>>> c1
Index(['INSTNM', 'CITY', 'STABBR', 'HBCU'], dtype='object')
>>> c2 = columns[2:6]
>>> c2
Index(['STABBR', 'HBCU', 'MENONLY'], dtype='object')
```

```
>>> c1.union(c2) # `c1 | c2`
Index(['CITY', 'HBCU', 'INSTNM', 'MENONLY', 'RELAFFIL', 'STABBR'],
      dtype='object')
>>> c1.symmetric_difference(c2) # `c1 ^ c2`
Index(['CITY', 'INSTNM', 'MENONLY'], dtype='object')
```

　Indexでは，Pythonの集合と同じ演算ができる．もう1つ共通しているのは，(通常)ハッシュ表を使って実装され，DataFrameの行やカラムの選択時に非常に高速にアクセスすることだ．ハッシュ表を使って実装するために，Indexオブジェクトの値は，Pythonの辞書のキーと同様に，変更不能な文字列，整数，タプルでなければならない．

　⚠ Indexでは，重複が許されるが，重複があると，実装にはハッシュ表が使われないので，オブジェクトへのアクセスが遅くなる．

参照

- Indexについてのpandas公式文書 (http://bit.ly/2upfgtr)

レシピ46　デカルト積の作成

　SeriesやDataFrameが2つ互いに働きあう場合，それぞれのオブジェクトのインデックス(行もカラムも)は演算の開始前にアラインメントされる．このインデックスアラインメントは黙って行われ，pandasの初心者がとても驚く．アラインメントでは，インデックスが同じものでない限り，常にデカルト積が作られる．

　⚠ デカルト積(直積)は数学用語で，集合論でよく使う．2集合のデカルト積とは，両方の集合の要素のあらゆる組み合わせすべてを指す．例えば，普通の52枚のカードのトランプは，13枚のランク(A, 2, 3,..., Q, K)と4つのスートとのデカルト積だ．

内容 >>

　デカルト積は，常に意図した結果であるとは限らないが，意図しない結果を招かないように，いつどのようにして作られるのかをわきまえておくことが非常に重要だ．このレシピでは，重複があるものの全く同じではないインデックスをもつ2つのSeriesが足し合わされると予期しない結果になることを示す．

手順 >>

1) 一部が同じ値の異なるインデックスをもつ2つのSeriesを作る．

```
>>> s1 = pd.Series(index=list('aaab'), data=np.arange(4))
>>> s1
a    0
a    1
a    2
b    3
dtype: int64
```

```
>>> s2 = pd.Series(index=list('cababb'), data=np.arange(6))
>>> s2
c    0
a    1
b    2
a    3
b    4
b    5
dtype: int64
```

2) 2つのSeriesを足し合わせてデカルト積を作る．

```
>>> s1 + s2
a    1.0
a    3.0
a    2.0
a    4.0
a    3.0
a    5.0
b    5.0
b    7.0
b    8.0
c    NaN
dtype: float64
```

解説

　このSeriesは様々な入力が可能なクラスコンストラクタで作った．パラメータindexとdataに値のシーケンスを渡すという最も簡単な形式だ．

　数学的なデカルト積は，この2つのpandasオブジェクトのとは少し異なる．s1のラベルaがs2のラベルaと対になる．結果のSeriesには，対が6つのaラベル，3つのbラベル，1つのcラベルになる．デカルト積は，同じインデックスラベルで起こる．

　ラベルcの要素はSeriesのs2だけなので，pandasはs1にはアラインメントするラベルがないので，その値をデフォルトで欠損値にする．インデックスラベルが，あるオブジェクトにしかない場合，pandasはデフォルトで欠損値にする．これは，どちらのSeriesも値が整数値しかないのに，結果のSeriesのデータ型を浮動小数点数にするという不幸な結果を伴う．こうなるのは，NumPyの欠損値オブジェクト，np.nanが整数ではなく浮動小数点数でしか存在しないためだ．SeriesとDataFrameは，同種数値データ型でなければならないので，各値が浮動小数点数に変換される．この小さなデータセットでは，これは余り違いをもたらさないが，巨大なデータセットではメモリ使用量に深刻な影響を与える．

補足

この例で，インデックスが同じ順序で同じ要素を含んでいたら，例外的なことになる．その場合，デカルト積は作られない．インデックスがそのままの位置でアラインメントする．次のコードでは，要素が全く同じアラインメントをして，データ型が整数のままなのに注意．

```
>>> s1 = pd.Series(index=list('aaabb'), data=np.arange(5))
>>> s2 = pd.Series(index=list('aaabb'), data=np.arange(5))
>>> s1 + s2
a    0
a    2
a    4
b    6
b    8
dtype: int64
```

インデックスの要素は同じだが順序が異なる場合，デカルト積が作られる．s2 の順序を変えて同じ処理をする．

```
>>> s1 = pd.Series(index=list('aaabb'), data=np.arange(5))
>>> s2 = pd.Series(index=list('bbaaa'), data=np.arange(5))
>>> s1 + s2
a    2
a    3
a    4
a    3
a    4
a    5
a    4
a    5
a    6
b    3
b    4
b    4
b    5
dtype: int64
```

同じ演算で pandas が非常に異なる結果を出すのが興味深い．もしも pandas がデカルト積しか返せないとしたら，DataFrame のカラムの足し合わせというごく単純な操作でも，要素の個数が爆発的に増えてしまう．

このレシピでは，Series の要素数が異なる．Python やその他のプログラミング言語では配列のようなデータ構造で，演算の次元の要素数が同じでないと演算を許さない．pandas では，演算の前にインデックスをアラインメントすることで，演算を許す．

参照

- 3章レシピ21 データ型を変更してメモリ削減

レシピ47 インデックス爆発

前の**レシピ46 デカルト積の作成**では，インデックスが等しくない2つの小さなSeriesを足し合わすという簡単な例を示した．大きなデータではこの問題がおかしいほど不正確な結果をもたらすことがある．

内容≫

このレシピでは，インデックスの値の個数はわずかだが順序が異なるSeriesを足し合わす．結果として，インデックスの個数が爆発する．

手順≫

1) 従業員データを読み込み，インデックスを人種カラムにする．

```
>>> employee = pd.read_csv('data/employee.csv', index_col='RACE')
>>> employee.head()
```

RACE	UNIQUE_ID	POSITION_TITLE	DEPARTMENT	BASE_SALARY	EMPLOYMENT_TYPE	GENDER	EMPLOYMENT_STATUS	HIRE_DATE
Hispanic/Latino	0	ASSISTANT DIRECTOR (EX LVL)	Municipal Courts Department	121862.0	Full Time	Female	Active	2006-06-12
Hispanic/Latino	1	LIBRARY ASSISTANT	Library	26125.0	Full Time	Female	Active	2000-07-19
White	2	POLICE OFFICER	Houston Police Department-HPD	45279.0	Full Time	Male	Active	2015-02-03
White	3	ENGINEER/OPERATOR	Houston Fire Department (HFD)	63166.0	Full Time	Male	Active	1982-02-08
White	4	ELECTRICIAN	General Services Department	56347.0	Full Time	Male	Active	1989-06-19

2) BASE_SALARYカラムを2つの異なるSeries変数で選ぶ．この演算で新たなオブジェクトが本当に作られたかチェックする．

```
>>> salary1 = employee['BASE_SALARY']
>>> salary2 = employee['BASE_SALARY']
>>> salary1 is salary2
True
```

3) 変数salary1とsalary2は，実際には同じオブジェクトを指す．これは，片方を変更するともう片方も変わるということだ．データの全く新たなコピーにするために，copyメソッドを使う．

```
>>> salary1 = employee['BASE_SALARY'].copy()
>>> salary2 = employee['BASE_SALARY'].copy()
>>> salary1 is salary2
False
```

4) 片方のSeriesのインデックスの順序をソートして変える．

```
>>> salary1 = salary1.sort_index()
>>> salary1.head()
```

```
RACE
American Indian or Alaskan Native  78355.0
American Indian or Alaskan Native  81239.0
American Indian or Alaskan Native  60347.0
American Indian or Alaskan Native  68299.0
American Indian or Alaskan Native  26125.0
Name: BASE_SALARY, dtype: float64
```

```
>>> salary2.head()
RACE
Hispanic/Latino  121862.0
Hispanic/Latino   26125.0
White             45279.0
White             63166.0
White             56347.0
Name: BASE_SALARY, dtype: float64
```

5) この2つのSeriesを足し合わす．

```
>>> salary_add = salary1 + salary2
>>> salary_add.head()
RACE
American Indian or Alaskan Native  138702.0
American Indian or Alaskan Native  156710.0
American Indian or Alaskan Native  176891.0
American Indian or Alaskan Native  159594.0
American Indian or Alaskan Native  127734.0
Name: BASE_SALARY, dtype: float64
```

6) 演算は成功して終わった．もう1つsalary1を自分自身に足し合わせたSeriesを作る．インデックスの個数が2000から100万に爆発していた．

```
>>> salary_add1 = salary1 + salary1
>>> len(salary1), len(salary2), len(salary_add), len(salary_add1)
(2000, 2000, 1175424, 2000)
```

解説

　手順2では，2つの異なるオブジェクトを作ったつもりだったが，実際には，2つの異なる変数が指す1つのオブジェクトを作った．式 employee['BASE_SALARY'] は，技術的には**ビュー**を作っているだけで，新たなコピーではない．これは is 演算子で検証される．

 pandasでビューは新たなオブジェクトではなく，別のオブジェクトへの参照にすぎなく，通常は，DataFrameの部分集合だ．このような共有オブジェクトは，多くの問題の原因となる．

　変数が確かに異なるオブジェクトを参照するように，Seriesのcopyメソッドを使い，

is 演算子で異なるオブジェクトであることを検証した．手順 4 では，sort_index メソッドを使って人種で Series をソートした．手順 5 は，異なる Series を足し合わせた．先頭を調べただけでは，何ができたかまだよくわからない．

手順 6 では salary1 を自分自身に足して，2 つの異なる Series の場合と比較する．このレシピの全 Series の長さを出力し，series_add が 100 万を超える値に爆発したことが分かった．インデックスが正確に同じではないことから，デカルト積が作られた．このレシピでは，複数の Series や DataFrame を組み合わせたとき，どんなインパクトがあるかを劇的に示す．

補足

series_add の値の個数をちょっとした数学で検証できる．デカルト積が同じインデックス値で生成するので，個別個数の平方の総和を取る．インデックスの欠損値もデカルト積を作る．

```
>>> index_vc = salary1.index.value_counts(dropna=False)
>>> index_vc
Black or African American         700
White                             665
Hispanic/Latino                   480
Asian/Pacific Islander            107
NaN                                35
American Indian or Alaskan Native  11
Others                              2
Name: RACE, dtype: int64
>>> index_vc.pow(2).sum()
1175424
```

レシピ48 等しくないインデックスの値を埋める

2 つの Series を加算演算子で足し合わせるとき，片方にインデックスラベルがないと，結果が常に欠損値になる．pandas には，欠損値の値を埋める add メソッドがある．

内容

このレシピでは，野球データセットでインデックスが等しくない複数の Series を add メソッドの fill_value パラメータを使い，結果には欠損値がないように足し合わす．

手順

1) 3 つの野球データセットを読み込み，playerID をインデックスにする．

```
>>> baseball_14 = pd.read_csv('data/baseball14.csv', index_col='playerID')
>>> baseball_15 = pd.read_csv('data/baseball15.csv', index_col='playerID')
>>> baseball_16 = pd.read_csv('data/baseball16.csv', index_col='playerID')
```

```
>>> baseball_14.head()
```

playerID	yearID	stint	teamID	lgID	G	AB	R	H	2B	3B	...	RBI	SB	CS	BB	SO	IBB	HBP	SH	SF	GIDP
altuvjo01	2014	1	HOU	AL	158	660	85	225	47	3	...	59.0	56.0	9.0	36	53.0	7.0	5.0	1.0	5.0	20.0
cartech02	2014	1	HOU	AL	145	507	68	115	21	1	...	88.0	5.0	2.0	56	182.0	6.0	5.0	0.0	4.0	12.0
castrja01	2014	1	HOU	AL	126	465	43	103	21	2	...	56.0	1.0	0.0	34	151.0	1.0	9.0	1.0	3.0	11.0
corpoca01	2014	1	HOU	AL	55	170	22	40	6	0	...	19.0	0.0	0.0	14	37.0	0.0	3.0	1.0	2.0	3.0
dominma01	2014	1	HOU	AL	157	564	51	121	17	0	...	57.0	0.0	1.0	29	125.0	2.0	5.0	2.0	7.0	23.0

2) インデックスの difference メソッドを使い，どのインデックスラベルが baseball_14 にあって baseball_15 にないか，また逆のインデックスラベルは何か調べる．

```
>>> baseball_14.index.difference(baseball_15.index)
Index(['corpoca01', 'dominma01', 'fowlede01', 'grossro01',
       'guzmaje01', 'hoeslj01', 'krausma01', 'preslal01',
       'singljo02'], dtype='object', name='playerID')
>>> baseball_14.index.difference(baseball_16.index)
Index(['congeha01', 'correca01', 'gattiev01', 'gomezca01',
       'lowrije01', 'rasmuco01', 'tuckepr01', 'valbulu01'],
      dtype='object', name='playerID')
```

3) 多数の選手のインデックスが異なる．過去3年間の選手の全ヒット数を計算する．H カラムにヒット数がある．

```
>>> hits_14 = baseball_14['H']
>>> hits_15 = baseball_15['H']
>>> hits_16 = baseball_16['H']
>>> hits_14.head()
playerID
altuvjo01    225
cartech02    115
castrja01    103
corpoca01     40
dominma01    121
Name: H, dtype: int64
```

4) まず加算演算子で2つの Series を足し合わす．

```
>>> (hits_14 + hits_15).head()
playerID
altuvjo01    425.0
cartech02    193.0
castrja01    174.0
congeha01      NaN
corpoca01      NaN
```

128   **6** インデックスアラインメント

```
Name: H, dtype: float64
```

5) 選手 congeha01 と corpoca01 が 2015 年にヒットを記録しているのに，結果は欠損値だ．fill_value パラメータで欠損値がないようにして add メソッドを使う．

```
>>> hits_14.add(hits_15, fill_value=0).head()
playerID
altuvjo01    425.0
cartech02    193.0
castrja01    174.0
congeha01     46.0
corpoca01     40.0
Name: H, dtype: float64
```

6) add メソッドをチェイニングして 2016 年のヒット数を加える．

```
>>> hits_total = hits_14.add(hits_15, fill_value=0) \
                       .add(hits_16, fill_value=0)
>>> hits_total.head()
playerID
altuvjo01    641.0
bregmal01     53.0
cartech02    193.0
castrja01    243.0
congeha01     46.0
Name: H, dtype: float64
```

7) 結果に欠損値がないかチェックする．

```
>>> hits_total.hasnans
False
```

解説

add メソッドの働きは加算演算子とほぼ同じだが，fill_value パラメータで非合致インデックスを処理できる柔軟性がある．この問題には，非合致インデックスの値をデフォルトで 0 にしてよいのだが，他の数値も使える．

Series には欠損値のインデックスラベルが含まれることがある．この場合，2 つの Series を add したら，fill_value パラメータを使うかどうかにかかわらず，インデックスラベルは欠損値に対応する．Series でインデックスラベル a が欠損値という次の例で，これをはっきりさせる．

```
>>> s = pd.Series(index=['a', 'b', 'c', 'd'], data=[np.nan, 3, np.nan, 1])
>>> s
a    NaN
b    3.0
c    NaN
```

```
d    1.0
dtype: float64
>>> s1 = pd.Series(index=['a', 'b', 'c'], data=[np.nan, 6, 10])
>>> s1
a    NaN
b    6.0
c    10.0
dtype: float64
>>> s.add(s1, fill_value=5)
a    NaN
b    9.0
c    15.0
d    6.0
dtype: float64
```

補足

このレシピは、インデックスが1つだけのSeriesをどう足し合わすかを示した。DataFrameを足し合わすのも可能だ。DataFrameを足し合わすと、計算の前にインデックスとカラムの両方がアラインメントして、合致しないインデックスに欠損値を与える。2014年のbaseballデータセットからいくつかのカラムを選択する。

```
>>> df_14 = baseball_14[['G','AB', 'R', 'H']]
>>> df_14.head()
```

playerID	G	AB	R	H
altuvjo01	158	660	85	225
cartech02	145	507	68	115
castrja01	126	465	43	103
corpoca01	55	170	22	40
dominma01	157	564	51	121

2015年のbaseballデータセットからも少しカラムを違えて選択する。

```
>>> df_15 = baseball_15[['AB', 'R', 'H', 'HR']]
>>> df_15.head()
```

playerID	AB	R	H	HR
altuvjo01	638	86	200	15
cartech02	391	50	78	24
castrja01	337	38	71	11
congeha01	201	25	46	11
correca01	387	52	108	22

2つの DataFrame を足し合わすと行とカラムのラベルがアラインメントしないと欠損値になる．style 属性を使って highlight_null メソッドにアクセスしてどこに欠損値があるか分かりやすくする．

```
>>> (df_14 + df_15).head(10).style.highlight_null('yellow')
```

playerID	AB	G	H	HR	R
altuvjo01	1298	nan	425	nan	171
cartech02	898	nan	193	nan	118
castrja01	802	nan	174	nan	81
congeha01	nan	nan	nan	nan	nan
corpoca01	nan	nan	nan	nan	nan
correca01	nan	nan	nan	nan	nan
dominma01	nan	nan	nan	nan	nan
fowlede01	nan	nan	nan	nan	nan
gattiev01	nan	nan	nan	nan	nan
gomezca01	nan	nan	nan	nan	nan

両方の DataFrame にある playerID の行だけが非欠損値だ．同様に，カラム AB, H, R だけが両方の DataFrame にある．fill_value パラメータを指定した add メソッドを使っても欠損値が残る．入力データに存在しない行とカラムの組み合わせがあるからだ．例えば，playerID congeha01 とカラム G だ．G カラムのない 2015 年データセットにしか在籍しないからだ．ゆえに，値を埋められない．

```
>>> df_14.add(df_15, fill_value=0).head(10) \
        .style.highlight_null('yellow')
```

playerID	AB	G	H	HR	R
altuvjo01	1298	158	425	15	171
cartech02	898	145	193	24	118
castrja01	802	126	174	11	81
congeha01	201	nan	46	11	25
corpoca01	170	55	40	nan	22
correca01	387	nan	108	22	52
dominma01	564	157	121	nan	51
fowlede01	434	116	120	nan	61
gattiev01	566	nan	139	27	66
gomezca01	149	nan	36	4	19

レシピ49　別のDataFrameからカラムを追加

全DataFrameは，新たなカラムを自分で追加できる．しかし，いつものように，別のDataFrameやSeriesから新たなカラムを追加する場合，まずインデックスをアラインメントしてから新たなカラムが作られる．

内容

このレシピでは，従業員データセットにその従業員の部門の最高給与のカラムを追加する．

手順

1) employeeデータセットをインポートし，新たなDataFrameにカラムDEPARTMENTとBASE_SALARYを選ぶ．

```
>>> employee = pd.read_csv('data/employee.csv')
>>> dept_sal = employee[['DEPARTMENT', 'BASE_SALARY']]
```

2) より小さなDataFrameである部門内で給与をソートする．

```
>>> dept_sal = dept_sal.sort_values(['DEPARTMENT', 'BASE_SALARY'],
                                    ascending=[True, False])
```

3) drop_duplicatesメソッドを使い各部門の先頭行を残す．

```
>>> max_dept_sal = dept_sal.drop_duplicates(subset='DEPARTMENT')
>>> max_dept_sal.head()
```

	DEPARTMENT	BASE_SALARY
1494	Admn. & Regulatory Affairs	140416.0
149	City Controller's Office	64251.0
236	City Council	100000.0
647	Convention and Entertainment	38397.0
1500	Dept of Neighborhoods (DON)	89221.0

4) DEPARTMENTカラムをそれぞれのDataFrameのインデックスにする．

```
>>> max_dept_sal = max_dept_sal.set_index('DEPARTMENT')
>>> employee = employee.set_index('DEPARTMENT')
```

5) インデックスの対応が取れたので，employee DataFrameに新たなカラムを追加できる．

```
>>> employee['MAX_DEPT_SALARY'] = max_dept_sal['BASE_SALARY']
>>> employee.head()
```

DEPARTMENT	UNIQUE_ID	POSITION_TITLE	BASE_SALARY	...	HIRE_DATE	JOB_DATE	MAX_DEPT_SALARY
Municipal Courts Department	0	ASSISTANT DIRECTOR (EX LVL)	121862.0	...	2006-06-12	2012-10-13	121862.0
Library	1	LIBRARY ASSISTANT	26125.0	...	2000-07-19	2010-09-18	107763.0
Houston Police Department-HPD	2	POLICE OFFICER	45279.0	...	2015-02-03	2015-02-03	199596.0
Houston Fire Department (HFD)	3	ENGINEER/OPERATOR	63166.0	...	1982-02-08	1991-05-25	210588.0
General Services Department	4	ELECTRICIAN	56347.0	...	1989-06-19	1994-10-22	89194.0

6) `BASE_SALARY` が `MAX_DEPT_SALARY` より大きな行があるかどうか query メソッドでチェックして結果を検証できる．

```
>>> employee.query('BASE_SALARY > MAX_DEPT_SALARY')
```

DEPARTMENT	UNIQUE_ID	POSITION_TITLE	BASE_SALARY	...	HIRE_DATE	JOB_DATE	MAX_DEPT_SALARY

0 rows × 10 columns

解説

手順 2 と 3 で各部門の最高給与を見つける．自動インデックスアラインメントがうまくいくように，DataFrame のインデックスを部門にする．手順 5 は，左辺の DataFrame の `employee` が右辺の DataFrame の `max_dept_sal` のインデックスと 1 対 1 対応でアラインメントするからうまくいく．もしも `max_dept_sal` で，インデックスの部門に重複があれば，処理は失敗した．

例えば，右辺の DataFrame のインデックス値に繰り返しがあると何が起こるか見てみよう．DataFrame の `sample` メソッドで 10 行を非復元無作為抽出する．

```
>>> np.random.seed(1234)
>>> random_salary = dept_sal.sample(n=10).set_index('DEPARTMENT')
>>> random_salary
```

DEPARTMENT	BASE_SALARY
Public Works & Engineering-PWE	50586.0
Houston Police Department-HPD	66614.0
Houston Police Department-HPD	66614.0
Housing and Community Devp.	78853.0
Houston Police Department-HPD	66614.0
Parks & Recreation	NaN
Public Works & Engineering-PWE	37211.0
Public Works & Engineering-PWE	54683.0
Human Resources Dept.	58474.0
Health & Human Services	47050.0

インデックスの部門にいくつか重複がある．新たなカラムを追加しようとすると，重複があるというエラーが起こる．employee DataFrame の少なくとも 1 つのインデックスラベルが random_salary の複数のインデックスラベルとジョインしようとした．

```
>>> employee['RANDOM_SALARY'] = random_salary['BASE_SALARY']
ValueError: cannot reindex from a duplicate axis
```

補足

等式の左辺の全インデックスが合致する必要はないが，1 つは合致しないといけない．左辺の DataFrame のインデックスのどれもアラインメントする相手がないと，結果は欠損値だ．そうなる例を示す．max_dept_sal Series の先頭 3 行だけを用いて新たなカラムを追加しようとしてみる．

```
>>> employee['MAX_SALARY2'] = max_dept_sal['BASE_SALARY'].head(3)
>>> employee.MAX_SALARY2.value_counts()
140416.0    29
100000.0    11
64251.0      5
Name: MAX_SALARY2, dtype: int64
>>> employee.MAX_SALARY2.isnull().mean()
.9775
```

演算は成功したが，3 部門の給与しか値が埋められていない．max_dept_sal Series の先頭 3 行以外の部門は欠損値になっている．

参照

- 3 章レシピ 22 最大の中の最小を選択

レシピ50 各カラムの最大値をハイライトする

college データセットには，各大学について様々な指標のカラムがある．ある指標について最高の大学に多くの人が興味をもつ．

内容

このレシピでは，数値カラムで最大値を取る大学を見つけ，DataFrame でユーザに分かりやすいようにその情報をハイライトする．

手順

1) college データセットを校名をインデックスとして読み込む．

```
>>> college = pd.read_csv('data/college.csv', index_col='INSTNM')
>>> college.dtypes
CITY                object
STABBR              object
HBCU                float64
MENONLY             float64
```

```
...
PCTFLOAN                    float64
UG25ABV                     float64
MD_EARN_WNE_P10             object
GRAD_DEBT_MDN_SUPP          object
Length: 26, dtype: object
```

2) CITY と STABBR 以外のカラムは数値に思える．手順 1 のデータ型を調べると，MD_EARN_WNE_P10 と GRAD_DEBT_MDN_SUPP が数値ではなくオブジェクト型だ．カラムにどんな値があるのか理解するため，先頭の値を調べる．

```
>>> college.MD_EARN_WNE_P10.iloc[0]
'30300'
>>> college.GRAD_DEBT_MDN_SUPP.iloc[0]
'33888'
```

3) 値は文字列だが数値のようだ．これは，Series のどこかに非数値文字がありそうだ．チェックするために，カラムを降順にソートして先頭の何行かを調べる．

```
>>> college.MD_EARN_WNE_P10.sort_values(ascending=False).head()
INSTNM
Sharon Regional Health System School of Nursing
                                  PrivacySuppressed
Northcoast Medical Training Academy
                                  PrivacySuppressed
Success Schools
                                  PrivacySuppressed
Louisiana Culinary Institute
                                  PrivacySuppressed
Bais Medrash Toras Chesed
                                  PrivacySuppressed
Name: MD_EARN_WNE_P10, dtype: object
```

4) 原因は，この 2 つのカラムのデータにプライバシー上の配慮をした大学があるためだ．カラムを数値にするために，pandas の to_numeric 関数を使う．

```
>>> cols = ['MD_EARN_WNE_P10', 'GRAD_DEBT_MDN_SUPP']
>>> for col in cols:
        college[col] = pd.to_numeric(college[col], errors='coerce')
>>> college.dtypes.loc[cols]
MD_EARN_WNE_P10       float64
GRAD_DEBT_MDN_SUPP    float64
dtype: object
```

5) select_dtypes メソッドを使って数値カラムだけをフィルタリングする．CITY と STABBR カラムには最大値が意味をなさないので除外する．

```
>>> college_n = college.select_dtypes(include=[np.number])
>>> college_n.head()
```

INSTNM	HBCU	MENONLY	WOMENONLY	...	UG25ABV	MD_EARN_WNE_P10	GRAD_DEBT_MDN_SUPP
Alabama A & M University	1.0	0.0	0.0	...	0.1049	30300.0	33888.0
University of Alabama at Birmingham	0.0	0.0	0.0	...	0.2422	39700.0	21941.5
Amridge University	0.0	0.0	0.0	...	0.8540	40100.0	23370.0
University of Alabama in Huntsville	0.0	0.0	0.0	...	0.2640	45500.0	24097.0
Alabama State University	1.0	0.0	0.0	...	0.1270	26600.0	33118.5

6) データ辞書によると，いくつかのカラムには2値(0/1)しかなく有用な情報がない．プログラムでそういうカラムを見つけるため，nuniqueメソッドで2つの値しかとらないカラムすべてを見つけるためのBooleanのSeriesを作る．

```
>>> criteria = college_n.nunique() == 2
>>> criteria.head()
HBCU          True
MENONLY       True
WOMENONLY     True
RELAFFIL      True
SATVRMID      False
dtype: bool
```

7) このBoolean Seriesをカラムインデックスオブジェクトのインデックス演算子に渡して2値カラムのリストを作る．

```
>>> binary_cols = college_n.columns[criteria].tolist()
>>> binary_cols
['HBCU', 'MENONLY', 'WOMENONLY', 'RELAFFIL', 'DISTANCEONLY', 'CURROPER']
```

8) dropメソッドで2値カラムを取り除く．

```
>>> college_n2 = college_n.drop(labels=binary_cols, axis='columns')
>>> college_n2.head()
```

INSTNM	SATVRMID	SATMTMID	UGDS	...	UG25ABV	MD_EARN_WNE_P10	GRAD_DEBT_MDN_SUPP
Alabama A & M University	424.0	420.0	4206.0	...	0.1049	30300.0	33888.0
University of Alabama at Birmingham	570.0	565.0	11383.0	...	0.2422	39700.0	21941.5
Amridge University	NaN	NaN	291.0	...	0.8540	40100.0	23370.0
University of Alabama in Huntsville	595.0	590.0	5451.0	...	0.2640	45500.0	24097.0
Alabama State University	425.0	430.0	4811.0	...	0.1270	26600.0	33118.5

9) idxmaxメソッドを使って，各カラムの最大値のインデックスラベルを見つける．

```
>>> max_cols = college_n2.idxmax()
>>> max_cols
SATVRMID                    California Institute of Technology
```

```
SATMTMID                California Institute of Technology
UGDS                      University of Phoenix-Arizona
UGDS_WHITE             Mr Leon's School of Hair Design-Moscow
                             ...
PCTFLOAN                       ABC Beauty College Inc
UG25ABV                    Dongguk University-Los Angeles
MD_EARN_WNE_P10              Medical College of Wisconsin
GRAD_DEBT_MDN_SUPP    Southwest University of Visual Arts-Tucson
Length: 18, dtype: object
```

10) max_cols Series で unique メソッドを呼び出す．重複を除いたカラム名の ndarray が返る．

```
>>> unique_max_cols = max_cols.unique()
>>> unique_max_cols[:5]
array(['California Institute of Technology',
       'University of Phoenix-Arizona',
       "Mr Leon's School of Hair Design-Moscow",
       'Velvatex College of Beauty Culture',
       'Thunderbird School of Global Management'], dtype=object)
```

11) max_cols の値を使って，最大値を取る大学の行だけを選び出し，style 属性を使って値をハイライトする．

```
>>> college_n2.loc[unique_max_cols].style.highlight_max()
```

INSTNM	SATVRMID	SATMTMID	UGDS	UGDS_WHITE	UGDS_BLACK	UGDS_HISP	UGDS_ASIAN
California Institute of Technology	765	785	983	0.2787	0.0153	0.1221	0.4385
University of Phoenix-Arizona	nan	nan	151558	0.3098	0.1555	0.076	0.0082
Mr Leon's School of Hair Design-Moscow	nan	nan	16	1	0	0	0
Velvatex College of Beauty Culture	nan	nan	25	0	1	0	0
Thunderbird School of Global Management	nan	nan	1	0	0	1	0
Cosmopolitan Beauty and Tech School	nan	nan	110	0.0091	0	0.0182	0.9727

解説

idxmax メソッドは非常に強力で，インデックスラベルが意味をもつようになって

いると非常に役立つ．`MD_EARN_WNE_P10` と `GRAD_DEBT_MDN_SUPP` の両方がオブジェクト型だったのは想定外だった．インポート時，pandas は，カラムに 1 つでも文字列があれば，カラムの全数値を文字列に型変換する．

手順 2 でカラム値を調べ，カラムに文字列のあることが判明した．手順 3 では降順にソートして英字の値を Series の先頭にする．PrivacySuppressed という文字列が原因だと発見した．pandas には，数字だけの文字列を数値データ型にする `to_numeric` 関数がある．`to_numeric` が文字列に変換できない文字列でエラーを起こすデフォルトの振る舞いをオーバーライドするために，`errors` パラメータに `coerce` を渡さねばならない．これによって，非数値文字列が欠損値 (np.nan) になる．

有用な意味をもつ最大値のないカラムもある．手順 4 から 8 でそれらを削除する．多数のカラムのある DataFrame で `select_dtypes` が非常に役立つ．

手順 9 では，`idxmax` が全カラムをイテレーションして各カラムの最大値のインデックスを見つける．結果を Series で返す．SAT の数学と言語能力の両方が最も高いのは California Institute of Technology．Dongguk University Los Angeles は，25 歳より上の学生数が最多 [訳注]．

[訳注] 韓国の東国大学校のロサンゼルスにあるキャンパスで，東洋医学の大学院大学なので高年齢と思われる．

`idxmax` の情報は有用だが，対応する最大値を与えない．そのため，`max_cols` Series の値から校名を取り出す．

最後に，手順 11 で `.loc` インデクサを使い，手順 1 で校名にしたインデックスラベルに基づき行を選択する．最大値をもつ大学だけをフィルタリングする．DataFrame には実験的な `style` 属性があり，DataFrame の出力表示を変えるメソッドをもつ．最大値をハイライトすると結果が見やすい．

補足

`highlight_max` メソッドはデフォルトで各カラムの最大値をハイライトする．`axis` パラメータを使い，各行の最大値をハイライトすることもできる．下のコードでは，college データセットの人種のパーセントカラムを選び出し，各大学の人種の最大パーセントをハイライトする．

```
>>> college = pd.read_csv('data/college.csv', index_col='INSTNM')
>>> college_ugds = college.filter(like='UGDS_').head()
>>> college_ugds.style.highlight_max(axis='columns')
```

INSTNM	UGDS_WHITE	UGDS_BLACK	UGDS_HISP	UGDS_ASIAN	UGDS_AIAN	UGDS_NHPI	UGDS_2MOR	UGDS_NRA	UGDS_UNKN
Alabama A & M University	0.0333	0.9353	0.0055	0.0019	0.0024	0.0019	0	0.0059	0.0138
University of Alabama at Birmingham	0.5922	0.26	0.0283	0.0518	0.0022	0.0007	0.0368	0.0179	0.01
Amridge University	0.299	0.4192	0.0069	0.0034	0	0	0	0	0.2715
University of Alabama in Huntsville	0.6988	0.1255	0.0382	0.0376	0.0143	0.0002	0.0172	0.0332	0.035
Alabama State University	0.0158	0.9208	0.0121	0.0019	0.001	0.0006	0.0098	0.0243	0.0137

大きな DataFrame で style を使うと Jupyter がクラッシュすることがある．DataFrame の先頭にだけ style を使ったのはそのためだ．

> 参照
- pandas 公式文書で DataFrame の style に関する styling の章 (http://bit.ly/2hsZkVK)

レシピ51 メソッドチェイニングで idxmax の代用

DataFrame の組み込みメソッドを自分で実装するのはよい練習になる．この種の代用をすると，普段は使わない pandas のメソッドへの理解が深まる．これまで本書で学んだメソッドだけを使って idxmax の処理をするのは挑戦的だ．

> 内容 >>>

このレシピでは基本的なメソッドをゆっくりとチェイニングして，カラムの最大値を含む行インデックス値すべてを求める．

> 手順 >>>

1) college データセットをロードし，前の**レシピ 50 各カラムの最大値をハイライトする**と同じ処理で対象の数値カラムだけを得る．

```
>>> college = pd.read_csv('data/college.csv', index_col='INSTNM')
>>> cols = ['MD_EARN_WNE_P10', 'GRAD_DEBT_MDN_SUPP']
>>> for col in cols:
            college[col] = pd.to_numeric(college[col], errors='coerce')
>>> college_n = college.select_dtypes(include=[np.number])
>>> criteria = college_n.nunique() == 2
>>> binary_cols = college_n.columns[criteria].tolist()
>>> college_n = college_n.drop(labels=binary_cols, axis='columns')
```

2) max メソッドで各カラムの最大値を求める．

```
>>> college_n.max().head()
SATVRMID          765.0
SATMTMID          785.0
UGDS           151558.0
UGDS_WHITE          1.0
UGDS_BLACK          1.0
dtype: float64
```

3) DataFrame の eq メソッドを使って値をそれぞれのカラムの最大値かテストする．デフォルトでは，eq メソッドは DataFrame のカラムと，渡した Series のインデックスのラベルとをアラインメントする．

```
>>> college_n.eq(college_n.max()).head()
```

INSTNM	SATVRMID	SATMTMID	UGDS	UGDS_WHITE	UGDS_BLACK	UGDS_HISP	UGDS_ASIAN	UGDS_AIAN	UGDS_NHPI	UGDS_2MOR
Alabama A & M University	False	False	False	False	False	False	False	False	False	False
University of Alabama at Birmingham	False	False	False	False	False	False	False	False	False	False
Amridge University	False	False	False	False	False	False	False	False	False	False
University of Alabama in Huntsville	False	False	False	False	False	False	False	False	False	False
Alabama State University	False	False	False	False	False	False	False	False	False	False

4) この DataFrame で，少なくとも 1 つ True 値をもつ行はすべてカラムの最大値をもつ．any メソッドを使って少なくとも 1 つ True 値をもつ行をすべて見つける．

```
>>> has_row_max = college_n.eq(college_n.max()).any(axis='columns')
>>> has_row_max.head()
INSTNM
Alabama A & M University                    False
University of Alabama at Birmingham         False
Amridge University                          False
University of Alabama in Huntsville         False
Alabama State University                    False
dtype: bool
```

5) カラムは 18 しかないので，has_row_max に True 値はたかだか 18 しかない．実際にはどれだけあるかを調べる．

```
>>> college_n.shape
(7535, 18)
>>> has_row_max.sum()
401
```

6) これは期待外れだが，多数の行が最大値と同じ値をもつカラムがあると分かった．パーセントのカラムでは多くが最大値 1 をもつ．idxmax は最大値の中で先頭だけを返す．少し戻って，手順 3 での，any メソッドを外して出力を調べる．代わりに cumsum メソッドを実行して全 True 値の累積和を取る．先頭と末尾の 3 行を示す．

```
>>> college_n.eq(college_n.max()).cumsum()
```

	SATVRMID	SATMTMID	UGDS	UGDS_WHITE	UGDS_BLACK	UGDS_HISP	UGDS_ASIAN	UGDS_AIAN	UGDS_NHPI	UGDS_2MOR
INSTNM										
Alabama A & M University	0	0	0	0	0	0	0	0	0	0
University of Alabama at Birmingham	0	0	0	0	0	0	0	0	0	0
Amridge University	0	0	0	0	0	0	0	0	0	0
...	...	...	...	...	...	...	...	...	...	...
National Personal Training Institute of Cleveland	1	1	1	109	28	136	1	2	1	1
Bay Area Medical Academy - San Jose Satellite Location	1	1	1	109	28	136	1	2	1	1
Excel Learning Center-San Antonio South	1	1	1	109	28	136	1	2	1	1

7535 rows × 18 columns

7) SATVRMID や SATMTMID のように最大値が1つだけのカラムもあるが，他は UGDS_WHITE のように最大値を多数もつ．109大学で100%の学部学生が白人だ．cumsum メソッドを再度チェイニングすると，値1は各カラムで1回しか現れず，それが最大値の先頭になる．

```
>>> college_n.eq(college_n.max()).cumsum().cumsum()
```

	SATVRMID	SATMTMID	UGDS	UGDS_WHITE	UGDS_BLACK	UGDS_HISP	UGDS_ASIAN	UGDS_AIAN	UGDS_NHPI	UGDS_2MOR	UGDS_NRA
INSTNM											
Alabama A & M University	0	0	0	0	0	0	0	0	0	0	0
University of Alabama at Birmingham	0	0	0	0	0	0	0	0	0	0	0
Amridge University	0	0	0	0	0	0	0	0	0	0	0
...	...	...	...	...	...	...	...	...	...	...	...
National Personal Training Institute of Cleveland	7307	7307	417	379968	73163	341375	985	11386	3318	5058	1078
Bay Area Medical Academy - San Jose Satellite Location	7308	7308	418	380077	73191	341511	986	11388	3319	5059	1079
Excel Learning Center-San Antonio South	7309	7309	419	380186	73219	341647	987	11390	3320	5060	1080

8) eq メソッドで各値が1と等しいか試験でき，それから any メソッドを使って少なくとも1つの True 値をもつ行を見つける．

```
>>> has_row_max2 = college_n.eq(college_n.max()) \
                          .cumsum() \
                          .cumsum() \
                          .eq(1) \
                          .any(axis='columns')
>>> has_row_max2.head()
INSTNM
Alabama A & M University                       False
University of Alabama at Birmingham            False
Amridge University                             False
University of Alabama in Huntsville            False
Alabama State University                       False
dtype: bool
```

9) `has_row_max2` がカラム数より多くの True 値をもたないことをチェックする．

```
>>> has_row_max2.sum()
16
```

10) `has_row_max2` が True の全大学が必要だ．Series そのものに Boolean インデックス法を使えばよい．

```
>>> idxmax_cols = has_row_max2[has_row_max2].index
>>> idxmax_cols
Index(['Thunderbird School of Global Management',
       'Southwest University of Visual Arts-Tucson',
       'ABC Beauty College Inc',
       'Velvatex College of Beauty Culture',
       'California Institute of Technology',
       'Le Cordon Bleu College of Culinary Arts-San Francisco',
       'MTI Business College Inc', 'Dongguk University-Los Angeles',
       'Mr Leon's School of Hair Design-Moscow',
       'Haskell Indian Nations University', 'LIU Brentwood',
       'Medical College of Wisconsin', 'Palau Community College',
       'California University of Management and Sciences',
       'Cosmopolitan Beauty and Tech School',
       'University of Phoenix-Arizona'], dtype='object',
      name='INSTNM')
```

11) この全 16 大学では，少なくとも 1 つのカラムが最大値の先頭にくる．これが，`idxmax` メソッドで見つけたのと同じかどうかチェックする．

```
>>> set(college_n.idxmax().unique()) == set(idxmax_cols)
True
```

解説

手順 1 は，前の**レシピ 50 各カラムの最大値をハイライトする**と同じ処理で，2 つ

のカラムを数値にし，2値カラムを削除する．各カラムの最大値を手順2で求める．pandasは最大値を含みえないカラムを黙って削除するので注意しなければならない．その場合でも手順3は完了するが，最大値が得られないカラムの値はFalseになっている．

手順4はanyメソッドを使って各行を少なくとも1つのTrue値をもっていないか調べる．少なくとも1つのTrue値をもつ行は，カラムの最大値をもつ．手順5で結果のBoolean Seriesの総和を取り，どれだけの行が最大値をもつかを求める．予期に反して，カラム数よりはるかに多くの行があった．手順6では，なぜそうなったかを理解した．手順3の出力の累積和を取り，各カラムで最大値と等しい値の行数を見つける．

多くの大学で，学生の100%が1人種からなる．これが，最大値をもつ行が複数になる最大の理由だ．SATの点数のカラムと学部学生数のカラムでは最大値の行は1つしかないが，人種のカラムでは最大値の行がいくつもある．

目的は，最大値をもつ先頭行を見つけることだ．再度累積和を取って，各カラムに1の行が1つだけにする必要がある．手順8のコードでは，メソッドを1行ずつ書いて，手順4でと同じようにanyメソッドを実行する．この手順が成功するとTrue値はカラム数を上回らないはずだ．手順9で，これが正しいことを検証する．

得られたカラムがidxmaxでのカラムと同じことを検証するために，has_row_max2に自分自身のBoolean選択を使う．カラムの順序が同じではないので，カラム名のシーケンスを，等価性の比較が本質的に順序をもたない集合に変換した．

補足

このレシピを，インデックス演算子に無名関数がチェイニングした1行の長いコードにまとめることができる．手順10が必要なくなる．idxmaxメソッドとこのレシピとの実行時間を計時して差を調べる．

```
>>> %timeit college_n.idxmax().values
1.12 ms ± 28.4 µs per loop (mean ± std. dev. of 7 runs, 1000 loops each)
>>> %timeit college_n.eq(college_n.max()) \
                     .cumsum() \
                     .cumsum() \
                     .eq(1) \
                     .any(axis='columns') \
                     [lambda x: x].index
5.35 ms ± 55.2 µs per loop (mean ± std. dev. of 7 runs, 100 loops each)
```

残念ながら，このレシピは組み込みのidxmaxメソッドより5倍遅いが，性能はともかく，BooleanのSeriesでcumsum累積メソッドを使い，軸に沿ってストリークのようなパターンを見つけるという創造的で実際的なソリューションが多数含まれていることは重要だ．

レシピ52 最多の最大値を求める

college データセットには，7500 以上の大学の学部学生で 8 つの人種のパーセントが含まれる．各大学で学部学生で一番多い人種は何かを見つけ，データセット全体でその分布がどうなっているか調べるのは興味深い．「白人学生が他の人種の学生より多い大学の割合はどれだけか」というような質問に答えられるようになる．

内容

このレシピでは，idxmax メソッドで各大学の学部学生のうちでパーセントが最高の人種を見つけ，この最大値の分布を求める．

手順

1) college データセットを読み込み，学部学生の人種パーセントを含むカラムだけを選ぶ．

```
>>> college = pd.read_csv('data/college.csv', index_col='INSTNM')
>>> college_ugds = college.filter(like='UGDS_')
>>> college_ugds.head()
```

INSTNM	UGDS_WHITE	UGDS_BLACK	UGDS_HISP	UGDS_ASIAN	UGDS_AIAN	UGDS_NHPI	UGDS_2MOR	UGDS_NRA	UGDS_UNKN
Alabama A & M University	0.0333	0.9353	0.0055	0.0019	0.0024	0.0019	0.0000	0.0059	0.0138
University of Alabama at Birmingham	0.5922	0.2600	0.0283	0.0518	0.0022	0.0007	0.0368	0.0179	0.0100
Amridge University	0.2990	0.4192	0.0069	0.0034	0.0000	0.0000	0.0000	0.0000	0.2715
University of Alabama in Huntsville	0.6988	0.1255	0.0382	0.0376	0.0143	0.0002	0.0172	0.0332	0.0350
Alabama State University	0.0158	0.9208	0.0121	0.0019	0.0010	0.0006	0.0098	0.0243	0.0137

2) idxmax メソッドを使い，各行で人種のパーセントが最多のカラム名を取得する．

```
>>> highest_percentage_race = college_ugds.idxmax(axis='columns')
>>> highest_percentage_race.head()
INSTNM
Alabama A & M University                UGDS_BLACK
University of Alabama at Birmingham     UGDS_WHITE
Amridge University                      UGDS_BLACK
University of Alabama in Huntsville     UGDS_WHITE
Alabama State University                UGDS_BLACK
dtype: object
```

3) value_counts メソッドを使い，最多人種の分布を返す．

```
>>> highest_percentage_race.value_counts(normalize=True)
UGDS_WHITE      0.670352
UGDS_BLACK      0.151586
UGDS_HISP       0.129473
UGDS_UNKN       0.023422
```

```
UGDS_ASIAN            0.012074
UGDS_AIAN             0.006110
UGDS_NRA              0.004073
UGDS_NHPI             0.001746
UGDS_2MOR             0.001164
dtype: float64
```

解説

このレシピのカギは，カラムがすべて同じ情報単位を表していることを理解することだ．これらのカラムは互いに比較できるが，普通はこのように比較できるとは限らない．例えば，SATの言語能力点を学部学生数と比較しても意味はない．データがこういう構造なので，データの各行に idxmax メソッドを適用して最大値のカラムが求まる．axis パラメータでデフォルトから変更させる．

手順 2 でこの処理を行い Series が返る．これに value_counts メソッドを適用すると分布が返る．個数そのものではなく分布 (相対度数) が必要なので normalize パラメータに True を渡す．

補足

もっと調べて，「黒人学生が一番多い大学で，次に多い人種の分布はどうだろうか」という質問に答えたいとしよう．

```
>>> college_black = college_ugds[highest_percentage_race == 'UGDS_BLACK']
>>> college_black = college_black.drop('UGDS_BLACK', axis='columns')
>>> college_black.idxmax(axis='columns').value_counts(normalize=True)
UGDS_WHITE            0.661228
UGDS_HISP             0.230326
UGDS_UNKN             0.071977
UGDS_NRA              0.018234
UGDS_ASIAN            0.009597
UGDS_2MOR             0.006718
UGDS_AIAN             0.000960
UGDS_NHPI             0.000960
dtype: float64
```

この場合，同じメソッドを続けて適用する前に，UGDS_BLACK カラムを削除する必要がある．面白いことに，黒人学生が多い大学では，ヒスパニック系学生も多い傾向がある．

Chapter 7

集約，フィルタ，変換のためのグループ分け

◎本章のレシピ

- **53** 集約の定義
- **54** 複数のカラムと関数のグループ分けと集約
- **55** グループ分けの後で MultiIndex 解消
- **56** 集約関数のカスタマイズ
- **57** 集約関数の *args と **kwargs をカスタマイズ
- **58** groupby オブジェクトの検討
- **59** マイノリティが多数派の（米国の）州をフィルタリング
- **60** 減量の勝負で transform
- **61** SAT の加重平均点を州ごとに apply で計算
- **62** 連続変数でグループ分け
- **63** 都市間の航空便の総数
- **64** 定時運航便の最長ストリーク

データ分析で最も基本的な作業は，データを独立なグループに分割して，各グループについて計算することだ．この手法は，かなり以前から用いられてきたのだが，最近では，「**分割-適用-結合**」と呼ばれている．本章では,あらゆる方法でデータをグループ分けできる強力な groupby メソッドを学び，各グループに独立に関数を適用して，結合後，1つのデータセットにして返す．

 分割-適用-結合は，Hadley Wickham が提唱した．データ分析でよく見られる，データを処理可能な独立した塊に分割し，それぞれに関数を適用し，結果を再度結合するというパターンを指す．詳細は彼の論文 (http://bit.ly/2isFuL9) 参照．

レシピに取り掛かる前に，用語を少し知っておく必要がある．基本 groupby 演算には**グループ分けカラム**があり，カラムの値の組み合わせがすべて異なっていて，データの各独立グループを表す．構文は次の通り．

```
>>> df.groupby(['list', 'of', 'grouping', 'columns'])
>>> df.groupby('single_column') # 1カラムによるグループ分け
```

この演算は，groupby オブジェクトを返す．本章での計算は，この groupby オブジェ

クトが中心だ．groupby オブジェクトの生成には，pandas はあまり関わらず，グループ分けが可能かどうか検証するだけだ．groupby オブジェクトの能力を活かすにはメソッドチェイニングが必要となる．

> 正確には，演算結果は，DataFrameGroupBy または SeriesGroupBy であるが，本章では簡略化して groupby オブジェクトと呼ぶ．

集約の定義

groupby メソッドは，通常，集約のために使う．集約とは，実際にはどんなことだろうか．データ分析の世界では，多数の入力をまとめたり，1 つの値にして出力するために集約を行う．例えば，カラムの値の総和を取るとか最大値を求めるのが，一列のデータに対する典型的な集約だ．集約は，多数の値に対して適用され，単一値に変換する．

すでに述べたカラムのグループ分けの他に，集約には，**集約カラム**と**集約関数**という 2 要素がある．集約カラムでは，値が集約される．集約関数は，集約をどのように行うかを定義する．よく使う集約関数には，sum, min, max, mean, count, variance, std などがある．

内容

このレシピでは，航空便データセットを調べて，1 つのグループ分けカラム，1 つの集約カラム，1 つの集約関数といった簡単な集約を行う．各航空会社の到着時の平均遅延を求める．pandas には，集約のために様々な構文があるが，それらをこのレシピで扱う．

手順

1) 航空便のデータセットを読み込み，グループ分けカラム (AIRLINE)，集約カラム (ARR_DELAY)，集約関数 (mean) を定める．

```
>>> flights = pd.read_csv('data/flights.csv')
>>> flights.head()
```

	MONTH	WEEKDAY	AIRLINE	ORG_AIR	DEST_AIR	SCHED_DEP	DEP_DELAY	AIR_TIME	DIST	SCHED_ARR	ARR_DELAY	DIVERTED	CANCELLED
0	1	4	WN	LAX	SLC	1625	58.0	94.0	590	1905	65.0	0	0
1	1	4	UA	DEN	IAD	823	7.0	154.0	1452	1333	-13.0	0	0
2	1	4	MQ	DFW	VPS	1305	36.0	85.0	641	1453	35.0	0	0
3	1	4	AA	DFW	DCA	1555	7.0	126.0	1192	1935	-7.0	0	0
4	1	4	WN	LAX	MCI	1720	48.0	166.0	1363	2225	39.0	0	0

2) groupby メソッドにグループ分けカラムを渡し，agg メソッドに集約カラムと集約関数を辞書風に対にして渡す．

```
>>> flights.groupby('AIRLINE').agg({'ARR_DELAY':'mean'}).head()
```

	ARR_DELAY
AIRLINE	
AA	5.542661
AS	-0.833333
B6	8.692593
DL	0.339691
EV	7.034580

3) 別のやり方としては，集約カラムをインデックス演算子に渡し，集約関数を文字列で agg に渡す．

```
>>> flights.groupby('AIRLINE')['ARR_DELAY'].agg('mean').head()
AIRLINE
AA    5.542661
AS   -0.833333
B6    8.692593
DL    0.339691
EV    7.034580
Name: ARR_DELAY, dtype: float64
```

4) 手順3で使った文字列名は，集約関数を指すのに使う pandas の便利な機能だ．NumPy の mean 関数を次のように直接 agg メソッドに渡すこともできる．出力は，前の手順3と同じ．

```
>>> flights.groupby('AIRLINE')['ARR_DELAY'].agg(np.mean).head()
```

5) この場合には，agg メソッドを省略して，mean メソッドを直接使ってもよい．出力は，手順3に同じ．

```
>>> flights.groupby('AIRLINE')['ARR_DELAY'].mean().head()
```

解説

groupby メソッドの構文は，他のメソッドに比べると分かりにくい．手順2のメソッド連鎖を途中で止めて，groupby メソッドの結果を変数に格納する．

```
>>> grouped = flights.groupby('AIRLINE')
>>> type(grouped)
pandas.core.groupby.DataFrameGroupBy
```

独自の属性とメソッドを備えた全く新しい中間オブジェクトが最初に作られる．この段階では，まだ計算は行われない．pandas では，グループ分けカラムを確認するだけだ．この groupby オブジェクトには，集約を行う agg メソッドがある．このメソッドを使うには，手順2のように，集約関数に集約カラムをマッピングする辞書を渡す．

手順3のように同様の結果をもたらす構文が複数ある．辞書で集約カラムを与える代わりに，DataFrame のカラム選択と同様にインデックス演算子に渡す方法もある．

すなわち，関数の文字列名をスカラーとして agg メソッドに渡す．

どのような集約関数でも agg メソッドに渡すことができる．pandas では，文字列名を使えるので簡単だが，手順4のように明示的に集約関数を呼ぶこともできる．NumPy には，値を集約する関数が多数ある．

別の構文が手順5で示されている．この例の場合のように，集約関数を1つ適用するだけなら，agg を使わずに，groupby オブジェクトにメソッドを直接適用できる．集約関数すべてにこのようなメソッド呼び出しができるわけではないが，基本的な集約関数では可能だ．agg に文字列として渡しても，直接 groupby オブジェクトにメソッドチェイニングしてもよい集約関数を次に示す．

```
min     max      mean     median   sum      count    std      var
size    describe nunique  idxmin   idxmax
```

補足

agg に集約関数を使わないと，pandas では例外が起こる．例えば，各グループに平方根関数を適用すると次のようになる．

```
>>> flights.groupby('AIRLINE')['ARR_DELAY'].agg(np.sqrt)
ValueError: function does not reduce
```

参照

- 集約に関する pandas 公式文書 (http://bit.ly/2iuf1Nc)

レシピ54 複数のカラムと関数のグループ分けと集約

複数のカラムでグループ分けと集約を行える．構文は単一カラムの場合とわずかに異なるだけだ．どんなグループ分けでもそうだが，グループ分けするカラム，集約カラム，集約関数を決めることが役立つ．

内容

このレシピでは，DataFrame の groupby メソッドの柔軟性を次のようなクエリに答えることで示す．

- 曜日ごとに全航空会社でキャンセル便数を求める．
- 曜日ごとに全航空会社でキャンセル便と行先変更便の数とパーセントを求める．
- 出発及び到着飛行場について，便の総数，キャンセル便の数とパーセント，飛行時間の平均と分散を求める．

手順

1) flights データセットを読み込み，グループ分けカラム (AIRLINE, WEEKDAY)，集約カラム (CANCELLED)，集約関数 (sum) を定義して最初のクエリに答える．

```
>>> flights.groupby(['AIRLINE', 'WEEKDAY'])['CANCELLED'] \
```

```
             .agg('sum').head(7)
AIRLINE  WEEKDAY
AA       1         41
         2          9
         3         16
         4         20
         5         18
         6         21
         7         29
Name: CANCELLED, dtype: int64
```

2) グループカラムと集約カラムの対のリストを使い第2のクエリに答える．集約関数もリストにする．

```
>>> flights.groupby(['AIRLINE', 'WEEKDAY']) \
           ['CANCELLED', 'DIVERTED'].agg(['sum', 'mean']).head(7)
```

		CANCELLED		DIVERTED	
		sum	mean	sum	mean
AIRLINE	WEEKDAY				
AA	1	41	0.032106	6	0.004699
	2	9	0.007341	2	0.001631
	3	16	0.011949	2	0.001494
	4	20	0.015004	5	0.003751
	5	18	0.014151	1	0.000786
	6	21	0.018667	9	0.008000
	7	29	0.021837	1	0.000753

3) agg メソッドの辞書を使って集約カラムを集約関数にマップして第3の質問に答える．

```
>>> group_cols = ['ORG_AIR', 'DEST_AIR']
>>> agg_dict = {'CANCELLED':['sum', 'mean', 'size'],
                'AIR_TIME':['mean', 'var']}
>>> flights.groupby(group_cols).agg(agg_dict).head()
```

		CANCELLED			AIR_TIME	
		sum	mean	size	mean	var
ORG_AIR	DEST_AIR					
ATL	ABE	0	0.0	31	96.387097	45.778495
	ABQ	0	0.0	16	170.500000	87.866667
	ABY	0	0.0	19	28.578947	6.590643
	ACY	0	0.0	6	91.333333	11.466667
	AEX	0	0.0	40	78.725000	47.332692

解説

手順1でのように,複数カラムでグループ分けするには,文字列名を groupby メソッドに渡す.AIRLINE と WEEKDAY の組み合わせごとに独立のグループとなる.各グループで,キャンセル便の総数が求まり,Series で返される.

手順2も AIRLINE と WEEKDAY でグループ分けするが,今度は2つのカラムを集約する.2つの集約関数 sum と mean を各カラムに適用して,各グループで4つのカラムを返す.

手順3では,さらに,集約カラムに指定集約関数をマップする.size 集約関数がグループごとに行の総数を返すことに注意.これは,グループごとに非欠損値の個数を返す count 集約関数とは異なることにも注意.

補足

集約を行う場合の構文の特徴がいくつかある.次の4つの擬似コードで groupby メソッドによる集約の方法をまとめる.

1) 辞書で agg を使うのが最も柔軟性が高く,各カラムで集約関数を指定できる.

```
>>> df.groupby(['grouping', 'columns']) \
      .agg({'agg_cols1':['list', 'of', 'functions'],
            'agg_cols2':['other', 'functions']})
```

2) 集約関数のリストを agg に渡し,各関数を各集約カラムに適用する.

```
>>> df.groupby(['grouping', 'columns'])['aggregating', 'columns'] \
      .agg([aggregating, functions])
```

3) 集約カラムの後ろに,agg ではなくメソッドを直接使うと,集約カラムにそのメソッドを適用する.この方法では,複数の集約関数は使えない.

```
>>> df.groupby(['grouping', 'columns'])['aggregating', 'columns'] \
      .aggregating_method()
```

4) 集約カラムを指定しないと,グループ分けしていないカラムに集約メソッドが適用される.

```
>>> df.groupby(['grouping', 'columns']).aggregating_method()
```

この4つの擬似コードで,単一カラムでグループ分けや集約をするなら,リストを文字列で置き換えてもよい.

レシピ55 グループ分けの後で MultiIndex 解消

groupby を使うと,カラムや行,あるいは両方に,MultiIndex ができることは避けられない.MultiIndex のある DataFrame は,ナビゲーションが難しく,カラム名が紛らわしいことがある.

内容

このレシピでは,groupby メソッドで集約を行い,行とカラムに MultiIndex のある

DataFrameを作る．それから，インデックスが1階層に収まり，カラム名が分かりやすくなるように処理する．

手順

1) flightsデータセットを読み込み，航空会社別に曜日ごとに，飛行距離の平均と総計，並びに，到着遅延時間の最大と最小を求めるコードを書く．

```
>>> flights = pd.read_csv('data/flights.csv')
>>> airline_info = flights.groupby(['AIRLINE', 'WEEKDAY'])\
                   .agg({'DIST':['sum', 'mean'],
                         'ARR_DELAY':['min', 'max']}) \
                   .astype(int)
>>> airline_info.head(7)
```

		DIST		ARR_DELAY	
		sum	mean	min	max
AIRLINE	WEEKDAY				
AA	1	1455386	1139	-60	551
	2	1358256	1107	-52	725
	3	1496665	1117	-45	473
	4	1452394	1089	-46	349
	5	1427749	1122	-41	732
	6	1265340	1124	-50	858
	7	1461906	1100	-49	626

2) 行もカラムも2階層のMultiIndexラベルだ．1階層にまとめる．カラムについてはMultiIndexのget_level_valuesメソッドを使う．各レベルの出力を表示し，2階層分をまとめて新たなカラム値を作る．

```
>>> level0 = airline_info.columns.get_level_values(0)
Index(['DIST', 'DIST', 'ARR_DELAY', 'ARR_DELAY'], dtype='object')
>>> level1 = airline_info.columns.get_level_values(1)
Index(['sum', 'mean', 'min', 'max'], dtype='object')
>>> airline_info.columns = level0 + '_' + level1
>>> airline_info.head(7)
```

		DIST_sum	DIST_mean	ARR_DELAY_min	ARR_DELAY_max
AIRLINE	WEEKDAY				
AA	1	1455386	1139	-60	551
	2	1358256	1107	-52	725
	3	1496665	1117	-45	473
	4	1452394	1089	-46	349
	5	1427749	1122	-41	732
	6	1265340	1124	-50	858
	7	1461906	1100	-49	626

3) `reset_index` で行ラベルを 1 階層にする．

```
>>> airline_info.reset_index().head(7)
```

	AIRLINE	WEEKDAY	DIST_sum	DIST_mean	ARR_DELAY_min	ARR_DELAY_max
0	AA	1	1455386	1139	-60	551
1	AA	2	1358256	1107	-52	725
2	AA	3	1496665	1117	-45	473
3	AA	4	1452394	1089	-46	349
4	AA	5	1427749	1122	-41	732
5	AA	6	1265340	1124	-50	858
6	AA	7	1461906	1100	-49	626

解説

　`agg` メソッドを使って複数カラムを集約すると，pandas は 2 階層のインデックスオブジェクトを作る．集約カラムが上，集約関数が下とレベル分けされる．pandas は，MultiIndex の階層を単一階層のカラムとは表示方法を変える．**一番下の**階層を除き，インデックス値を繰り返し表示しない．DataFrame の表示を手順 1 から調べれば，これを確認できる．例えば，カラムの DIST は一度しか表示されていないが，左の 2 カラムを指している．

 一番下の MultiIndex 階層は，データに一番近い．カラムでは最下層，インデックスでは最右層になる．

　手順 2 は，MultiIndex の `get_level_values` メソッドで，レベルごとに元の値をまず取り出す．インデックスの階層を示す整数を引数に取る．階層は上 / 左から 0 で始まるように番号付けられている．インデックスにはベクトル化演算を使うことができるので，上と下のレベルを区切りの下線で連結できる．これらの新たな値を `columns` 属性に代入する．

　手順 3 では，インデックスの 2 階層を `reset_index` でカラムにする．手順 2 で行ったように，階層を連結して 1 つにすることもできるが，別々のカラムにした方がよいと判断した．

> **補足**
>
> デフォルトでは，groupby演算終了時，pandasはグループ分けしたカラムすべてをインデックスにする．groupbyメソッドのas_indexパラメータをFalseに設定すると，この振る舞いを防げる[訳注]．グループ分けの後にreset_indexメソッドをチェイニングすれば，手順3と同じ効果が得られる．各航空会社ごとに平均飛行距離を求める例を示す．
>
> **[訳注]** as_index=Falseは，グループ分けが1次元の場合にのみ有効．2次元以上ではエラーを起こす．

```
>>> flights.groupby(['AIRLINE'], as_index=False)['DIST'].agg('mean').round(0)
```

	AIRLINE	DIST
0	AA	1114.0
1	AS	1066.0
2	B6	1772.0
3	DL	866.0
4	EV	460.0
5	F9	970.0
6	HA	2615.0
7	MQ	404.0
8	NK	1047.0
9	OO	511.0
10	UA	1231.0
11	US	1181.0
12	VX	1240.0
13	WN	810.0

この結果の航空会社の順序に注意．デフォルトでは，pandasはgroupbyのカラムをソートする．groupbyメソッドにはsortパラメータがありデフォルトでTrueだ．これをFalseに設定すれば，データセットにあったのと同じ順序が保持される．ソートしないので，わずかだが性能がよくなる．

レシピ56 集約関数のカスタマイズ

pandasには，groupbyオブジェクトによく使われる集約関数が多数用意されている．しかし，どこかの時点で，pandasにもNumPyにもない自分用の集約関数を書く必要が生じるだろう．

内容≫

このレシピでは，collegeデータセットを使い，州ごとの学部学生数の平均と標準偏差を求める．それから，この情報を用いて，学生数の最大偏差値を州ごとに求める．

手順

1) college データセットを読み込み，州ごとに学部学生数の平均と標準偏差を求める．

```
>>> college = pd.read_csv('data/college.csv')
>>> college.groupby('STABBR')['UGDS'].agg(['mean', 'std']).round(0).head()
```

	mean	std
STABBR		
AK	2493.0	4052.0
AL	2790.0	4658.0
AR	1644.0	3143.0
AS	1276.0	NaN
AZ	4130.0	14894.0

2) この出力は求めているものではない．州全体の平均や標準偏差ではなく，大学の偏差値 (平均から標準偏差で何個分離れているか) の最大値がほしい．この計算には，各大学の学部学生数から州平均の学生数を差し引き，標準偏差で割る必要がある．これによって，グループごとに学部学生数が標準化できる．それから，この点数の絶対値の最大値によって，平均から最も離れている大学を見つける．pandas には，これを直接行う関数がない．自分用のカスタム関数を作る必要がある．

```
>>> def max_deviation(s):
        std_score = (s - s.mean()) / s.std()
        return std_score.abs().max()
```

3) 関数定義後，それを agg メソッドに渡して集約を完了する．

```
>>> college.groupby('STABBR')['UGDS'].agg(max_deviation).round(1).head()
STABBR
AK    2.6
AL    5.8
AR    6.3
AS    NaN
AZ    9.9
Name: UGDS, dtype: float64
```

解説

前もって定義された pandas 関数には，最大偏差 (平均から標準偏差で何個分離れているか) を求めるものがない．手順 2 で，自分で関数を定義する必要がある．この定義した関数 max_deviation が 1 つのパラメータ s を取ることに注意．手順 3 では，関数名が agg 関数に渡されているが，直接呼び出されてはいないことにも注意．パラメータ s は，max_deviation には直接渡されていない．pandas は，Series として UGDS

カラムを暗黙的に max_deviation に渡す．

max_deviation 関数は各グループで一度呼び出される．s が Series なので，通常の Series のメソッドがすべて使える．グループの各値の平均を取り，**標準化**と呼ばれるプロセスで，各値から平均を引いて標準偏差で割る．

 標準化は，個別の値がどれだけ平均から離れているかを理解するためのよく使われる統計手続き．正規分布では，データの 99.7% が平均から 3 標準偏差に収まる．

平均からの絶対偏差を求めるので，標準化スコアの絶対値を取ってから最大値を返す．agg メソッドは，カスタム関数がスカラー値 1 つを返すことを要求し，そうでないと例外を上げる．pandas のデフォルトでは，(標本数−1) で割るので値が 1 つしかないグループの標準偏差は未定義だ．例えばアメリカ領サモア (AS) では，大学が 1 つしかないので欠損値が返される．

補足

このカスタム関数を複数の集約カラムに適用することもできる．インデックス演算子でカラム名を増やせばよい．max_deviation 関数は，数値カラムにだけ働く．

```
>>> college.groupby('STABBR')['UGDS', 'SATVRMID', 'SATMTMID'] \
        .agg(max_deviation).round(1).head()
```

STABBR	UGDS	SATVRMID	SATMTMID
AK	2.6	NaN	NaN
AL	5.8	1.6	1.8
AR	6.3	2.2	2.3
AS	NaN	NaN	NaN
AZ	9.9	1.9	1.4

自分の集約関数をすでに組み込まれた関数とともに使うこともできる．次のコードは，州と宗教系かどうかというグループ分けをする．

```
>>> college.groupby(['STABBR', 'RELAFFIL'])['UGDS', 'SATVRMID', 'SATMTMID'] \
        .agg([max_deviation, 'mean', 'std']).round(1).head()
```

		UGDS			SATVRMID			SATMTMID		
		max_deviation	mean	std	max_deviation	mean	std	max_deviation	mean	std
STABBR	RELAFFIL									
AK	0	2.1	3508.9	4539.5	NaN	NaN	NaN	NaN	NaN	NaN
	1	1.1	123.3	132.9	NaN	555.0	NaN	NaN	503.0	NaN
AL	0	5.2	3248.8	5102.4	1.6	514.9	56.5	1.7	515.8	56.7
	1	2.4	979.7	870.8	1.5	498.0	53.0	1.4	485.6	61.4
AR	0	5.8	1793.7	3401.5	1.9	481.1	37.9	2.0	503.6	39.0

pandas が関数名を返すカラム名として使っていることにも注意．rename メソッドを使うか，関数の特殊属性 __name__ を変更することにより，直接カラム名を変えることもできる．

```
>>> max_deviation.__name__
```

```
'max_deviation'
>>> max_deviation.__name__ = 'Max Deviation'
>>> college.groupby(['STABBR', 'RELAFFIL'])[['UGDS', 'SATVRMID', 'SATMTMID']] \
        .agg([max_deviation, 'mean', 'std']).round(1).head()
```

		UGDS			SATVRMID			SATMTMID		
		Max Deviation	mean	std	Max Deviation	mean	std	Max Deviation	mean	std
STABBR	RELAFFIL									
AK	0	2.1	3508.9	4539.5	NaN	NaN	NaN	NaN	NaN	NaN
	1	1.1	123.3	132.9	NaN	555.0	NaN	NaN	503.0	NaN
AL	0	5.2	3248.8	5102.4	1.6	514.9	56.5	1.7	515.8	56.7
	1	2.4	979.7	870.8	1.5	498.0	53.0	1.4	485.6	61.4
AR	0	5.8	1793.7	3401.6	1.9	481.1	37.9	2.0	503.6	39.0

レシピ57 集約関数の *args と **kwargs をカスタマイズ

　自分で定義した集約関数の場合，pandas は集約カラムを Series として1つずつ暗黙にその関数に渡す．時には，その Series の他に他の引数を関数に渡したいことがある．そのためには，Python で関数に任意個数の引数を渡す機能を理解する必要がある．groupby オブジェクトの agg メソッドのシグネチャを inspect モジュールの助けを借りて調べてみよう．

```
>>> college = pd.read_csv('data/college.csv')
>>> grouped = college.groupby(['STABBR', 'RELAFFIL'])

>>> import inspect
>>> inspect.signature(grouped.agg)
<Signature (arg, *args, **kwargs)>
```

　引数 *args によって，カスタム集約関数に任意個数の非キーワード引数を渡すことができる．同様に，**kwargs が任意個数のキーワード引数を渡すことを許す．

内容

　このレシピでは，college データセットで，学部学生数が2つの値の間で，州立と宗教系立かどうかによるグループ分けでの大学の割合を求める．

手順

1) 学部学生数が 1000 から 3000 の間の大学のパーセントを返す関数を定義する．

```
>>> def pct_between_1_3k(s):
        return s.between(1000, 3000).mean()
```

2) このパーセントを州及び宗教系かどうかのグループ分けで計算する．

```
>>> college.groupby(['STABBR', 'RELAFFIL'])['UGDS'] \
        .agg(pct_between_1_3k).head(9)
STABBR  RELAFFIL
AK      0             0.142857
        1             0.000000
AL      0             0.236111
        1             0.333333
AR      0             0.279412
        1             0.111111
AS      0             1.000000
AZ      0             0.096774
        1             0.000000
Name: UGDS, dtype: float64
```

3) この関数は働くが上限下限を選択する柔軟性がない．ユーザが上限や下限を定義できる新たな関数を作る．

```
>>> def pct_between(s, low, high):
        return s.between(low, high).mean()
```

4) この関数を agg メソッドに下限，上限とともに渡す．

```
>>> college.groupby(['STABBR', 'RELAFFIL'])['UGDS'] \
        .agg(pct_between, 1000, 10000).head(9)
STABBR  RELAFFIL
AK      0             0.428571
        1             0.000000
AL      0             0.458333
        1             0.375000
AR      0             0.397059
        1             0.166667
AS      0             1.000000
AZ      0             0.233871
        1             0.111111
Name: UGDS, dtype: float64
```

解説

　手順1は余分な引数を受け取らない関数を作った．上限下限は関数そのものにハードコードされており，柔軟性に欠ける．手順2にこの集約の結果を示した．

　手順3で，ユーザが上限下限を動的に定義できる，より柔軟な関数を作る．手順4が *args と **kwargs のマジックが働くところ．この例の場合，2つの非キーワード引数，1000 と 10000 を agg メソッドに渡した．pandas は，この2引数を pct_between の low と high というパラメータのそれぞれに渡す．

　手順4で同じ結果になる別の方式がある．明示的にパラメータ名を使う次のコマン

ドでも同じ結果になる.

```
>>> college.groupby(['STABBR', 'RELAFFIL'])['UGDS'] \
        .agg(pct_between, high=10000, low=1000).head(9)
```

キーワード引数の順序は,関数名の後でさえあればどうでもよい.さらに,キーワード引数が最後にきさえすれば,キーワード引数と非キーワード引数を混ぜてもよい.

```
>>> college.groupby(['STABBR', 'RELAFFIL'])['UGDS'] \
        .agg(pct_between, 1000, high=10000).head(9)
```

理解しやすくするには,パラメータ名を関数シグネチャで定義されている順序に従って含めるのがよい.

 技術的には,agg が呼び出されたとき,非キーワード引数はすべて args というタプルに集められ,キーワード引数はすべて kwargs という名の辞書に集められる.

補足

残念ながら,pandas には,複数の集約関数を同時に使う場合,追加引数を直接使う方法がない.例えば,pct_between と mean の2関数を使って集約しようとすると,次の例外が起きる.

```
>>> college.groupby(['STABBR', 'RELAFFIL'])['UGDS'] \
        .agg(['mean', pct_between], low=100, high=1000)
TypeError: pct_between() missing 2 required positional arguments: 'low' and
'high'
```

pandas には,余分な引数を pct_between に渡す必要のあることが理解できない.カスタム関数を他の組み込み関数や,さらには他のカスタム関数と使えるようにするには,**クロージャ**と呼ばれる特別な種類の入れ子関数を定義する.ジェネリッククロージャを使って,カスタム関数を次のように構築できる.

```
>>> def make_agg_func(func, name, *args, **kwargs):
        def wrapper(x):
            return func(x, *args, **kwargs)
        wrapper.__name__ = name
        return wrapper
>>> my_agg1 = make_agg_func(pct_between, 'pct_1_3k', low=1000, high=3000)
>>> my_agg2 = make_agg_func(pct_between, 'pct_10_30k', 10000, 30000)
>>> college.groupby(['STABBR', 'RELAFFIL'])['UGDS'] \
        .agg(['mean', my_agg1, my_agg2]).head()
```

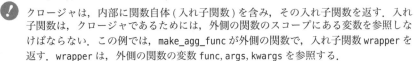

　make_agg_func関数は，カスタム集約関数を作るファクトリの役割を果たす．すでに作ったカスタム集約関数 (この場合はpct_between)，name引数，及び任意個の余分な引数を取る．そして，余分な引数をセットした関数を返す．例えば，my_agg1は学部学生数が1000から3000の間の大学のパーセントを求めるよう設定したカスタム集約関数だ．余分な引数 (*argsと **kwargs) が，カスタム集約関数 (この場合はpct_between) のパラメータ集合をきっちりと指定する．nameパラメータは非常に重要で，make_agg_funcが呼び出されるときに他と区別できる一意な名前でないといけない．集約カラムの名前変更にも使われる．

> クロージャは，内部に関数自体 (入れ子関数) を含み，その入れ子関数を返す．入れ子関数は，クロージャであるためには，外側の関数のスコープにある変数を参照しなければならない．この例では，make_agg_funcが外側の関数で，入れ子関数wrapperを返す．wrapperは，外側の関数の変数func, args, kwargsを参照する．

参照

- Python公式文書の任意引数リストの項目 (http://bit.ly/2vumbTE)
- Pythonのクロージャのチュートリアル (http://bit.ly/2xFdYga)

レシピ58　groupbyオブジェクトの検討

　DataFrameでgroupbyメソッドを使うと，その結果はまずgroupbyオブジェクトだ．通常は，このオブジェクトに対して集約や変換を続けて行い，変数に格納したりしない．このgroupbyオブジェクトを調べる主目的は個別グループの探査だ．

内容≫

　このレシピでは，groupbyオブジェクトそのものをメソッド呼び出しや，そのグループでイテレーションして調べる．

手順≫

1) collegeデータセットを州と宗教系のカラムでグループ分けし，結果を変数に格納して型を確かめることから始める．

```
>>> college = pd.read_csv('data/college.csv')
>>> grouped = college.groupby(['STABBR', 'RELAFFIL'])
>>> type(grouped)
pandas.core.groupby.DataFrameGroupBy
```

2) dir 関数を使って，利用可能な機能すべてを見る．

```
>>> print([attr for attr in dir(grouped) if not attr.startswith('_')])
['CITY', 'CURROPER', 'DISTANCEONLY', 'GRAD_DEBT_MDN_SUPP', 'HBCU',
'INSTNM', 'MD_EARN_WNE_P10', 'MENONLY', 'PCTFLOAN', 'PCTPELL',
'PPTUG_EF', 'RELAFFIL', 'SATMTMID', 'SATVRMID', 'STABBR',
'UG25ABV', 'UGDS', 'UGDS_2MOR', 'UGDS_AIAN', 'UGDS_ASIAN',
'UGDS_BLACK', 'UGDS_HISP', 'UGDS_NHPI', 'UGDS_NRA', 'UGDS_UNKN',
'UGDS_WHITE', 'WOMENONLY', 'agg', 'aggregate', 'all', 'any',
'apply', 'backfill', 'bfill', 'boxplot', 'corr', 'corrwith',
'count', 'cov', 'cumcount', 'cummax', 'cummin', 'cumprod',
'cumsum', 'describe', 'diff', 'dtypes', 'expanding', 'ffill',
'fillna', 'filter', 'first', 'get_group', 'groups', 'head', 'hist',
'idxmax', 'idxmin', 'indices', 'last', 'mad', 'max', 'mean',
'median', 'min', 'ndim', 'ngroup', 'ngroups', 'nth', 'nunique',
'ohlc', 'pad', 'pct_change', 'plot', 'prod', 'quantile', 'rank',
'resample', 'rolling', 'sem', 'shift', 'size', 'skew', 'std',
'sum', 'tail', 'take', 'transform', 'tshift', 'var']
```

3) ngroups 属性でグループの個数を知る．

```
>>> grouped.ngroups
112
```

4) 各グループで識別可能なラベルを調べるため，各グループがそのグループのすべての対応するインデックスラベルにマップした辞書をもつ group 属性の中を調べる．

```
>>> groups = list(grouped.groups.keys())
>>> groups[:6]
[('AK', 0), ('AK', 1), ('AL', 0), ('AL', 1), ('AR', 0), ('AR', 1)]
```

5) get_group メソッドに正確なグループラベルのタプルを渡してグループを取り出す．例えば，フロリダ州の宗教系大学すべてを取得するには次のようにする．

```
>>> grouped.get_group(('FL', 1)).head()
```

	CITY	CURROPER	DISTANCEONLY	GRAD_DEBT_MDN_SUPP	HBCU	INSTNM	MD_EARN_WNE_P10	MENONLY	PCTFLOAN	PCTPELL
712	Graceville	1	0.0	20052	0.0	The Baptist College of Florida	30800	0.0	0.5602	0.5878
713	Miami	1	0.0	28250	0.0	Barry University	44100	0.0	0.6733	0.5045
714	Panama City	0	0.0	PrivacySuppressed	0.0	Gooding Institute of Nurse Anesthesia	NaN	0.0	NaN	NaN
715	Daytona Beach	1	0.0	36250	1.0	Bethune-Cookman University	29400	0.0	0.8867	0.7758
724	Kissimmee	1	0.0	20199	0.0	Johnson University Florida	26300	0.0	0.7384	0.6689

6) 各グループがどうなっているかをざっと覗いてみたい場合，groupby オブジェクトでイテレーションする．

```
>>> from IPython.display import display
>>> for name, group in grouped:
        print(name)
        display(group.head(3))
```

('AK', 0)

	INSTNM	CITY	STABBR	HBCU	MENONLY	WOMENONLY	RELAFFIL	SATVRMID	SATMTMID	DISTANCEONLY
60	University of Alaska Anchorage	Anchorage	AK	0.0	0.0	0.0	0	NaN	NaN	0.0
62	University of Alaska Fairbanks	Fairbanks	AK	0.0	0.0	0.0	0	NaN	NaN	0.0

2 rows × 27 columns

('AK', 1)

	INSTNM	CITY	STABBR	HBCU	MENONLY	WOMENONLY	RELAFFIL	SATVRMID	SATMTMID	DISTANCEONLY	
61	Alaska Bible College	Palmer	AK	0.0	0.0	0.0	1	NaN	NaN	0.0	...
64	Alaska Pacific University	Anchorage	AK	0.0	0.0	0.0	1	555.0	503.0	0.0	...

2 rows × 27 columns

('AL', 0)

	INSTNM	CITY	STABBR	HBCU	MENONLY	WOMENONLY	RELAFFIL	SATVRMID	SATMTMID	DISTANCEONLY
0	Alabama A & M University	Normal	AL	1.0	0.0	0.0	0	424.0	420.0	0.0
1	University of Alabama at Birmingham	Birmingham	AL	0.0	0.0	0.0	0	570.0	565.0	0.0

2 rows × 27 columns

7) groupby オブジェクトに head メソッド呼び出しで，各グループの先頭の数行を 1 つの DataFrame にする．

```
>>> grouped.head(2).head(6)
```

	INSTNM	CITY	STABBR	HBCU	MENONLY	WOMENONLY	RELAFFIL	SATVRMID	SATMTMID	DISTANCEONLY	...	UGDS_2MOR	UGDS_NRA
0	Alabama A & M University	Normal	AL	1.0	0.0	0.0	0	424.0	420.0	0.0	...	0.0000	0.0059
1	University of Alabama at Birmingham	Birmingham	AL	0.0	0.0	0.0	0	570.0	565.0	0.0	...	0.0368	0.0179
2	Amridge University	Montgomery	AL	0.0	0.0	0.0	1	NaN	NaN	1.0	...	0.0000	0.0000
10	Birmingham Southern College	Birmingham	AL	0.0	0.0	0.0	1	560.0	560.0	0.0	...	0.0051	0.0000
43	Prince Institute-Southeast	Elmhurst	IL	0.0	0.0	0.0	0	NaN	NaN	0.0	...	0.0000	0.0000
60	University of Alaska Anchorage	Anchorage	AK	0.0	0.0	0.0	0	NaN	NaN	0.0	...	0.0980	0.0181

解説

手順1は正式にgroupbyオブジェクトを作る．手順2のように，すべてのパブリック属性とメソッドを表示し，すべての機能を明らかにすると便利だ．各グループはタプルで識別されるが，タプルにはグループ分けカラムの値が含まれる．pandasでは，手順5で示すように，グループを選んでDataFrameにできる．

グループをイテレーションする必要があるのはまれで，非常に時間がかかるので一般には避けた方がよい．時には，他に選択肢のないこともある．groupbyオブジェクトをイテレーションする際，グループ名とグループ分けカラムのないDataFrameを含むタプルを使う．手順6では，このタプルをばらして，変数nameとgroupとでforループする．

グループのイテレーションで興味深いのは，notebookで直接各グループの中の数行を表示できることだ．これには，print関数か，IPython.displayモジュールのdisplay関数を使う．print関数を使うと，HTMLフォーマットのない単純テキストでDataFrameの結果が得られる．display関数を使うと，普通の読みやすいフォーマットでDataFrameが得られる．

補足

手順2のリストにあるのに取り上げなかった有用なメソッドがいくつかある．例えば，nthメソッドは，整数のリストによって，各グループの指定行を選ぶ．例えば，次のコードは，各グループの先頭と末尾の行を選ぶ．

```
>>> grouped.nth([1, -1]).head(8)
```

STABBR	RELAFFIL	CITY	CURROPER	DISTANCEONLY	GRAD_DEBT_MDN_SUPP	HBCU	INSTNM	MD_EARN_WNE_P10	MENONLY	PCTFLOAN
AK	0	Fairbanks	1	0.0	19355	0.0	University of Alaska Fairbanks	36200	0.0	0.2550
	0	Barrow	1	0.0	PrivacySuppressed	0.0	Ilisagvik College	24900	0.0	0.0000
	1	Anchorage	1	0.0	23250	0.0	Alaska Pacific University	47000	0.0	0.5297
	1	Soldotna	1	0.0	PrivacySuppressed	0.0	Alaska Christian College	NaN	0.0	0.6792
AL	0	Birmingham	1	0.0	21941.5	0.0	University of Alabama at Birmingham	39700	0.0	0.5214
	0	Dothan	1	0.0	PrivacySuppressed	0.0	Alabama College of Osteopathic Medicine	NaN	0.0	NaN
	1	Birmingham	1	0.0	27000	0.0	Birmingham Southern College	44200	0.0	0.4809
	1	Huntsville	1	NaN	36173.5	NaN	Strayer University-Huntsville Campus	49200	NaN	NaN

参照

- display 関数の IPython 公式文書 (http://bit.ly/2iAIogC)

マイノリティが多数派の(米国の)州をフィルタリング

4章では，行に対して True か False の印を付けて，False の行をフィルタリングして取り除いた．同様に，グループ分けしたデータに True か False の印を付けて，False のグループをフィルタリングできる．そのためには，まず groupby メソッドでグループ分けをし，それから filter メソッドを適用する．filter メソッドには，グループを保持するかどうかを示すように True か False を返す関数を与える．

> groupby メソッド呼び出しの後で適用するこの filter メソッドは，2章**レシピ 12 カラムをメソッドで選択**にあった DataFrame の filter メソッドとは全く違うものだ．

内容≫

このレシピでは，大学データセットを使って，学部学生で非白人の方が白人より多い州をすべて求める．これは米国のデータセットなので，白人が本来多数派であり，ここでは，マイノリティが多数派となる州を求めている．

手順≫

1) college データセットを読み込み，州ごとにグループ分けして，グループの総数を表示する．これは，Series の nunique メソッドで取得できる異なる州の個数と等しいはず．

```
>>> college = pd.read_csv('data/college.csv', index_col='INSTNM')
>>> grouped = college.groupby('STABBR')
>>> grouped.ngroups
```

```
59
>>> college['STABBR'].nunique() # 同じ数だと確認
59
```

2) 変数 grouped には filter メソッドがあり，どのグループを保持するか決定するユーザ定義関数を渡すことができる．ユーザ定義関数は，Boolean を返す必要があり，現在のグループの DataFrame に暗黙に渡される．マイノリティの学生のパーセントを計算して，このパーセントがユーザ定義のしきい値を超えれば True を返す関数を定義する．

```
>>> def check_minority(df, threshold):
        minority_pct = 1 - df['UGDS_WHITE']
        total_minority = (df['UGDS'] * minority_pct).sum()
        total_ugds = df['UGDS'].sum()
        total_minority_pct = total_minority / total_ugds
        return total_minority_pct > threshold
```

3) しきい値を 50% にして，check_minority 関数を filter メソッドに渡し，マイノリティが多数派の州をすべて求める．

```
>>> college_filtered = grouped.filter(check_minority, threshold=.5)
>>> college_filtered.head()
```

INSTNM	CITY	STABBR	HBCU	MENONLY	WOMENONLY	RELAFFIL	SATVRMID	SATMTMID	DISTANCEONLY	UGDS
Everest College-Phoenix	Phoenix	AZ	0.0	0.0	0.0	1	NaN	NaN	0.0	4102.0
Collins College	Phoenix	AZ	0.0	0.0	0.0	0	NaN	NaN	0.0	83.0
Empire Beauty School-Paradise Valley	Phoenix	AZ	0.0	0.0	0.0	1	NaN	NaN	0.0	25.0
Empire Beauty School-Tucson	Tucson	AZ	0.0	0.0	0.0	0	NaN	NaN	0.0	126.0
Thunderbird School of Global Management	Glendale	AZ	0.0	0.0	0.0	0	NaN	NaN	0.0	1.0

4) 出力を見ただけでは，どうなったかがよく分からない．DataFrame は Alaska (AK) ではなく Arizona (AZ) から始まっているので，変化があったことは分かる．このフィルタリングした DataFrame を元の DataFrame と shape で比較する．結果から，行の約 60% がフィルタリングされ，20 州だけがマイノリティが多数派として残る．

```
>>> college.shape
```

```
(7535, 26)
>>> college_filtered.shape
(3028, 26)
>>> college_filtered['STABBR'].nunique()
20
```

解説

　このレシピでは，大学の母集団を州ごとに調べる．目標は，全体としてマイノリティが多数派である州の行を保持すること．これには，手順 1 でのように，データを州ごとにグループ分けする必要がある．独立したグループが 59 あった．

　groupby メソッドの filter は，グループの行すべてを保持するか，取り除くかする．カラム数は変えない．filter は，このレシピでは check_minority というユーザ定義関数を使ってこの処理を行う．このフィルタリングで非常に重要なことは，グループの DataFrame 全体をユーザ定義関数に渡して，グループごとに Boolean 1 つを返していることだ．

　check_minority 関数の内部では，大学ごとに非白人学生の総数とパーセントをまず計算してから，州での学生の総数を求める．最後に，州全体での非白人学生のパーセントを指定されたしきい値でチェックし，結果の Boolean を出す．

　最終結果は元のとカラムが同じで行がしきい値内でフィルタリングされなかった DataFrame．この DataFrame の先頭部分は元のと同じ可能性があるので，処理が成功したかどうかを確かめる必要がある．行数と州の個数とでこの検証を行った．

補足

　関数 check_minority は，柔軟に設計され，しきい値を上下に変更できる．しきい値を変えて，shape や州の数がどうなるか調べよう．

```
>>> college_filtered_20 = grouped.filter(check_minority, threshold=.2)
>>> college_filtered_20.shape
(7461, 26)
>>> college_filtered_20['STABBR'].nunique()
57
>>> college_filtered_70 = grouped.filter(check_minority, threshold=.7)
>>> college_filtered_70.shape
(957, 26)
>>> college_filtered_70['STABBR'].nunique()
10
```

参照

- フィルタリングについての pandas 公式文書 (http://bit.ly/2xGUoA7)

レシピ60 減量の勝負で transform

減量のモチベーションを高めるために，誰かと賭けをする．このレシピでは，2人の減量の状況を4か月間記録を取って勝者を決める．

内容

このレシピでは，シミュレーションデータを使い，2人が4か月間減量したパーセントを追跡する．月末に，その月の減量パーセントの高い人を勝者と宣言する．減量の追跡記録のために，データを月と人でグループ分けし，transform メソッドを呼び出して，月初から毎週の減量パーセントを計算する．

手順

1) weight_loss データセットを読み込み，Amy と Bob のデータの最初の月を調べる．毎月，4回の測定がある．

```
>>> weight_loss = pd.read_csv('data/weight_loss.csv')
>>> weight_loss.query('Month == "Jan"')
```

	Name	Month	Week	Weight
0	Bob	Jan	Week 1	291
1	Amy	Jan	Week 1	197
2	Bob	Jan	Week 2	288
3	Amy	Jan	Week 2	189
4	Bob	Jan	Week 3	283
5	Amy	Jan	Week 3	189
6	Bob	Jan	Week 4	283
7	Amy	Jan	Week 4	190

2) 各月の勝者を決定するためには，各月の第1週と第4週の減量幅を比べればよい．しかし，週ごとに更新が入るなら，各月で第1週から今週までの減量幅も計算できる．毎週更新する関数を作る．

```
>>> def find_perc_loss(s):
...     return (s - s.iloc[0]) / s.iloc[0]
```

3) この関数を1月の Bob についてテストする．

```
>>> bob_jan = weight_loss.query('Name=="Bob" and Month=="Jan"')
>>> find_perc_loss(bob_jan['Weight'])
0    0.000000
2   -0.010309
4   -0.027491
6   -0.027491
Name: Weight, dtype: float64
```

> ⚠ この出力で，インデックス値の 0, 2, 4, 6 は，元の DataFrame の行ラベルを指すだけで，週とは何の関係もないので，無視すればよい．

4) 1 週目で Bob は 1% 減量した．2 週目にも減量に成功したが，最終週では成果がなかった．上の関数を人と週の各組み合わせに適用して，月の第 1 週と比較した減量結果が得られる．それには，データを Name と Month でグループ分けし，transform でこのユーザ定義関数を適用する．

```
>>> pcnt_loss = weight_loss.groupby(['Name', 'Month'])['Weight'] \
                           .transform(find_perc_loss)
>>> pcnt_loss.head(8)
0    0.000000
1    0.000000
2   -0.010309
3   -0.040609
4   -0.027491
5   -0.040609
6   -0.027491
7   -0.035533
Name: Weight, dtype: float64
```

5) transform メソッドは，呼び出した DataFrame と同じ行数のオブジェクトを返さねばならない．この結果を元の DataFrame に新たなカラムとして追加する．出力を短縮するために，Bob の最初の 2 か月のデータを使う．

```
>>> weight_loss['Perc Weight Loss'] = pcnt_loss.round(3)
>>> weight_loss.query('Name=="Bob" and Month in ["Jan", "Feb"]')
```

	Name	Month	Week	Weight	Perc Weight Loss
0	Bob	Jan	Week 1	291	0.000
2	Bob	Jan	Week 2	288	-0.010
4	Bob	Jan	Week 3	283	-0.027
6	Bob	Jan	Week 4	283	-0.027
8	Bob	Feb	Week 1	283	0.000
10	Bob	Feb	Week 2	275	-0.028
12	Bob	Feb	Week 3	268	-0.053
14	Bob	Feb	Week 4	268	-0.053

6) 減量パーセントは月が替わるとリセットされることに注意．この新たなカラムで，計算しなくても勝者が分かるが，自動的に勝者を決定する方式を考える．最終週だけが問題なので，第 4 週を選択する．

```
>>> week4 = weight_loss.query('Week == "Week 4"')
>>> week4
```

	Name	Month	Week	Weight	Perc Weight Loss
6	Bob	Jan	Week 4	283	-0.027
7	Amy	Jan	Week 4	190	-0.036
14	Bob	Feb	Week 4	268	-0.053
15	Amy	Feb	Week 4	173	-0.089
22	Bob	Mar	Week 4	261	-0.026
23	Amy	Mar	Week 4	170	-0.017
30	Bob	Apr	Week 4	250	-0.042
31	Amy	Apr	Week 4	161	-0.053

7) これによって週を絞り込んだが，まだ勝者を自動決定できない．データの形式を pivot メソッドで変形し，Bob と Amy の減量パーセントを各月で直接比較できるようにする．

```
>>> winner = week4.pivot(index='Month', columns='Name',
                         values='Perc Weight Loss')
>>> winner
```

Name	Amy	Bob
Month		
Apr	-0.053	-0.042
Feb	-0.089	-0.053
Jan	-0.036	-0.027
Mar	-0.017	-0.026

8) この出力から，各月の勝者が明らかになったが，まだ2ステップある．NumPyには，where というベクトル化 if-then-else 関数がある．これは，Boolean の Series や配列を他の値にマップできる．勝者の名前のカラムを作り，各月の勝ったパーセントをハイライトする．

```
>>> winner['Winner'] = np.where(winner['Amy'] < winner['Bob'], 'Amy', 'Bob')
>>> winner.style.highlight_min(axis=1)
```

Name	Amy	Bob	Winner
Month			
Apr	-0.053	-0.042	Amy
Feb	-0.089	-0.053	Amy
Jan	-0.036	-0.027	Amy
Mar	-0.017	-0.026	Bob

9) value_counts メソッドを使って，最終的に，勝った月の回数を返す．

```
>>> winner.Winner.value_counts()
Amy    3
Bob    1
Name: Winner, dtype: int64
```

解説

　このレシピでは，データのフィルタリングに Boolean インデックス法の代わりに query メソッドを使った．5章**レシピ41 query メソッドによる Boolean インデックス法の読みやすさ改善**参照．

　目標は，各月各人の減量パーセントを求めること．1つの方法が各月初に対する各週の減量度を計算すること．これは，groupby メソッド transform に最適だ．transform メソッドは，関数パラメータが必要で，その関数がグループ化されていないカラム(すなわち，このレシピの Weight のように，インデックス演算子で指定されたカラムだけ)にそれぞれ渡される．渡されたグループと同じ長さの値のシーケンスを返さねばならない．さもないと，例外が起こる．要するに，元の DataFrame の値全体が変換される．集約もフィルタリングも行われない．

　手順2では，渡された Series の値をそのすべての値から差し引き，それから最初の値で割る関数を作る．これは，最初の値に対する減量(または増量)パーセントを計算する．手順3で，この関数を1人の1か月分についてテストする．

　手順4では，人と週のあらゆる組み合わせについてこの関数を使う．文字通りの意味で，Weight カラムを現在の週の減量パーセントに変換している．各人について，最初の月のデータが出力される．pandas では，新たなデータを Series で返す．この Series 自体はあまり役立たないが，元の DataFrame に新しいカラムとして追加すると役に立つ．この操作を手順5で完了させる．

　勝者の決定には，各月で第4週だけが必要だ．ここで終えて，手作業で勝者を決めてもよいが，pandas には，これを自動化する機能が備わっている．手順7の pivot 関数は，カラムの中の一意な値を新たなカラム名として，データセットのピボット変換をする．ピボットにしたくないカラムが index パラメータに渡される．values パラメータに渡されたカラムでは，index と columns パラメータでのカラムの組み合わせごとに対応する値を割り当てる．

> pivot メソッドは，index と columns パラメータでの一意な組み合わせごとに1つ対応する値がある場合にだけ動作する．組み合わせに重複があれば，例外が起こる．そのような状況では，複数の値の集約ができる pivot_table メソッドを使うとよい．

　ピボット処理の後，効果的で高速な NumPy の where 関数を使う．第1引数が Boolean の Series を作る条件を与える．True が Amy, False が Bob にマップされる．各月の勝者をハイライト表示して，value_counts メソッドで最終結果を返す．

補足

手順 7 の DataFrame 出力を点検する。月が，暦順ではなく文字順になっていることに気付いただろうか。残念ながら pandas では，少なくともこの例では，月の順序が文字順だ。この問題は，Month のデータ型をカテゴリ変数にすれば解決できる。カテゴリ変数は，各カラムの値を整数にマッピングする。月の通常の暦順になるようマッピングを選ぶ。pandas では，その基盤整数を使って，pivot メソッドで月を暦順に並べる。

```
>>> week4a = week4.copy()
>>> month_chron = week4a['Month'].unique() # または drop_duplicates を使う
>>> month_chron
array(['Jan', 'Feb', 'Mar', 'Apr'], dtype=object)
>>> week4a['Month'] = pd.Categorical(week4a['Month'],
                                    categories=month_chron,
                                    ordered=True)
>>> week4a.pivot(index='Month', columns='Name',
                values='Perc Weight Loss')
```

Name	Amy	Bob
Month		
Jan	-0.036	-0.027
Feb	-0.089	-0.053
Mar	-0.017	-0.026
Apr	-0.053	-0.042

Month カラムの変換には，コンストラクタ Categorical を使う。元のカラムを Series で，指定順序のカテゴリの重複のないシーケンスを categories パラメータに渡す。Month カラムが暦順になっていたら，順序を保持して目的の配列が得られる unique メソッドを使えばよい。一般に，object データ型のカラムをソートする場合，文字順以外の順序が必要なら，カテゴリに変換する。

参照

- groupby 変換についての pandas 公式文書 (http://bit.ly/2vBkpA7)
- where 関数についての NumPy 公式文書 (http://bit.ly/2weT21l)

レシピ61 SAT の加重平均点を州ごとに apply で計算

groupby メソッドには，関数を使って各グループで計算を行うメソッドが，agg, filter, transform, apply の 4 つある。最初の 3 メソッドは, 特定データ型を出力する。agg はスカラー値，filter は Boolean，transform は渡されるグループと同じ長さの Series を返さねばならない。apply メソッドだけは，スカラー値，Series, DataFrame のどれを返してもよく，柔軟に使える。apply はグループに対して 1 回しか呼び出せないので, グループ分けしていないカラムで呼び出される transform や agg と対照的だ。

複数のカラムを一時に処理する場合，applyメソッドの1オブジェクトを返す機能のおかげで，このレシピの計算ができた．

内容》

このレシピでは，数学と言語能力のSAT点数の加重平均を，大学データセットを使い，州ごとに求める．学校ごとの学部学生の人数で点数に重みを与える．

手順》

1) collegeデータセットを読み込み，UGDS, SATMTMID, SATVRMIDカラムのどれかに欠損値がある行を削除する．これら3カラムは非欠損値だけになる．

```
>>> college = pd.read_csv('data/college.csv')
>>> subset = ['UGDS', 'SATMTMID', 'SATVRMID']
>>> college2 = college.dropna(subset=subset)
>>> college.shape
(7535, 27)

>>> college2.shape
(1184, 27)
```

2) 多くの大学でこの3カラムのデータがないが，続けるには十分な量のデータがある．次に，SATの数学点だけの加重平均を取る関数をユーザ定義する．

```
>>> def weighted_math_average(df):
        weighted_math = df['UGDS'] * df['SATMTMID']
        return int(weighted_math.sum() / df['UGDS'].sum())
```

3) 州でグループ分けして，applyメソッドにこの関数を渡す．

```
>>> college2.groupby('STABBR').apply(weighted_math_average).head()
STABBR
AK    503
AL    536
AR    529
AZ    569
CA    564
dtype: int64
```

4) 各グループでスカラー値が得られた．少し回り道をして，aggメソッドに同じ関数を渡したらどうなるかを見る．

```
>>> college2.groupby('STABBR').agg(weighted_math_average).head()
```

STABBR	INSTNM	CITY	HBCU	MENONLY	WOMENONLY	RELAFFIL	SATVRMID	SATMTMID	DISTANCEONLY	UGDS
AK	503	503	503	503	503	503	503	503	503	503
AL	536	536	536	536	536	536	536	536	536	536
AR	529	529	529	529	529	529	529	529	529	529
AZ	569	569	569	569	569	569	569	569	569	569
CA	564	564	564	564	564	564	564	564	564	564

5) weighted_math_average 関数が DataFrame の非集約カラムすべてに適用された．カラムを SATMTMID だけに制限しようとすると，UGDS にアクセスできないのでエラーになる．したがって，複数カラムで操作するには apply を使うのが一番だ．

```
>>> college2.groupby('STABBR')['SATMTMID'].agg(weighted_math_average)
KeyError: 'UGDS'
```

6) apply のよいところは，Series を返して複数の新たなカラムを作れることだ．返された Series のインデックスは新たなカラム名になる．ユーザ定義関数を，2つの SAT 点の加重及び算術平均を各グループの大学数とともに計算するように修正する．この5つの値を Series で返す．

```
>>> from collections import OrderedDict
>>> def weighted_average(df):
        data = OrderedDict()
        weight_m = df['UGDS'] * df['SATMTMID']
        weight_v = df['UGDS'] * df['SATVRMID']
        wm_avg = weight_m.sum() / df['UGDS'].sum()
        wv_avg = weight_v.sum() / df['UGDS'].sum()
        data['weighted_math_avg'] = wm_avg
        data['weighted_verbal_avg'] = wv_avg
        data['math_avg'] = df['SATMTMID'].mean()
        data['verbal_avg'] = df['SATVRMID'].mean()
        data['count'] = len(df)
        return pd.Series(data, dtype='int')
>>> college2.groupby('STABBR').apply(weighted_average).head(10)
```

	weighted_math_avg	weighted_verbal_avg	math_avg	verbal_avg	count
STABBR					
AK	503	555	503	555	1
AL	536	533	504	508	21
AR	529	504	515	491	16
AZ	569	557	536	538	6
CA	564	539	562	549	72
CO	553	547	540	537	14
CT	545	533	522	517	14
DC	621	623	588	589	6
DE	569	553	495	486	3
FL	565	565	521	529	38

解説

このレシピがきちんと完了するには，まず UGDS, SATMTMID, SATVRMID に欠損値のない大学をフィルタリングする必要がある．デフォルトでは，dropna メソッドは欠損値のある行を削除するので，subset パラメータを使って欠損値のあるカラムだけを調べるように制限しなければならない．

手順 2 では，SATMTMID だけの加重平均を計算する関数を定義する．加重平均は，算術平均と異なり各値に重みを掛ける．総和を重みの総和で割る．この場合，重みは学部学生数だ．

手順 3 でこの関数を apply メソッドに渡す．関数が元のカラムのある DataFrame に渡される．SATMTMID の加重平均のスカラー値が返される．ここで，agg メソッドでも計算できると考えるかもしれない．apply を agg に変えただけだと，集約カラムすべての値が返り，うまくいかない．

⚠ 前もって UGDS と SATMTMID の積を計算しておけば，agg を間接的に使うことが可能．

手順 6 で apply の多才さが示される．2 つの SAT カラムの加重及び算術平均と各グループの行数とを計算する新たな関数を作る．apply で複数カラムを作るには Series を返さねばならない．インデックス値が結果の DataFrame のカラム名として使われる．このメソッドで好きなだけの値を返すことができる．

OrderedDict クラスが標準ライブラリの collections モジュールからインポートされていることに注意．この順序付き辞書をデータ格納に使う．Python 3.7 以前では普通の Python 辞書は挿入順序を保持しないので使えない．

⚠ pd.Series コンストラクタには，順序指定に使えるインデックスパラメータがあるが OrderedDict を使う方がはっきりしてよい．

補足

このレシピでは，各グループで行を Series で返した．各グループで複数の行とカラムを DataFrame で返すことも可能だ．算術及び加重平均に加えて，幾何及び調和平均を SAT カラムで計算し，結果を行の名前が平均の種別と SAT の種別になる DataFrame で返すことにしよう．仕事量を軽減するために，NumPy の average 関数で加重平均を，SciPy の gmean と hmean 関数で幾何及び調和平均を計算する．

```
>>> from scipy.stats import gmean, hmean
>>> def calculate_means(df):
        df_means = pd.DataFrame(index=['Arithmetic', 'Weighted',
                                       'Geometric', 'Harmonic'])
        cols = ['SATMTMID', 'SATVRMID']
        for col in cols:
            arithmetic = df[col].mean()
            weighted = np.average(df[col], weights=df['UGDS'])
            geometric = gmean(df[col])
            harmonic = hmean(df[col])
            df_means[col] = [arithmetic, weighted, geometric, harmonic]
        df_means['count'] = len(df)
        return df_means.astype(int)
>>> college2.groupby('STABBR').apply(calculate_means).head(12)
```

STABBR		SATMTMID	SATVRMID	count
AK	Arithmetic	503	555	1
	Weighted	503	555	1
	Geometric	503	555	1
	Harmonic	503	555	1
AL	Arithmetic	504	508	21
	Weighted	536	533	21
	Geometric	500	505	21
	Harmonic	497	502	21
AR	Arithmetic	515	491	16
	Weighted	529	504	16
	Geometric	514	489	16
	Harmonic	513	487	16

参照

- groupby の apply メソッドの pandas 公式文書 (http://bit.ly/2wmG9ki)
- OrderedDict クラスの Python 公式文書 (http://bit.ly/2xwtUCa)
- stats モジュールの SciPy 公式文書 (http://bit.ly/2wHtQ4L)

レシピ62 連続変数でグループ分け

pandas でグループ分けの場合，通常は離散的で重複値のあるカラムを使う．重複値がなければ，1グループ1行でグループ分けの意味がない．連続数値カラムは普通重複がほとんどなく，一般にグループ分けに使われない．しかし，そのカラムを連続値から値をビンに入れる，丸める，何かマッピングするなどで離散カラムにすれば，グループ分けの意味がある．

内容 >>>

このレシピでは，flights データセットを探索して，航空会社の飛行距離の分布を調べる．例えば，これにより，500 から 1000 マイルの間を飛行する便数の最も多い航空会社を見つける．そのために，pandas cut 関数を用いて飛行距離を離散化する．

手順 >>>

1) flights データセットを読み込み，先頭5行を出力する．

```
>>> flights = pd.read_csv('data/flights.csv')
>>> flights.head()
```

	MONTH	DAY	WEEKDAY	AIRLINE	ORG_AIR	DEST_AIR	SCHED_DEP	DEP_DELAY	AIR_TIME	DIST	SCHED_ARR	ARR_DELAY	DIVERTED	CANCELLED
0	1	1	4	WN	LAX	SLC	1625	58.0	94.0	590	1905	65.0	0	0
1	1	1	4	UA	DEN	IAD	823	7.0	154.0	1452	1333	-13.0	0	0
2	1	1	4	MQ	DFW	VPS	1305	36.0	85.0	641	1453	35.0	0	0
3	1	1	4	AA	DFW	DCA	1555	7.0	126.0	1192	1935	-7.0	0	0
4	1	1	4	WN	LAX	MCI	1720	48.0	166.0	1363	2225	39.0	0	0

2) 航空会社の飛行範囲の距離の分布を知りたければ，DIST カラムの値を離散化する必要がある．pandas cut 関数を用いて，データを5つのビンに分ける．

```
>>> bins = [-np.inf, 200, 500, 1000, 2000, np.inf]
>>> cuts = pd.cut(flights['DIST'], bins=bins)
>>> cuts.head()
0      (500.0, 1000.0]
1     (1000.0, 2000.0]
2      (500.0, 1000.0]
3     (1000.0, 2000.0]
4     (1000.0, 2000.0]
Name: DIST, dtype: category
Categories (5, interval[float64]): [(-inf, 200.0] < (200.0, 500.0]
< (500.0, 1000.0] < (1000.0, 2000.0] < (2000.0, inf]]
```

3) 順序付きカテゴリの Series が作られた．何が起こったか理解するために，各カテゴリの値を数える．

```
>>> cuts.value_counts()
(500.0, 1000.0]     20659
(200.0, 500.0]      15874
```

```
(1000.0, 2000.0]    14186
(2000.0, inf]        4054
(-inf, 200.0]        3719
Name: DIST, dtype: int64
```

4) Seriesのcutsをグループ分けに使える．pandasでは，好みのグループ分けが可能だ．cutsをgroupbyメソッドに渡し，AIRLINEカラムでvalue_countsメソッドを呼び出し，各距離グループの分布を知る．200マイル以下でSkyWest (OO) が33%近くを占め，200から500マイルでは16%しかないことに注意．

```
>>> flights.groupby(cuts)['AIRLINE'].value_counts(normalize=True) \
                            .round(3).head(15)
DIST            AIRLINE
(-inf, 200.0]   OO        0.326
                EV        0.289
                MQ        0.211
                DL        0.086
                AA        0.052
                UA        0.027
                WN        0.009
(200.0, 500.0]  WN        0.194
                DL        0.189
                OO        0.159
                EV        0.156
                MQ        0.100
                AA        0.071
                UA        0.062
                VX        0.028
Name: AIRLINE, dtype: float64
```

解説

手順2でcut関数はDISTカラムの値を5つのビンに分ける．ビンは，端点を定義する6つの数のシーケンスで作る．端点の個数はビンの個数より1つ多い．binsパラメータに整数を渡し，その個数の等幅のビンを作ることもできる．負無限大と正無限大オブジェクトはNumPyにあり，すべての値がどれかのビンに入ることを保証する．ビンの両端の外側の値は欠損値になり，ビンには入らない．

変数cutsは5つの順序付きカテゴリのSeriesである．通常のSeriesのメソッドがすべて備わっており，手順3ではvalue_countsメソッドを使って分布の様子を把握する．

pandasではgroupbyメソッドにどんなオブジェクトでも渡せるのは，非常に興味深い．これは，現在のDataFrameに全く関係ないものでグループ分けできるということ

だ．このレシピでは，cuts 変数の値でグループ分けした．各グループで，normalize を True に設定し，value_counts で各航空会社の便のパーセントを得た．

この結果は興味深い洞察につながる．結果すべてから，200 マイル以下では，SkyWest がリーダーだが，2000 マイル以上の便はない．対照的に，200 マイル以下では 5 位の American Airlines は，1000 から 2000 マイルでは飛びぬけて多い．

補足

cuts 変数のグループ分けでもっと結果が出せる．例えば，各距離グループごとに，飛行時間の 25 位，50 位，75 位パーセンタイルが求まる．飛行時間が分単位なので 60 で割って時間にする．

```
>>> flights.groupby(cuts)['AIR_TIME'].quantile(q=[.25, .5, .75]) \
                                      .div(60).round(2)
DIST
(-inf, 200.0]       0.25     0.43
                    0.50     0.50
                    0.75     0.57
(200.0, 500.0]      0.25     0.77
                    0.50     0.92
                    0.75     1.05
(500.0, 1000.0]     0.25     1.43
                    0.50     1.65
                    0.75     1.92
(1000.0, 2000.0]    0.25     2.50
                    0.50     2.93
                    0.75     3.40
(2000.0, inf]       0.25     4.30
                    0.50     4.70
                    0.75     5.03
Name: AIR_TIME, dtype: float64
```

この情報を用い，cut 関数使用時に役立つ文字列ラベルができる．このラベルで区間の表記を置き換え，unstack メソッドをチェイニングして，内側のインデックスレベルでカラム名と転置する．

```
>>> labels=['Under an Hour', '1 Hour', '1-2 Hours',
            '2-4 Hours', '4+ Hours']
>>> cuts2 = pd.cut(flights['DIST'], bins=bins, labels=labels)
>>> flights.groupby(cuts2)['AIRLINE'].value_counts(normalize=True) \
                                     .round(3) \
                                     .unstack() \
                                     .style.highlight_max(axis=1)
```

AIRLINE DIST	AA	AS	B6	DL	EV	F9	HA	MQ	NK	OO	UA	US	VX	WN
Under an Hour	0.052	nan	nan	0.086	0.289	nan	nan	0.211	nan	0.326	0.027	nan	nan	0.009
1 Hour	0.071	0.001	0.007	0.189	0.156	0.005	nan	0.1	0.012	0.159	0.062	0.016	0.028	0.194
1-2 Hours	0.144	0.023	0.003	0.206	0.101	0.038	nan	0.051	0.03	0.106	0.131	0.025	0.004	0.138
2-4 Hours	0.264	0.016	0.003	0.165	0.016	0.031	nan	0.003	0.045	0.046	0.199	0.04	0.012	0.16
4+ Hours	0.212	0.012	0.08	0.171	nan	0.004	0.028	nan	0.019	nan	0.289	0.065	0.074	0.046

参照

- cut 関数の pandas 公式文書 (http://bit.ly/2whcUkJ)
- 8 章「整然形式にデータを再構成」の unstack を使う多数のレシピ

レシピ63　都市間の航空便の総数

flights データセットには発着空港のデータがある．例えば，ヒューストンからアトランタへの便数を数えるのは簡単だ．難しいのは，都市間の全便数を数えることだ．

内容

このレシピでは，発着がどちらかに関係なく，都市間の全便数を数える．そのために，発着空港を英字順にソートして，2 空港の組み合わせが常に同じ順になるようにする．それから，この新たなカラム配置を使ってグループ分けして数える．

手順

1) flights データセットを読み込み，発着空港ごとに全便数を数える．

```
>>> flights = pd.read_csv('data/flights.csv')
>>> flights_ct = flights.groupby(['ORG_AIR', 'DEST_AIR']).size()
>>> flights_ct.head()
ORG_AIR  DEST_AIR
ATL      ABE         31
         ABQ         16
         ABY         19
         ACY          6
         AEX         40
dtype: int64
```

2) ヒューストン (IAH) とアトランタ (ATL) 間の全便数を両方向選ぶ．

```
>>> flights_ct.loc[[('ATL', 'IAH'), ('IAH', 'ATL')]]
ORG_AIR  DEST_AIR
ATL      IAH         121
IAH      ATL         148
dtype: int64
```

3) この 2 つの数値を足し合わせて全便数が求まるが，あらゆる便に当てはまる，よ

り効率的で自動的な解がある．発着地それぞれを各行で独立に英字順にソートする．

```
>>> flights_sort = (flights[['ORG_AIR', 'DEST_AIR']].apply(
                    lambda ser: ser.sort_values().reset_index(drop=True),
                    axis='columns') )
>>> flights_sort.head()
```

	ORG_AIR	DEST_AIR
0	LAX	SLC
1	DEN	IAD
2	DFW	VPS
3	DCA	DFW
4	LAX	MCI

4) 各行を独立にソートしたので，カラム名が正しくない．より一般的な名前に変えて，都市間の全便数を求める．

```
>>> rename_dict = {0:'AIR1', 1:'AIR2'}
>>> (flights[['ORG_AIR', 'DEST_AIR']].apply(lambda ser:
        ser.sort_values().reset_index(drop=True), axis='columns')
        .rename(columns=rename_dict).groupby(['AIR1', 'AIR2']).size())
AIR1  AIR2
ABE   ATL     31
      ORD     24
ABI   DFW     74
ABQ   ATL     16
      DEN     46
dtype: int64
```

5) アトランタとヒューストンの全便数を選び，手順2の値の和と合致するか検証する．

```
>>> flights_ct2.loc[('ATL', 'IAH')]
269
```

6) ヒューストンからアトランタの便を選ぼうとすると，エラーになる．

```
>>> flights_ct2.loc[('IAH', 'ATL')]
IndexingError: Too many indexers
```

解説

手順1では発着空港のカラムでグループ分けをし，groupbyオブジェクトにsizeメソッドを適用し，各グループの行数を返す．文字列sizeをaggメソッドに渡しても同じ結果を得ることに注意．手順2ではアトランタとヒューストンの両方向の全便数を選ぶ．Seriesのflights_countは，レベル2つのMultiIndex．MultiIndexの行を選ぶ

には，locインデックス演算子に正確なレベル値のタプルを渡す．この場合は，2つの異なる行('ATL', 'HOU')と('HOU', 'ATL')を選ぶ．正しく行うためにタプルのリストを使う．

手順3はこのレシピで最も重要だ．アトランタとヒューストン間で2つラベルがあるが，1つだけにしたい．発着の2空港を英字順にソートすれば，ラベルを1つにできる．それには，DataFrameのapplyメソッドを使う．これは，groupbyのapplyメソッドとは違う．手順3ではグループは作らない．

DataFrameのapplyメソッドには関数を渡さないといけない．この場合は，組み込みのsorted関数だ．デフォルトでは，この関数はSeriesのカラムに適用する．計算の方向をaxis=1(またはaxis='index')を使って変える[訳注]．sortedに渡される行は，暗黙にSeriesになっている．ソートした空港コードのリストを返す．先頭行をSeriesとしてsortedに渡す例を次に示す．

[訳注] axis=1がcolumnでないメソッド例の1つ．

```
>>> sorted(flights.loc[0, ['ORG_AIR', 'DEST_AIR']])
['LAX', 'SLC']
```

applyメソッドは，sortedをこのように使って全行をイテレーションする．完了したら，どの行も独立にソート済み．カラム名は無意味になる．手順4でカラム名を変え，手順2と同様にグループ分けと集約を行う．今度は，アトランタとヒューストンの全便が同じラベルにくる．

補足

より単純なSeriesのsort_valuesメソッドをなぜ使えないのかと疑問に思うかもしれない．このメソッドは，データ分析で期待される行やカラムを1つのレコードとして扱うので，カラム独立にソートできない．

手順3は非常に手間のかかる演算で，終わるまで数秒かかる．約6万行しかないので，この解は巨大データにはスケールしない．axis=1でapplyメソッドを呼び出すのが，pandasの中でも性能が最も劣る演算だ．内部では，pandasが各行をループし，NumPyから性能向上の援助を受けない．可能な限り，axis=1でapplyを使うことは避けること．

NumPyのsort関数なら，大量の速度向上が見込める．この関数を使って出力を分析しよう．デフォルトで，各行を独立にソートする．

```
>>> data_sorted = np.sort(flights[['ORG_AIR', 'DEST_AIR']])
>>> data_sorted[:10]
array([['LAX', 'SLC'],
       ['DEN', 'IAD'],
       ['DFW', 'VPS'],
       ['DCA', 'DFW'],
       ['LAX', 'MCI'],
       ['IAH', 'SAN'],
       ['DFW', 'MSY'],
```

```
            ['PHX', 'SFO'],
            ['ORD', 'STL'],
            ['IAH', 'SJC']], dtype=object)
```

2次元 NumPy 配列が返る．NumPy ではグループ分けが簡単ではないので，DataFrame のコンストラクタを使って新たな DataFrame を作り，手順3の flights_sort DataFrame と等しいかどうかチェックする．

```
>>> flights_sort2 = pd.DataFrame(data_sorted, columns=['AIR1', 'AIR2'])
>>> fs_orig = flights_sort.rename(columns={'ORG_AIR':'AIR1',
                                           'DEST_AIR':'AIR2'})
>>> flights_sort2.equals(fs_orig)
True
```

DataFrame が同じなので手順3をこの速いソートで置き換えられる．ソートの違いによる時間差を計時する．

```
>>> %%timeit
>>> flights_sort = flights[['ORG_AIR', 'DEST_AIR']].apply(sorted, axis=1)
7.41 s ± 189 ms per loop (mean ± std. dev. of 7 runs, 1 loop each)
>>> %%timeit
>>> data_sorted = np.sort(flights[['ORG_AIR', 'DEST_AIR']])
>>> flights_sort2 = pd.DataFrame(data_sorted,
columns=['AIR1', 'AIR2'])
10.6 ms ± 453 µs per loop (mean ± std. dev. of 7 runs, 100 loops each)
```

NumPy 解は，pandas の apply より700倍速い．

参照

- sort 関数の NumPy 公式文書 (http://bit.ly/2vtRt0M)

レシピ64　定時運航便の最長ストリーク

航空各社にとって重要なメトリクスに定時運航成績がある．連邦航空局 (FAA) によれば，飛行機の遅延とは，予定到着時間より15分を超えることだ．pandas には，航空会社ごとに定時運航した便の総数とパーセントを計算するメソッドがある．これらの要約統計量は重要なメトリクスだが，他にも，定時運航便がどれだけ長く継続できたか (定時運航ストリーク) を航空会社ごと出発飛行場ごとに求めるというような，興味深くて自明ではない計算がある．

内容≫

このレシピでは，定時運航便の最長連続ストリークを航空会社ごと出発飛行場ごとに計算する．これには，カラムの各値と，直後の値とを両方調べなければならない．diff 及び cumsum メソッドを巧妙に使うことによってストリークを計算し，この方法を各グループに適用する．

手順

1) 実際の flights データセットで始める前に，小さな Series で 1 のストリークを数える練習をする．

```
>>> s = pd.Series([0, 1, 1, 0, 1, 1, 1, 0])
>>> s
0    0
1    1
2    1
3    0
4    1
5    1
6    1
7    0
dtype: int64
```

2) ストリークの最終表現は，元のと同じ長さの Series で，各ストリークの最初から独立に数えたものだ．始めるために，まず cumsum メソッドを使う．

```
>>> s1 = s.cumsum()
>>> s1
0    0
1    1
2    2
3    2
4    3
5    4
6    5
7    5
dtype: int64
```

3) Series の 1 をすべて下方向に累積和した．この Series と元のを掛け合わせる．

```
>>> s.mul(s1)
0    0
1    1
2    2
3    0
4    3
5    4
6    5
7    0
dtype: int64
```

4) 元は 1 のところだけが非ゼロ値だ．これは，求めるものにかなり近い．各ストリークの先頭を累積和のままではなく，1 にしたい．現在の値から前の値を引く

レシピ64 定時運航便の最長ストリーク   183

diff メソッドをチェイニングする．

```
>>> s.mul(s1).diff()
0    NaN
1    1.0
2    1.0
3   -2.0
4    3.0
5    1.0
6    1.0
7   -5.0
dtype: float64
```

5) 負値がストリークの終わりを表す．負値を Series の下に伝播させて，手順 2 の余分な累積和を差し引く．そのために，where メソッドですべての非負値を欠損値にする．

```
>>> s.mul(s1).diff().where(lambda x: x < 0)
0    NaN
1    NaN
2    NaN
3   -2.0
4    NaN
5    NaN
6    NaN
7   -5.0
dtype: float64
```

6) これらの値を ffill メソッドで下に伝播する．

```
>>> s.mul(s1).diff().where(lambda x: x < 0).ffill()
0    NaN
1    NaN
2    NaN
3   -2.0
4   -2.0
5   -2.0
6   -2.0
7   -5.0
dtype: float64
```

7) 最後に，この Series を s1 に足し戻して，余分な累積和を解消する．

```
>>> s.mul(s1).diff().where(lambda x: x < 0).ffill().add(s1, fill_value=0)
0         0.0
1         1.0
2         2.0
```

```
3         0.0
4         1.0
5         2.0
6         3.0
7         0.0
dtype: float64
```

8) ストリークを発見するコードができたので，航空会社と出発飛行場について最長ストリークを見つけることができる．flights データセットを読み込み，定時到着を表すカラムを作る．

```
>>> flights = pd.read_csv('data/flights.csv')
>>> flights['ON_TIME'] = flights['ARR_DELAY'].lt(15).astype(int)
>>> flights[['AIRLINE', 'ORG_AIR', 'ON_TIME']].head(10)
```

	AIRLINE	ORG_AIR	ON_TIME
0	WN	LAX	0
1	UA	DEN	1
2	MQ	DFW	0
3	AA	DFW	1
4	WN	LAX	0
5	UA	IAH	1
6	AA	DFW	0
7	F9	SFO	1
8	AA	ORD	1
9	UA	IAH	1

9) 手順7までのロジックを用いて，対象 Series で1の最長ストリークを返す関数を定義する．

```
>>> def max_streak(s):
        s1 = s.cumsum()
        return s.mul(s1).diff().where(lambda x: x < 0) \
                .ffill().add(s1, fill_value=0).max()
```

10) 航空会社と出発飛行場ごとに，定時到着の最長ストリークを，全便数と定時到着パーセントとともに計算する．最初に，1年での日と予定出発時刻でソートする．

```
>>> flights.sort_values(['MONTH', 'DAY', 'SCHED_DEP']) \
        .groupby(['AIRLINE', 'ORG_AIR'])['ON_TIME'] \
        .agg(['mean', 'size', max_streak]).round(2).head()
```

		mean	size	max_streak
AIRLINE	ORG_AIR			
AA	ATL	0.82	233	15
	DEN	0.74	219	17
	DFW	0.78	4006	64
	IAH	0.80	196	24
	LAS	0.79	374	29

解説

　データでストリークを見つけることは，pandasですぐ簡単にできる演算ではない．先読みをしたり，戻ったりする diff, shift といったメソッドや，現在の状態を覚えておく cumsum などのメソッドが必要となる．手順7まででの最終結果は，元のと同じ長さで連続した1の記録をすべて保持した Series だ．これらの手順では，* や + のような演算記号の代わりに，mul や add というメソッドを使った．私の意見では，こうした方が，左から右へと計算の進行が明らかになる．もちろん，演算子と置き換えてかまわない．

　理想的には，pandas にストリークの始まりごとに cumsum メソッドを適用し，ストリークの終わりでリセットするよう命じられるとよい．実際に，これと同じことをpandas にさせるには，多数の手順が必要だ．手順2は，Seriesの1を全体として累積していた．残りのステップでは，余分な累積和をゆっくりと取り除いている．余分な累積和を検出するには，ストリークの終わりを見つけ，次のストリークの先頭から値を差し引かねばならない．

　ストリークの終わりを見つけるために，手順3で元の Series のゼロと1とを s1 に掛けて，ストリークでない値をすべてゼロにする．非ゼロの列の次の最初のゼロがストリークの終わりを示す．それはいいのだが，余分な累積和を削除する必要がある．ストリークの終わりが分かっても，その問題は解けていない．

　手順4で diff メソッドを使い余分なところを見つける．diff メソッドは，現在の値と指定した行数離れたところの値との差を計算する．デフォルトでは，現在値と直前の値との差を返す．

　手順4では負値だけが意味をもつ．それは，ストリークの終わりの次だからだ．この値を次のストリークの終わりまで伝播する必要がある．必要ない値(欠損値にする)すべてを削除するために，呼び出し Series と同じ長さで条件を示す Series を取る where メソッドを使う．デフォルトでは，True値はそのまま残り，False値が欠損値になる．where メソッドでは，第1引数の関数で呼び出し Series を条件として使う．この無名関数の場合は，暗黙に呼び出し Series を渡され，値がゼロより小さいかチェックする．手順5の結果は，負値だけが保持された Series で，残りは欠損値になっている．

手順6のffillメソッドは，欠損値を最後の非欠損値で置き換えて，Seriesの先/下方に進む．先頭の3値は，非欠損値の後ではないから，欠損値のまま．最終的に，Seriesの余分な値が取り除けた．累積和のSeriesと手順6の結果のSeriesとを足し合わせて，どれもがゼロから始まるストリークを得た．addメソッドでは，fill_valueパラメータで欠損値を置き換えることができる．これで，データセットの中の1のストリークを見つけるプロセスが完了した．このような複雑なロジックを実行する場合，最終結果がどうなるかよく知っている小さなデータセットを使うのがうまいやり方だ．手順8からは難しい作業で，グループ分けをしながら，ストリークを見つけるロジックを構築する．

手順8では，ON_TIMEカラムを作る．キャンセル便がARR_DELAYで欠損値になり，Boolean条件を通らず，ON_TIMEカラムの結果がゼロになることに注意．キャンセル便は遅延便と同じ扱いだ．

手順9では，最初の手順7までのロジックを関数に仕立て，maxメソッドをチェイニングして最長ストリークを返す．この関数は単一値を返すので，正式に集約関数として手順10でのようにaggメソッドに渡せる．実際に引き続いた便を見つけたか確認するために，sort_valuesメソッドを使って，日付と予定出発時刻でソートした．

補足

定時到着便の最長ストリークを見つけたので，その反対，遅延到着便の最長ストリークも簡単に見つかる．次の関数は，渡されたグループ各々の2つの行を返す．最初の行がストリークの開始，次の行がストリークの終わり．行には，ストリークの開始/終了日付とストリークの全長が含まれる．

```
>>> def max_delay_streak(df):
        df = df.reset_index(drop=True)
        s = 1 - df['ON_TIME']
        s1 = s.cumsum()
        streak = s.mul(s1).diff().where(lambda x: x < 0) \
                .ffill().add(s1, fill_value=0)
        last_idx = streak.idxmax()
        first_idx = last_idx - streak.max() + 1
        df_return = df.loc[[first_idx, last_idx], ['MONTH', 'DAY']]
        df_return['streak'] = streak.max()
        df_return.index = ['first', 'last']
        df_return.index.name='type'
        return df_return
>>> flights.sort_values(['MONTH', 'DAY', 'SCHED_DEP']) \
        .groupby(['AIRLINE', 'ORG_AIR']) \
        .apply(max_delay_streak) \
        .sort_values('streak', ascending=False).head(10)
```

AIRLINE	ORG_AIR	streak_row	MONTH	DAY	streak
AA	DFW	first	2.0	26.0	38.0
		last	3.0	1.0	38.0
MQ	ORD	first	1.0	6.0	28.0
		last	1.0	12.0	28.0
	DFW	first	2.0	21.0	25.0
		last	2.0	26.0	25.0
NK	ORD	first	6.0	7.0	15.0
		last	6.0	18.0	15.0
DL	ATL	first	12.0	23.0	14.0
		last	12.0	24.0	14.0

　groupby の apply メソッドを使っているので，各グループの DataFrame が max_delay_streak 関数に渡される．この関数の内部では，DataFrame のインデックスが削除されてストリークの最初と最後の行が見つけやすいように RangeIndex で置き換えられる．ON_TIME カラムの値は逆転して，同じロジックで遅延便のストリークを見つける．ストリークの最初と最後の行は変数に格納される．このインデックスは，ストリーク終了時の月と日の選択に使う．結果を DataFrame で返す．最終結果が分かりやすいようにインデックスの名前を付けラベルを与える．

　最終結果は，最長遅延ストリークと開始終了日時を示す．どうしてこの遅延が生じたか理由が分かるかどうか調べてみよう．アメリカン航空 (AA) のは，ダラスフォートワース空港 (DFW) で 2015 年 2 月 26 日から 2015 年 3 月 1 日まで 38 遅延便のストリークだ．過去の天候データを調べると，2015 年 2 月 27 日に 2 インチの積雪があり，記録的なものだった (http://bit.ly/2iLGsCg)．これが DFW の天候の大事件で，市全体に大問題を引き起こした (http://bit.ly/2wmsHPj)．DFW では，3 番目に長いストリークも発生しているが，これは数日前で別の航空会社だ．

参照
- 1 章レシピ 6 Series の演算子の働き
- fillna(ffill のシノニム) の pandas 公式文書 (http://bit.ly/2gn5zGU)

Chapter 8

整然形式にデータを再構成

◎本章のレシピ

65 変数値カラム名を stack で整然化
66 変数値カラム名を melt で整然化
67 複数の変数グループを同時にスタック
68 スタックしたデータを元に戻す
69 groupby 集約の後で unstack
70 groupby 集約で pivot_table の代用
71 変形を容易にするレベル軸の名前変更
72 複数の変数がカラム名になっている場合の整然化
73 複数の変数がカラム値の場合の整然化
74 複数の値が同じセルにある場合の整然化
75 変数がカラム名とカラム値になっている場合の整然化
76 複数の観察が同じテーブルにある場合の整然化

　これまで使ってきたデータセットでは，その構造を変えることがなかった．データセットは元の形式ですぐに処理できた．現場でのデータセットの多くは，かなり再構成した後でなければ，詳細な分析を始めることができない．場合によると，プロジェクト全体が，他の誰かが簡単に処理できるようなデータ形式になっているかどうかに依存することがある．

　データの再構成に関しては多数の用語があるが，データサイエンティストにとっては，**整然 (tidy) データ**が最もよく使われる．これは，分析が簡単なデータ形式を指すために Hadley Wickham が作った用語だ．本章では，Hadley Wickham が提案したアイデアと，それを pandas でどう行うかを学ぶ．Hadley Wickham の原論文 (http://vita.had.co.nz/papers/tidy-data.pdf) を読めば，整然データについてさらに多くのことが分かる．

　整然データとは何か．Hadley Wickham は，次の 3 原則でデータセットが整然かどうかを決定する．

- 変数がカラムになっている

- 観察が行になっている
- 観察ユニットがテーブルになっている

　この3原則に反するデータセットは，整然でない（＝混乱）とされる．この定義は，データを整然形式に再構成すればよく分かるのだが，現時点では，変数，観察，観察ユニットが何かを理解すればよい．

　変数とは何かを直感的に理解するには，変数名と変数値の違いを考えるとよい．変数名は，性別，人種，給与，地位のようなラベル．変数値は，性別では男／女，人種では白人／黒人のように，観察ごとに変わり得るものだ．観察1つが，1つの観察ユニットの変数値すべての集まりを指す．観察ユニットが何かを理解するには，小売店を考えてみるとよい．売り上げ1つごとに，従業員，顧客，品物，店舗のデータがある．それぞれを独自のテーブルからなる観察ユニットと考えることができる．（勤務時間のような）従業員の情報と（支払金額のような）顧客の情報を1つのテーブルに含めると，上の整然原則に違反する．

　整然としていないデータを整理する第1ステップは，その存在を認識することだが，その可能な形式には限りがない．Hadley Wickham は，混乱データとして，よくある5種類を次のように挙げている．

- カラム名が変数名ではなく，値になっている．
- 複数の変数が，カラム名に格納されている．
- 変数が，行とカラムの両方に格納されている．
- 複数の観察ユニットが同じテーブルに格納されている．
- 1つの観察ユニットが複数のテーブルに格納されている．

　データの整然化には，データセットの値の変更，欠損値の充填，分析作業が含まれないということを理解するのが重要だ．データの整然化とは，整然原則にかなうように，データを再構成して形を整えることだ．整然データとは，自宅に道具類が散在しているのではなく，道具箱に整理されていることだ．道具が道具箱に整理されていれば，日曜大工仕事も簡単だ．データが整然形式なら，分析が簡単になる．

　混乱データがそれと分かれば，pandas のツールを使ってデータを再構成し，整然にできる．pandas の整然化ツールには，DataFrame のメソッド stack, melt, unstack, pivot がある．もっと複雑なものでは，str アクセサを要するテキストの分割作業がある．rename, rename_axis, reset_index, set_index のようなヘルパーメソッドは，整然化データの最終的な処理に役立つ．

レシピ65　変数値カラム名を stack で整然化

　整然データと混乱データの違いを理解するために，簡単なテーブルが整然かどうか

調べよう．

```
>>> state_fruit = pd.read_csv('data/state_fruit.csv', index_col=0)
>>> state_fruit
```

	Apple	Orange	Banana
Texas	12	10	40
Arizona	9	7	12
Florida	0	14	190

　このテーブルは混乱しているようには見えず，情報は簡単に理解できる．しかし，整然原則に従えば，これは整然ではない．カラム名が変数の値だ．実際，DataFrameには変数名がそもそも存在していない．非整然データセットを整然データに変換する第1ステップは，変数を確認することだ．このデータセットでは，state と fruit という2変数がある．この文脈では，まだきちんと位置づけられていない数値データもある．この変数に対しては，weight など意味のある名前をラベルとして付けることができる．

内容

　上の非整然データセットでは，変数値がカラム名になっている．カラム名をカラム値に変換する必要がある．このレシピでは，stack メソッドを使って DataFrame を整然形式に再構成する．

手順

1) まず，州名が DataFrame のインデックスだということに注意する．州は正しく鉛直方向に置かれていて，再構成の必要はない．問題はカラム名だ．stack メソッドは，カラム名をすべて取って，インデックスのレベルにくるよう形を変える．

```
>>> state_fruit.stack()
Texas    Apple     12
         Orange    10
         Banana    40
Arizona  Apple      9
         Orange     7
         Banana    12
Florida  Apple      0
         Orange    14
         Banana   190
dtype: int64
```

2) MultiIndex の Series になったことに注意する．インデックスが2階層になった．元のインデックスが左で，右側に元のカラム名がくる．stack 命令1つで整然データになった．state, fruit, weight という変数は，鉛直方向だ．reset_index メソッ

ドで結果を DataFrame にする.

```
>>> state_fruit_tidy = state_fruit.stack().reset_index()
>>> state_fruit_tidy
```

	level_0	level_1	0
0	Texas	Apple	12
1	Texas	Orange	10
2	Texas	Banana	40
3	Arizona	Apple	9
4	Arizona	Orange	7
5	Arizona	Banana	12
6	Florida	Apple	0
7	Florida	Orange	14
8	Florida	Banana	190

3) 構造は正しいが,カラム名に意味がついていない.適切な識別子に置き換える.

```
>>> state_fruit_tidy.columns = ['state', 'fruit', 'weight']
>>> state_fruit_tidy
```

	state	fruit	weight
0	Texas	Apple	12
1	Texas	Orange	10
2	Texas	Banana	40
3	Arizona	Apple	9
4	Arizona	Orange	7
5	Arizona	Banana	12
6	Florida	Apple	0
7	Florida	Orange	14
8	Florida	Banana	190

4) カラム属性を直接変える代わりに,あまり知られていない Series の rename_axis メソッドを使い,reset_index を使う前にインデックスレベルの名前を設定.

```
>>> state_fruit.stack()\
            .rename_axis(['state', 'fruit'])
state    fruit
Texas    Apple     12
         Orange    10
         Banana    40
```

```
Arizona  Apple    9
         Orange   7
         Banana  12
Florida  Apple    0
         Orange  14
         Banana 190
dtype: int64
```

5) ここでは，name パラメータで手順 3 の出力と同じになるように reset_index メソッドをチェイニングする．

```
>>> state_fruit.stack()\
        .rename_axis(['state', 'fruit'])\
        .reset_index(name='weight')
```

解説

stack メソッドは強力だが，よく理解して使いこなすには時間がかかる．すべてのカラム名を転置する．つまり，最も内側 (右側) のインデックスレベルに配置する．元のカラム名がラベルになっても州名と対で元の値を指していることに注意．3×3 DataFrame には 9 つの値があったが，Series に変換されても 9 つの値がある．元の第 1 行のデータが，Series の先頭の 3 つの値になっている．

手順 2 でインデックスをリセットした後，pandas のデフォルトでは，DataFrame のカラムが level_0, level_1, 0 となる．reset_index を呼び出す Series に名前のない 2 階層のインデックスがあるためだ．pandas では，外からインデックスを整数で参照するときにはゼロから始める．

手順 3 は，カラムの名前を変更する簡単かつ直感的な方法を示す．カラム属性をリストに等しくすればよい．

別の方式としては，第 1 引数に渡されるリストをインデックスレベルの名前にする rename_axis メソッドをチェイニングして 1 ステップでカラム名を設定する方法もある．pandas は，インデックスリセット時，インデックスレベルの名前を新たなカラム名とする．reset_index メソッドには，Series の新たなカラム名に対応する name パラメータもある．

 Series には，直接でも name パラメータでも設定可能な name 属性がある．reset_index を使うとこの属性がカラム名になる．

補足

stack を使うコツの 1 つは，変換したくないカラムすべてをインデックスに置くこと．このレシピのデータセットは，州をインデックスに読み込んだ．そうしないとどうなるか見てみよう．

```
>>> state_fruit2 = pd.read_csv('data/state_fruit2.csv')
>>> state_fruit2
```

```
       State  Apple  Orange  Banana
0      Texas     12      10      40
1     Arizona     9       7      12
2     Florida     0      14     190
```

州名がインデックスにないので，この DataFrame に stack を使いすべての値が 1 つの Series の値になるように変える．

```
>>> state_fruit2.stack()
0  State     Texas
   Apple        12
   Orange       10
   Banana       40
1  State     Arizona
   Apple         9
   Orange        7
   Banana       12
2  State     Florida
   Apple         0
   Orange       14
   Banana      190
dtype: object
```

これは，州を含んだすべてのカラムを変えてしまうが，目的には程遠い．このデータを正しく変換するには，set_index メソッドで，変形されなかったカラムをまずインデックスにして，それから stack を使う．次のコードで手順 1 と同じ結果になる．

```
>>> state_fruit2.set_index('State').stack()
```

参照

- 「変形とピボット表」の pandas 公式文書 (http://bit.ly/2xbnNms)
- stack メソッドについての pandas 公式文書 (http://bit.ly/2vWZhH1)

レシピ66 変数値カラム名を melt で整然化

Python の大規模ライブラリではありがちなことだが，pandas では同じ作業を行うのに様々な方法がある．よくある違いは読みやすさと性能だ．pandas には melt というDataFrame メソッドがあり，前の**レシピ65 変数値カラム名を stack で整然化**の stack と同じ働きをするが，柔軟性に優れる．

 pandas 0.20 版以前の melt は，pd.melt でアクセスする関数だった．pandas は今なお進化しているライブラリで，改版ごとに変更がある．DataFrame にのみ働く関数を，melt のようにメソッドにする動きは続いている．melt はメソッドが推奨され，このレシピもそうしている．新たな変更については，pandas 公式文書の What's New (http://

bit.ly/2xzXIhG) を見ること．

内容

このレシピでは，melt メソッドを使って変数値カラム名の簡単な DataFrame を整然化する．

手順

1) state_fruit2 データセットを読み込み，どのカラムを変形し，どのカラムは必要ないかを決める．

```
>>> state_fruit2 = pd.read_csv('data/state_fruit2.csv')
>>> state_fruit2
```

	Apple	Orange	Banana
Texas	12	10	40
Arizona	9	7	12
Florida	0	14	190

2) id_vars と value_vars パラメータに適切なカラムを渡し melt メソッドを使う．

```
>>> state_fruit2.melt(id_vars=['State'],
                      value_vars=['Apple', 'Orange', 'Banana'])
```

	State	variable	value
0	Texas	Apple	12
1	Arizona	Apple	9
2	Florida	Apple	0
3	Texas	Orange	10
4	Arizona	Orange	7
5	Florida	Orange	14
6	Texas	Banana	40
7	Arizona	Banana	12
8	Florida	Banana	190

3) 1 ステップで整然データができた．デフォルトで melt は，カラム名を変形したカラムの名前を variable, 値に対応するカラムの名前を value にする．melt には，もう 2 つ便利なパラメータ var_name と value_name があって，この 2 つのカラムの名前を変えられる．

```
>>> state_fruit2.melt(id_vars=['State'],
                      value_vars=['Apple', 'Orange', 'Banana'],
                      var_name='Fruit',
                      value_name='Weight')
```

	State	Fruit	Weight
0	Texas	Apple	12
1	Arizona	Apple	9
2	Florida	Apple	0
3	Texas	Orange	10
4	Arizona	Orange	7
5	Florida	Orange	14
6	Texas	Banana	40
7	Arizona	Banana	12
8	Florida	Banana	190

解説

melt メソッドは強力で DataFrame を様々に変形できる．パラメータは5つだが，データを正しく変形するには，次の2つを理解することが重要だ．

- id_vars は，変形せず保持するカラム名のリスト
- value_vars は，1つのカラムに変形するカラム名のリスト
- id_vars は，「識別変数」の略で，同じカラムにとどまり，value_vars に渡されたカラムごとに繰り返す．melt で重要なのは，インデックスの値を無視すること．実際，インデックスの値を黙って削除し，デフォルトでは RangeIndex で置き換える．つまり，**保持したい**インデックスの値があるなら，melt を使う前に，まずインデックスをリセットする必要がある．

水平方向のカラム名を鉛直方向のカラム値に変形することを，通常，**melting**, **stacking**, **unpivoting** などと呼ぶ．

補足

melt メソッドのパラメータはすべてオプションで，すべての値を1つのカラムに，カラムラベルを別のカラムにするだけなら，melt をパラメータなしのデフォルトで呼べばよい．

```
>>> state_fruit2.melt()
```

	variable	value
0	State	Texas
1	State	Arizona
2	State	Florida
3	Apple	12
4	Apple	9
5	Apple	0
6	Orange	10
7	Orange	7
8	Orange	14
9	Banana	40
10	Banana	12
11	Banana	190

実際には，meltingが必要な変数が多数で，識別変数だけを指定したい場合が多い．この場合，下のようにmeltを呼び出せば手順2と同じになる．1カラムのmeltingにはリストは不要で文字列を渡せばよい．

```
>>> state_fruit2.melt(id_vars='State')
```

参照

- melt メソッドの pandas 公式文書 (http://bit.ly/2vcuZNJ)
- melt などの関数をメソッドにすることに関する pandas 開発者の議論 (http://bit.ly/2iqIQhI)

レシピ67 複数の変数グループを同時にスタック

データセットによっては，カラム名として複数の変数グループを同時にスタックしてカラムとしてまとめる必要がある．movie データセットが例として役立つ．俳優の名前とその Facebook の「いいね！」を含む全カラムを選ぶところから始める．

```
>>> movie = pd.read_csv('data/movie.csv')
>>> actor = movie[['movie_title', 'actor_1_name',
                   'actor_2_name', 'actor_3_name',
                   'actor_1_facebook_likes',
                   'actor_2_facebook_likes',
                   'actor_3_facebook_likes']]
>>> actor.head()
```

	movie_title	actor_1_name	actor_2_name	actor_3_name	actor_1_facebook_likes	actor_2_facebook_likes	actor_3_facebook_likes
0	Avatar	CCH Pounder	Joel David Moore	Wes Studi	1000.0	936.0	855.0
1	Pirates of the Caribbean: At World's End	Johnny Depp	Orlando Bloom	Jack Davenport	40000.0	5000.0	1000.0
2	Spectre	Christoph Waltz	Rory Kinnear	Stephanie Sigman	11000.0	393.0	161.0
3	The Dark Knight Rises	Tom Hardy	Christian Bale	Joseph Gordon-Levitt	27000.0	23000.0	23000.0
4	Star Wars: Episode VII - The Force Awakens	Doug Walker	Rob Walker	NaN	131.0	12.0	NaN

変数を，映画の題名，俳優名，Facebookの「いいね！」個数と定義すれば，2つのカラム集合を独立にスタックする必要がある．これはstackやmeltを1回呼び出すのでは達成できない．

内容

このレシピでは，actor DataFrameの整然化をwide_to_long関数を使い，俳優名とFacebookの「いいね！」を同時にスタックして行う．

手順

1) 多才なwide_to_long関数を使ってデータを整然化するのだが，この関数を使う場合，スタックするカラム名を数字で終わるように変更する必要がある．まず，カラム名を変更する関数を作る．

```
>>> def change_col_name(col_name):
        col_name = col_name.replace('_name', '')
        if 'facebook' in col_name:
            fb_idx = col_name.find('facebook')
            col_name = col_name[:5] + col_name[fb_idx - 1:] \
                                    + col_name[5:fb_idx-1]
        return col_name
```

2) この関数を rename メソッドに渡して全カラム名を変換する．

```
>>> actor2 = actor.rename(columns=change_col_name)
>>> actor2.head()
```

	movie_title	actor_1	actor_2	actor_3	actor_facebook_likes_1	actor_facebook_likes_2	actor_facebook_likes_3
0	Avatar	CCH Pounder	Joel David Moore	Wes Studi	1000.0	936.0	855.0
1	Pirates of the Caribbean: At World's End	Johnny Depp	Orlando Bloom	Jack Davenport	40000.0	5000.0	1000.0
2	Spectre	Christoph Waltz	Rory Kinnear	Stephanie Sigman	11000.0	393.0	161.0
3	The Dark Knight Rises	Tom Hardy	Christian Bale	Joseph Gordon-Levitt	27000.0	23000.0	23000.0
4	Star Wars: Episode VII - The Force Awakens	Doug Walker	Rob Walker	NaN	131.0	12.0	NaN

3) wide_to_long関数を使って，俳優名とFacebookのカラム集合を同時にスタックする．

```
>>> stubs = ['actor', 'actor_facebook_likes']
>>> actor2_tidy = pd.wide_to_long(actor2,
                                  stubnames=stubs,
```

```
                                    i=['movie_title'],
                                    j='actor_num',
                                    sep='_')
>>> actor2_tidy.head()
```

	movie_title	actor_num	actor	actor_facebook_likes
0	Avatar	1	CCH Pounder	1000.0
1	Pirates of the Caribbean: At World's End	1	Johnny Depp	40000.0
2	Spectre	1	Christoph Waltz	11000.0
3	The Dark Knight Rises	1	Tom Hardy	27000.0
4	Star Wars: Episode VII - The Force Awakens	1	Doug Walker	131.0

解説

　wide_to_long 関数の動作はかなり具体的だ．主パラメータは，文字列のリストの stubnames だ．文字列は，カラムのグループ 1 つを表す．この文字列で始まる名前のカラムすべてが 1 カラムにスタックされる．このレシピでは，actor と actor_facebook_likes という 2 つのカラムグループがある．デフォルトで，グループのカラム名は数字で終わる必要がある．変形後のデータのラベルにこの数字が用いられる．このデータセットでは，下線で stubnames の文字列と数字がつながっている．sep パラメータがこの事実を使う．

　元のカラム名は，wide_to_long に必要なパターンになっていない．カラム名を手作業で変えることもできるが，それでは入力作業が大変になる．カラム名を適切な形式に自動変更する関数を定義する．change_col_name 関数は，俳優のカラム名から _name を削除し，Facebook のカラム名も変えて，ともに数字で終わるようにする．

　カラム名の変更を実際に行うのは，手順 2 の rename メソッド．様々な引数が渡せるが，関数もその一種だ．カラム名すべてに関数が暗黙に渡される．

　こうして 2 つのカラムグループが正しく作られ，actor と actor_facebook_likes で始まるカラムがスタックされる．なお，wide_to_long はこの他に，スタックされない識別変数として働くカラムをパラメータ i で指定する必要がある．また，パラメータ j は，元のカラム名から取り外す識別数字のカラム名を指定するのに必要だ．suffix パラメータは，デフォルトで，**正規表現 \d+** となっており，数字の列を探す．\d は，数字 0-9 に合致する特別なトークン．+記号は，複数の数字と合致するためだ．

 str メソッドの強力な使い手になるには，テキスト内の特定パターンを見つける文字列である正規表現をよく知っている必要がある．正規表現は，特別な意味と働きの**メタ文字**と文字通りの**リテラル文字**とからなる．正規表現を学ぶには，簡単なチュートリアル (http://bit.ly/2wiWPbz) が役立つ．

補足

　wide_to_long 関数は，このレシピのようにグループの変数すべてが同じ数字形式で終わる

場合にきちんと働く．変数が同じ終わり方でないか数字で終わらない場合でも，カラムの同時スタックはできる．例えば，次のデータセットを考える．
```
>>> df = pd.read_csv('data/stackme.csv')
>>> df
```

	State	Country	a1	b2	Test	d	e
0	TX	US	0.45	0.3	Test1	2	6
1	MA	US	0.03	1.2	Test2	9	7
2	ON	CAN	0.70	4.2	Test3	4	2

カラム a1 と b2, d と e とを一緒にスタックしたいとする．さらに，a1 と b2 を行のラベルにする．この作業をするには，カラムの名前を望んでいるラベルで終わるように変える必要がある．

```
>>> df2 = df.rename(columns = {'a1':'group1_a1', 'b2':'group1_b2',
                               'd':'group2_a1', 'e':'group2_b2'})
>>> df2
```

	State	Country	group1_a1	group1_b2	Test	group2_a1	group2_b2
0	TX	US	0.45	0.3	Test1	2	6
1	MA	US	0.03	1.2	Test2	9	7
2	ON	CAN	0.70	4.2	Test3	4	2

それから通常はデフォルトで数字を選ぶ正規表現の suffix パラメータを変える必要がある．この場合は，文字なら何でもよいようにする．

```
>>> pd.wide_to_long(df2,
                    stubnames=['group1', 'group2'],
                    i=['State', 'Country', 'Test'],
                    j='Label',
                    suffix='.+',
                    sep='_')
```

State	Country	Test	Label	group1	group2
TX	US	Test1	a1	0.45	2
			b2	0.30	6
MA	US	Test2	a1	0.03	9
			b2	1.20	7
ON	CAN	Test3	a1	0.70	4
			b2	4.20	2

参照

- wide_to_long の pandas 公式文書 (http://bit.ly/2xb8NVP)

- 正規表現については，2章レシピ12 カラムをメソッドで選択の参照にある

レシピ68 スタックしたデータを元に戻す

　DataFrame には水平カラム名を鉛直カラム値に変換する stack と melt という似たようなメソッドがある．DataFrame には，これらのメソッドの逆演算が可能な unstack と pivot というメソッドもある．stack/unstack はカラム / 行インデックスだけを扱う単純なメソッドで，melt/pivot はどのカラムを扱うか選択でき柔軟性が高い．

内容》》

　このレシピでは，データセットを stack/melt して，すぐに unstack/pivot で逆演算を施し元の形に戻す．

手順》》

1) college データセットを校名をインデックスに読み込み，学部学生の人種のカラムだけにする．

```
>>> usecol_func = lambda x: 'UGDS_' in x or x == 'INSTNM'
>>> college = pd.read_csv('data/college.csv',
                         index_col='INSTNM',
                         usecols=usecol_func)
>>> college.head()
```

INSTNM	UGDS_WHITE	UGDS_BLACK	UGDS_HISP	UGDS_ASIAN	UGDS_AIAN	UGDS_NHPI	UGDS_2MOR	UGDS_NRA	UGDS_UNKN
Alabama A & M University	0.0333	0.9353	0.0055	0.0019	0.0024	0.0019	0.0000	0.0059	0.0138
University of Alabama at Birmingham	0.5922	0.2600	0.0283	0.0518	0.0022	0.0007	0.0368	0.0179	0.0100
Amridge University	0.2990	0.4192	0.0069	0.0034	0.0000	0.0000	0.0000	0.0000	0.2715
University of Alabama in Huntsville	0.6988	0.1255	0.0382	0.0376	0.0143	0.0002	0.0172	0.0332	0.0350
Alabama State University	0.0158	0.9208	0.0121	0.0019	0.0010	0.0006	0.0098	0.0243	0.0137

2) stack メソッドを使って水平カラム名を鉛直インデックスラベルに変換する．

```
>>> college_stacked = college.stack()
>>> college_stacked.head(18)
INSTNM
Alabama A &amp; M University        UGDS_WHITE   0.0333
                                    UGDS_BLACK   0.9353
                                    UGDS_HISP    0.0055
                                    UGDS_ASIAN   0.0019
                                    UGDS_AIAN    0.0024
                                    UGDS_NHPI    0.0019
                                    UGDS_2MOR    0.0000
```

```
                                    UGDS_NRA    0.0059
                                    UGDS_UNKN   0.0138
University of Alabama at Birmingham  UGDS_WHITE  0.5922
                                    UGDS_BLACK  0.2600
                                    UGDS_HISP   0.0283
                                    UGDS_ASIAN  0.0518
                                    UGDS_AIAN   0.0022
                                    UGDS_NHPI   0.0007
                                    UGDS_2MOR   0.0368
                                    UGDS_NRA    0.0179
                                    UGDS_UNKN   0.0100
dtype: float64
```

3) Series の unstack メソッドでこのスタックデータを元の形に戻す．

```
>>> college_stacked.unstack()
```

4) 同様の操作が，melt の後に pivot を使ってできる．最初に，校名をインデックスにしないでデータを読み込む．

```
>>> college2 = pd.read_csv('data/college.csv',usecols=usecol_func)
>>> college2.head()
```

	INSTNM	UGDS_WHITE	UGDS_BLACK	UGDS_HISP	UGDS_ASIAN	UGDS_AIAN	UGDS_NHPI	UGDS_2MOR	UGDS_NRA	UGDS_UNKN
0	Alabama A & M University	0.0333	0.9353	0.0055	0.0019	0.0024	0.0019	0.0000	0.0059	0.0138
1	University of Alabama at Birmingham	0.5922	0.2600	0.0283	0.0518	0.0022	0.0007	0.0368	0.0179	0.0100
2	Amridge University	0.2990	0.4192	0.0069	0.0034	0.0000	0.0000	0.0000	0.0000	0.2715
3	University of Alabama in Huntsville	0.6988	0.1255	0.0382	0.0376	0.0143	0.0002	0.0172	0.0332	0.0350
4	Alabama State University	0.0158	0.9208	0.0121	0.0019	0.0010	0.0006	0.0098	0.0243	0.0137

5) melt メソッドを使って人種の全カラムを1つのカラムにする．

```
>>> college_melted = college2.melt(id_vars='INSTNM',
                                   var_name='Race',
                                   value_name='Percentage')
>>> college_melted.head()
```

	INSTNM	Race	Percentage
0	Alabama A & M University	UGDS_WHITE	0.0333
1	University of Alabama at Birmingham	UGDS_WHITE	0.5922
2	Amridge University	UGDS_WHITE	0.2990
3	University of Alabama in Huntsville	UGDS_WHITE	0.6988
4	Alabama State University	UGDS_WHITE	0.0158

6) pivot メソッドを使ってこの結果を元に戻す．

```
>>> melted_inv = college_melted.pivot(index='INSTNM',
                                      columns='Race',
```

```
                                            values='Percentage')
>>> melted_inv.head()
```

Race INSTNM	UGDS_2MOR	UGDS_AIAN	UGDS_ASIAN	UGDS_BLACK	UGDS_HISP	UGDS_NHPI	UGDS_NRA	UGDS_UNKN	UGDS_WHITE
A & W Healthcare Educators	0.0000	0.0	0.0000	0.9750	0.0250	0.0	0.0000	0.0000	0.0000
A T Still University of Health Sciences	NaN	NaN	NaN	NaN	NaN	NaN	NaN	NaN	NaN
ABC Beauty Academy	0.0000	0.0	0.9333	0.0333	0.0333	0.0	0.0000	0.0000	0.0000
ABC Beauty College Inc	0.0000	0.0	0.0000	0.6579	0.0526	0.0	0.0000	0.0000	0.2895
AI Miami International University of Art and Design	0.0018	0.0	0.0018	0.0198	0.4773	0.0	0.0025	0.4644	0.0924

7) 校名がインデックスになっていて順序が元のとは異なることに注意．カラム名も元のとは順序が違う．手順4の元のDataFrameを復元するには，.locインデクサを使って行とカラムを同時に選んでインデックスをリセットする．

```
>>> college2_replication = melted_inv.loc[college2['INSTNM'],
                                           college2.columns[1:]]\
                                     .reset_index()
>>> college2.equals(college2_replication)
True
```

　手順1と同じ結果を得るには複数の方法がある．read_csv関数の豊富な機能が分かる．usecolsパラメータはインポートしたいカラムのリストか，それを動的に決める関数を取る．カラム名にUGDS_を含むかINSTNMに等しいかチェックする無名関数をここでは使う．関数にはカラム名が渡され，Booleanを返さねばならない．この方式で大量のメモリを節約できる．

　手順2のstackメソッドは，全カラム名を一番奥のインデックスレベルにしたSeriesを返す．手順3でunstackメソッドが最奥インデックスレベルの値をカラム名に戻す．

> 手順3の結果は手順1のと全く同じではない．全部欠損値の行があるが，デフォルトでstackメソッドは，手順2でこれらを削除する．欠損値を保持して正確に復元するには，stackメソッドでdropna=Falseを使う．

　手順4は手順1同様データセットを読み込むが，meltメソッドがアクセスできないので校名をインデックスにしない．手順5はmeltメソッドで全人種カラムを転置する．value_varsパラメータはデフォルトのNoneのまま．指定がないと，id_varsパラメータにない全カラムが転置される．

　手順6は，3パラメータを取るpivotメソッドで手順5の結果を元に戻す．各パラメータは文字列でカラムを取る．indexパラメータのカラムは鉛直に残り，インデックスになる．columnsパラメータのカラム値はカラム名になる．valuesパラメータの値は，元のインデックスとカラムラベルの交点にタイルされる．

pivot で正確に復元するには，行とカラムを元の順序にソートする必要がある．校名がインデックスなので，.loc インデクサを使い DataFrame を元のインデックスに戻す．

補足

stack/unstack をもっと理解するため college データセットを**転置**してみよう．

⚠ この文脈では，転置行列の数学的定義を使う．行は元のデータ行列のカラムになる．

手順 2 の出力を調べると 2 つのインデックスレベルに気付く．デフォルトで unstack メソッドは一番下のインデックスレベルを新たなカラム値に使う．インデックスレベルは外側からゼロで始まる番号が振られる．pandas はデフォルトで unstack メソッドの level パラメータを −1 にするので，一番下のレベルを参照する．level=0 とすれば一番外のカラムを unstack できる．

```
>>> college.stack().unstack(0)
```

INSTNM	Alabama A & M University	University of Alabama at Birmingham	Amridge University	University of Alabama in Huntsville	Alabama State University	The University of Alabama	Central Alabama Community College	Athens State University	Auburn University at Montgomery	Auburn University	...
UGDS_WHITE	0.0333	0.5922	0.2990	0.6988	0.0158	0.7825	0.7255	0.7823	0.5328	0.8507	...
UGDS_BLACK	0.9353	0.2600	0.4192	0.1255	0.9208	0.1119	0.2613	0.1200	0.3376	0.0704	...
UGDS_HISP	0.0055	0.0283	0.0069	0.0382	0.0121	0.0348	0.0044	0.0191	0.0074	0.0248	...
UGDS_ASIAN	0.0019	0.0518	0.0034	0.0376	0.0019	0.0106	0.0025	0.0053	0.0221	0.0227	...
UGDS_AIAN	0.0024	0.0022	0.0000	0.0143	0.0010	0.0038	0.0044	0.0157	0.0044	0.0074	...
UGDS_NHPI	0.0019	0.0007	0.0000	0.0002	0.0006	0.0009	0.0000	0.0010	0.0016	0.0000	...
UGDS_2MOR	0.0000	0.0368	0.0000	0.0172	0.0098	0.0261	0.0000	0.0174	0.0297	0.0000	...
UGDS_NRA	0.0059	0.0179	0.0000	0.0332	0.0243	0.0268	0.0000	0.0057	0.0397	0.0100	...
UGDS_UNKN	0.0138	0.0100	0.2715	0.0350	0.0137	0.0026	0.0019	0.0334	0.0246	0.0140	...

実際には，stack/unstack を使わなくても DataFrame は簡単に転置できる．transpose メソッドか T 属性を次のように使うとよい．

```
>>> college.T
>>> college.transpose()
```

参照

- 4 章レシピ 28 **DataFrame の行とカラムの同時選択**
- unstack (http://bit.ly/2xIyFvr) と pivot (http://bit.ly/2f3qAWP) の pandas 公式文書

レシピ69 groupby 集約の後で unstack

1 つのカラムでグループ分けして，1 つのカラムで集約すると，扱いやすい単純で素直な結果が得られる．複数のカラムでグループ分けすると，結果の集約の構造が扱いにくい．groupby 演算はデフォルトでグループ分けカラムをインデックスにするので，データを再配置して解釈にもっと役立つようにするため unstack メソッドを使う．

内容 >>

このレシピでは，employee データセットを使うが，複数カラムをグループ分けして集約する．それから unstack メソッドを使い，グループ間の比較が簡単になる形式に変える．

手順 >>

1) employee データセットを読み込み，人種ごとに給与の平均を計算する．

```
>>> employee = pd.read_csv('data/employee.csv')
>>> employee.groupby('RACE')['BASE_SALARY'].mean().astype(int)
RACE
American Indian or Alaskan Native    60272
Asian/Pacific Islander               61660
Black or African American            50137
Hispanic/Latino                      52345
Others                               51278
White                                64419
Name: BASE_SALARY, dtype: int64
```

2) これは非常に簡単な groupby 演算で，結果は読みやすく形を変える必要のない Series だ．全人種の平均給与を性別に求める．

```
>>> agg = employee.groupby(['RACE', 'GENDER'])['BASE_SALARY'] \
            .mean().astype(int)
>>> agg
RACE                               GENDER
American Indian or Alaskan Native  Female    60238
                                   Male      60305
Asian/Pacific Islander             Female    63226
                                   Male      61033
Black or African American          Female    48915
                                   Male      51082
Hispanic/Latino                    Female    46503
                                   Male      54782
Others                             Female    63785
                                   Male      38771
White                              Female    66793
                                   Male      63940
Name: BASE_SALARY, dtype: int64
```

3) この集約は複雑で，形を変えると比較が楽になる．例えば，人種ごとの男性と女性との給与比較は，今の上下方向よりも，左右で比較する方が簡単だ．性別のインデックスレベルを unstack する．

```
>>> agg.unstack('GENDER')
```

GENDER	Female	Male
RACE		
American Indian or Alaskan Native	60238	60305
Asian/Pacific Islander	63226	61033
Black or African American	48915	51082
Hispanic/Latino	46503	54782
Others	63785	38771
White	66793	63940

4) 同様に，人種のインデックスレベルを unstack する．

```
>>> agg.unstack('RACE')
```

RACE	American Indian or Alaskan Native	Asian/Pacific Islander	Black or African American	Hispanic/Latino	Others	White
GENDER						
Female	60238	63226	48915	46503	63785	66793
Male	60305	61033	51082	54782	38771	63940

解説

手順1は，1つのグループカラム(RACE)，1つの集約カラム(BASE_SALARY)，1つの集約関数(mean)という最も簡単な集約だ．結果は読みやすく，これ以上の処理は必要ない．手順2は人種と性の両方でグループ分けするので複雑度が上がる．結果のMultiIndex Seriesは，すべての値を1次元で含むため，比較が難しい．理解しやすくするために，unstackメソッドを使い，インデックスレベルの値をカラムに変える．

unstackはデフォルトで，最奥インデックスレベルをカラムにする．levelパラメータにレベル名の文字列かレベルの整数位置を渡せば，unstackするレベルを指定できる．曖昧さをなくすには，整数位置よりラベル名の方が好ましい．手順3と4で，各レベルを unstack し，インデックスが1レベルのDataFrameにする．人種ごとの性別給与が比較しやすくなった．

補足

グループカラム，集約カラムが複数個なら，結果は Series ではなく DataFrame になる．例えば，手順2のような平均だけではなく，他にも集約計算すると，次のようになる．

```
>>> agg2 = employee.groupby(['RACE', 'GENDER'])['BASE_SALARY'] \
               .agg(['mean', 'max', 'min']).astype(int)
>>> agg2
```

		mean	max	min
RACE	GENDER			
American Indian or Alaskan Native	Female	60238	98536	26125
	Male	60305	81239	26125
Asian/Pacific Islander	Female	63226	130416	26125
	Male	61033	163228	27914
Black or African American	Female	48915	150416	24960
	Male	51082	275000	26125
Hispanic/Latino	Female	46503	126115	26125
	Male	54782	165216	26104
Others	Female	63785	63785	63785
	Male	38771	38771	38771
White	Female	66793	178331	27955
	Male	63940	210588	26125

Gender カラムを unstack すると MultiIndex のカラムになる．この後は，望ましい形式が得られるまで unstack メソッドと stack メソッドを両方使って行とカラムのレベルを入れ替えていく．

```
>>> agg2.unstack('GENDER')
```

	mean		max		min	
GENDER	Female	Male	Female	Male	Female	Male
RACE						
American Indian or Alaskan Native	60238	60305	98536	81239	26125	26125
Asian/Pacific Islander	63226	61033	130416	163228	26125	27914
Black or African American	48915	51082	150416	275000	24960	26125
Hispanic/Latino	46503	54782	126115	165216	26125	26104
Others	63785	38771	63785	38771	63785	38771
White	66793	63940	178331	210588	27955	26125

- 7章レシピ 54 複数のカラムと関数のグループ分けと集約

レシピ 70　groupby 集約で pivot_table の代用

　一見したところ，pivot_table メソッドのデータ分析は特別だ．ところが，ちょっと工夫すれば，groupby 集約で全く同じことができる．これが分かれば，pandas の機能の宇宙が扱いやすくなる．

内容

このレシピでは，flights データセットを使い，ピボット表を作り，同じことを groupby 演算を使って行う．

手順

1) flights データセットを読み込み，pivot_table メソッドを使い，航空会社と出発飛行場ごとにキャンセル便の総数を求める．

```
>>> flights = pd.read_csv('data/flights.csv')
>>> fp = flights.pivot_table(index='AIRLINE',
                             columns='ORG_AIR',
                             values='CANCELLED',
                             aggfunc='sum',
                             fill_value=0).round(2)
>>> fp.head()
```

ORG_AIR	ATL	DEN	DFW	IAH	LAS	LAX	MSP	ORD	PHX	SFO
AIRLINE										
AA	3	4	86	3	3	11	3	35	4	2
AS	0	0	0	0	0	0	0	0	0	0
B6	0	0	0	0	0	0	0	0	0	1
DL	28	1	0	0	1	1	4	0	1	2
EV	18	6	27	36	0	0	6	53	0	0

2) groupby 集約は，直接この表を作れるわけではない．パラメータ index と columns の全カラムでまずグループ分けするのがコツだ．

```
>>> fg = flights.groupby(['AIRLINE', 'ORG_AIR'])['CANCELLED'].sum()
>>> fg.head()
AIRLINE  ORG_AIR
AA       ATL         3
         DEN         4
         DFW        86
         IAH         3
         LAS         3
Name: CANCELLED, dtype: int64
```

3) unstack メソッドを使い，ORG_AIR のインデックスレベルをカラム名に転置する．

```
>>> fg_unstack = fg.unstack('ORG_AIR', fill_value=0)
>>> fp.equals(fg_unstack)
True
```

解説

pivot_table メソッドは機能が豊富で柔軟だが，手順1の簡単な例が示すような

groupby 集約と同様のことができる．index パラメータは転置しないカラムを取り，値をインデックスにする．columns パラメータは転置するカラムを取り，その値をカラム名にする．values パラメータは集約されるカラムも取る．

values パラメータのカラムがどう集約されるかを決める集約関数のための aggfunc パラメータもある．デフォルトは mean だが，この例では和を取る sum に置き換えている．さらに，AIRLINE と ORG_AIR には存在しない組み合わせがあり，この欠損組み合わせは，結果の DataFrame でデフォルトでは欠損値になる．この場合は fill_value で欠損値ではなくゼロにする．

手順 2 では，パラメータ index と columns の全カラムをグループ分けカラムとして使う．これがレシピのカギだ．ピボット表は，全グループカラムのあらゆる組み合わせの共通部分だ．手順 3 では，最内インデックスレベルのインデックスをカラム名に unstack メソッドを使い転置して，作業を終える．pivot_table 同様，AIRLINE と ORG_AIR の全組み合わせがあるわけではないので，fill_value パラメータで欠損したところをゼロにする．

補足

もっと複雑なピボット表も groupby 集約で作成可能だ．例えば，次のような結果が pivot_table で得られる．

```
>>> flights.pivot_table(index=['AIRLINE', 'MONTH'],
                        columns=['ORG_AIR', 'CANCELLED'],
                        values=['DEP_DELAY', 'DIST'],
                        aggfunc=[np.sum, np.mean],
                        fill_value=0)
```

		mean							...	sum							
		DEP_DELAY							...	DIST							
	ORG_AIR	ATL		DEN		DFW		IAH		LAS	...	LAX		MSP		ORD		PHX		SFO	
	CANCELLED	0	1	0	1	0	1	0	1	0	...	0	1	0	1	0	1	0	1	0	1
AIRLINE	MONTH																				
AA	1	-3.250000	0	7.062500	0	11.977591	-3.0	9.750000	0	32.375000	...	135921	2475	7281	0	129334	0	21018	0	33483	
	2	-3.000000	0	5.461538	0	8.756579	0	1.000000	0	-3.055556	...	113483	5454	5040	0	120572	5398	17049	868	32110	
	3	-0.166667	0	7.666667	0	15.383784	0	10.900000	0	12.074074	...	131836	1744	14471	0	127072	802	25770	0	43580	
	4	0.071429	0	20.266667	0	10.501493	0	6.933333	0	27.241379	...	170285	0	4541	0	152154	4718	17727	0	51054	
	5	5.777778	0	23.466667	0	16.798780	0	3.055556	0	2.818182	...	167484	0	6298	0	110864	1999	11164	0	40233	

これを groupby 集約で作成するには，レシピに従って，パラメータ index と columns の全カラムを groupby メソッドに渡し，カラムを unstack する．

```
>>> flights.groupby(['AIRLINE', 'MONTH', 'ORG_AIR', 'CANCELLED']) \
           ['DEP_DELAY', 'DIST'] \
           .agg(['mean', 'sum']) \
           .unstack(['ORG_AIR', 'CANCELLED'], fill_value=0) \
           .swaplevel(0, 1, axis='columns')
```

相違点も少しある．pivot_table メソッドは，集約関数をリストで渡すときに，agg

groupbyメソッドと異なり文字列が許されない．代わりに，NumPy関数を使わねばならない．
カラムレベルの順序も異なる．pivot_tableはvaluesパラメータのカラムよりも集約関数
のレベルを先行させる．これは，この場合には上の2レベルを入れ替えるswaplevelメソッ
ドで等しくできる．

 本書執筆時点で複数カラムのunstackにバグがある．fill_valueパラメータが
無視される(http://bit.ly/2jCPnWZ)．このバグを回避するにはコードの終わり
に.fillna(0)をチェイニングする．

レシピ71 変形を容易にするレベル軸の名前変更

各軸(インデックス/カラム)レベルに名前があるなら，stack/unstackメソッド
で変形するのが容易になる．pandasでは，軸レベルを整数位置か名前で参照できる．
整数位置が暗黙で明示されていないため，可能な限りレベル名を使うべきだ．この助
言はPythonの指導原理であるZen of Python (http://bit.ly/2xE83uC)に従っており，
実際，第2項は「暗黙よりは明示する」だ．

内容

複数カラムのグループ分けや集約では，結果のpandasオブジェクトは軸の1つま
たは両方が複数レベルになる．このレシピでは，各軸の各レベルに名前を付けて，
stack/unstackメソッドを使い，データの形式を必要なように変える．

手順

1) collegeデータセットを読み込み，州立か宗教系かどうかというグループごとに
学部学生数とSAT数学点の要約統計量を求める．

```
>>> college = pd.read_csv('data/college.csv')
>>> cg = college.groupby(['STABBR', 'RELAFFIL'])['UGDS', 'SATMTMID'] \
                .agg(['size', 'min', 'max']).head(6)
```

		UGDS			SATMTMID		
		count	min	max	count	min	max
STABBR	RELAFFIL						
AK	0	7	109.0	12865.0	0	NaN	NaN
	1	3	27.0	275.0	1	503.0	503.0
AL	0	71	12.0	29851.0	13	420.0	590.0
	1	18	13.0	3033.0	8	400.0	560.0
AR	0	68	18.0	21405.0	9	427.0	565.0
	1	14	20.0	4485.0	7	495.0	600.0

2) 両方のインデックスレベルに，元のカラム名がついている．他方，カラムレベル
には名前がない．rename_axisメソッドを使ってレベル名を付ける．

```
>>> cg = cg.rename_axis(['AGG_COLS', 'AGG_FUNCS'], axis='columns')
```

```
>>> cg
```

		AGG_COLS	UGDS			SATMTMID		
		AGG_FUNCS	count	min	max	count	min	max
STABBR	RELAFFIL							
AK	0		7	109.0	12865.0	0	NaN	NaN
	1		3	27.0	275.0	1	503.0	503.0
AL	0		71	12.0	29851.0	13	420.0	590.0
	1		18	13.0	3033.0	8	400.0	560.0
AR	0		68	18.0	21405.0	9	427.0	565.0
	1		14	20.0	4485.0	7	495.0	600.0

3) どの軸レベルにも名前が付いたので，迅速に変形できる．stack メソッドを使い，AGG_FUNCS カラムをインデックスレベルに移す．

```
>>> cg.stack('AGG_FUNCS').head()
```

		AGG_COLS	UGDS	SATMTMID
STABBR	RELAFFIL	AGG_FUNCS		
AK	0	count	7.0	0.0
		min	109.0	NaN
		max	12865.0	NaN
	1	count	3.0	1.0
		min	27.0	503.0

4) デフォルトで，stack メソッドは新たなカラムのレベルを最も内側にする．swaplevel メソッドを使い，レベルを入れ替える．

```
>>> cg.stack('AGG_FUNCS').swaplevel('AGG_FUNCS', 'STABBR', axis='index').head()
```

		AGG_COLS	UGDS	SATMTMID
AGG_FUNCS	RELAFFIL	STABBR		
count	0	AK	7.0	0.0
min	0	AK	109.0	NaN
max	0	AK	12865.0	NaN
count	1	AK	3.0	1.0
min	1	AK	27.0	503.0

5) sort_index メソッドでも軸レベル名を使ってソートのレベルを決める．

```
>>> cg.stack('AGG_FUNCS') \
    .swaplevel('AGG_FUNCS', 'STABBR', axis='index') \
    .sort_index(level='RELAFFIL', axis='index') \
    .sort_index(level='AGG_COLS', axis='columns').head(6)
```

		AGG_COLS	SATMTMID	UGDS
AGG_FUNCS	RELAFFIL	STABBR		
count	0	AK	0.0	7.0
		AL	13.0	71.0
		AR	9.0	68.0
min	0	AK	NaN	109.0
		AL	420.0	12.0
		AR	427.0	18.0

6) データの変形を完了するには，他を unstack しながら stack する必要がある．2 メソッドをチェイニングして1コマンドにする．

```
>>> cg.stack('AGG_FUNCS').unstack(['RELAFFIL', 'STABBR'])
```

AGG_COLS	UGDS						SATMTMID					
RELAFFIL	0	1	0	1	0	1	0	1	0	1	0	1
STABBR	AK	AK	AL	AL	AR	AR	AK	AK	AL	AL	AR	AR
AGG_FUNCS												
count	7.0	3.0	71.0	18.0	68.0	14.0	0.0	1.0	13.0	8.0	9.0	7.0
min	109.0	27.0	12.0	13.0	18.0	20.0	NaN	503.0	420.0	400.0	427.0	495.0
max	12865.0	275.0	29851.0	3033.0	21405.0	4485.0	NaN	503.0	590.0	560.0	565.0	600.0

7) 全カラムを stack して Series に戻す．

```
>>> cg.stack(['AGG_FUNCS', 'AGG_COLS']).head(12)
STABBR  RELAFFIL  AGG_FUNCS  AGG_COLS
AK      0         count      UGDS          7.0
                             SATMTMID      0.0
                  min        UGDS        109.0
                  max        UGDS      12865.0
        1         count      UGDS          3.0
                             SATMTMID      1.0
                  min        UGDS         27.0
                             SATMTMID    503.0
                  max        UGDS        275.0
                             SATMTMID    503.0
AL      0         count      UGDS         71.0
                             SATMTMID     13.0
dtype: float64
```

解説

groupby 集約で両方の軸で複数レベルの DataFrame や Series ができることは多い．手順1の groupby 演算では両方の軸が複数レベルの DataFrame という結果だった．カ

ラムレベルには名前がなく，整数位置でしか参照できない．参照を容易にするため，rename_axis メソッドでカラムレベルに名前を付ける．

rename_axis メソッドは，渡される第1引数の型に応じて，レベルの名前と値を変えるという点ではちょっと変わっている．リスト(階層が1つだけならスカラー)を渡すと，名前が変わる．辞書や関数を渡すと，レベルの値が変わる．手順2では，rename_axis メソッドにリストを渡して DataFrame の全軸レベルに名前を付けた DataFrame を返す．

全軸レベルに名前が付いたら，データ構造の制御が明示的で易しくなる．手順3では，AGG_FUNCS カラムを最内のインデックスレベルに stack した．手順4の swaplevel メソッドは，2つの引数で渡されたレベルの名前または位置を使い入れ替える．指定したレベルの実際の値をソートするために，sort_index メソッドを2度呼び出す．カラムレベルの値が，カラム名 SATMTMID と UGDS であることに注意．

手順6に示すように，stack/unstack で出力が大幅に変わる．1階層カラムを全部スタックして Series にすることも可能だ．

補足

DataFrame の出力がすっきりしていない場合や，カラムレベルが表すものが自明でこれ以上の処理がない場合に，レベルの値をすべて削除するには None に設定すればよい．

```
>>> cg.rename_axis([None, None], axis='index') \
      .rename_axis([None, None], axis='columns')
```

		UGDS			SATMTMID		
		count	min	max	count	min	max
AK	0	7	109.0	12865.0	0	NaN	NaN
	1	3	27.0	275.0	1	503.0	503.0
AL	0	71	12.0	29851.0	13	420.0	590.0
	1	18	13.0	3033.0	8	400.0	560.0
AR	0	68	18.0	21405.0	9	427.0	565.0
	1	14	20.0	4485.0	7	495.0	600.0

レシピ72 複数の変数がカラム名になっている場合の整然化

カラム名に複数の異なる変数そのものがあるとデータが雑然とする．年齢と性別が連結した場合が，その典型的な例だ．整然化するには，文字列処理のメソッドを含む pandas の str アクセサでカラムを処理する必要がある．

内容

このレシピでは，まず，変数のいくつかが連結してカラム名になっていないか調べ

て見つける．データの形式を変更し，テキストをパースして正しい変数値を抽出する．

手順

1) 男性のweightliftingデータセットを読み込み，変数を調べる．

```
>>> weightlifting = pd.read_csv('data/weightlifting_men.csv')
>>> weightlifting
```

	Weight Category	M35 35-39	M40 40-44	M45 45-49	M50 50-54	M55 55-59	M60 60-64	M65 65-69	M70 70-74	M75 75-79	M80 80+
0	56	137	130	125	115	102	92	80	67	62	55
1	62	152	145	137	127	112	102	90	75	67	57
2	69	167	160	150	140	125	112	97	82	75	60
3	77	182	172	165	150	135	122	107	90	82	65
4	85	192	182	175	160	142	130	112	95	87	70
5	94	202	192	182	167	150	137	120	100	90	75
6	105	210	200	190	175	157	142	122	102	95	80
7	105+	217	207	197	182	165	150	127	107	100	85

2) 変数は，重量カテゴリ，性別/年齢のカテゴリ，総点数だ．性別と年齢の変数は，連結して1セルにしている．分割の前に，meltメソッドを使って性別と年齢のカラム名をまとめて，1つの鉛直カラムにする．

```
>>> wl_melt = weightlifting.melt(id_vars='Weight Category',
                                 var_name='sex_age',
                                 value_name='Qual Total')
>>> wl_melt.head()
```

	Weight Category	sex_age	Qual Total
0	56	M35 35-39	137
1	62	M35 35-39	152
2	69	M35 35-39	167
3	77	M35 35-39	182
4	85	M35 35-39	192

3) sex_ageカラムを選び，strアクセサのsplitメソッドでカラムを2つに分割する．

```
>>> sex_age = wl_melt['sex_age'].str.split(expand=True)
>>> sex_age.head()
```

	0	1
0	M35	35-39
1	M35	35-39
2	M35	35-39
3	M35	35-39
4	M35	35-39

4) 返されるのは意味のないカラム名の別の DataFrame だ．明示的にアクセスできるようにカラム名を変える．

```
>>> sex_age.columns = ['Sex', 'Age Group']
>>> sex_age.head()
```

	Sex	Age Group
0	M35	35-39
1	M35	35-39
2	M35	35-39
3	M35	35-39
4	M35	35-39

5) インデックス演算子を使った後に str アクセサで Sex カラムの先頭文字を選ぶ．

```
>>> sex_age['Sex'] = sex_age['Sex'].str[0]
>>> sex_age.head()}
```

	Sex	Age Group
0	M	35-39
1	M	35-39
2	M	35-39
3	M	35-39
4	M	35-39

6) wl_melt で連結した DataFrame に pd.concat 関数を使い，整然データセットを作る．

```
>>> wl_cat_total = wl_melt[['Weight Category', 'Qual Total']]
>>> wl_tidy = pd.concat([sex_age, wl_cat_total], axis='columns')
>>> wl_tidy.head()
```

	Sex	Age Group	Weight Category	Qual Total
0	M	35-39	56	137
1	M	35-39	62	152
2	M	35-39	69	167
3	M	35-39	77	182
4	M	35-39	85	192

7) 同じ結果が次のようにしてもできる．

```
>>> cols = ['Weight Category', 'Qual Total']
>>> sex_age[cols] = wl_melt[cols]
```

解説

　weightlifting データセットは，多くのデータセット同様，もともとの形式でも分かりやすい情報になっているが，技術的にはカラム名に性別と年齢が含まれて，整然としていない．問題の変数が判明すればデータセットを整然化する作業を始められる．カラム名に変数が含まれているなら，melt(または stack) メソッドが使える．変数 Weight Category は正しい位置にあるので，id_vars パラメータに渡して識別変数として保持して使う．value_vars に対象のカラムすべてを明示的に渡す必要はないことに注意．デフォルトでは，id_vars にない全カラムが melt の対象になる．

　sex_age カラムはパースして 2 変数に分割する必要がある．そのためには，Series (単一 DataFrame カラム) にだけ可能な str アクセサの特別な機能を使う．split メソッドは，この場合によく使われるメソッドで，文字列の中の部分ごとにカラムを作る．デフォルトでは，空白で分割するが，pat パラメータに文字列または正規表現を渡すこともできる．expand パラメータが True なら，分割文字セグメントごとに新たなカラムが作られる．False なら，全セグメントのリストを含む単一カラムが返される．

　手順 4 でカラムの名前変更後，str アクセサを再度使う必要がある．興味深いことに，インデックス演算子が，文字列の選択やスライシングに使える．このレシピでは，最初の文字を性別変数として選んだ．さらに，年齢についても 2 つの最小値と最大値と年齢コラムを分けることも可能だが，年齢のグループをこのようにするのは普通なので，このままにしておく．

　手順 6 は，全データをジョインしてまとめる 2 つの方法のうちの 1 つだ．concat 関数は，DataFrame の集まりに対して，鉛直方向 (axis='index') または水平方向 (axis='columns') に連結する．2 つの DataFrame が同じようなインデックスをもつので，1 つの DataFrame の値を手順 7 のように，別の DataFrame の新たなカラムにすることができる．

> **補足**
>
> このレシピを手順 2 から始めて完了させる別の方式として，split メソッドは使わず，sex_age カラムから直接新たなカラムを作る方法がある．動的に新たなカラムを追加するには，assign メソッドが使える．

```
>>> age_group = wl_melt.sex_age.str.extract('(\d{2}[-+](?:\d{2})?)',
                                             expand=False)
>>> sex = wl_melt.sex_age.str[0]
>>> new_cols = {'Sex':sex, 'Age Group': age_group}
>>> wl_tidy2 = wl_melt.assign(**new_cols) \
                      .drop('sex_age',axis='columns')
>>> wl_tidy2.sort_index(axis=1).equals(wl_tidy.sort_index(axis=1))
True
```

Sex カラムは手順 5 と同じようになる．split を使わないので，Age Group カラムは別途抽出しないといけない．extract メソッドは，複雑な正規表現を使って文字列から特定部分を抽出する．extract を正しく使うには，パターンにキャプチャグループを含める．キャプチャグループとは，パターンの一部を括弧で括ったものだ．この例の場合は，式全体が 1 つの大きなキャプチャグループになっている．きっちり 2 つの数字を探す \d{2} から始め，プラスかマイナス記号，次に 2 つの数字が続いても続かなくてもよい．式の最後，(?:\d{2})? には括弧があるが，?: が実はキャプチャグループでないことを示す．技術的には，2 つの数字がオプションだということを示す**非キャプチャグループ**というものだ．sex_age カラムはもう必要ないので削除される．2 つの整然 DataFrame が等しいかどうか比較して，等しいと確認する．

> **参照**
>
> - 非キャプチャグループについては，「正規表現について」というサイト (http://bit.ly/2f60KSd) を参照
> - 正規表現については，2 章**レシピ 12 カラムをメソッドで選択**の**参照**にある

レシピ 73 複数の変数がカラム値の場合の整然化

整然データセットでは変数ごとに 1 つのカラムがある．複数の変数名が 1 つのカラムになっていて，対応する値が別のカラムにあるということがたまにある．この種の非整然データの一般的な形式は次のようなものだ．

	attribute	value
0	variable_1	value_1
1	variable_2	value_2
2	variable_3	value_3
3	variable_1	value_1
4	variable_2	value_2
5	variable_3	value_3

この例では，上の3行と下の3行とが，2つの別の観察を表しており，本来ならカラムになっているべきだ．次のように変換する必要がある．

	variable_1	variable_2	variable_3
0	value_1	value_2	value_3
1	value_1	value_2	value_3

内容

このレシピでは，不適切な構造の変数を含むカラムを変換して整然データを作る．

手順

1) レストランの inspections データセットを読み込み，Date カラムのデータ型を datetime64 に変換する．

```
>>> inspections = pd.read_csv('data/restaurant_inspections.csv',
                              parse_dates=['Date'])
>>> inspections.head()
```

	Name	Date	Info	Value
0	E & E Grill House	2017-08-08	Borough	MANHATTAN
1	E & E Grill House	2017-08-08	Cuisine	American
2	E & E Grill House	2017-08-08	Description	Non-food contact surface improperly constructe...
3	E & E Grill House	2017-08-08	Grade	A
4	E & E Grill House	2017-08-08	Score	9.0
5	PIZZA WAGON	2017-04-12	Borough	BROOKLYN
6	PIZZA WAGON	2017-04-12	Cuisine	Pizza
7	PIZZA WAGON	2017-04-12	Description	Food contact surface not properly washed, rins...
8	PIZZA WAGON	2017-04-12	Grade	A
9	PIZZA WAGON	2017-04-12	Score	10.0

2) データセットには，正しくカラムになっている Name と Date がある．Info カラムには，Borough, Cuisine, Description, Grade, Score という5つの異なる変数がある．pivot メソッドを使い，Name と Date のカラムは鉛直方向で置いておき，

Infoカラムの5変数はすべて新たなカラムにして，Valueカラムをそれらの結果として使うことを試す．

```
>>> inspections.pivot(index=['Name', 'Date'],
                     columns='Info', values='Value')
NotImplementedError: > 1 ndim Categorical are not supported at this time
```

3) 残念ながら，pandasの開発者はまだこの機能を実装していなかった．将来は，上のコードで十分な可能性がある．幸い，たいていの場合，pandasには同じ作業を行うのに複数の方法が用意されている．Name, Date, Infoをインデックスにしよう．

```
>>> inspections.set_index(['Name','Date', 'Info']).head(10)
```

Name	Date	Info	Value
E & E Grill House	2017-08-08	Borough	MANHATTAN
		Cuisine	American
		Description	Non-food contact surface improperly constructe...
		Grade	A
		Score	9.0
PIZZA WAGON	2017-04-12	Borough	BROOKLYN
		Cuisine	Pizza
		Description	Food contact surface not properly washed, rins...
		Grade	A
		Score	10.0

4) unstackメソッドを使ってInfoカラムの全値をカラムに変換する．

```
>>> inspections.set_index(['Name','Date', 'Info']).unstack('Info').head()
```

		Value					
	Info	Borough	Cuisine	Description	Grade	Score
Name	Date						
3 STAR JUICE CENTER	2017-05-10	BROOKLYN	Juice, Smoothies, Fruit Salads	Facility not vermin proof. Harborage or condit...	A	12.0
A & L PIZZA RESTAURANT	2017-08-22	BROOKLYN	Pizza	Facility not vermin proof. Harborage or condit...	A	9.0
AKSARAY TURKISH CAFE AND RESTAURANT	2017-07-25	BROOKLYN	Turkish	Plumbing not properly installed or maintained;...	A	13.0
ANTOJITOS DELI FOOD	2017-06-01	BROOKLYN	Latin (Cuban, Dominican, Puerto Rican, South &...	Live roaches present in facility's food and/or...	A	10.0
BANGIA	2017-06-16	MANHATTAN	Korean	Covered garbage receptacle not provided or ina...	A	9.0

5) reset_indexメソッドでインデックスレベルをカラムにする．

```
>>> insp_tidy = inspections.set_index(['Name','Date', 'Info']) \
```

```
            .unstack('Info') \
            .reset_index(col_level=-1)
>>> insp_tidy.head()
```

			Value				
Info	Name	Date	Borough	Cuisine	Description	Grade	Score
0	3 STAR JUICE CENTER	2017-05-10	BROOKLYN	Juice, Smoothies, Fruit Salads	Facility not vermin proof. Harborage or condit...	A	12.0
1	A & L PIZZA RESTAURANT	2017-08-22	BROOKLYN	Pizza	Facility not vermin proof. Harborage or condit...	A	9.0
2	AKSARAY TURKISH CAFE AND RESTAURANT	2017-07-25	BROOKLYN	Turkish	Plumbing not properly installed or maintained;...	A	13.0
3	ANTOJITOS DELI FOOD	2017-06-01	BROOKLYN	Latin (Cuban, Dominican, Puerto Rican, South &...	Live roaches present in facility's food and/or...	A	10.0
4	BANGIA	2017-06-16	MANHATTAN	Korean	Covered garbage receptacle not provided or ina...	A	9.0

6) このデータセットは整然だが，pandas のゴミのようなところを取り除きたい．MultiIndex メソッド droplevel を使い，最上位カラムを削除して，インデックスレベルの名前を None でなくす．

```
>>> insp_tidy.columns = insp_tidy.columns.droplevel(0).rename(None)
>>> insp_tidy.head()
```

	Name	Date	Borough	Cuisine	Description	Grade	Score
0	3 STAR JUICE CENTER	2017-05-10	BROOKLYN	Juice, Smoothies, Fruit Salads	Facility not vermin proof. Harborage or condit...	A	12.0
1	A & L PIZZA RESTAURANT	2017-08-22	BROOKLYN	Pizza	Facility not vermin proof. Harborage or condit...	A	9.0
2	AKSARAY TURKISH CAFE AND RESTAURANT	2017-07-25	BROOKLYN	Turkish	Plumbing not properly installed or maintained;...	A	13.0
3	ANTOJITOS DELI FOOD	2017-06-01	BROOKLYN	Latin (Cuban, Dominican, Puerto Rican, South &...	Live roaches present in facility's food and/or...	A	10.0
4	BANGIA	2017-06-16	MANHATTAN	Korean	Covered garbage receptacle not provided or ina...	A	9.0

7) 手順 3 の MultiIndex カラム作成は，1 カラム DataFrame を squeeze メソッドで Series にしておけば避けられた．次のコードが前の手順と同じ結果を生む．

```
>>> inspections.set_index(['Name','Date', 'Info']) \
        .squeeze() \
        .unstack('Info') \
        .reset_index() \
        .rename_axis(None, axis='columns')
```

▶解説▶

手順 1 で Info カラムには 5 変数が鉛直に配置されており，その値が Values カラムにあることが分かる．これらの 5 変数を水平方向のカラム名に変換したいので，pivot メソッドでうまくいくのではと思った．残念ながら，pandas の開発者は，変換しないカラムが複数あるこの特殊な場合については実装していなかった．別のメソッドを使う必要がある．

unstack メソッドも鉛直データを変換するが，インデックスのデータしか扱わない．手順 3 は，変換するカラムも変換しないカラムも set_index メソッドでインデッ

クスにすることから始める．カラムがインデックスになったら，手順4でのように unstack メソッドが使える．

DataFrame を unstack するとき，pandas が元のカラム名(この場合は，単一カラム Value)を保持して，古いカラム名を上のレベルにした MultiIndex を作ることに注意．データセットは，整然化されてはいるが，この未変換カラムを reset_index メソッドで普通のカラムにしたい．MultiIndex カラムになっているので，col_level パラメータを使い，どのレベルをカラム名にするか指定できる．デフォルトでは最上位(レベル 0)が使われる．−1 を指定して，最内レベルを指定する．

これらすべてを行った後，DataFrame に余分な名前やインデックスがあるので削除する．残念ながら，DataFrame のメソッドには，レベルを削除するものがないので，インデックス階層を落とす必要があり，droplevel メソッドを使う．ここでは，MultiIndex カラムが単一レベルカラムに上書きされる．カラムには，役立たない名前属性 Info が付いているので，rename メソッドの None で削除する．

MultiIndex カラムのクリーニングは，手順3の結果の DataFrame を Series にしておけば避けられた．squeeze メソッドは，1 カラム DataFrame でだけ作用し，Series に変換する．

補足

実は，非変換カラムの個数に制約がない pivot_table メソッドが使える．pivot_table メソッドと pivot との違いは，index と columns パラメータのカラムの結果に対応するすべての値を集約するかどうかだ．この結果に複数の値が含まれるので，pivot_table ではユーザがそれを集約関数に渡して1つの値出力にする必要がある．集約関数に first を用いて，グループの先頭の値を使うことができる．この例の場合，結果ごとに1つ値があるので，集約するものがない．デフォルト集約関数は mean で，この場合には，値に文字列があるので，エラーになる．

```
>>> inspections.pivot_table(index=['Name', 'Date'], columns='Info',
                            values='Value', aggfunc='first') \
        .reset_index() \
        .rename_axis(None, axis='columns')
```

参照

- droplevel メソッド (http://bit.ly/2yo5BXf) と squeeze メソッド (http://bit.ly/2yo5TgN) の pandas 公式文書

レシピ74 複数の値が同じセルにある場合の整然化

表形式データは本質的に2次元なので，1つのセルに提示できる情報量に限りがある．これを回避しようとして，よく見かけるのが，セルの中に複数の値を格納したデータセットだ．整然データでは，セルには1つの値しか許さない．状況を正すには，通

常，Series の str アクセサのメソッドを使い，文字列データをパースして，複数カラムにする必要がある．

内容

このレシピでは，複数の異なる変数がセルに含まれているカラムのあるデータセットを調べる．str アクセサを使い，文字列をパースして別々のコラムにし，データを整然化する．

手順

1) テキサス州の cities データセットを読み込み，変数を識別する．

```
>>> cities = pd.read_csv('data/texas_cities.csv')
>>> cities
```

	City	Geolocation
0	Houston	29.7604° N, 95.3698° W
1	Dallas	32.7767° N, 96.7970° W
2	Austin	30.2672° N, 97.7431° W

2) City カラムは値1つだけを含み，よさそうだ．Geolocation カラムには，latitude, latitude direction, longitude, longitude direction という4つの値がある．Geolocation カラムを4つの別々のカラムに分離する．

```
>>> geolocations = cities.Geolocation.str.split(pat='. ',expand=True)
>>> geolocations.columns = ['latitude', 'latitude direction',
                            'longitude', 'longitude direction']
>>> geolocations
```

	latitude	latitude direction	longitude	longitude direction
0	29.7604	N	95.3698	W
1	32.7767	N	96.7970	W
2	30.2672	N	97.7431	W

3) 元の Geolocation のデータ型がオブジェクトだったので，新たなカラムもオブジェクト型になっている．latitude と longitude を float に変換する．

```
>>> geolocations = geolocations.astype({'latitude':'float',
                                        'longitude':'float'})
>>> geolocations.dtypes
latitude                float64
latitude direction      object
longitude               float64
longitude direction     object
dtype: object
```

4) この新たなカラムを元の City カラムに連結する．

```
>>> cities_tidy = pd.concat([cities['City'], geolocations], axis='columns')
>>> cities_tidy
```

	City	latitude	latitude direction	longitude	longitude direction
0	Houston	29.7604	N	95.3698	W
1	Dallas	32.7767	N	96.7970	W
2	Austin	30.2672	N	97.7431	W

解説

データ読み込み後，データセットにはいくつ変数があるか決める．この場合は，Geolocation カラムを4変数に分離することを選んだ．緯度と経度の2カラムだけを選び，東西と南北の違いを数の正負で表すこともできた．

Geolocation カラムを str アクセサのメソッドでパースするにも複数の方法がある．split メソッドを使うのが一番簡単．任意の文字（ピリオド）と空白という簡単な正規表現を渡す．何かの文字の次に空白がくると，分割して新たなカラムにする．最初が緯度の終わり．度記号の後の空白で分割．分離文字そのものは捨てられ，結果のカラムには残らない．次の分離は，カンマと空白で，緯度の方向の後だ．

分離は全部で3つで，カラムが4つになる．手順2の2行目はこれらに分かりやすい名前を付ける．latitude と longitude カラムは浮動小数点数型に見えるが，違う．元はオブジェクトのカラムからパースされたので，オブジェクトデータ型のまま．手順3では辞書を使いカラムを型変換する．

カラムが多いと入力が大変になる辞書を使う代わりに，to_numeric 関数を使って整数か浮動小数点数型か変換を試すこともできる．この関数を各カラムにイテレーションするには，apply メソッドを次のように使う．

```
>>> geolocations.apply(pd.to_numeric, errors='ignore')
```

手順4は，新たな DataFrame の前に City カラムを連結して，整然化データを作る作業を終える．

補足

この例では簡単な正規表現で split メソッドが非常にうまくいく．他の場合は，いくつか異なるパターンで split メソッドを適用する必要が生じる．複数の正規表現で探すにはパイプ文字(|)を使う．例えば，度記号とカンマの後に空白だけで分けたいなら，次のようにする．

```
>>> cities.Geolocation.str.split(pat='° |, ', expand=True)
```

これで手順2と同じ DataFrame が返る．パイプ文字でいくつでも追加の分離パターンを追加できる．

セル内で特定のグループを抽出する別の優れた方法は extract メソッドだ．キャプチャグループを括弧で括らないといけない．括弧の外でマッチングしたものは結果に含まれない．

次の行は手順2と同じ出力になる．

```
>>> cities.Geolocation.str.extract('([0-9.]+). (N|S), ([0-9.]+). (E|W)',
                                    expand=True)
```

この正規表現にはキャプチャグループが4つある．第1と第3は，小数点のある数字列を探す．第2と第4は1文字(方向)を探す．第1と第3は，文字の後に空白で分離される．第2はカンマと空白で分離される．

レシピ75　変数がカラム名とカラム値になっている場合の整然化

非整然データの診断で難しいのは，変数が水平方向にはカラム名，鉛直方向にはカラム値で格納されている場合だ．データベースではなくすでに誰かが作ったレポートの要約からのデータセットにはよく出てくる．

内容

このレシピでは，変数を鉛直方向と水平方向に調べ，melt と pivot_table メソッドで整然データに変換する．

手順

1) sensors データセットを読み込み，変数を見つける．

```
>>> sensors = pd.read_csv('data/sensors.csv')
>>> sensors
```

	Group	Property	2012	2013	2014	2015	2016
0	A	Pressure	928	873	814	973	870
1	A	Temperature	1026	1038	1009	1036	1042
2	A	Flow	819	806	861	882	856
3	B	Pressure	817	877	914	806	942
4	B	Temperature	1008	1041	1009	1002	1013
5	B	Flow	887	899	837	824	873

2) 鉛直カラムで正しいのは Group だけ．Property カラムには3変数 Pressure, Temperature, Flow がある．残りのカラム 2012 から 2016 は，単一の値で Year というカラム名にできる．この種の非整然データは，単一 DataFrame メソッドでは構造を変えられない．melt メソッドで年をカラムに変換することから始める．

```
>>> sensors.melt(id_vars=['Group', 'Property'], var_name='Year').head(6)
```

	Group	Property	Year	value
0	A	Pressure	2012	928
1	A	Temperature	2012	1026
2	A	Flow	2012	819
3	B	Pressure	2012	817
4	B	Temperature	2012	1008
5	B	Flow	2012	887

3) これで問題が片付く．pivot_table メソッドを使い，Property カラムを新たなカラム名に変換する．

```
>>> sensors.melt(id_vars=['Group', 'Property'], var_name='Year') \
        .pivot_table(index=['Group', 'Year'],
                     columns='Property', values='value') \
        .reset_index() \
        .rename_axis(None, axis='columns')
```

	Group	Year	Flow	Pressure	Temperature
0	A	2012	819	928	1026
1	A	2013	806	873	1038
2	A	2014	861	814	1009
3	A	2015	882	973	1036
4	A	2016	856	870	1042
5	B	2012	887	817	1008
6	B	2013	899	877	1041
7	B	2014	837	914	1009
8	B	2015	824	806	1002
9	B	2016	873	942	1013

解説

手順1で変数が分かれば，再構成を開始できる．pandas には複数カラムを同時に変換するメソッドがないので，順々に片付ける．melt メソッドの id_vars パラメータに Property カラムを渡して，そのままにして，年カラムを変換する．

結果は，以前の**レシピ73 複数の変数がカラム値の場合の整然化**で行ったパターン．その「補足」で説明したように，複数カラムを対象に DataFrame を扱うには，pivot_table を index パラメータで使わねばならない．変換後は，Group と Year 変数がインデックスだ．pivot_table メソッドが columns パラメータのカラム名をカラムインデックスとして保持する．reset_index の後は，無意味になるので，rename_axis で

削除する．

> **補足**
> 解法が melt, pivot_table, pivot のどれかを含む場合，stack と unstack で代用できる．
> コツは，変換対象でないカラムをまずインデックスにすること．

```
>>> sensors.set_index(['Group', 'Property']) \
        .stack() \
        .unstack('Property') \
        .rename_axis(['Group', 'Year'], axis='index') \
        .rename_axis(None, axis='columns') \
        .reset_index()
```

レシピ76 複数の観察が同じテーブルにある場合の整然化

　一般に，各テーブルには1つの観察ユニットの情報がある方が管理が楽だ．他方，あらゆるデータが1つのテーブルにある方が，洞察を得やすい．機械学習の場合，全データが1つのテーブルになければならない．整然データの目的は，今すぐの分析ではない．むしろ，データの構造化により，今後の分析が楽になることなので，複数の観察ユニットが1つのテーブルにあるなら，分割する必要があるということだ．

内容

　このレシピでは，movieデータセットを使って3つの観察ユニット(映画，俳優，監督)を見つけ，別々のテーブルを作る．このレシピのカギは，俳優と監督のFacebookの「いいね！」が映画と独立なことを理解すること．俳優と監督はFacebookの「いいね！」の個数を表す値に対応する．この独立性から，データを映画，俳優，監督に分割して，それぞれのテーブルを作る．データベースの専門家は，これをデータの統合性を高め冗長性をなくす**正規化**と呼ぶ．

手順

1) 変更したmovieデータセットを読み込み，先頭5行を出力．

```
>>> movie = pd.read_csv('data/movie_altered.csv')
>>> movie.head()
```

	title	rating	year	duration	director_1	director_fb_likes_1	actor_1	actor_2	actor_3	actor_fb_likes_1	actor_fb_likes_2	actor_fb_likes_3
0	Avatar	PG-13	2009.0	178.0	James Cameron	0.0	CCH Pounder	Joel David Moore	Wes Studi	1000.0	936.0	855.0
1	Pirates of the Caribbean: At World's End	PG-13	2007.0	169.0	Gore Verbinski	563.0	Johnny Depp	Orlando Bloom	Jack Davenport	40000.0	5000.0	1000.0
2	Spectre	PG-13	2015.0	148.0	Sam Mendes	0.0	Christoph Waltz	Rory Kinnear	Stephanie Sigman	11000.0	393.0	161.0
3	The Dark Knight Rises	PG-13	2012.0	164.0	Christopher Nolan	22000.0	Tom Hardy	Christian Bale	Joseph Gordon-Levitt	27000.0	23000.0	23000.0
4	Star Wars: Episode VII - The Force Awakens	NaN	NaN	NaN	Doug Walker	131.0	Doug Walker	Rob Walker	NaN	131.0	12.0	NaN

2) このデータセットには映画そのもの，監督，俳優の情報がある．この 3 エンティティを観察ユニットと考える．始める前に，insert メソッドを使い，映画に異なる識別番号を振るカラム id を作る．

```
>>> movie.insert(0, 'id', np.arange(len(movie)))
>>> movie.head()
```

	id	title	rating	year	duration	director_1	director_fb_likes_1	actor_1	actor_2	actor_3	actor_fb_likes_1	actor_fb_likes_2	actor_fb_likes_3
0	0	Avatar	PG-13	2009.0	178.0	James Cameron	0.0	CCH Pounder	Joel David Moore	Wes Studi	1000.0	936.0	855.0
1	1	Pirates of the Caribbean: At World's End	PG-13	2007.0	169.0	Gore Verbinski	563.0	Johnny Depp	Orlando Bloom	Jack Davenport	40000.0	5000.0	1000.0
2	2	Spectre	PG-13	2015.0	148.0	Sam Mendes	0.0	Christoph Waltz	Rory Kinnear	Stephanie Sigman	11000.0	393.0	161.0
3	3	The Dark Knight Rises	PG-13	2012.0	164.0	Christopher Nolan	22000.0	Tom Hardy	Christian Bale	Joseph Gordon-Levitt	27000.0	23000.0	23000.0
4	4	Star Wars: Episode VII - The Force Awakens	NaN	NaN	NaN	Doug Walker	131.0	Doug Walker	Rob Walker	NaN	131.0	12.0	NaN

3) wide_to_long 関数を使い，このデータセットを整然化する．俳優を 1 カラム，その Facebook の「いいね！」を 1 カラム，同じような処理を監督に，たとえ映画 1 本しかなくても行う．

```
>>> stubnames = ['director', 'director_fb_likes', 'actor', 'actor_fb_likes']
>>> movie_long = pd.wide_to_long(movie,
                                 stubnames=stubnames,
                                 i='id',
                                 j='num',
                                 sep='_').reset_index()
>>> movie_long['num'] = movie_long['num'].astype(int)
>>> movie_long.head(9)
```

	id	num	year	duration	rating	title	director	director_fb_likes	actor	actor_fb_likes
0	0	1	2009.0	178.0	PG-13	Avatar	James Cameron	0.0	CCH Pounder	1000.0
1	0	2	2009.0	178.0	PG-13	Avatar	NaN	NaN	Joel David Moore	936.0
2	0	3	2009.0	178.0	PG-13	Avatar	NaN	NaN	Wes Studi	855.0
3	1	1	2007.0	169.0	PG-13	Pirates of the Caribbean: At World's End	Gore Verbinski	563.0	Johnny Depp	40000.0
4	1	2	2007.0	169.0	PG-13	Pirates of the Caribbean: At World's End	NaN	NaN	Orlando Bloom	5000.0
5	1	3	2007.0	169.0	PG-13	Pirates of the Caribbean: At World's End	NaN	NaN	Jack Davenport	1000.0
6	2	1	2015.0	148.0	PG-13	Spectre	Sam Mendes	0.0	Christoph Waltz	11000.0
7	2	2	2015.0	148.0	PG-13	Spectre	NaN	NaN	Rory Kinnear	393.0
8	2	3	2015.0	148.0	PG-13	Spectre	NaN	NaN	Stephanie Sigman	161.0

4) データセットをテーブル分割する用意が整った．

```
>>> movie_table = movie_long[['id', 'year', 'duration', 'rating']]
>>> director_table = movie_long[['id', 'num', 'director', 'director_fb_likes']]
>>> actor_table = movie_long[['id', 'num', 'actor', 'actor_fb_likes']]
```

	id			title	year	duration	rating		id		director	num	director_fb_likes		id		actor	num	actor_fb_likes
0	0			Avatar	2009.0	178.0	PG-13	0	0		James Cameron	1	0.0	0	0		CCH Pounder	1	1000.0
1	0			Avatar	2009.0	178.0	PG-13	1	0		NaN	2	NaN	1	0		Joel David Moore	2	936.0
2	0			Avatar	2009.0	178.0	PG-13	2	0		NaN	3	NaN	2	0		Wes Studi	3	855.0
3	1		Pirates of the Caribbean: At World's End	2007.0	169.0	PG-13	3	1		Gore Verbinski	1	563.0	3	1		Johnny Depp	1	40000.0
4	1		Pirates of the Caribbean: At World's End	2007.0	169.0	PG-13	4	1		NaN	2	NaN	4	1		Orlando Bloom	2	5000.0
5	1		Pirates of the Caribbean: At World's End	2007.0	169.0	PG-13	5	1		NaN	3	NaN	5	1		Jack Davenport	3	1000.0
6	2			Spectre	2015.0	148.0	PG-13	6	2		Sam Mendes	1	0.0	6	2		Christoph Waltz	1	11000.0
7	2			Spectre	2015.0	148.0	PG-13	7	2		NaN	2	NaN	7	2		Rory Kinnear	2	393.0
8	2			Spectre	2015.0	148.0	PG-13	8	2		NaN	3	NaN	8	2		Stephanie Sigman	3	161.0

5) テーブルにはいくつか問題が残っている．映画テーブルでは，映画が3度重複，監督テーブルでは，ID で欠損行，俳優テーブルでは，movie で欠損値．これらの問題を解決する．

```
>>> movie_table = movie_table.drop_duplicates().reset_index(drop=True)
>>> director_table = director_table.dropna().reset_index(drop=True)
>>> actor_table = actor_table.dropna().reset_index(drop=True)
```

	id		title	year	duration	rating		id		director	num	director_fb_likes
0	0		Avatar	2009.0	178.0	PG-13	0	0		James Cameron	1	0.0
1	1		Pirates of the Caribbean: At World's End	2007.0	169.0	PG-13	1	1		Gore Verbinski	1	563.0
2	2		Spectre	2015.0	148.0	PG-13	2	2		Sam Mendes	1	0.0
3	3		The Dark Knight Rises	2012.0	164.0	PG-13	3	3		Christopher Nolan	1	22000.0
4	4		Star Wars: Episode VII - The Force Awakens	NaN	NaN	NaN	4	4		Doug Walker	1	131.0

6) 観察ユニットごとにテーブルを作ったので元のデータセットとメモリ使用量を比較する．

```
>>> movie.memory_usage(deep=True).sum()
2318234
>>> movie_table.memory_usage(deep=True).sum() + \
    director_table.memory_usage(deep=True).sum() + \
    actor_table.memory_usage(deep=True).sum()
2627306
```

7) 新たな整然データの方がメモリ使用量がわずかに多い．これは予想通りだ．元のデータが新たなテーブルに分かれただけだ．新たなテーブルには，インデックスがあり，2つには，num カラムが追加なので，メモリが増える．しかし，Facebook の「いいね！」が映画と独立で，俳優と監督には映画に関係なく1つだけ Facebook の「いいね！」があるということを利用できる．それをする前に，映画と俳優/監督とのマッピングのテーブルを作る必要がある．まず俳優と監督のテーブルに，id カラムを作る．

```
>>> director_cat = pd.Categorical(director_table['director'])
>>> director_table.insert(1, 'director_id', director_cat.codes)
>>> actor_cat = pd.Categorical(actor_table['actor'])
```

```
>>> actor_table.insert(1, 'actor_id', actor_cat.codes)
```

	id	actor_id	actor	num	actor_fb_likes		id	director_id	director	num	director_fb_likes
0	0	824	CCH Pounder	1	1000.0	0	0	922	James Cameron	1	0.0
1	0	2867	Joel David Moore	2	936.0	1	1	794	Gore Verbinski	1	563.0
2	0	6099	Wes Studi	3	855.0	2	2	2020	Sam Mendes	1	0.0
3	1	2971	Johnny Depp	1	40000.0	3	3	373	Christopher Nolan	1	22000.0
4	1	4536	Orlando Bloom	2	5000.0	4	4	600	Doug Walker	1	131.0

8) これらのテーブルから作業用のテーブルと actor/director テーブルができる．まず director テーブル．

```
>>> director_associative = director_table[['id', 'director_id', 'num']]
>>> dcols = ['director_id', 'director', 'director_fb_likes']
>>> director_unique = director_table[dcols].drop_duplicates() \
                                           .reset_index(drop=True)
```

	id	director_id	num		director_id	director	director_fb_likes
0	0	922	1	0	922	James Cameron	0.0
1	1	794	1	1	794	Gore Verbinski	563.0
2	2	2020	1	2	2020	Sam Mendes	0.0
3	3	373	1	3	373	Christopher Nolan	22000.0
4	4	600	1	4	600	Doug Walker	131.0

9) 同じように actor テーブル．

```
>>> actor_associative = actor_table[['id', 'actor_id', 'num']]
>>> acols = ['actor_id', 'actor', 'actor_fb_likes']
>>> actor_unique = actor_table[acols].drop_duplicates() \
                                     .reset_index(drop=True)
```

	id	actor_id	num		actor_id	actor	actor_fb_likes
0	0	824	1	0	824	CCH Pounder	1000.0
1	0	2867	2	1	2867	Joel David Moore	936.0
2	0	6099	3	2	6099	Wes Studi	855.0
3	1	2971	1	3	2971	Johnny Depp	40000.0
4	1	4536	2	4	4536	Orlando Bloom	5000.0

10) メモリ使用量を再計算．

```
>>> movie_table.memory_usage(deep=True).sum() + \
    director_associative.memory_usage(deep=True).sum() + \
    director_unique.memory_usage(deep=True).sum() + \
    actor_associative.memory_usage(deep=True).sum() + \
    actor_unique.memory_usage(deep=True).sum()
```

11) テーブルを正規化したので，各テーブル(実体)，カラム，その関係を表した E-R 図(実態関連図，entity-relationship diagram)ができる．この図式は ERDPlus (https://erdplus.com) で簡単に作れる．

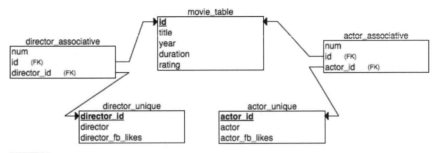

> **解説**

データをインポートして実体を確認したら，観察ごとに識別子を作り，映画，俳優，監督を別々のテーブルにして，それらのリンクを作ることができる．手順 2 ではゼロから始まる ID カラムを作った．手順 3 では wide_to_long 関数を使い actor と director カラムを同時に melt．カラムの整数接尾辞を使ってデータを鉛直にアラインメントし，接尾辞をインデックスにする．パラメータ j を名前制御に使う．stubnames リストにないカラムの値が melt したカラムとアラインメントする．

手順 4 で id カラムのある新テーブルを 3 つ作る．num カラムを保持して元の director/actor カラムを識別する．手順 5 では重複削除と欠損値削除でテーブルを圧縮する．

手順 5 の後，観察ユニットがそれぞれのテーブルになっても手順 6 で分かるように，メモリ量は元のまま(より少し多い)．object データ型カラムの正確なバイト数を memory_usage メソッドで測るには，deep パラメータを True にしなければならない．

俳優/監督は各テーブルでエントリーは 1 つだけ必要．俳優名と Facebook の「いいね！」だけのテーブルを作っても，映画の監督にリンクがない．映画と俳優との関係は，**多対多関係**と呼ばれる．映画には複数の俳優，俳優には複数の映画が関係する．この関係を整理するのが，中間の関連テーブルで，映画と俳優の両方に一意な識別子(**主キー**)を割り当てる．

関連テーブル作成には，俳優/監督の一意識別が必要．pd.Categorical で俳優/監督名のカテゴリデータ型を作る方法がある．カテゴリデータ型は，内部で整数へのマッピングをもつ．この整数値は codes 属性で得られ，一意な ID 作成に使える．関連テーブルを作る準備として，この ID を actor/director テーブルに追加する．

手順 8 と 9 は，一意識別子で関連テーブルを作る．actor/director テーブルを一意な名前と Facebook の「いいね！」だけに圧縮する．これによって，メモリ量は元の 20% 削減．関係データベースの世界では，E-R 図でテーブルを可視化する．手順10 では，ERDPlus ツールを使ったが，これでテーブル間の関係理解が容易になる．

> [!NOTE] 補足
> テーブルをジョインして元の movie テーブルを再生できる．まず，関連テーブルと actor/director テーブルをジョイン．それから，num カラムを変換し，カラムの接尾辞を元に戻す．

```
>>> actors = actor_associative.merge(actor_unique, on='actor_id') \
                .drop('actor_id', 1) \
                .pivot_table(index='id',
                             columns='num',
                             aggfunc='first')
>>> actors.columns = actors.columns.get_level_values(0) + '_' + \
                     actors.columns.get_level_values(1).astype(str)
>>> directors = director_associative.merge(director_unique,
                                           on='director_id') \
                   .drop('director_id', 1) \
                   .pivot_table(index='id',
                                columns='num',
                                aggfunc='first')
>>> directors.columns = directors.columns.get_level_values(0) + '_' + \
                        directors.columns.get_level_values(1) \
                        .astype(str)
```

id	actor_1	actor_2	actor_3	actor_fb_likes_1	actor_fb_likes_2	actor_fb_likes_3
0	CCH Pounder	Joel David Moore	Wes Studi	1000.0	936.0	855.0
1	Johnny Depp	Orlando Bloom	Jack Davenport	40000.0	5000.0	1000.0
2	Christoph Waltz	Rory Kinnear	Stephanie Sigman	11000.0	393.0	161.0
3	Tom Hardy	Christian Bale	Joseph Gordon-Levitt	27000.0	23000.0	23000.0
4	Doug Walker	Rob Walker	None	131.0	12.0	NaN

id	director_1	director_fb_likes_1
0	James Cameron	0.0
1	Gore Verbinski	563.0
2	Sam Mendes	0.0
3	Christopher Nolan	22000.0
4	Doug Walker	131.0

テーブルをジョインして movie_table を作る．

```
>>> movie2 = movie_table.merge(directors.reset_index(), on='id', how='left') \
                       .merge(actors.reset_index(), on='id', how='left')
>>> movie.equals(movie2[movie.columns])
True
```

参照

- データベースの正規化 (http://bit.ly/2w8wahQ)，関連テーブル (http://bit.ly/2yqE4oh)，主キー，外部キー (http://bit.ly/2xgIvEb) についてはそれぞれウィキペディア参照
- wide_to_long 関数については**レシピ 67 複数の変数グループを同時にスタック**参照

Chapter 9

pandasオブジェクトの結合

◎本章のレシピ
77 DataFrame に新たな行を追加
78 複数の DataFrame を接合
79 トランプとオバマの大統領支持率比較
80 concat, join, merge の相違点を理解
81 SQL データベースへの接続

複数の DataFrame や Series を結合するには，様々な方式がある．append メソッドは，全く柔軟性に欠けており，DataFrame に新たな行を追加することしかできない．concat メソッドは，広範な使い方ができ，DataFrame や Series をどちらの軸方向でもいくつでも結合できる．merge メソッドは，SQL 的に 2 つの DataFrame をジョインできる．

レシピ77 DataFrame に新たな行を追加

データ分析では，新たな行を作るよりも新たなカラムを作ることの方がはるかに多い．それは，データの新たな行が通常は新たな観察を表し，アナリストは，普通は，新たなデータを継続して取得することを業務に含めていないからだ．データ取得は，データベース管理システムのような別のプラットフォームに委ねられているのが普通だ．それでも，時には，新たなデータを取得する必要があるので，必須機能として知っておかねばならない．

内容》

このレシピでは，小さなデータセットに .loc インデクサで行を追加し，次に append メソッドを使う．

手順》

1) 名前のデータセットを読み込んで出力する．

```
>>> names = pd.read_csv('data/names.csv')
>>> names
```

	Name	Age
0	Cornelia	70
1	Abbas	69
2	Penelope	4
3	Niko	2

2) 新たなデータを含むリストを作り，.loc インデクサを使って，この新たなデータを行ラベル 4 の位置に追加する．

```
>>> new_data_list = ['Aria', 1]
>>> names.loc[4] = new_data_list
>>> names
```

	Name	Age
0	Cornelia	70
1	Abbas	69
2	Penelope	4
3	Niko	2
4	Aria	1

3) .loc インデクサは，行参照にラベルを使う．この例では，行ラベルが整数位置と同じだ．非数値ラベルで行を追加することもできる．

```
>>> names.loc['five'] = ['Zach', 3]
>>> names
```

	Name	Age
0	Cornelia	70
1	Abbas	69
2	Penelope	4
3	Niko	2
4	Aria	1
five	Zach	3

4) 辞書を使えば，変数と値との関係が明示される．新たなインデックスラベルを DataFrame の長さとして動的に指定することもできる．

```
>>> names.loc[len(names)] = {'Name':'Zayd', 'Age':2}
>>> names
```

	Name	Age
0	Cornelia	70
1	Abbas	69
2	Penelope	4
3	Niko	2
4	Aria	1
five	Zach	3
6	Zayd	2

5) Seriesでも新たなデータを保持できて，辞書と同じように使える．

```
>>> names.loc[len(names)] = pd.Series({'Age':32, 'Name':'Dean'})
>>> names
```

	Name	Age
0	Cornelia	70
1	Abbas	69
2	Penelope	4
3	Niko	2
4	Aria	1
five	Zach	3
6	Zayd	2
7	Dean	32

6) ここまでの操作は，.loc インデクサを用いて names DataFrame を変更した．これらの操作では，DataFrame のコピーが返されることはなかった．この後の手順においては，append メソッドを使うが，これは呼び出し元の DataFrame を変更しない．行を追加した DataFrame を新たに作って返す．元の DataFrame に対して，append で行を追加する．第 1 引数は，DataFrame，Series，辞書，またはそれらのリストでなければならないが，手順 2 のリストではいけない．append で辞書に追加してみるとどうなるか調べる．

```
>>> names = pd.read_csv('data/names.csv')
>>> names.append({'Name':'Aria', 'Age':1})
TypeError: Can only append a Series if ignore_index=True or if the
Series has a name
```

7) このエラーメッセージは間違っている．Series ではなく DataFrame に渡している．ともかく，どう修正すべきかの指示があった．

```
>>> names.append({'Name':'Aria', 'Age':1}, ignore_index=True)
```

	Name	Age
0	Cornelia	70
1	Abbas	69
2	Penelope	4
3	Niko	2
4	Aria	1

8) うまくいったが，ignore_index は問題のあるパラメータだ．True とすると，古いインデックスをすべて削除し，0 から $n-1$ の RangeIndex で置き換える．例えば，names DataFrame のインデックスを次のようにする．

```
>>> names.index = ['Canada', 'Canada', 'USA', 'USA']
>>> names
```

	Name	Age
Canada	Cornelia	70
Canada	Abbas	69
USA	Penelope	4
USA	Niko	2

9) 手順7のコードを再実行すると，結果は同じになる．その前のインデックスは完全に無視された．国名がインデックスのこの names データセットに対して，name 属性のある Series を append メソッドで追加する．

```
>>> s = pd.Series({'Name': 'Zach', 'Age': 3}, name=len(names))
>>> s
Age         3
Name     Zach
Name: 4, dtype: object
>>> names.append(s)
```

	Name	Age
Canada	Cornelia	70
Canada	Abbas	69
USA	Penelope	4
USA	Niko	2
4	Zach	3

10) append メソッドは，.loc インデクサより柔軟だ．同時に複数行を追加できる．Series のリストを使えばよい．

```
>>> s1 = pd.Series({'Name': 'Zach', 'Age': 3}, name=len(names))
>>> s2 = pd.Series({'Name': 'Zayd', 'Age': 2}, name='USA')
>>> names.append([s1, s2])
```

	Name	Age
Canada	Cornelia	70
Canada	Abbas	69
USA	Penelope	4
USA	Niko	2
4	Zach	3
USA	Zayd	2

11) カラムが2つしかない小さなDataFrameでは，すべてのカラム名と値を書き出すのも簡単だ．しかし，大きなものだと，書き出すのも困難になる．例えば，2016年の野球データセットを取り上げよう．

```
>>> bball_16 = pd.read_csv('data/baseball16.csv')
>>> bball_16.head()
```

	playerID	yearID	stint	teamID	lgID	G	AB	R	H	2B	...	RBI	SB	CS	BB	SO	IBB	HBP	SH	SF	GIDP
0	altuvjo01	2016	1	HOU	AL	161	640	108	216	42	...	96.0	30.0	10.0	60	70.0	11.0	7.0	3.0	7.0	15.0
1	bregmal01	2016	1	HOU	AL	49	201	31	53	13	...	34.0	2.0	0.0	15	52.0	0.0	0.0	0.0	1.0	1.0
2	castrja01	2016	1	HOU	AL	113	329	41	69	16	...	32.0	2.0	1.0	45	123.0	0.0	1.0	1.0	0.0	9.0
3	correca01	2016	1	HOU	AL	153	577	76	158	36	...	96.0	13.0	3.0	75	139.0	5.0	5.0	0.0	3.0	12.0
4	gattiev01	2016	1	HOU	AL	128	447	58	112	19	...	72.0	2.0	1.0	43	127.0	6.0	4.0	0.0	5.0	12.0

12) このデータセットには，22カラムあり，手作業で新たな行を追加しようとすると，カラム名を書き損じたり，忘れてしまう可能性が高い．そのような間違いを防ぐために，1つの行をSeriesで取り出し，to_dictメソッドをチェイニングして，辞書としての行の例を作る．

```
>>> data_dict = bball_16.iloc[0].to_dict()
>>> print(data_dict)
{'playerID': 'altuvjo01', 'yearID': 2016, 'stint': 1, 'teamID':
'HOU', 'lgID': 'AL', 'G': 161, 'AB': 640, 'R': 108, 'H': 216, '2B':
42, '3B': 5, 'HR': 24, 'RBI': 96.0, 'SB': 30.0, 'CS': 10.0, 'BB':
60, 'SO': 70.0, 'IBB': 11.0, 'HBP': 7.0, 'SH': 3.0, 'SF': 7.0, 'GIDP': 15.0}
```

13) 辞書の元の値を，文字列値のあるところには空文字列を，その他には欠損値を代入してクリアする．この辞書は，新たなデータを追加する場合にテンプレートとして使える．

```
>>> new_data_dict = {k: '' if isinstance(v, str) else
                     np.nan for k, v in data_dict.items()}
```

```
>>> print(new_data_dict)
{'playerID': '', 'yearID': nan, 'stint': nan, 'teamID': '', 'lgID':
'', 'G': nan, 'AB': nan, 'R': nan, 'H': nan, '2B': nan, '3B': nan,
'HR': nan, 'RBI': nan, 'SB': nan, 'CS': nan, 'BB': nan, 'SO': nan,
'IBB': nan, 'HBP': nan, 'SH': nan, 'SF': nan, 'GIDP': nan}
```

解説

　.loc インデクサが，行とカラムラベルに基づいたデータの選択代入に用いられる．渡される最初の値が行ラベル．手順2の names.loc[4] は，整数4というラベルの行を指す．DataFrame には，この行がない．代入文は，リストで与えられたデータの新たな行を作る．レシピで述べたように，この演算は names という DataFrame そのものを変更する．整数4に等しいラベルの行があったなら，それが書き替えられていた．このインプレース修正のために，インデックス演算子を使うのは，元の呼び出し DataFrame を変更しない append メソッドよりも危険だ．

　.loc インデクサには，手順3で分かるように，不当でないラベルなら何でも使える．何であれ，新たなラベル値の新たな行が末尾に追加される．リスト代入でよいのだが，読みやすさの点では，辞書を使い，どのカラムにどの値を手順4のように示すのがよい．

　手順5は，DataFrame を現在の行数をラベルにする技巧を紹介した．Series のデータもインデックスラベルがカラム名に合致する限り代入できる．

　残りの手順では，新たな行を追加するだけの append メソッドを使う．ほとんどの DataFrame メソッドでは，axis パラメータで行とカラムの両方を扱える．例外が append で，DataFrame に行追加しかできない．

　カラム名と値の辞書マッピングだけでは append に不足だということが，手順6のエラーメッセージで分かる．行名なしに辞書を正しく append するには，ignore_index パラメータを True に設定しなければならない．手順10では，辞書を Series に変換するだけで古いインデックスを保持する方法があることを示した．新たなインデックスラベルとして後で使われるものを name パラメータで使うことを忘れないように．この方式では，Series のリストを第1引数に渡すことで，任意個数の行を append できる．

　このようにはるかに大きな DataFrame に行を append すれば，行を辞書に変換する場合の入力作業やそれに伴う誤りを to_dict メソッドでなくし，辞書内包表記で古い値をデフォルトも含めて置き換えることが可能だ．

補足

　DataFrame に1行 append するのは手間のかかる演算なので，もしも DataFrame に1行ずつ append するループを書いているなら，それは間違いだ．Series のリストで1000行の新データをまず作ろう．

```
>>> random_data = []
>>> for i in range(1000):
        d = dict()
        for k, v in data_dict.items():
            if isinstance(v, str):
                d[k] = np.random.choice(list('abcde'))
            else:
                d[k] = np.random.randint(10)
        random_data.append(pd.Series(d, name=i + len(bball_16)))
>>> random_data[0].head()
2B    3
3B    9
AB    3
BB    9
CS    4
Name: 16, dtype: object
```

1つずつ append するとどれだけの時間がかかるか計時する．

```
>>> %%timeit
>>> bball_16_copy = bball_16.copy()
>>> for row in random_data:
        bball_16_copy = bball_16_copy.append(row)
4.88 s ± 190 ms per loop (mean ± std. dev. of 7 runs, 1 loop each)
```

1000 行に約 5 秒かかった．そうではなく，Series のリスト全体を渡すと，莫大な速度向上になる．

```
>>> %%timeit
>>> bball_16_copy = bball_16.copy()
>>> bball_16_copy = bball_16_copy.append(random_data)
78.4 ms ± 6.2 ms per loop (mean ± std. dev. of 7 runs, 10 loops each)
```

Series のリストを渡すと，10 分の 1 秒以下になる．内部的には，pandas が Series のリストを 1 つの DataFrame に変換し，それから append するのだ．

レシピ78　複数の DataFrame を接合

多機能の concat 関数は，複数の DataFrame (または Series) を鉛直及び水平に連結する．いつものことだが，複数の pandas オブジェクトを同時に処理する場合，まず各オブジェクトがインデックスでアラインメントしてから，連結となる．

内容

このレシピでは，concat 関数で鉛直及び水平に DataFrame を結合し，次にパラメータ値を変更して異なる結果を得る．

手順

1) 2016年と2017年の株式データを読み込み，ティッカーシンボルをインデックスにする．

```
>>> stocks_2016 = pd.read_csv('data/stocks_2016.csv', index_col='Symbol')
>>> stocks_2017 = pd.read_csv('data/stocks_2017.csv', index_col='Symbol')
```

Symbol	Shares	Low	High
AAPL	80	95	110
TSLA	50	80	130
WMT	40	55	70

Symbol	Shares	Low	High
AAPL	50	120	140
GE	100	30	40
IBM	87	75	95
SLB	20	55	85
TXN	500	15	23
TSLA	100	100	300

2) stockデータセットすべてを1つのリストにして，concat関数を呼び出して連結する．

```
>>> s_list = [stocks_2016, stocks_2017]
>>> pd.concat(s_list)
```

Symbol	Shares	Low	High
AAPL	80	95	110
TSLA	50	80	130
WMT	40	55	70
AAPL	50	120	140
GE	100	30	40
IBM	87	75	95
SLB	20	55	85
TXN	500	15	23
TSLA	100	100	300

3) デフォルトでは，concat関数はDataFrameを鉛直に連結する．このDataFrameの問題点は，各行の年を指定する方法がないこと．keysパラメータでconcat関数はラベル指定できる．ラベルは連結したフレームの最外インデックスで，MultiIndexになる．さらに，namesパラメータでインデックスレベルの名前を変えることができる．

```
>>> pd.concat(s_list, keys=['2016', '2017'], names=['Year', 'Symbol'])
```

		Shares	Low	High
Year	Symbol			
2016	AAPL	80	95	110
	TSLA	50	80	130
	WMT	40	55	70
2017	AAPL	50	120	140
	GE	100	30	40
	IBM	87	75	95
	SLB	20	55	85
	TXN	500	15	23
	TSLA	100	100	300

4) また, axis パラメータを columns か 1 に変えて水平方向に連結することもできる.

```
>>> pd.concat(s_list, keys=['2016', '2017'],
              axis='columns', names=['Year', None])
```

Year	2016			2017		
	Shares	Low	High	Shares	Low	High
AAPL	80.0	95.0	110.0	50.0	120.0	140.0
GE	NaN	NaN	NaN	100.0	30.0	40.0
IBM	NaN	NaN	NaN	87.0	75.0	95.0
SLB	NaN	NaN	NaN	20.0	55.0	85.0
TSLA	50.0	80.0	130.0	100.0	100.0	300.0
TXN	NaN	NaN	NaN	500.0	15.0	23.0
WMT	40.0	55.0	70.0	NaN	NaN	NaN

5) ティッカーシンボルが片方の年にない場合は欠損値になることに注意. concat 関数はデフォルトでは外部ジョインを使い, リストの各 DataFrame の全行を保持する. しかし, 両方の DataFrame に同じインデックスがある行だけにするオプションもある. これは内部ジョインだ. join パラメータを inner にすると働きが変わる.

```
>>> pd.concat(s_list, join='inner', keys=['2016', '2017'],
              axis='columns', names=['Year', None])
```

Year	2016			2017		
	Shares	Low	High	Shares	Low	High
Symbol						
AAPL	80	95	110	50	120	140
TSLA	50	80	130	100	100	300

解説

concat 関数は第 1 引数だけが必須で，pandas オブジェクトのシーケンスでなければならない．普通は DataFrame または Series のリストまたは辞書だ．デフォルトでは，この全オブジェクトが鉛直にスタックされる．このレシピでは，2 つの DataFrame だけを結合したが，いくつでもかまわない．鉛直に結合すると，DataFrame はカラム名でアラインメントする．

このデータセットでは，全カラム名が同じで，2017 年のデータが 2016 年のデータと同じカラム名で並ぶ．しかし，手順 4 のように水平方向に結合すると，AAPL と TSLA という 2 つのインデックスラベルしか両方の年で合致しない．これらでは欠損値はない．concat 関数のアラインメントは，join パラメータの outer（デフォルト）か inner かの 2 つしかない．

補足

append メソッドは，新たな行しか DataFrame に連結できないという concat 関数の弱体版だ．内部的には，append は concat を呼び出している．例えば，このレシピの手順 2 は次のようにできる．

```
>>> stocks_2016.append(stocks_2017)
```

レシピ79　トランプとオバマの大統領支持率比較

現在の米国大統領を人々がどれだけ支持しているかは，ニュースの見出しによく登場する話題で，正式には世論調査で測られる．最近では，この種の調査の頻度が増え，毎週のように新たなデータが多数出されている．世論調査には多数の種類があり，質問票もデータ作成の方法論も様々だ．したがって，データの分散も大きい．University of California, Santa Barbara の American Presidency Project では，毎日，大統領支持率データを 1 つのデータ点に集約している．

ほとんどの本書の他のレシピとは異なり，このデータは CSV ファイルでは入手できない．データアナリストは，データをウェブで見つけ，スクレイピングして，ワークステーションで使えるフォーマットにパースする必要がある．

内容

このレシピでは，オンラインテーブルからデータをスクレイピングして DataFrame にする read_html 関数を使う．また，ウェブページの元の HTML をどう調べると必要な要素が得られるかも学ぶ．このウェブベースの手順には，ブラウザに Google Chrome か Firefox を使うことを勧める．

手順

1) トランプ大統領に関しての支持率ページ (http://www.presidency.ucsb.edu/

data/popularity.php?pres=45) を開く．時系列プロットとその下に表形式のデータがあるページのはず[訳注]．

[訳注] データの表は，当然ながら動的に変化しており，本書の記述とは細かいところで違っている可能性があることに注意．

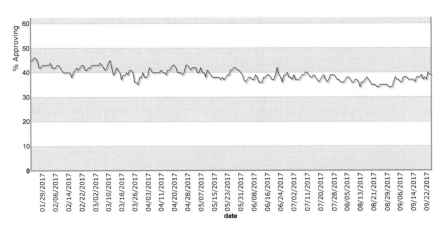

2) read_html 関数はウェブページからテーブルをスクレイピングして，データを DataFrame にする．単純 HTML テーブルが最適で，ページに複数のテーブルがあれば，必要なテーブルを選択するのに役立つパラメータが用意されている．デフォルトで read_html を使うと全テーブルが DataFrame のリストで得られる．

```
>>> base_url = 'http://www.presidency.ucsb.edu/data/popularity.php?pres={}'
>>> trump_url = base_url.format(45)
>>> df_list = pd.read_html(trump_url)
>>> len(df_list)
14
```

3) 14 個のテーブルが返されるので，おかしい，ウェブページには 1 つのテーブルしかないとほとんどの人が感じる．read_html 関数は「<table>」で始まる HTML テーブル要素を探す．テーブル上で右クリックして Chrome なら「検証」，Firefox なら「要素を調査」を選ぶ．

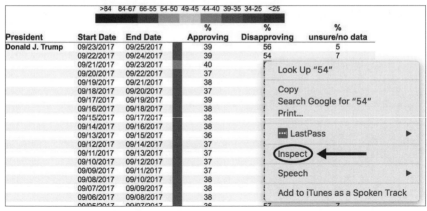

4) すると，ウェブ開発の強力なツールであるコンソール画面が開く．このレシピでは少し使うだけだ．どのコンソールでもHTMLの単語を検索できる．tableを検索窓に入力する．15個見つかるはずで，read_htmlが返した値に近い．

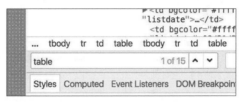

5) df_listのDataFrameを調べる．

```
>>> df0 = df_list[0]
>>> df0.shape
(308, 1794)
>>> df0.head(7)
```

	0	1	2	3	4	5	6	7
0	NaN	NaN	NaN	NaN	NaN	NaN	NaN	NaN
1	NaN	NaN	NaN	NaN	NaN	NaN	NaN	NaN
2	NaN	NaN	NaN	NaN	NaN	NaN	NaN	NaN
3	NaN	NaN	NaN	NaN	NaN	NaN	NaN	NaN
4	NaN	NaN	NaN	NaN	NaN	NaN	NaN	NaN
5	NaN	NaN	NaN	NaN	NaN	NaN	NaN	NaN
6	Document Archive・Public Papers of the Presi...	Document Archive・Public Papers of the Presi...	Document Archive・Public Papers of the Presi...	NaN	NaN	Document Archive	・Public Papers of the Presidents	・State of the Union Addresses & Messages

6) ウェブページに戻ると，2017年1月22日からこのスクレイピングした日2017年9月25日までほぼ毎日のデータがある．これは8か月を少し過ぎた250行のデータだ．これは先頭のテーブルの308行に近い．残りのテーブルの中には，空の意味のないものやテーブルとは思えないウェブページの様々な箇所がある．read_html関数のパラメータを使い，必要なテーブルを選ぶ．matchパラメータでテーブルの特定文字列を検索できる．Start Dateのあるテーブルを探す．

```
>>> df_list = pd.read_html(trump_url, match='Start Date')
>>> len(df_list)
3
```

7) 文字列検索を使ってテーブル数が3つまで減った．HTML属性とその値の対を取るattrsパラメータも役に立つ．これを使うために，データテーブルでまた右クリックする．今回は，てっぺんのヘッダをクリックすること．例えば，Presidentを右クリックして「検証」か「要素を調査」を選ぶ．

8) 選んだ要素がハイライトされる．これは探している要素ではない．HTMLタグtableで始まる行を探す．等号の左が属性attrsで右が値だ．align属性の値centerを探す．

```
>>> df_list = pd.read_html(trump_url, match='Start Date',
                           attrs={'align':'center'})
>>> len(df_list)
1
>>> trump = df_list[0]
>>> trump.shape
(249, 19)
>>> trump.head(8)
```

	0	1	2	3	4	5	6
0	>84 84-67 66-55 54-50 49-45 44-40 39-35 ...	>84	84-67	66-55	54-50	49-45	44-40
1	>84	84-67	66-55	54-50	49-45	44-40	39-35
2	NaN	NaN	NaN	NaN	NaN	NaN	NaN
3	NaN	NaN	NaN	NaN	%	%	%
4	President	Start Date	End Date	NaN	Approving	Disapproving	unsure/no data
5	NaN	NaN	NaN	NaN	NaN	NaN	NaN
6	Donald J. Trump	09/23/2017	09/25/2017	NaN	39	56	5
7	NaN	09/22/2017	09/24/2017	NaN	39	54	7

9) 1つのテーブルしかなくて，行数は日数に極めて近い．データを調べると，探していたテーブルを見つけたことが分かる．6つのカラムの名前が4行目にある．`skiprows` と `header` パラメータでスキップする行やカラム名として使う行を指定できる．`parse_dates` パラメータで，開始及び終了日を正しいデータ型に変換することもできる．

```
>>> df_list = pd.read_html(trump_url, match='Start Date',
                           attrs={'align':'center'},
                           header=0, skiprows=[0,1,2,3,5],
                           parse_dates=['Start Date', 'End Date'])
>>> trump = df_list[0]
>>> trump.head()
```

	President	Start Date	End Date	Unnamed: 3	Approving	Disapproving	unsure/no data	Unnamed: 7	Unnamed: 8	Unnamed: 9	Unnamed: 10	Unnamed: 11	Unnamed: 12
0	Donald J. Trump	09/23/2017	09/25/2017	NaN	39	56	5	NaN	NaN	NaN	NaN	NaN	NaN
1	NaN	09/22/2017	09/24/2017	NaN	39	54	7	NaN	NaN	NaN	NaN	NaN	NaN
2	NaN	09/21/2017	09/23/2017	NaN	40	54	6	NaN	NaN	NaN	NaN	NaN	NaN
3	NaN	09/20/2017	09/22/2017	NaN	37	56	7	NaN	NaN	NaN	NaN	NaN	NaN
4	NaN	09/19/2017	09/21/2017	NaN	38	56	6	NaN	NaN	NaN	NaN	NaN	NaN

10) これがほぼ求めていたものだが，カラムに欠損値がある．`dropna` メソッドですべてが欠損値のカラムを削除する．

```
>>> trump = trump.dropna(axis=1, how='all')
>>> trump.head()
```

	President	Start Date	End Date	Approving	Disapproving	unsure/no data
0	Donald J. Trump	2017-09-23	2017-09-25	39	56	5
1	NaN	2017-09-22	2017-09-24	39	54	7
2	NaN	2017-09-21	2017-09-23	40	54	6
3	NaN	2017-09-20	2017-09-22	37	56	7
4	NaN	2017-09-19	2017-09-21	38	56	6

11) Presidentカラムの欠損値をffillメソッドで埋める．その前に，他のカラムに欠損値がないか調べておく．

```
>>> trump.isnull().sum()
President        242
Start Date         0
End Date           0
Approving          0
Disapproving       0
unsure/no data     0
dtype: int64
>>> trump = trump.ffill()
trump.head()
```

	President	Start Date	End Date	Approving	Disapproving	unsure/no data
0	Donald J. Trump	2017-09-23	2017-09-25	39	56	5
1	Donald J. Trump	2017-09-22	2017-09-24	39	54	7
2	Donald J. Trump	2017-09-21	2017-09-23	40	54	6
3	Donald J. Trump	2017-09-20	2017-09-22	37	56	7
4	Donald J. Trump	2017-09-19	2017-09-21	38	56	6

12) 最後に，データ型が正しいか確認する．

```
>>> trump.dtypes
President                 object
Start Date        datetime64[ns]
End Date          datetime64[ns]
Approving                  int64
Disapproving               int64
unsure/no data             int64
dtype: object
```

13) これまでの手順をまとめて，指定した大統領の支持率データを自動取得する関数を作る．

```
>>> def get_pres_appr(pres_num):
        base_url =
'http://www.presidency.ucsb.edu/data/popularity.php?pres={}'
        pres_url = base_url.format(pres_num)
        df_list = pd.read_html(pres_url, match='Start Date',
                               attrs={'align':'center'},
                               header=0, skiprows=[0,1,2,3,5],
                               parse_dates=['Start Date', 'End Date'])
        pres = df_list[0].copy()
        pres = pres.dropna(axis=1, how='all')
```

```
            pres['President'] = pres['President'].ffill()
            return pres.sort_values('End Date') \
                        .reset_index(drop=True)
```

14) パラメータ pres_num は，何代の大統領かを示す．Barack Obama は 44 代目．44 を関数 get_pres_appr に渡し，その支持率データを取得する．

```
>>> obama = get_pres_appr(44)
>>> obama.head()
```

	President	Start Date	End Date	Approving	Disapproving	unsure/no data
0	Barack Obama	2009-01-21	2009-01-23	68	12	21
1	Barack Obama	2009-01-22	2009-01-24	69	13	18
2	Barack Obama	2009-01-23	2009-01-25	67	14	19
3	Barack Obama	2009-01-24	2009-01-26	65	15	20
4	Barack Obama	2009-01-25	2009-01-27	64	16	20

15) 大統領支持率データは，1941 年の Franklin Roosevelt の第 3 期にまでさかのぼる．作成した関数と concat 関数を使い，このサイトから全支持率データを取り出すことが可能だ．まず，過去 5 代の大統領の支持率データを取得して，各大統領の先頭 3 行を出力する．

```
>>> pres_41_45 = pd.concat([get_pres_appr(x) for x in range(41,46)],
                                                ignore_index=True)
>>> pres_41_45.groupby('President').head(3)
```

	President	Start Date	End Date	Approving	Disapproving	unsure/no data
0	George Bush	1989-01-24	1989-01-26	51	6	43
1	George Bush	1989-02-24	1989-02-27	60	11	27
2	George Bush	1989-02-28	1989-03-02	62	13	24
158	William J. Clinton	1993-01-24	1993-01-26	58	20	22
159	William J. Clinton	1993-01-29	1993-01-31	53	30	16
160	William J. Clinton	1993-02-12	1993-02-14	51	33	15
386	George W. Bush	2001-02-01	2001-02-04	57	25	18
387	George W. Bush	2001-02-09	2001-02-11	57	24	17
388	George W. Bush	2001-02-19	2001-02-21	61	21	16
656	Barack Obama	2009-01-21	2009-01-23	68	12	21
657	Barack Obama	2009-01-22	2009-01-24	69	13	18
658	Barack Obama	2009-01-23	2009-01-25	67	14	19
3443	Donald J. Trump	2017-01-20	2017-01-22	45	45	10
3444	Donald J. Trump	2017-01-21	2017-01-23	45	46	9
3445	Donald J. Trump	2017-01-22	2017-01-24	46	45	9

16) 続ける前に，データが重複している日付がないか調べる．

```
>>> pres_41_45['End Date'].value_counts().head(8)
1990-08-26    2
1990-03-11    2
1999-02-09    2
2013-10-10    2
1990-08-12    2
1992-11-22    2
1990-05-22    2
1991-09-30    1
Name: End Date, dtype: int64
```

17) 重複値の日数はわずかだ．分析を簡単にするため，重複のある日の先頭行だけ残す．

```
>>> pres_41_45 = pres_41_45.drop_duplicates(subset='End Date')
```

18) データの要約統計量を調べる．

```
>>> pres_41_45.shape
(3679, 6)

>>> pres_41_45['President'].value_counts()
Barack Obama         2786
George W. Bush        270
Donald J. Trump       243
William J. Clinton    227
George Bush           153
Name: President, dtype: int64
>>> pres_41_45.groupby('President', sort=False).median().round(1)
```

President	Approving	Disapproving	unsure/no data
George Bush	63.0	22.0	9.0
William J. Clinton	57.0	36.0	6.0
George W. Bush	50.5	45.5	4.0
Barack Obama	47.0	47.0	7.0
Donald J. Trump	39.0	56.0	6.0

19) 支持率をプロットする．大統領ごとにデータをグループ分けして，グループごとに毎日の支持率をイテレーションでプロットする．

```
>>> from matplotlib import cm
>>> fig, ax = plt.subplots(figsize=(16,6))
>>> styles = ['-.', '-', ':', '-', ':']
>>> colors = [.9, .3, .7, .3, .9]
```

```
>>> groups = pres_41_45.groupby('President', sort=False)
>>> for style, color, (pres, df) in zip(styles, colors, groups):
        df.plot('End Date', 'Approving', ax=ax,
        label=pres, style=style, color=cm.Greys(color),
        title='Presedential Approval Rating')
```

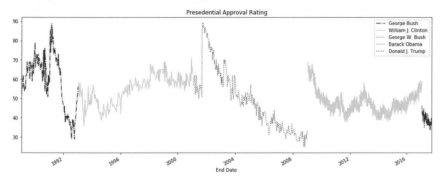

20) この図は大統領を順にプロットする．支持率を在任日数でプロットしてより簡単に比較することもできる．在任日数を表す新たな変数を作る．

```
>>> days_func = lambda x: x - x.iloc[0]
>>> pres_41_45['Days in Office'] = pres_41_45.groupby('President') \
                                     ['End Date'].transform(days_func)
>>> pres_41_45.groupby('President').head(3)
```

	President	Start Date	End Date	Approving	Disapproving	unsure/no data	Days in Office
0	George Bush	1989-01-24	1989-01-26	51	6	43	0 days
1	George Bush	1989-02-24	1989-02-27	60	11	27	32 days
2	George Bush	1989-02-28	1989-03-02	62	13	24	35 days
158	William J. Clinton	1993-01-24	1993-01-26	58	20	22	0 days
159	William J. Clinton	1993-01-29	1993-01-31	53	30	16	5 days
160	William J. Clinton	1993-02-12	1993-02-14	51	33	15	19 days
386	George W. Bush	2001-02-01	2001-02-04	57	25	18	0 days
387	George W. Bush	2001-02-09	2001-02-11	57	24	17	7 days
388	George W. Bush	2001-02-19	2001-02-21	61	21	16	17 days
656	Barack Obama	2009-01-21	2009-01-23	68	12	21	0 days
657	Barack Obama	2009-01-22	2009-01-24	69	13	18	1 days
658	Barack Obama	2009-01-23	2009-01-25	67	14	19	2 days
3443	Donald J. Trump	2017-01-20	2017-01-22	45	45	10	0 days
3444	Donald J. Trump	2017-01-21	2017-01-23	45	46	9	1 days
3445	Donald J. Trump	2017-01-22	2017-01-24	46	45	9	2 days

21) 各行に大統領就任以来の日数を与えることに成功した．新カラム Days in Office は，値が文字列なのが興味深い．データ型を調べよう．

```
>>> pres_41_45.dtypes
...
Days in Office    timedelta64[ns]
dtype: object
```

22) Days in Office カラムは timedelta64 オブジェクトでナノ秒精度だ．これは必要をはるかに超える精度なので，日数だけの整数データ型に変える．

```
>>> pres_41_45['Days in Office'] = pres_41_45['Days in Office'].dt.days
>>> pres_41_45['Days in Office'].head()
0     0
1    32
2    35
3    43
4    46
Name: Days in Office, dtype: int64
```

23) このデータを手順 19 と同様にプロットできるが，ループを一切含まない全く別の方法がある．デフォルトでは，DataFrame に plot メソッドを呼び出すと，pandas は各カラムのデータを線プロットし，x 軸をインデックスにする．これが分かっていれば，大統領のカラムに支持率を割り当てるとよい．

```
>>> pres_pivot = pres_41_45.pivot(index='Days in Office',
                                  columns='President', values='Approving')
>>> pres_pivot.head()
```

President / Days in Office	Barack Obama	Donald J. Trump	George Bush	George W. Bush	William J. Clinton
0	68.0	45.0	51.0	57.0	58.0
1	69.0	45.0	NaN	NaN	NaN
2	67.0	46.0	NaN	NaN	NaN
3	65.0	46.0	NaN	NaN	NaN
4	64.0	45.0	NaN	NaN	NaN

24) 各大統領に支持率カラムがあるので，グループ分けしなくても，各カラムを直接プロットできる．プロットが見苦しくないように，Barack Obama と Donald J. Trump だけをプロットする．

```
>>> plot_kwargs = dict(figsize=(16,6), color=cm.gray([.3, .7]),
                       style=['-', '--'], title='Approval Rating')
>>> pres_pivot.loc[:250, ['Donald J. Trump', 'Barack Obama']] \
        .ffill().plot(**plot_kwargs)
```

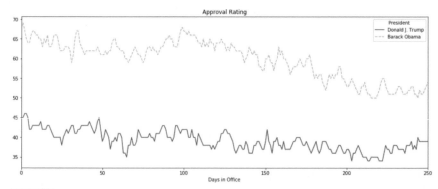

解説

必要なテーブルにたどり着くまで何度も read_html を呼び出すのが普通だ．テーブル指定には，match と attrs という 2 つのパラメータを主に用いる．match の文字列はテーブル中の実際の文字列に合致するものを見つけるのに使う．テキストはウェブページそのものにある．attrs パラメータは，HTML テーブル属性をテーブルタグ <table> の後で探す．テーブル属性についてもっと知るには，W3School の該当ページ (http://bit.ly/2hzUzdD) を調べること．

手順 8 でテーブルを見つけたら，他のパラメータを利用して物事を簡単にできる．HTML テーブルは，普通は，よい DataFrame に直接変換できない．カラム名の欠如，余分な行，アラインメント間違いなどがある．このレシピでは，ファイル読み込み時に skiprows で読み飛ばす行数を渡す．手順 8 の DataFrame の欠損値行に相当する．header パラメータはカラム名の位置指定に使う．header がゼロに等しいのは，最初はおかしく感じられることに注意．header を skiprows と一緒に使うと，行がまず読み飛ばされるので各行のラベルが新しくなる．カラム名が行 4 にあるが，行 0 から 3 がスキップされるので，新たな整数ラベルが 0 になる．

手順 11 では，ffill メソッドが欠損値を鉛直方向に最後の非欠損値まで埋める．これは，fillna(method='ffill') の簡略形だ．

手順 13 では，これまでの手順をまとめて，何代かで指定した大統領の支持率データを自動取得する関数を作る．関数と手順には少し違いがある．DataFrame 全体に ffill メソッドを適用する代わりに，President カラムにだけ使う．Trump の DataFrame では他のカラムに欠損値がないが，これはスクレイピングしたテーブルすべてで他のカラムに欠損値がないことを保証するものではない．関数の最終行では，データのソートを古いものから新しいものへと，データ分析で自然なようにソートする．これでインデックスの順序が変わるので，reset_index でゼロから始まるようにする．

手順 16 は pandas でよく使うイディオムで，複数の同じようなインデックスの DataFrame のリストにしてから，concat 関数で結合する．1 つの DataFrame に連結後，正しいかどうか確かめるべきだ．その 1 つの方法は，データを大統領でグループ分けして，各大統領の先頭の何行かを head メソッドで出力して確認することだ．

手順 18 の要約統計量は，大統領支持率のメディアンが前代より低くなっていて興味深い．このデータを外挿すれば，今後数代で支持率が負になるという素朴な予測が成り立つ．

手順 19 のプロットのコードは結構複雑だ．そもそも，groupby オブジェクトをなぜイテレーションしなければならないのかと思うかもしれない．DataFrame の現在の構造では，様々なグループを単一カラムの値に基づいてプロットする機能がない．しかし，手順 23 では，DataFrame をうまく設定して，このようにループしなくても pandas で各大統領のデータを直接プロットする方法を示した．

手順 19 のプロットのコードを理解するには，groupby オブジェクトがイテレーション可能であり，イテレーションの場合，現在のグループ (この場合は大統領名) を含むタプルと，そのグループだけのサブ DataFrame を作ることをまず了解しなければならない．groupby オブジェクトには，プロットする色や線が一緒になっている．matplotlib からカラーマップモジュール cm をインポートしており，これには何十ものカラーマップが含まれている．plot メソッドの color パラメータに 0 から 1 の間の浮動小数点数を渡すと，特定の色を選んでプロットする．図 fig をプロット表面 ax と同時に作って，どの支持率の線も同じところに描かれるようにすることに注意．ループのイテレーションごとに，同じ名前付きパラメータ ax で，同じプロット表面を使う．

大統領間の比較をしやすくするために，在任日数に等しい新たなカラムを設けた．President グループで，その日から就任日を引いた．timedelta64 カラム同士を差し引くと，結果は timedelta64 オブジェクトで，ある長さの時間，この場合は日数になる．カラムをナノ秒精度にしておくと，x 軸の精度が細かく表示されすぎるので，dt アクセサを使い日数にする．

手順 23 は重要だ．データ構造を大統領ごとに支持率のカラムをもつように変える．pandas は，カラムごとに行替えする．最後の手順 24 で，.loc インデクサを使って，Trump と Obama のカラムだけ，最初の 250 日 (行) を同時に選ぶ．ffill メソッドは，片方の大統領の特定の日に欠損値があるというまれな場合のために使われる．Python では，パラメータ名と値を含む辞書を，**辞書アンパッキング**と呼ばれるプロセスで前に ** を付けて関数に渡すことができる．

> **補足**
>
> 手順 19 からのプロットには多数のノイズがあり，平滑化した方が解釈が楽かもしれない．よく使われる平滑化は，**移動平均**と呼ばれるものだ．pandas は，DataFrame と groupby オブジェ

クトに rolling メソッドを用意している．これは，groupby メソッド同様，追加動作が行われるのを待つオブジェクトを返す．作ったら，整数か日付オフセットの文字列を第 1 引数にウィンドウサイズとして渡さねばならない．

次の例では，90 日移動平均を日付オフセット文字列 90D で行う．on パラメータが計算対象のウィンドウのカラムを指定する．

```
>>> pres_rm = pres_41_45.groupby('President', sort=False) \
                       .rolling('90D', on='End Date')['Approving'].mean()
>>> pres_rm.head()
President     End Date
George Bush   1989-01-26   51.000000
              1989-02-27   55.500000
              1989-03-02   57.666667
              1989-03-10   58.750000
              1989-03-13   58.200000
Name: Approving, dtype: float64
```

この後，手順 23 の出力と同じになるよう，unstack メソッドで構造を変えてプロットする．

```
>>> styles = ['-.', '-', ':', '-', ':']
>>> colors = [.9, .3, .7, .3, .9]
>>> color = cm.Greys(colors)
>>> title='90 Day Approval Rating Rolling Average'
>>> plot_kwargs = dict(figsize=(16,6), style=styles,
                       color = color, title=title)
>>> correct_col_order = pres_41_45.President.unique()
>>> pres_rm.unstack('President')[correct_col_order].plot(**plot_kwargs)
```

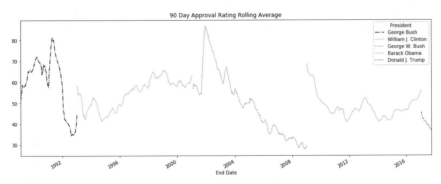

参照

- matplotlib の colormap レファレンス (http://bit.ly/2yJZOvt)
- pandas の日付オフセットとエリアスのリスト (http://bit.ly/2x05Yg0)
- 11 章「matplotlib, pandas, seaborn による可視化」
- スクレイピングについては例えば Ryan Mitchell(黒川利明訳)，『Python による Web スクレイピング』，オライリー・ジャパン，2016 など

レシピ80 concat, join, merge の相違点を理解

(Series ではなく) DataFrame の merge と join メソッドと concat 関数は，どれも複数の pandas オブジェクトを結合するという似た機能を提供する．よく似ているので，ある条件下では，互いに代用でき，いつどのように使うのが正しいのかが分からなくなる．相違点を明らかにするため，次のまとめを見直そう．

- concat:
  - pandas 関数
  - 複数の pandas オブジェクトを鉛直 / 水平に結合
  - インデックスでのみアラインメント
  - インデックスに重複があればエラー
  - デフォルトは外部ジョインだがオプションで内部ジョイン
- join:
  - DataFrame メソッド
  - 複数の pandas オブジェクトを水平に結合
  - 呼び出し DataFrame のカラム / インデックスと他のオブジェクトの (カラムではなく) インデックスとでアラインメント
  - ジョインするカラム / インデックスの重複は，デカルト積計算で処理
  - デフォルトは左ジョインだがオプションで内部，外部，右ジョイン
- merge:
  - DataFrame メソッド
  - 2 つの DataFrame だけを水平に結合
  - 呼び出し DataFrame のカラム / インデックスと他の DataFrame のカラム / インデックスでアラインメント
  - ジョインするカラム / インデックスの重複は，デカルト積計算で処理
  - デフォルトは内部ジョインだがオプションで左，外部，右ジョイン

> join メソッドの第 1 パラメータは other で，1 つの DataFrame/Series か任意個数の DataFrame/Series のリストになる．

内容

このレシピでは，DataFrame の結合に必要なことをする．最初の状況は concat を使うと簡単だが，2 番目は merge を使うと簡単になる．

手順

1) 2016, 2017, 2018 年の株式データを read_csv 関数を 3 回呼び出すのではなくループを使って DataFrame のリストに読み込む．Jupyter Notebook では現在，1 行に 1 つの DataFrame しか表示できない．しかし，IPython ライブラリを使えば，

HTML出力をカスタマイズする方法がある．ユーザ定義display_frames関数は，DataFrameのリストを受け取り，それらを1行に出力する．

```
>>> from IPython.display import display_html
>>> years = 2016, 2017, 2018
>>> stock_tables = [pd.read_csv('data/stocks_{}.csv'.format(year),
                                index_col='Symbol')
                    for year in years]
>>> def display_frames(frames, num_spaces=0):
        t_style = '<table style="display: inline;"'
        tables_html = [df.to_html().replace('<table', t_style)
                       for df in frames]
        space = ' ' * num_spaces
        display_html(space.join(tables_html), raw=True)
>>> display_frames(stock_tables, 30)
>>> stocks_2016, stocks_2017, stocks_2018 = stock_tables
```

Symbol	Shares	Low	High
AAPL	80	95	110
TSLA	50	80	130
WMT	40	55	70

Symbol	Shares	Low	High
AAPL	50	120	140
GE	100	30	40
IBM	87	75	95
SLB	20	55	85
TXN	500	15	23
TSLA	100	100	300

Symbol	Shares	Low	High
AAPL	40	135	170
AMZN	8	900	1125
TSLA	50	220	400

2) DataFrameを鉛直に結合するにはconcat関数しか使えない．リストstock_tablesを渡して行う．

```
>>> pd.concat(stock_tables, keys=[2016, 2017, 2018])
```

	Symbol	Shares	Low	High
2016	AAPL	80	95	110
	TSLA	50	80	130
	WMT	40	55	70
2017	AAPL	50	120	140
	GE	100	30	40
	IBM	87	75	95
	SLB	20	55	85
	TXN	500	15	23
	TSLA	100	100	300
2018	AAPL	40	135	170
	AMZN	8	900	1125
	TSLA	50	220	400

3) axis パラメータを columns に変えて DataFrame を水平結合する．

```
>>> pd.concat(dict(zip(years,stock_tables)), axis='columns')
```

	2016			2017			2018		
	Shares	Low	High	Shares	Low	High	Shares	Low	High
AAPL	80.0	95.0	110.0	50.0	120.0	140.0	40.0	135.0	170.0
AMZN	NaN	NaN	NaN	NaN	NaN	NaN	8.0	900.0	1125.0
GE	NaN	NaN	NaN	100.0	30.0	40.0	NaN	NaN	NaN
IBM	NaN	NaN	NaN	87.0	75.0	95.0	NaN	NaN	NaN
SLB	NaN	NaN	NaN	20.0	55.0	85.0	NaN	NaN	NaN
TSLA	50.0	80.0	130.0	100.0	100.0	300.0	50.0	220.0	400.0
TXN	NaN	NaN	NaN	500.0	15.0	23.0	NaN	NaN	NaN
WMT	40.0	55.0	70.0	NaN	NaN	NaN	NaN	NaN	NaN

4) DataFrame を水平結合し始めたので，この concat 関数を join と merge メソッドで代用できる．ここでは stock_2016 と stock_2017 DataFrame を join メソッドで結合する．デフォルトでは，DataFrame をインデックスでアラインメントする．カラムが同じ名前なら，lsuffix や rsuffix パラメータに値を与えて結果で区別できるようにする．

```
>>> stocks_2016.join(stocks_2017, lsuffix='_2016', rsuffix='_2017', how='outer')
```

Symbol	Shares_2016	Low_2016	High_2016	Shares_2017	Low_2017	High_2017
AAPL	80.0	95.0	110.0	50.0	120.0	140.0
GE	NaN	NaN	NaN	100.0	30.0	40.0
IBM	NaN	NaN	NaN	87.0	75.0	95.0
SLB	NaN	NaN	NaN	20.0	55.0	85.0
TSLA	50.0	80.0	130.0	100.0	100.0	300.0
TXN	NaN	NaN	NaN	500.0	15.0	23.0
WMT	40.0	55.0	70.0	NaN	NaN	NaN

5) 手順 3 の concat 関数の出力を正確に複製するには，DataFrame のリストを join メソッドに渡す．

```
>>> other = [stocks_2017.add_suffix('_2017'), stocks_2018.add_suffix('_2018')]
>>> stocks_2016.add_suffix('_2016').join(other, how='outer')
```

	Shares_2016	Low_2016	High_2016	Shares_2017	Low_2017	High_2017	Shares_2018	Low_2018	High_2018
AAPL	80.0	95.0	110.0	50.0	120.0	140.0	40.0	135.0	170.0
AMZN	NaN	NaN	NaN	NaN	NaN	NaN	8.0	900.0	1125.0
GE	NaN	NaN	NaN	100.0	30.0	40.0	NaN	NaN	NaN
IBM	NaN	NaN	NaN	87.0	75.0	95.0	NaN	NaN	NaN
SLB	NaN	NaN	NaN	20.0	55.0	85.0	NaN	NaN	NaN
TSLA	50.0	80.0	130.0	100.0	100.0	300.0	50.0	220.0	400.0
TXN	NaN	NaN	NaN	500.0	15.0	23.0	NaN	NaN	NaN
WMT	40.0	55.0	70.0	NaN	NaN	NaN	NaN	NaN	NaN

6) 実際に等しいかチェックする．

```
>>> stock_join = stocks_2016.add_suffix('_2016').join(other, how='outer')
>>> stock_concat = pd.concat(dict(zip(years,stock_tables)),
                             axis='columns')
>>> level_1 = stock_concat.columns.get_level_values(1)
>>> level_0 = stock_concat.columns.get_level_values(0).astype(str)
>>> stock_concat.columns = level_1 + '_' + level_0
>>> stock_join.equals(stock_concat)
True
```

7) 次は merge で，concat や join と異なり，2 つの DataFrame を結合する．デフォルトでは，merge は同じ名前のカラムの値をアラインメントする．しかし，Boolean パラメータ left_index と right_index を True にすればインデックスでアラインメントできる．2016 年と 2017 年の株式データを merge する．

```
>>> stocks_2016.merge(stocks_2017, left_index=True, right_index=True)
```

	Shares_x	Low_x	High_x	Shares_y	Low_y	High_y
Symbol						
AAPL	80	95	110	50	120	140
TSLA	50	80	130	100	100	300

8) デフォルトでは，merge は内部ジョインを使い，自動的に接尾辞を付けてカラム名を識別する．外部ジョインに変えて，2018 データの外部ジョインで concat を正確に複製する．

```
>>> step1 = stocks_2016.merge(stocks_2017, left_index=True,
                              right_index=True, how='outer',
                              suffixes=('_2016', '_2017'))
>>> stock_merge = step1.merge(stocks_2018.add_suffix('_2018'),
                              left_index=True, right_index=True,
                              how='outer')
>>> stock_concat.equals(stock_merge)
True
```

9) インデックスやカラムラベルそのものではなくカラムの値でアラインメントするデータセット比較を考える．merge メソッドはまさにこの状況になっている．food_prices と food_transactions という新たな小さなデータセット 2 つを考える．

```
>>> names = ['prices', 'transactions']
>>> food_tables = [pd.read_csv('data/food_{}.csv'.format(name))
                   for name in names]
>>> food_prices, food_transactions = food_tables
>>> display_frames(food_tables, 30)
```

	item	store	price	Date
0	pear	A	0.99	2017
1	pear	B	1.99	2017
2	peach	A	2.99	2017
3	peach	B	3.49	2017
4	banana	A	0.39	2017
5	banana	B	0.49	2017
6	steak	A	5.99	2017
7	steak	B	6.99	2017
8	steak	B	4.99	2015

	custid	item	store	quantity
0	1	pear	A	5
1	1	banana	A	10
2	2	steak	B	3
3	2	pear	B	1
4	2	peach	B	2
5	2	steak	B	1
6	2	coconut	B	4

10) 各トランザクションの全量を求めるには，item と store カラムでテーブルをジョインする必要がある．

```
>>> food_transactions.merge(food_prices, on=['item', 'store'])
```

	custid	item	store	quantity	price	Date
0	1	pear	A	5	0.99	2017
1	1	banana	A	10	0.39	2017
2	2	steak	B	3	6.99	2017
3	2	steak	B	3	4.99	2015
4	2	steak	B	1	6.99	2017
5	2	steak	B	1	4.99	2015
6	2	pear	B	1	1.99	2017
7	2	peach	B	2	3.49	2017

11) 対応する item と store を価格で正しくアラインメントしているが，問題もある．顧客 2 に steak が全部で 4 つある．steak がどちらのテーブルでも店舗 B で 2 倍なので，デカルト積を取って 4 つの行になった．また，対応価格がないので item の coconut が欠損になる．これらの問題を解決する．

```
>>> food_transactions.merge(food_prices.query('Date == 2017'), how='left')
```

	custid	item	store	quantity	price	Date
0	1	pear	A	5	0.99	2017.0
1	1	banana	A	10	0.39	2017.0
2	2	steak	B	3	6.99	2017.0
3	2	pear	B	1	1.99	2017.0
4	2	peach	B	2	3.49	2017.0
5	2	steak	B	1	6.99	2017.0
6	2	coconut	B	4	NaN	NaN

12) join メソッドで複製するのだが，まず food_prices DataFrame のカラムをインデックスにジョインさせないといけない．

```
>>> food_prices_join = food_prices.query('Date == 2017') \
                                  .set_index(['item', 'store'])
>>> food_prices_join
```

		price	Date
item	store		
pear	A	0.99	2017
	B	1.99	2017
peach	A	2.99	2017
	B	3.49	2017
banana	A	0.39	2017
	B	0.49	2017
steak	A	5.99	2017
	B	6.99	2017

13) join メソッドは渡された DataFrame のインデックスでだけアラインメントするが，呼び出し DataFrame のインデックスやカラムを利用できる．呼び出し DataFrame のアラインメントにカラムを使うために，それを on パラメータに渡す必要がある．

```
>>> food_transactions.join(food_prices_join, on=['item', 'store'])
```

14) 出力は手順11の結果と正確に合致する．これを concat メソッドで複製するには，item と store カラムを両方の DataFrame のインデックスにする必要がある．しかし，この例の場合，DataFrame で (steak と店舗 B で) インデックス値が重複するのでエラーになる．

```
>>> pd.concat([food_transactions.set_index(['item', 'store']),
               food_prices.set_index(['item', 'store'])],
              axis='columns')
Exception: cannot handle a non-unique multi-index!
```

解説

多くの DataFrame を同時にインポートする場合，read_csv 関数を繰り返し書くのは面倒になる．このプロセスを自動化する1つの方法は，全ファイル名をリストにして for ループでイテレーションするものだ．手順1でリスト内包表記でこれを行う．

この手順の残りでは，複数 DataFrame を Jupyter Notebook で同じように出力する関数を作る．すべての DataFrame には to_html メソッドがあり，テーブルの文字列表現による裸の HTML を返す．各テーブルの CSS (カスケーディングスタイルシート) は display 属性を inline に変えて，要素を鉛直方向ではなく水平方向に表示する．Jupyter Notebook でテーブルを適切に表示するには，IPython ライブラリが提供する display_html ヘルパー関数を使わねばならない．

手順1の終わりでは，DataFrame のリストをアンパックして適切な名前の変数で，

個々のテーブルが簡単明瞭に参照できるようにした．DataFrame のリストのよいところは，手順 2 で分かるように，それが concat 関数にまさに必要だということだ．手順 2 で，keys パラメータを使ってデータのチャンクを名付けたことに注意．これは，手順 3 のように辞書を concat に渡してもできる．

手順 4 では，join の種類を外部ジョインに変えて，呼び出し DataFrame にインデックスのない，渡された DataFrame の全行を含めた．手順 5 で渡された DataFrame のリストでは共通のカラムがありえない．rsuffix パラメータがあるが，1 つの DataFrame でしか働けず，DataFrame のリストには役立たない．この制限を回避するため，前もってカラム名を add_suffix メソッドで変えておき，それから join メソッドを呼び出す．

手順 7 では merge を使う．デフォルトでは，両方の DataFrame で同じカラム名すべてでアラインメントする．これを変えて，片方もしくは両方のインデックスでアラインメントするには，left_index か right_index パラメータを True にする．手順 8 では merge を 2 度呼び出して複製を完了する．これで分かるように，複数の DataFrame をインデックスでアラインメントする場合，通常 merge よりは concat の方を選ぶ．

手順 9 では merge の方がよい場合を取り上げる．merge だけが，呼び出し DataFrame と渡された DataFrame の両方のカラム値でアラインメントする．手順 10 では，2 つの DataFrame の merge がとても簡単なことを示す．on パラメータは必要ないが，分かりやすいように使った．

手順 10 で示したように，DataFrame の結合ではデータの重複や欠落が残念ながら起こりやすい．結合後に，データのチェックに時間をかけることは絶対必要だ．この例では，food_prices データセットで，店舗 B の steak の値段に重複があり，手順 11 で現在の年だけでクエリして，この行を削除した．さらに，左ジョインに変えて，各トランザクションが価格のあるなしにかかわらず保持されるようにした．

これらにジョインを使うこともできるが，渡された DataFrame の全カラムをまずインデックスにしないといけない．最後になるが，データをカラム値でアラインメントするなら，concat はよくない．

補足

ディレクトリの全ファイルを名前を知らずに読み込んで DataFrame にすることは可能だ．Python の glob モジュールには，ディレクトリでのイテレーション機能がある．本書付属の data の中の gas prices ディレクトリには 5 つの CSV ファイルがあり，2007 年以来のガソリンの週価格をグレードごとに格納している．それぞれ，date と price の 2 カラムしかない．これは，全ファイルのイテレーションで DataFrame に読み込み，concat 関数で結合する理想的な状況だ．glob モジュールには glob 関数があり，イテレーションするディレクトリの文字列を引数に取る．全ファイルを指すには，文字列 * を使う．この場合は，*.csv で末尾が .csv のファイルを指す．glob 関数は，ファイル名の文字列のリストを返すので，それを read_csv 関数に渡す．

```
>>> import glob
>>> df_list = []
>>> for filename in glob.glob('data/gas prices/*.csv'):
        df_list.append(pd.read_csv(filename, index_col='Week',
                       parse_dates=['Week']))
>>> gas = pd.concat(df_list, axis='columns')
>>> gas.head()
```

Week	All Grades	Diesel	Midgrade	Premium	Regular
2017-09-25	2.701	2.788	2.859	3.105	2.583
2017-09-18	2.750	2.791	2.906	3.151	2.634
2017-09-11	2.800	2.802	2.953	3.197	2.685
2017-09-04	2.794	2.758	2.946	3.191	2.679
2017-08-28	2.513	2.605	2.668	2.901	2.399

参照

- pandas 公式文書の read_html 関数の項目 (http://bit.ly/2fzFRzd)
- 6 章**レシピ 47 インデックス爆発**

レシピ81 SQL データベースへの接続

まともなデータアナリストは，SQL についてある程度学ばねばならない．世界のデータの多くが SQL 文を受け付けるデータベースに格納されているからだ．何十もの関係データベース管理システムが存在するが，SQLite が最も広く使われており使いやすい．

内容

このレシピでは，SQLite による chinook データベース (http://www.sqlitetutorial.net/sqlite-sample-database/) を試す．これは，ミュージックショップの 11 個のテーブルからなる．まともな関係データベースを扱う場合，まずデータベース図式 (E-R 図とも呼ばれる) を調べて，テーブル間の関係を理解するのが一番よい．次の図式は，このレシピでナビゲーションする際に非常に役立つ．

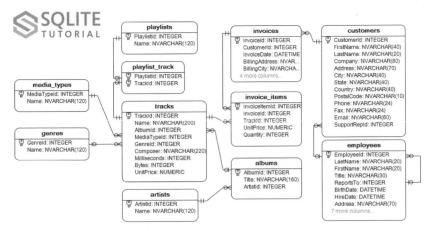

このレシピを使うには，sqlalchemy パッケージのインストールが必要だ．Anaconda をインストールしているなら，すでにインストールされているはず．SQLAlchemy は, pandas でデータベース接続エンジンとして使われる．このレシピでは，SQLite データベースに接続する．それから，2つのクエリを発行し，merge メソッドで2つのテーブルをジョインして答える．

手順

1) chinook データベースからテーブルを読み込む前に，SQLAlchemy エンジンを立ち上げる必要がある．

```
>>> from sqlalchemy import create_engine
>>> engine = create_engine('sqlite:///data/chinook.db')
```

2) レシピの残りは pandas の世界に戻り，そこに留まる．read_sql_table 関数で tracks テーブルを読み込む．テーブル名が第1引数，SQLAlchemy エンジンが第2引数．

```
>>> tracks = pd.read_sql_table('tracks', engine)
>>> tracks.head()
```

	TrackId	Name	AlbumId	MediaTypeId	GenreId	Composer	Milliseconds	Bytes	UnitPrice
0	1	For Those About To Rock (We Salute You)	1	1	1	Angus Young, Malcolm Young, Brian Johnson	343719	11170334	0.99
1	2	Balls to the Wall	2	2	1	None	342562	5510424	0.99
2	3	Fast As a Shark	3	2	1	F. Baltes, S. Kaufman, U. Dirkscneider & W. Ho...	230619	3990994	0.99
3	4	Restless and Wild	3	2	1	F. Baltes, R.A. Smith-Diesel, S. Kaufman, U. D...	252051	4331779	0.99
4	5	Princess of the Dawn	3	2	1	Deaffy & R.A. Smith-Diesel	375418	6290521	0.99

3) レシピの残りは，データベース図式を使い，クエリに答える．まず，ジャンルごとの歌の平均の長さを求める．

```
>>> genre_track = genres.merge(tracks[['GenreId', 'Milliseconds']],
```

```
                            on='GenreId', how='left') \
                    .drop('GenreId', axis='columns')
>>> genre_track.head()
```

	Name	Milliseconds
0	Rock	343719
1	Rock	342562
2	Rock	230619
3	Rock	252051
4	Rock	375418

4) ジャンルごとの歌の平均の長さが簡単に求まる．解釈が楽なように，Milliseconds カラムを timedelta データ型に変換する．

```
>>> genre_time = genre_track.groupby('Name')['Milliseconds'].mean()
>>> pd.to_timedelta(genre_time, unit='ms').dt.floor('s').sort_values()
Name
Rock And Roll      00:02:14
Opera              00:02:54
Hip Hop/Rap        00:02:58
...
Drama              00:42:55
Science Fiction    00:43:45
Sci Fi & Fantasy   00:48:31
Name: Milliseconds, dtype: timedelta64[ns]
```

5) 次に，顧客ごとに全購入額を求める．テーブル customers, invoices, invoice_items をすべて連結する必要がある．

```
>>> cust = pd.read_sql_table('customers', engine,
                             columns=['CustomerId','FirstName', 'LastName'])
>>> invoice = pd.read_sql_table('invoices', engine,
                                columns=['InvoiceId','CustomerId'])
>>> ii = pd.read_sql_table('invoice_items', engine,
                           columns=['InvoiceId', 'UnitPrice', 'Quantity'])
>>> cust_inv = cust.merge(invoice, on='CustomerId') \
                   .merge(ii, on='InvoiceId')
>>> cust_inv.head()
```

	CustomerId	FirstName	LastName	InvoiceId	UnitPrice	Quantity
0	1	Luís	Gonçalves	98	1.99	1
1	1	Luís	Gonçalves	98	1.99	1
2	1	Luís	Gonçalves	121	0.99	1
3	1	Luís	Gonçalves	121	0.99	1
4	1	Luís	Gonçalves	121	0.99	1

6) 単価に数量を掛けて顧客の全購入額を求める．

```
>>> total = cust_inv['Quantity'] * cust_inv['UnitPrice']
>>> cols = ['CustomerId', 'FirstName', 'LastName']
>>> cust_inv.assign(Total = total).groupby(cols)['Total'] \
                                  .sum() \
                                  .sort_values(ascending=False) \
                                  .head()
CustomerId  FirstName   LastName
6           Helena      Holý        49.62
26          Richard     Cunningham  47.62
57          Luis        Rojas       46.62
46          Hugh        O'Reilly    45.62
45          Ladislav    Kovács      45.62
Name: Total, dtype: float64
```

解説

　create_engine 関数には，データベース接続文字列が必要．SQLite の接続文字列は非常に簡単で，データベースのある場所，データのディレクトリだ．他の関係データベース管理システムでは，もっと複雑な接続文字列になる．例えばユーザ名，パスワード，ホスト名，ポート，それにデータベースを指定する．SQL 方言名やドライバが必要なこともある．接続文字列の一般形は dialect+driver://username:password@host:port/database となる．ドライバも別途インストールする必要がある．

　エンジンが作れたので，手順 2 では read_sql_table 関数でテーブルを DataFrame に簡単に取り込める．データベースの各テーブルには，各行を識別する主キーがある．図式では鍵記号で示されている．手順 3 では GenreId で genres を tracks にリンクする．track の長さしか必要ないので，tracks DataFrame を merge の前に必要なカラムだけに整理する．merge 後は，groupby メソッドでクエリに答える．

　次に，Timedelta オブジェクトを整数ミリ秒に変換して，読みやすくする．正しい測定単位を文字列で渡すのがカギだ．Timedelta Series ができたので，dt 属性で floor メソッドを使い，時間を整数秒に丸める．

　手順 5 のクエリに答えるにはテーブルが 3 ついる．columns パラメータに必要なカラムだけを渡し，テーブルを整理しておくことができる．merge を使う場合，同じ名

前だとジョインするカラムは保持されない．手順 6 では，次のように数量と価格を掛けてカラムに代入することもできた．

```
cust_inv['Total'] = cust_inv['Quantity'] * cust_inv['UnitPrice']
```

このようにカラムに代入して悪いことはない．このレシピでは，assign メソッドで新たなカラムを動的に作り，メソッドチェイニングで処理することにした．

補足

SQL に熟達しているなら，SQL クエリを文字列で read_sql_query 関数に渡すこともできる．例えば，手順 4 の出力は次のようにしても得られる．

```
>>> sql_string1 = '''
    select
        Name,
        time(avg(Milliseconds) / 1000, 'unixepoch') as avg_time
    from (
            select
                g.Name,
                t.Milliseconds
            from
                genres as g
            join
                tracks as t
            on
                g.genreid == t.genreid
        )
    group by
        Name
    order by
        avg_time
'''
>>> pd.read_sql_query(sql_string1, engine)
```

	Name	avg_time
0	Rock And Roll	00:02:14
1	Opera	00:02:54
2	Hip Hop/Rap	00:02:58

手順 6 の答えには次の SQL クエリを使う．

```
>>> sql_string2 = '''
    select
        c.customerid,
        c.FirstName,
        c.LastName,
        sum(ii.quantity * ii.unitprice) as Total
```

```
    from
        customers as c
    join
        invoices as i
            on c.customerid = i.customerid
    join
        invoice_items as ii
            on i.invoiceid = ii.invoiceid
    group by
        c.customerid, c.FirstName, c.LastName
    order by
        Total desc
...
>>> pd.read_sql_query(sql_string2, engine)
```

	CustomerId	FirstName	LastName	Total
0	6	Helena	Holý	49.62
1	26	Richard	Cunningham	47.62
2	57	Luis	Rojas	46.62

参照

- SQLAlchemy の全エンジン構成 (http://bit.ly/2kb07vV)
- SQL クエリについての pandas 公式文書 (http://bit.ly/2fFsOQ8)

Chapter 10

時 系 列 分 析

◎本章のレシピ

82 Python と pandas の日付ツールの違いの理解
83 時系列を賢くスライシング
84 DatetimeIndex でだけ働くメソッドを使う
85 週ごとの犯罪件数
86 週ごとの犯罪と交通事故を別々に集約
87 曜日と年での犯罪件数の測定
88 DatetimeIndex で無名関数を使いグループ分け
89 Timestamp と別のカラムでグループ分け
90 `merge_asof` で犯罪率が 20％低かったのは最近ではいつかを見つける

pandas の起源は，金融時系列分析にある．開発者の Wes McKinney は，当時入手可能だった Python のツールで満足せず，pandas を開発して，勤務していたヘッジファンドでの必要性を満たそうと決めた．広い意味では，時系列とは，時間順に取得したデータ点だ．通常，時間はデータ点の間で均等だ．pandas は，日付の扱い，異なる時間間隔の集約，異なる時間間隔でのサンプリングなど優れた機能を備えている．

レシピ82 Python と pandas の日付ツールの違いの理解

pandas で作業する前に，Python コアの日付と時間の機能を理解することが今後の役に立つ．`datetime` モジュールが `date, time, datetime` という3つのデータ型を提供する．`date` は，年月日による時点，例えば 2013 年 6 月 7 日が日付 (date)．`time` は時分秒マイクロ秒により決められ，日付に属さない．例えば，12 時 30 分．`datetime` は日付と時間を合わせたもの．

pandas には日付と時間をカプセル化した `Timestamp` というオブジェクトがある．精度はナノ秒 (1 秒の 10 億分の 1) で NumPy の datetime データ型を継承する．Python と pandas のどちらにも `timedelta` オブジェクトがあって日付時間の加減計算に役立つ．

内容

このレシピでは，まず Python の datetime モジュールを試し，次に，pandas のより優れた日付ツールを試す．

手順

1) まず datetime モジュールをインポートして，date, time, datetime オブジェクトを作る．

```
>>> import datetime
>>> date = datetime.date(year=2013, month=6, day=7)
>>> time = datetime.time(hour=12, minute=30,
                         second=19, microsecond=463198)
>>> dt = datetime.datetime(year=2013, month=6, day=7,
                           hour=12, minute=30, second=19,
                           microsecond=463198)
>>> print("date is ", date)
>>> print("time is", time)
>>> print("datetime is", dt)
date is 2013-06-07
time is 12:30:19.463198
datetime is 2013-06-07 12:30:19.463198
```

2) datetime モジュールの別のデータ型，timedelta オブジェクトを作って出力する．

```
>>> td = datetime.timedelta(weeks=2, days=5, hours=10,
                            minutes=20, seconds=6.73,
                            milliseconds=99, microseconds=8)
>>> print(td)
19 days, 10:20:06.829008
```

3) 手順 1 の date と datetime オブジェクトに timedelta を加える．

```
>>> print('new date is', date + td)
>>> print('new datetime is', dt + td)
new date is 2013-06-26
new datetime is 2013-06-26 22:50:26.292206
```

4) time オブジェクトに timedelta を加えようとするとできない．

```
>>> time + td
TypeError: unsupported operand type(s) for +: 'datetime.time' and 'datetime.timedelta'
```

5) pandas のナノ秒精度の Timestamp オブジェクトに移る．Timestamp コンストラクタは柔軟で，広範囲の入力を扱える．

```
>>> pd.Timestamp(year=2012, month=12, day=21, hour=5,
                 minute=10, second=8, microsecond=99)
```

```
Timestamp('2012-12-21 05:10:08.000099')
>>> pd.Timestamp('2016/1/10')
Timestamp('2016-01-10 00:00:00')
>>> pd.Timestamp('2014-5/10')
Timestamp('2014-05-10 00:00:00')
>>> pd.Timestamp('Jan 3, 2019 20:45.56')
Timestamp('2019-01-03 20:45:33')
>>> pd.Timestamp('2016-01-05T05:34:43.123456789')
Timestamp('2016-01-05 05:34:43.123456789')
```

6) Timestamp コンストラクタには整数または浮動小数点数を渡し，Unix 紀元すなわち 1970 年 1 月 1 日からの経過時間 (デフォルトは秒，unit 引数で日単位も選べる) を返すこともできる．

```
>>> pd.Timestamp(500)
Timestamp('1970-01-01 00:00:00.000000500')

>>> pd.Timestamp(5000, unit='D')
Timestamp('1983-09-10 00:00:00')
```

7) pandas には to_datetime 関数があり，Timestamp コンストラクタと同じような働きをするが，特殊な状況を扱うパラメータが少し異なる．

```
>>> pd.to_datetime('2015-5-13')
Timestamp('2015-05-13 00:00:00')

>>> pd.to_datetime('2015-13-5', dayfirst=True)
Timestamp('2015-05-13 00:00:00')

>>> pd.to_datetime('Start Date: Sep 30, 2017 Start Time: 1:30 pm',
            format='Start Date: %b %d, %Y Start Time: %I:%M %p')
Timestamp('2017-09-30 13:30:00')
>>>pd.to_datetime(100, unit='D', origin='2013-1-1')
Timestamp('2013-04-11 00:00:00')
```

8) to_datetime 関数にはさらに別の機能がある．文字列または整数のリストまたは Series 全体を Timestamp に変換する．単一スカラー値ではなく Series や DataFrame を扱うことが多いので，Timestamp よりも to_datetime を使うことの方が多い．

```
>>> s = pd.Series([10, 100, 1000, 10000])
>>> pd.to_datetime(s, unit='D')
0   1970-01-11
1   1970-04-11
2   1972-09-27
3   1997-05-19
dtype: datetime64[ns]
```

```
>>> s = pd.Series(['12-5-2015', '14-1-2013',
                   '20/12/2017', '40/23/2017'])
>>> pd.to_datetime(s, dayfirst=True, errors='coerce')
0   2015-05-12
1   2013-01-14
2   2017-12-20
3          NaT
dtype: datetime64[ns]
>>> pd.to_datetime(['Aug 3 1999 3:45:56', '10/31/2017'])
DatetimeIndex(['1999-08-03 03:45:56',
               '2017-10-31 00:00:00'], dtype='datetime64[ns]', freq=None)
```

9) Timestamp コンストラクタや to_datetime 関数同様に，pandas には時間量を表す Timedelta と to_timedelta がある．Timedelta コンストラクタと to_timedelta 関数は，1 つの Timedelta オブジェクトを作る．to_datetime 同様，to_timedelta の方が機能が多く，リストや Series 全体をオブジェクトに変換する．

```
>>> pd.Timedelta('12 days 5 hours 3 minutes 123456789 nanoseconds')
Timedelta('12 days 05:03:00.123456')
>>> pd.Timedelta(days=5, minutes=7.34)
Timedelta('5 days 00:07:20.400000')
>>> pd.Timedelta(100, unit='W')
Timedelta('700 days 00:00:00')
>>> pd.to_timedelta('67:15:45.454')
Timedelta('2 days 19:15:45.454000')
>>> s = pd.Series([10, 100])
>>> pd.to_timedelta(s, unit='s')
0   00:00:10
1   00:01:40
dtype: timedelta64[ns]
>>> time_strings = ['2 days 24 minutes 89.67 seconds',
                    '00:45:23.6']
>>> pd.to_timedelta(time_strings)
TimedeltaIndex(['2 days 00:25:29.670000', '0 days 00:45:23.600000'],
               dtype='timedelta64[ns]', freq=None)
```

10) Timedelta は互いにあるいは Timestamp と加減算ができる．互いに割り算もできて，浮動小数点数を返す．

```
>>> pd.Timedelta('12 days 5 hours 3 minutes') * 2
Timedelta('24 days 10:06:00')
>>> pd.Timestamp('1/1/2017') + \
```

```
pd.Timedelta('12 days 5 hours 3 minutes') * 2
Timestamp('2017-01-25 10:06:00')
>>> td1 = pd.to_timedelta([10, 100], unit='s')
>>> td2 = pd.to_timedelta(['3 hours', '4 hours'])
>>> td1 + td2
TimedeltaIndex(['03:00:10', '04:01:40'], dtype='timedelta64[ns]', freq=None)
>>> pd.Timedelta('12 days') / pd.Timedelta('3 days')
4.0
```

11) Timedelta と Timestamp には，属性やメソッドなど多数の機能がある．いくつかを示す．

```
>>> ts = pd.Timestamp('2016-10-1 4:23:23.9')
>>> ts.ceil('h')
Timestamp('2016-10-01 05:00:00')
>>> ts.year, ts.month, ts.day, ts.hour, ts.minute, ts.second
(2016, 10, 1, 4, 23, 23)
>>> ts.dayofweek, ts.dayofyear, ts.daysinmonth
(5, 275, 31)
>>> ts.to_pydatetime()
datetime.datetime(2016, 10, 1, 4, 23, 23, 900000)
>>> td = pd.Timedelta(125.8723, unit='h')
>>> td
Timedelta('5 days 05:52:20.280000')
>>> td.round('min')
Timedelta('5 days 05:52:00')
>>> td.components
Components(days=5, hours=5, minutes=52, seconds=20, milliseconds=280, microseconds=0, nanoseconds=0)
>>> td.total_seconds()
453140.28
```

解説

　datetime モジュールは Python の標準ライブラリの一部で，広く使われている．そのために，他でも機会があるだろうから知っておくとよい．datetime モジュールは date, time, datetime, timedelta とタイムゾーンに関係した 2 種類を含めてたった 6 種類のオブジェクトによる簡単なものだ．pandas の Timedelta と Timestamp オブジェクトは datetime モジュールよりも多くの機能がある．時系列を扱う場合，pandas で全部できる．

手順1では，datetimeモジュールで，date, time, datetime, timedeltaを作る方法を示す．整数だけが日付や時間の要素に使われ，引数として渡せる．手順5のpandas Timestampコンストラクタと比べてみれば，様々な日付文字列が渡せるという違いが分かる．手順6では，整数や文字列だけでなく，数値スカラーが日付として使えることが示される．このスカラーの単位は，デフォルトでは，ナノ秒(ns)だが，2番目の文では日(D)となっており，他に時(h)，分(m)，秒(s)，ミリ秒(ms)，マイクロ秒(µs)が使える．

手順2は，datetimeモジュールのtimedeltaオブジェクトを全パラメータで構築する詳細を述べる．手順9のpandas Timedeltaコンストラクタが，同じパラメータを文字列やスカラー数値で渡せることと比較するとよい．

単一オブジェクトしか作れないTimestampやTimedeltaコンストラクタの他に，to_datetimeやto_timedelta関数があり，整数や文字列のシーケンス全体を必要な型に変換する．これらの関数には，コンストラクタにはないパラメータがある．その1つがerrorsで，デフォルトが文字列raise，他にignoreやcoerceが使える．文字列の日付が変換不能だと，errorsパラメータがどうするかを決める．raiseなら例外を起こし，プログラム実行が停止．ignoreなら，関数に渡された元のシーケンスを返す．coerceならNaT (Not a Time)オブジェクトが新たな値として使われる．手順8の2番目の関数呼び出しで，最後がNaT，他はTimestampに正しくなっている．

to_datetimeにだけ使えるもう1つのパラメータがformatで，文字列がpandasで自動認識できない特別な日付書式の場合に役立つ．手順7の3番目の文で，日付時間に他の文字が挟まっている．**書式指定**を使って対応する部分だけを抽出した．

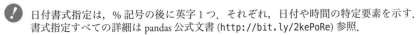 日付書式指定は，%記号の後に英字1つ．それぞれ，日付や時間の特定要素を示す．書式指定すべての詳細はpandas公式文書(http://bit.ly/2kePoRe)参照．

補足

日付書式指定は，巨大文字列シーケンスをTimestampに変換するとき大いに役立つ．pandasでto_datetimeを使い変換すると，日付を表す様々な文字列の組み合わせを探す．たとえ全文字列が同じ書式でもそうなる．formatパラメータで日付書式を指定すれば，pandasはいちいち探さなくてよくなる．日付のリストを作り，Timestampへの変換を書式指定のあるなしに応じて行う．

```
>>> date_string_list = ['Sep 30 1984'] * 10000
>>> %timeit pd.to_datetime(date_string_list, format='%b %d %Y')
35.6 ms ± 1.47 ms per loop (mean ± std. dev. of 7 runs, 10 loops each)
>>> %timeit pd.to_datetime(date_string_list)
1.31 s ± 63.3 ms per loop (mean ± std. dev. of 7 runs, 1 loop each)
```

書式指定すると40倍性能が上がる．

参照

- datetime モジュールの Python 公式文書 (http://bit.ly/2xIjd2b)
- Time Series/Date の pandas 公式文書 (http://bit.ly/2xQcani)
- timedelta の pandas 公式文書 (http://bit.ly/2yQTVMQ)

レシピ83 時系列を賢くスライシング

DataFrame の選択とスライシングについては4章「データから部分抽出」で扱った．DataFrame に DatetimeIndex があれば，選択とスライシングがもっとできる．

内容

このレシピでは，部分日付マッチングを使い，DatetimeIndex のある DataFrame で選択とスライシングする．

手順

1) Denver の crime データセットを HDF5 形式の crime.h5 ファイルから読み込み，カラムのデータ型と先頭の数行を出力する．HDF5 ファイル形式は，巨大科学データの効率的保存に適し，CSV とは全く異なる．

```
>>> crime = pd.read_hdf('data/crime.h5', 'crime')
>>> crime.dtypes
OFFENSE_TYPE_ID              category
OFFENSE_CATEGORY_ID          category
REPORTED_DATE          datetime64[ns]
GEO_LON                       float64
GEO_LAT                       float64
NEIGHBORHOOD_ID              category
IS_CRIME                        int64
IS_TRAFFIC                      int64
dtype: object
```

2) カテゴリカラムが3つと Timestamp (NumPy の datetime64 オブジェクト) が1つあることに注意．テキストでしか格納できない CSV ファイルと異なり，これらのデータ型がファイル作成時に格納される．REPORTED_DATE カラムをインデックスにして，賢い Timestamp スライシングを可能にする．

```
>>> crime = crime.set_index('REPORTED_DATE')
>>> crime.head()
```

	OFFENSE_TYPE_ID	OFFENSE_CATEGORY_ID	GEO_LON	GEO_LAT	NEIGHBORHOOD_ID	IS_CRIME	IS_TRAFFIC
REPORTED_DATE							
2014-06-29 02:01:00	traffic-accident-dui-duid	traffic-accident	-105.000149	39.745753	cbd	0	1
2014-06-29 01:54:00	vehicular-eluding-no-chase	all-other-crimes	-104.884660	39.738702	east-colfax	1	0
2014-06-29 02:00:00	disturbing-the-peace	public-disorder	-105.020719	39.706674	athmar-park	1	0
2014-06-29 02:18:00	curfew	public-disorder	-105.001552	39.769505	sunnyside	1	0
2014-06-29 04:17:00	aggravated-assault	aggravated-assault	-105.018557	39.679229	college-view-south-platte	1	0

3) いつものように，`.loc`インデクサにインデックスの値を渡して，該当行すべてを選ぶ．

```
>>> crime.loc['2016-05-12 16:45:00']
```

	OFFENSE_TYPE_ID	OFFENSE_CATEGORY_ID	GEO_LON	GEO_LAT	NEIGHBORHOOD_ID	IS_CRIME	IS_TRAFFIC
REPORTED_DATE							
2016-05-12 16:45:00	traffic-accident	traffic-accident	-104.847024	39.779596	montbello	0	1
2016-05-12 16:45:00	traffic-accident	traffic-accident	-105.049180	39.769296	west-highland	0	1
2016-05-12 16:45:00	fraud-identity-theft	white-collar-crime	-104.931971	39.717359	hilltop	1	0

4) インデックスが`Timestamp`なら，部分マッチングする行をすべて選ぶことができる．例えば，2016年5月12日の全犯罪は次のように簡単に選べる．

```
>>> crime.loc['2016-05-12']
```

	OFFENSE_TYPE_ID	OFFENSE_CATEGORY_ID	GEO_LON	GEO_LAT	NEIGHBORHOOD_ID	IS_CRIME	IS_TRAFFIC
REPORTED_DATE							
2016-05-12 23:51:00	criminal-mischief-other	public-disorder	-105.017241	39.705845	athmar-park	1	0
2016-05-12 18:40:00	liquor-possession	drug-alcohol	-104.995692	39.747875	cbd	1	0
...	...	...	...	...	...	...	...
2016-05-12 15:59:00	menacing-felony-w-weap	aggravated-assault	-104.935172	39.723703	hilltop	1	0
2016-05-12 16:39:00	assault-dv	other-crimes-against-persons	-104.974700	39.740555	north-capitol-hill	1	0

243 rows × 7 columns

5) 1つの日付だけでなく，ある月，年，あるいは時間で選ぶことができる．

```
>>> crime.loc['2016-05'].shape
(8012, 7)

>>> crime.loc['2016'].shape
(91076, 7)

>>> crime.loc['2016-05-12 03'].shape
(4, 7)
```

6) 選択文字列は，月の英字名でもよい．

```
>>> crime.loc['Dec 2015'].sort_index()
```

	OFFENSE_TYPE_ID	OFFENSE_CATEGORY_ID	GEO_LON	GEO_LAT	NEIGHBORHOOD_ID	IS_CRIME	IS_TRAFFIC
REPORTED_DATE							
2015-12-01 00:48:00	drug-cocaine-possess	drug-alcohol	-104.891681	39.740155	east-colfax	1	0
2015-12-01 00:48:00	theft-of-motor-vehicle	auto-theft	-104.891681	39.740155	east-colfax	1	0
...	...	...	...	...	...	...	...
2015-12-31 23:45:00	violation-of-restraining-order	all-other-crimes	-105.034887	39.741827	west-colfax	1	0
2015-12-31 23:50:00	weapon-poss-illegal-dangerous	all-other-crimes	-105.032769	39.709188	westwood	1	0

6907 rows × 7 columns

7) 月の形式には様々なパターンがある．

```
>>> crime.loc['2016 Sep, 15'].shape
(252, 7)

>>> crime.loc['21st October 2014 05'].shape
(4, 7)
```

8) スライス表記を使って，データの範囲を指定することもできる．

```
>>> crime.loc['2015-3-4':'2016-1-1'].sort_index()
```

	OFFENSE_TYPE_ID	OFFENSE_CATEGORY_ID	GEO_LON	GEO_LAT	NEIGHBORHOOD_ID	IS_CRIME	IS_TRAFFIC
REPORTED_DATE							
2015-03-04 00:11:00	assault-dv	other-crimes-against-persons	-105.021966	39.770883	sunnyside	1	0
2015-03-04 00:19:00	assault-dv	other-crimes-against-persons	-104.978988	39.748799	five-points	1	0
...	...	...	...	...	...	...	...
2016-01-01 23:45:00	drug-cocaine-possess	drug-alcohol	-104.987310	39.753598	five-points	1	0
2016-01-01 23:48:00	drug-poss-paraphernalia	drug-alcohol	-104.986020	39.752541	five-points	1	0

75403 rows × 7 columns

9) 月末に起こった犯罪が時刻とは無関係に結果に含まれていることに注意．これは，ラベルに基づいた .loc インデクサを使えば，すべての結果がこうなる．スライスの開始もしくは終了に必要なだけの精度を付けられる（あるいはなくすこともできる）．

```
>>> crime.loc['2015-3-4 22':'2016-1-1 11:45:00'].sort_index()
```

	OFFENSE_TYPE_ID	OFFENSE_CATEGORY_ID	GEO_LON	GEO_LAT	NEIGHBORHOOD_ID	IS_CRIME	IS_TRAFFIC
REPORTED_DATE							
2015-03-04 22:25:00	traffic-accident-hit-and-run	traffic-accident	-104.973896	39.769064	five-points	0	1
2015-03-04 22:30:00	traffic-accident	traffic-accident	-104.906412	39.632816	hampden-south	0	1
...	...	...	...	...	...	...	...
2016-01-01 23:40:00	robbery-business	robbery	-105.039236	39.726157	villa-park	1	0
2016-01-01 23:45:00	drug-cocaine-possess	drug-alcohol	-104.987310	39.753598	five-points	1	0

75175 rows × 7 columns

HDF5 ファイルには，各カラムのデータ型を保持して，メモリ量を節約するという優れた機能がある．この場合，3カラムがオブジェクト型ではなく pandas カテゴリ型．もしオブジェクト型で保持すれば，メモリ量は4倍になる．

```
>>> mem_cat = crime.memory_usage().sum()
>>> mem_obj = crime.astype({'OFFENSE_TYPE_ID':'object',
                            'OFFENSE_CATEGORY_ID':'object',
                            'NEIGHBORHOOD_ID':'object'}) \
           .memory_usage(deep=True).sum()
>>> mb = 2 ** 20
>>> round(mem_cat / mb, 1), round(mem_obj / mb, 1)
(29.4, 122.7)
```

インデックス演算子を使い日付で行の選択とスライシングを賢く行うには，インデックスが日付値を含まねばならない．手順 2 では，REPORTED_DATE カラムをインデックスに移して，新インデックスが DatetimeIndex になる．

```
>>> crime.index[:2]
DatetimeIndex(['2014-06-29 02:01:00', '2014-06-29 01:54:00'],
dtype='datetime64[ns]', name='REPORTED_DATE', freq=None)
```

DatetimeIndex では，.loc インデクサで行選択するにも様々な文字列が使える．実際，pandas Timestamp コンストラクタが受け入れるあらゆる文字列をここで使える．驚くべきことに，実は，このレシピでは，選択やスライシングに .loc インデクサを使わなくてもよい．インデックス演算子そのものが同様に働く．例えば，手順 7 の第 2 文は crime['21st October 2014 05'] とも書ける．インデックス演算子は普通はカラムだが，Timestamp では DatetimeIndex があれば柔軟に適用される．

個人的には私は行選択には .loc インデクサを使うことにしており，インデックス演算子は使わない．.loc インデクサの方が明示的で，渡される先頭の値が行選択に用いられる．

手順 8 と 9 は，前の選択と同様にスライシングできることを示す．スライスの開始または終了値に部分マッチングする日付が結果に含まれる．

補足

もともとの crime DataFrame はソートされていないが，スライシングは予期通りにできる．インデックスのソートは，性能上大きな利得がある．手順 8 のスライシングで差を調べよう．

```
>>> %timeit crime.loc['2015-3-4':'2016-1-1']
39.6 ms ± 2.77 ms per loop (mean ± std. dev. of 7 runs, 10 loops each)
>>> crime_sort = crime.sort_index()
>>> %timeit crime_sort.loc['2015-3-4':'2016-1-1']
758 µs ± 42.1 µs per loop (mean ± std. dev. of 7 runs, 1000 loops each)
```

ソートした DataFrame では性能が 50 倍だ．

参照

- 4 章「データから部分抽出」

レシピ84　DatetimeIndex でだけ働くメソッドを使う

DatetimeIndex でだけ働く DataFrame/Series メソッドが多数ある．インデックスが他の種類だとこの種のメソッドは失敗する．

内容

このレシピでは，まずメソッドを使い時間要素でデータの行を選ぶ．次に，強力な DateOffset オブジェクトとそのエリアスについて学ぶ．

手順

1) crime データセットを読み込み，REPORTED_DATE カラムをインデックスにして，DatetimeIndex になっていることを確認する．

```
>>> crime = pd.read_hdf('data/crime.h5', 'crime') \
            .set_index('REPORTED_DATE')
>>> print(type(crime.index))
<class 'pandas.core.indexes.datetimes.DatetimeIndex'>
```

2) between_time メソッドを使い，午前2時から5時までに発生した全犯罪を日付と関係なく選ぶ．

```
>>> crime.between_time('2:00', '5:00', include_end=False).head()
```

REPORTED_DATE	OFFENSE_TYPE_ID	OFFENSE_CATEGORY_ID	GEO_LON	GEO_LAT	NEIGHBORHOOD_ID	IS_CRIME	IS_TRAFFIC
2014-06-29 02:01:00	traffic-accident-dui-duid	traffic-accident	-105.000149	39.745753	cbd	0	1
2014-06-29 02:00:00	disturbing-the-peace	public-disorder	-105.020719	39.706674	athmar-park	1	0
2014-06-29 02:18:00	curfew	public-disorder	-105.001552	39.769505	sunnyside	1	0
2014-06-29 04:17:00	aggravated-assault	aggravated-assault	-105.018557	39.679229	college-view-south-platte	1	0
2014-06-29 04:22:00	violation-of-restraining-order	all-other-crimes	-104.972547	39.739649	cheesman-park	1	0

3) at_time で指定した時刻の日付すべてを選ぶ．

```
>>> crime.at_time('5:47').head()
```

REPORTED_DATE	OFFENSE_TYPE_ID	OFFENSE_CATEGORY_ID	GEO_LON	GEO_LAT	NEIGHBORHOOD_ID	IS_CRIME	IS_TRAFFIC
2013-11-26 05:47:00	criminal-mischief-other	public-disorder	-104.991476	39.751536	cbd	1	0
2017-04-09 05:47:00	criminal-mischief-mtr-veh	public-disorder	-104.959394	39.678425	university	1	0
2017-02-19 05:47:00	criminal-mischief-other	public-disorder	-104.986767	39.741336	north-capitol-hill	1	0
2017-02-16 05:47:00	aggravated-assault	aggravated-assault	-104.934029	39.732320	hale	1	0
2017-02-12 05:47:00	police-interference	all-other-crimes	-104.976306	39.722644	speer	1	0

4) 整数 n について，時間の先頭 n セグメントをうまく選ぶのには first メソッドがよい．時間セグメントは，DateOffset オブジェクトで表され，それは pd.offsets モジュールにある．このメソッドを使うには，DataFrame のインデックスがソートされていなければならない．crime データの先頭6か月を選ぶ．

```
>>> crime_sort = crime.sort_index()
```

```
>>> crime_sort.first(pd.offsets.MonthBegin(6))
```

REPORTED_DATE	OFFENSE_TYPE_ID	OFFENSE_CATEGORY_ID	GEO_LON	GEO_LAT	NEIGHBORHOOD_ID	IS_CRIME	IS_TRAFFIC
2012-01-02 00:06:00	aggravated-assault	aggravated-assault	-104.816860	39.796717	montbello	1	0
2012-01-02 00:06:00	violation-of-restraining-order	all-other-crimes	-104.816860	39.796717	montbello	1	0
2012-01-02 00:16:00	traffic-accident-dui-duid	traffic-accident	-104.971851	39.736874	cheesman-park	0	1
...	...	...	...	...	...	...	...
2012-06-30 23:50:00	criminal-mischief-mtr-veh	public-disorder	-104.838271	39.788683	montbello	1	0
2012-06-30 23:54:00	traffic-accident-hit-and-run	traffic-accident	-105.014162	39.740439	lincoln-park	0	1
2012-07-01 00:01:00	robbery-street	robbery	-104.924292	39.767585	northeast-park-hill	1	0

27489 rows × 7 columns

5) これは，1月から6月までのデータを取得しているが，驚くべきことに，7月の行も1つ選んでいる．その理由は，pandasが実際にはインデックスの時間成分の先頭要素を使っており，この例では，それが6分だったからだ．少し違うオフセット，MonthEndを使う．

```
>>> crime_sort.first(pd.offsets.MonthEnd(6))
```

REPORTED_DATE	OFFENSE_TYPE_ID	OFFENSE_CATEGORY_ID	GEO_LON	GEO_LAT	NEIGHBORHOOD_ID	IS_CRIME	IS_TRAFFIC
2012-01-02 00:06:00	aggravated-assault	aggravated-assault	-104.816860	39.796717	montbello	1	0
2012-01-02 00:06:00	violation-of-restraining-order	all-other-crimes	-104.816860	39.796717	montbello	1	0
2012-01-02 00:16:00	traffic-accident-dui-duid	traffic-accident	-104.971851	39.736874	cheesman-park	0	1
...	...	...	...	...	...	...	...
2012-06-29 23:41:00	robbery-street	robbery	-104.991912	39.756163	five-points	1	0
2012-06-29 23:57:00	assault-simple	other-crimes-against-persons	-104.987360	39.715162	speer	1	0
2012-06-30 00:04:00	traffic-accident	traffic-accident	-104.894697	39.628902	hampden-south	0	1

27332 rows × 7 columns

6) これはほぼ同じ量のデータを取得するが，よく見ると，6月30日から1行しか選んでいない．これも，最初のインデックスの時間成分が保存されているためだ．2012-06-30 00:06:00で正確に検索されたのだ．どうすれば，正確に6か月分のデータが得られるだろうか．いくつかの方法がある．すべてのDateOffsetにはnormalizeパラメータがあり，Trueにすれば全時間要素がゼロになる．次のようにして，目標がほとんど達成できる．

```
>>> crime_sort.first(pd.offsets.MonthBegin(6, normalize=True))
```

REPORTED_DATE	OFFENSE_TYPE_ID	OFFENSE_CATEGORY_ID	GEO_LON	GEO_LAT	NEIGHBORHOOD_ID	IS_CRIME	IS_TRAFFIC
2012-01-02 00:06:00	aggravated-assault	aggravated-assault	-104.816860	39.796717	montbello	1	0
2012-01-02 00:06:00	violation-of-restraining-order	all-other-crimes	-104.816860	39.796717	montbello	1	0
2012-01-02 00:16:00	traffic-accident-dui-duid	traffic-accident	-104.971851	39.736874	cheesman-park	0	1
...	...	...	...	...	...	...	...
2012-06-30 23:44:00	traffic-accident	traffic-accident	-104.987578	39.711158	baker	0	1
2012-06-30 23:50:00	criminal-mischief-mtr-veh	public-disorder	-104.838271	39.788683	montbello	1	0
2012-06-30 23:54:00	traffic-accident-hit-and-run	traffic-accident	-105.014162	39.740639	lincoln-park	0	1

27488 rows × 7 columns

7) このメソッドは，最初の6か月の全データを取得するのに成功した．正規化を True にしたので，検索は 2012-07-01 00:00:00 となり，この日付時刻に報告される犯罪まで含む．実際，first メソッドを使って1月から6月までのデータだけを取得する方法はない．次の簡単なスライシングなら正確な結果が得られる．

```
>>> crime_sort.loc[:'2012-06']
```

8) 次のオフセットまで正確に前後に動く DateOffset が12個ある．pd.offsets で DateOffset を探す代わりに，**オフセットエリアス**と呼ばれる文字列が使える．例えば，MonthEnd の代わりに *M*，MonthBegin の代わりに *MS* が使える．オフセットエリアスを複数個分示すには，頭に整数を付ければよい．全エリアスを調べるには表 (http://bit.ly/2xO5Yg0) を使うとよい．オフセットエリアスの例を，何が選ばれるかをコメントに記して次に示す．

```
>>> crime_sort.first('5D') # 5 日
>>> crime_sort.first('5B') # 5 勤務日
>>> crime_sort.first('7W') # 7 週，週末は日曜
>>> crime_sort.first('3QS') # 第 3 四半期の開始
>>> crime_sort.first('A') # 1 年の終わり
```

解説

インデックスが DatetimeIndex であることを確かめたら，このレシピの全メソッドを使える．.loc インデクサで Timestamp の時間成分だけでは選択とスライシングは不可能だ．ある範囲で日付を選ぶなら，between_time メソッドを使うか，at_time で正確な時刻を選ぶ．開始終了時刻として渡す文字列に少なくとも時間成分が含まれていることを確かめること．datetime モジュールの time オブジェクトも使える．例えば，次のコマンドで手順2と同じ結果が得られる．

```
>>> import datetime
>>> crime.between_time(datetime.time(2,0), datetime.time(5,0),
                       include_end=False)
```

手順4では，first メソッドを使うが，複雑な offset パラメータだ．DateOffset オブジェクトかオフセットエリアスという文字列でなければならない．DateOffset オブ

ジェクトの理解には，1つの `Timestamp` でどうなるか調べるのがよい．例えば，インデックスの先頭要素に2通りの方法で6か月を加える．

```
>>> first_date = crime_sort.index[0]
>>> first_date
Timestamp('2012-01-02 00:06:00')
>>> first_date + pd.offsets.MonthBegin(6)
Timestamp('2012-07-01 00:06:00')
>>> first_date + pd.offsets.MonthEnd(6)
Timestamp('2012-06-30 00:06:00')
```

オフセット `MonthBegin` と `MonthEnd` はどちらも正確な時間を足したり引いたりせず，どんな日かは無関係に月初か月末に丸める．内部的には，`first` メソッドは，DataFrame の最初のインデックス要素を使い，渡された DateOffset を加える．それから，新たな日付までスライシングする．例えば，手順4は次と等価だ．

```
>>> step4 = crime_sort.first(pd.offsets.MonthEnd(6))
>>> end_dt = crime_sort.index[0] + pd.offsets.MonthEnd(6)
>>> step4_internal = crime_sort[:end_dt]
>>> step4.equals(step4_internal)
True
```

手順5から7は，この等価性からくる．手順8では，オフセットエリアスで DateOffset のより簡潔なメソッド参照ができる．

 `first` メソッドの相棒は `last` メソッドで，DateOffset で DataFrame から最終 n セグメントを選ぶ．groupby オブジェクトには全く同じ名前のメソッドがあるが，機能は全く異なる．各グループの先頭と末尾要素を返し，DatetimeIndex とは何の関係もない．

補足

既存の DateOffset が要求に合わないなら自分用のを作ることも可能だ．

```
>>> dt = pd.Timestamp('2012-1-16 13:40')
>>> dt + pd.DateOffset(months=1)
Timestamp('2012-02-16 13:40:00')
```

このカスタム DateOffset が Timestamp を正確に1か月増やしていることに注意．多くの日付と時間要素をもつ別の例を見よう．

```
>>> do = pd.DateOffset(years=2, months=5, days=3, hours=8, seconds=10)
>>> pd.Timestamp('2012-1-22 03:22') + do
Timestamp('2014-06-25 11:22:10')
```

参照

- DateOffset オブジェクトの pandas 公式文書 (http://bit.ly/2f0intG)

レシピ85 週ごとの犯罪件数

Denver crime データセットには，46万を超える行に報告日時が記されている．週ごとの犯罪件数は期間によるグループ分けで答えられるクエリの一種だ．resample メソッドがどんな期間のグループ分けとも簡単なインタフェースを提供する．

内容 »

このレシピでは resample と groupby メソッドを使って週ごとの犯罪件数を数える．

手順 »

1) crime hdf5 データセットを読み込み，インデックスを REPORTED_DATE にし，ソートしてこの後のレシピでの効率を上げる．

```
>>> crime_sort = pd.read_hdf('data/crime.h5', 'crime') \
                  .set_index('REPORTED_DATE') \
                  .sort_index()
```

2) 週ごとの犯罪件数を数えるには，週ごとにグループ分けの必要がある．resample メソッドは，DateOffset オブジェクトやエイリアスを取って，全グループで動作できるオブジェクトを返す．返されるオブジェクトは，groupby メソッドを呼び出して作られるオブジェクトによく似ている．

```
>>> crime_sort.resample('W')
DatetimeIndexResampler [freq=<Week: weekday=6>, axis=0,
closed=right, label=right, convention=start, base=0]
```

3) オフセットエイリアス W は，pandas に週別にグループ分けしたいと伝える．手順1ではそんなに多くのことはない．pandas はオフセットを確かめ，グループで週ごとの作業の準備ができたオブジェクトを返した．resample 呼び出しにチェイニングしてデータを返すメソッドがいくつかある．まず，size メソッドをチェイニングして犯罪件数を数える．

```
>>> weekly_crimes = crime_sort.resample('W').size()
>>> weekly_crimes.head()
REPORTED_DATE
2012-01-08     877
2012-01-15    1071
2012-01-22     991
2012-01-29     988
2012-02-05     888
Freq: W-SUN, dtype: int64
```

4) インデックスが1週ごとに増える Series で週ごとの犯罪件数を得た．デフォルトで起こることの中には非常に重要で理解しておくべきことがある．日曜が週の終

わりで，Seriesの各要素のラベルになっている．例えば，先頭のインデックス値2012年1月8日は日曜．8日で終わる週に877件の犯罪があった．1月9日月曜から15日までの週は1071件だ．念のために，resampleメソッドの結果を確かめる．

```
>>> len(crime_sort.loc[:'2012-1-8'])
877
```

```
>>> len(crime_sort.loc['2012-1-9':'2012-1-15'])
1071
```

5) **アンカーオフセット**を使い，日曜以外で週を終わるようにした違う結果を調べる．

```
>>> crime_sort.resample('W-THU').size().head()
REPORTED_DATE
2012-01-05     462
2012-01-12    1116
2012-01-19     924
2012-01-26    1061
2012-02-02     926
Freq: W-THU, dtype: int64
```

6) resampleの機能のほとんどはgroupbyメソッドでも可能だ．オフセットをpd.Grouperオブジェクトで渡さないといけないところだけが違う．

```
>>> weekly_crimes_gby = crime_sort.groupby(pd.Grouper(freq='W')).size()
>>> weekly_crimes_gby.head()
REPORTED_DATE
2012-01-08     877
2012-01-15    1071
2012-01-22     991
2012-01-29     988
2012-02-05     888
Freq: W-SUN, dtype: int64
>>> weekly_crimes.equal(weekly_crimes_gby)
True
```

解説

resampleメソッドはデフォルトでDatetimeIndexを暗黙に処理するため，手順1でREPORTED_DATEをインデックスにした．手順2で作った中間オブジェクトでデータ内のグループ形成を理解する．resampleの第1引数は，インデックス内でTimestampのグループ化方式を決める規則．この場合，オフセットエリアスWで日曜で終わる1週間でグループを作ることが分かる．デフォルトの週末は日曜だが，ダッシュを付け曜日の英字先頭3文字のアンカーオフセットで変更できる．

resampleでグループを作ったら，それぞれに行う作業をメソッドチェイニングする．手順3ではsizeメソッドで週ごとの犯罪件数を数える．resampleの後に使える属性やメソッドは何だろうかと疑問に思うかもしれない．次で，resampleオブジェクトのメソッドを調べて出力する．

```
>>> r = crime_sort.resample('W')
>>> resample_methods = [attr for attr in dir(r) if attr[0].islower()]
>>> print(resample_methods)
['agg', 'aggregate', 'apply', 'asfreq', 'ax', 'backfill', 'bfill', 'count',
 'ffill', 'fillna', 'first', 'get_group', 'groups', 'indices', 'interpolate',
 'last', 'max', 'mean', 'median', 'min', 'ndim', 'ngroups', 'nunique', 'obj',
 'ohlc', 'pad', 'plot', 'prod', 'sem', 'size', 'std', 'sum', 'transform',
 'var']
```

手順4は，手順3の計算が正しいか，週ごとにデータをスライシングして行数を数え確認する．resampleメソッドはTimestampのグループには実は必要なくて，groupbyメソッドそのもので済ませることができる．しかし，groupbyメソッドには手順6で示すように，オフセットをfreqパラメータでpd.Grouperに渡さねばならない．

 pd.TimeGrouperというよく似たオブジェクトがあるが，pandas 0.21版で廃止が決まり使ってはならない．残念ながら，オンラインには，TimeGrouperを使った例が多数あるので惑わされないようにすること．

補足

インデックスにTimestampがなくてもresampleを使うことはできる．onパラメータでグループ分けに使うTimestampのあるカラムを選べる．

```
>>> crime = pd.read_hdf('data/crime.h5', 'crime')
>>> weekly_crimes2 = crime.resample('W', on='REPORTED_DATE').size()
>>> weekly_crimes2.equals(weekly_crimes)
True
```

同様に，keyパラメータでTimestampカラムを選びpd.Grouperでgroupbyメソッドを使うことも可能だ．

```
>>> weekly_crimes_gby2 = crime.groupby(pd.Grouper(key='REPORTED_DATE',
                                                  freq='W')).size()
>>> weekly_crimes_gby2.equals(weekly_crimes_gby)
True
```

Denverの(交通事故も含めた)全犯罪の線プロットを週次犯罪件数のSeriesのplotメソッドで描くことも簡単だ．

```
>>> weekly_crimes.plot(figsize=(16, 4), title='All Denver Crimes')
```

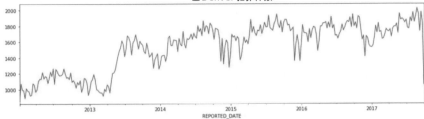

参照

- resample についての pandas 公式文書 (http://bit.ly/2yHXrbz)
- 全アンカーオフセットの表 (http://bit.ly/2xg20h2)

レシピ86　週ごとの犯罪と交通事故を別々に集約

　Denver crime データセットには1つのテーブルに犯罪と交通事故が一緒に入っており，2値カラム IS_CRIME と IS_TRAFFIC で分けている．resample メソッドは，期間でのグループ分けと特定カラムで別々の集約をサポートする．

内容

　このレシピでは，resample メソッドを使って四半期のグループ分けをして，犯罪と交通事故を別々に数える．

手順

1) crime hdf5 データセットを読み込み，インデックスを REPORTED_DATE にし，ソートしてこの後のレシピでの効率を上げる．

```
>>> crime_sort = pd.read_hdf('data/crime.h5', 'crime') \
                   .set_index('REPORTED_DATE') \
                   .sort_index()
```

2) resample メソッドを使って四半期のグループ分けをして，各グループの IS_CRIME と IS_TRAFFIC カラムの和を別々に取る．

```
>>> crime_quarterly = crime_sort.resample('Q')['IS_CRIME', 'IS_TRAFFIC'].sum()
>>> crime_quarterly.head()
```

REPORTED_DATE	IS_CRIME	IS_TRAFFIC
2012-03-31	7882	4726
2012-06-30	9641	5255
2012-09-30	10566	5003
2012-12-31	9197	4802
2013-03-31	8730	4442

3) 日付がすべて四半期最終日であることに注意．これはオフセットエリアス Q が四半期最終日を表すからだ．オフセットエリアス QS を使い，四半期初日にする．

```
>>> crime_sort.resample('QS')['IS_CRIME', 'IS_TRAFFIC'].sum().head()
```

	IS_CRIME	IS_TRAFFIC
REPORTED_DATE		
2012-01-01	7882	4726
2012-04-01	9641	5255
2012-07-01	10566	5003
2012-10-01	9197	4802
2013-01-01	8730	4442

4) 結果を第 2 四半期データが正しいかどうかで検証する．

```
>>> crime_sort.loc['2012-4-1':'2012-6-30', ['IS_CRIME', 'IS_TRAFFIC']].sum()
IS_CRIME      9641
IS_TRAFFIC    5255
dtype: int64
```

5) groupby メソッドを使って同じ結果が得られる．

```
>>> crime_quarterly2 = crime_sort.groupby(pd.Grouper(freq='Q')) \
                                 ['IS_CRIME', 'IS_TRAFFIC'].sum()
>>> crime_quarterly2.equals(crime_quarterly)
True
```

6) 犯罪と交通事故の傾向を分析するためにプロットする．

```
>>> plot_kwargs = dict(figsize=(16,4), color=['black', 'lightgrey'],
                       title='Denver Crimes and Traffic Accidents')
>>> crime_quarterly.plot(**plot_kwargs)
```

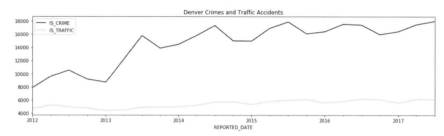

解説

手順 1 でデータを読み込み，準備後，手順 2 でグループ分けと集約を開始する．resample メソッド呼び出し後，メソッドチェイニングか集約するカラムグループ選択が可能．IS_CRIME と IS_TRAFFIC カラムを選んで集約することにした．この 2 つを選ばなかった場合，全数値カラムを次のようにして総和を取っただろう．

```
>>> crime_sort.resample('Q').sum().head()
```

REPORTED_DATE	GEO_LON	GEO_LAT	IS_CRIME	IS_TRAFFIC
2012-03-31	-1.313006e+06	496960.237747	7882	4726
2012-06-30	-1.547274e+06	585656.789182	9641	5255
2012-09-30	-1.615835e+06	611604.800384	10566	5003
2012-12-31	-1.458177e+06	551923.040048	9197	4802
2013-03-31	-1.368931e+06	518159.721947	8730	4442

デフォルトで，オフセットエリアス Q は，12月31日を年の終わりとする．四半期を表す日付はすべてこの年最終日を使って計算される．集約結果では，この四半期最終日をラベルに使う．手順3では，デフォルトで1月1日を年初日とするオフセットエリアス QS を使う．

ほとんどの上場企業が四半期報告を出しているが，すべてが同じ1月1日から始まるカレンダーというわけではない．例えば，3月1日からの四半期の場合，QS-MAR をオフセットエリアスのアンカーに使う．

```
>>> crime_sort.resample('QS-MAR')['IS_CRIME', 'IS_TRAFFIC'].sum().head()
```

REPORTED_DATE	IS_CRIME	IS_TRAFFIC
2011-12-01	5013	3198
2012-03-01	9260	4954
2012-06-01	10524	5190
2012-09-01	9450	4777
2012-12-01	9003	4652

前の**レシピ85 週ごとの犯罪件数**同様，スライシングで pd.Grouper でグループ長を設定し，groupby メソッドで同じ結果を出して検証する．手順6では，DataFrame の plot メソッドを呼び出す．デフォルトで，カラムデータを線プロットする．このプロットから，年の最初の3四半期で犯罪報告件数が増えているのが明らかに分かる．犯罪と交通事故の両方で，涼しい月の方が件数が少なく，暑い月の方が多いことも分かる．

補足

視点を変えて，件数そのものではなく犯罪と交通事故の増加パーセントをプロットする．先頭行でデータを割り算し，再度プロットする．

```
>>> crime_begin = crime_quarterly.iloc[0]
>>> crime_begin
IS_CRIME       7882
IS_TRAFFIC     4726
Name: 2012-03-31 00:00:00, dtype: int64
```

```
>>> crime_quarterly.div(crime_begin) \
               .sub(1) \
               .round(2) \
               .plot(**plot_kwargs)
```

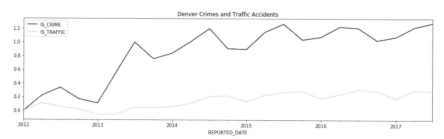

レシピ87 曜日と年での犯罪件数の測定

犯罪件数を曜日と年で同時に測定するには，情報を Timestamp から直接抽出する機能が必要になる．幸い，その機能は，Timestamp のカラムの dt アクセサに組み込まれている．

内容

このレシピでは，dt アクセサを使い，犯罪の曜日と年を両方とも Series で取得する．両方の Series を使い，グループ分けで犯罪件数を数える．最後に，1年に満たないデータを調整して，全犯罪件数のヒートマップを作る．

手順

1) crime hdf5 データセットを読み込み，REPORTED_DATE をカラムのままにする．

```
>>> crime = pd.read_hdf('data/crime.h5', 'crime')
>>> crime.head()
```

	OFFENSE_TYPE_ID	OFFENSE_CATEGORY_ID	REPORTED_DATE	GEO_LON	GEO_LAT	NEIGHBORHOOD_ID	IS_CRIME	IS_TRAFFIC
0	traffic-accident-dui-duid	traffic-accident	2014-06-29 02:01:00	-105.000149	39.745753	cbd	0	1
1	vehicular-eluding-no-chase	all-other-crimes	2014-06-29 01:54:00	-104.884660	39.738702	east-colfax	1	0
2	disturbing-the-peace	public-disorder	2014-06-29 02:00:00	-105.020719	39.706674	athmar-park	1	0
3	curfew	public-disorder	2014-06-29 02:18:00	-105.001552	39.769505	sunnyside	1	0
4	aggravated-assault	aggravated-assault	2014-06-29 04:17:00	-105.018557	39.679229	college-view-south-platte	1	0

2) 全 Timestamp カラムには dt アクセサという特別な属性があり，様々な属性やメソッドにアクセスできる．REPORTED_DATE で曜日を見つけて数えよう．

```
>>> wd_counts = crime['REPORTED_DATE'].dt.weekday_name.value_counts()
>>> wd_counts
Monday      70024
Friday      69621
```

```
Wednesday                    69538
Thursday                     69287
Tuesday                      68394
Saturday                     58834
Sunday                       55213
Name: REPORTED_DATE, dtype: int64
```

3) 週末は犯罪も交通事故も少ない．データを整理して棒グラフにする．

```
>>> days = ['Monday', 'Tuesday', 'Wednesday', 'Thursday',
            'Friday', 'Saturday', 'Sunday']
>>> title = 'Denver Crimes and Traffic Accidents per Weekday'
>>> wd_counts.reindex(days).plot(kind='barh', title=title)
```

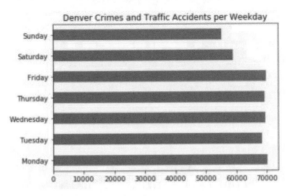

4) 同じような手続きで年ごとの件数を数える．

```
>>> title = 'Denver Crimes and Traffic Accidents per Year'
>>> crime['REPORTED_DATE'].dt.year.value_counts() \
                          .sort_index() \
                          .plot(kind='barh', title=title)
```

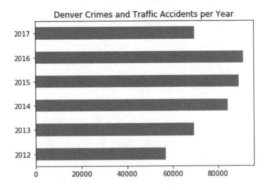

5) 曜日と年の両方でグループ分けしたい．1つの方法は，曜日と年を別々の変数に保存し，それらに groupby メソッドを使って結果を得るものだ．

```
>>> weekday = crime['REPORTED_DATE'].dt.weekday_name
>>> year = crime['REPORTED_DATE'].dt.year
>>> crime_wd_y = crime.groupby([year, weekday]).size()
>>> crime_wd_y.head(10)
REPORTED_DATE  REPORTED_DATE
2012           Friday           8549
               Monday           8786
               Saturday         7442
               Sunday           7189
               Thursday         8440
               Tuesday          8191
               Wednesday        8440
2013           Friday          10380
               Monday          10627
               Saturday         8875
dtype: int64
```

6) データは正しく集約できたが，構造は比較しやすいようになっていない．まず，無意味なインデックスレベルの名前を変えて，それから曜日レベルを unstack して，分かりやすいテーブルにする．

```
>>> crime_table = crime_wd_y.rename_axis(['Year', 'Weekday']) \
                            .unstack('Weekday')
>>> crime_table
```

Weekday Year	Friday	Monday	Saturday	Sunday	Thursday	Tuesday	Wednesday
2012	8549	8786	7442	7189	8440	8191	8440
2013	10380	10627	8875	8444	10431	10416	10354
2014	12683	12813	10950	10278	12309	12440	12948
2015	13273	13452	11586	10624	13512	13381	13320
2016	14059	13708	11467	10554	14050	13338	13900
2017	10677	10638	8514	8124	10545	10628	10576

7) 見やすいテーブルになったが，明らかに，2017 年のデータが不完全だ．正しく比較するには，単純線形外挿で，犯罪件数を推定しなければならない．まず，2017 年のデータの最終日を見つける．

```
>>> criteria = crime['REPORTED_DATE'].dt.year == 2017
>>> crime.loc[criteria, 'REPORTED_DATE'].dt.dayofyear.max()
272
```

8) 素朴な推定は 1 年間を通じて犯罪発生率が一定と仮定し，2017 年のテーブルの全値に 365/272 を掛けることだ．しかし，もう少しよいのは，過去データから最初の 272 日の犯罪発生の平均パーセントを求めることだ．

```
>>> round(272 / 365, 3)
.745
>>> crime_pct = crime['REPORTED_DATE'].dt.dayofyear.le(272) \
                                    .groupby(year).mean().round(3)
>>> crime_pct
REPORTED_DATE
2012    0.748
2013    0.725
2014    0.751
2015    0.748
2016    0.752
2017    1.000
Name: REPORTED_DATE, dtype: float64
>>> crime_pct.loc[2012:2016].median()
.748
```

9) 偶然だろうが，最初の 272 日の犯罪発生率が，1 年に対する経過パーセントに近い．2017 年の行の値を更新し，カラムの順番を曜日の順番に合わせる．

```
>>> crime_table.loc[2017] = crime_table.loc[2017].div(.748).astype('int')
>>> crime_table = crime_table.reindex(columns=days)
>>> crime_table
```

Weekday / Year	Monday	Tuesday	Wednesday	Thursday	Friday	Saturday	Sunday
2012	8786	8191	8440	8440	8549	7442	7189
2013	10627	10416	10354	10431	10380	8875	8444
2014	12813	12440	12948	12309	12683	10950	10278
2015	13452	13381	13320	13512	13273	11586	10624
2016	13708	13338	13900	14050	14059	11467	10554
2017	14221	14208	14139	14097	14274	11382	10860

10) 線プロットや棒グラフを作ってもよいが，seaborn ライブラリにあるヒートマップを使うとよい状況だ．

```
>>> import seaborn as sns
>>> sns.heatmap(crime_table, cmap='Greys')
```

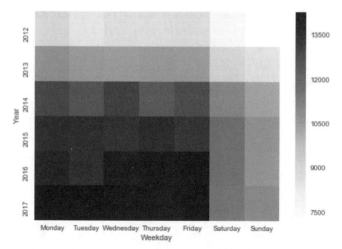

11) 犯罪は毎年増えているが，このデータは人口増加を考慮していない．Denver の人口を該当する年についてテーブルに読み込む．

```
>>> denver_pop = pd.read_csv('data/denver_pop.csv',index_col='Year')
>>> denver_pop
```

	Population
Year	
2017	705000
2016	693000
2015	680000
2014	662000
2013	647000
2012	634000

12) 多くの犯罪指標が人口10万人当たりで報告されている．人口を10万で割り，元の犯罪件数をこの数値で割って10万人当たりの発生率を得る．

```
>>> den_100k = denver_pop.div(100000).squeeze()
>>> crime_table2 = crime_table.div(den_100k, axis='index').astype('int')
>>> crime_table2
```

Weekday	Monday	Tuesday	Wednesday	Thursday	Friday	Saturday	Sunday
Year							
2012	1385	1291	1331	1331	1348	1173	1133
2013	1642	1609	1600	1612	1604	1371	1305
2014	1935	1879	1955	1859	1915	1654	1552
2015	1978	1967	1958	1987	1951	1703	1562
2016	1978	1924	2005	2027	2028	1654	1522
2017	2017	2015	2005	1999	2024	1614	1540

13) 再度，このデータでヒートマップを取る．人口増加の調整後も，前のとほぼ同じだ．

```
>>> sns.heatmap(crime_table2, cmap='Greys')
```

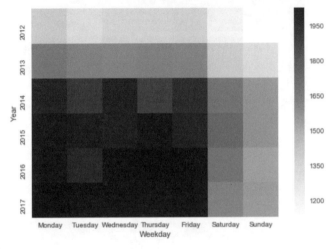

解説

Timestamp のある DataFrame カラムはすべて dt アクセサで多数の属性やメソッドにアクセスできる．実際，dt アクセサで使えるメソッドや属性は，Timestamp オブジェクトで直接使えるものだ．

手順 2 では Series でだけ働く dt アクセサを使い，曜日名を抽出して，個数を数える．手順 3 でプロットする前に，reindex メソッドでインデックスの順序を変える．基本的なユースケースで，必要な順序のリストを与える．この作業は，次のように，.loc インデクサを使ってもできる．

```
>>> wd_counts.loc[days]
Monday      70024
Tuesday     68394
Wednesday   69538
Thursday    69287
```

```
Friday      69621
Saturday    58834
Sunday      55213
Name: REPORTED_DATE, dtype: int64
```

reindex メソッドは，.loc インデクサに比べると，効率がよくて，より多くの状況に対応した多くのパラメータを備えている．次に，dt アクセサの weekday_name 属性を使い，曜日名を取得する．個数を数えてから，水平方向の棒グラフを作る．

手順 4 では，同じような手続きで dt アクセサを使い，年の情報を取り出し，value_counts メソッドで個数を数える．この場合は，年が自然と望ましい順序になっているので，reindex ではなく sort_index を使う．

レシピの目標は，曜日と年の両方でグループ分けすることだが，それを手順 5 で行う．groupby メソッドは非常に柔軟で複数の方式でグループ分けできる．このレシピでは，year と weekday という 2 つの Series を渡し，組み合わせごとにグループ分けする．size メソッドをチェイニングして，各グループの長さという値 1 つをそれぞれ返す．

手順 5 の後，できた Series は 1 カラムなので，年や曜日の比較が難しい．読みやすくするために，unstack で，曜日のレベルを水平カラム名に変換する．

手順 7 では，Boolean インデックス法を使い，2017 年の犯罪のみを選び，dt アクセサの dayofyear を使い，年初からの総経過日数を求める．この Series の最大値が 2017 年に何日あるかを示す．

手順 8 は込み入っている．まず，crime['REPORTED_DATE'].dt.dayofyear.le(272) で，犯罪が 272 日目かその前に起こったか調べて Boolean Series を作る．次に，再度，柔軟な groupby メソッドを用いて前もって計算した year Series でグループを作り，mean メソッドを使い，各年で 272 日以前に起こった犯罪率を求める．

手順 9 では .loc インデクサで 2017 年のデータ行すべてを選ぶ．この行を手順 8 で求めたパーセントのメディアンで調整する．

多数の犯罪可視化がヒートマップで行われており，ここでも手順 10 で seaborn 可視化ライブラリでヒートマップを作る．cmap パラメータは，何十もある matplotlib カラーマップ (http://bit.ly/2yJZOvt) の文字列名を取る．

手順 12 では，10 万人当たりの犯罪率をその年の人口で割って得る．これは実はかなり難しい演算だ．通常，DataFrame を別の DataFrame で割るとき，カラムとインデックスでアラインメントする．ところが，この手順では，crime_table に denver_pop と共通のカラムがないので，直接割ろうとすると値がアラインメントしない．この問題を回避するために，den_100k Series を squeeze メソッドで作る．デフォルトでは，DataFrame と Series の割り算は DataFrame のカラムと Series のインデックスが次のようにアラインメントする．

```
>>> crime_table / den_100k
```

Year	Monday	Tuesday	Wednesday	Thursday	Friday	Saturday	Sunday	2017	2016	2015	2014	2013	2012
2012	NaN	NaN	NaN	NaN	NaN	NaN	NaN	NaN	NaN	NaN	NaN	NaN	NaN
2013	NaN	NaN	NaN	NaN	NaN	NaN	NaN	NaN	NaN	NaN	NaN	NaN	NaN
2014	NaN	NaN	NaN	NaN	NaN	NaN	NaN	NaN	NaN	NaN	NaN	NaN	NaN
2015	NaN	NaN	NaN	NaN	NaN	NaN	NaN	NaN	NaN	NaN	NaN	NaN	NaN
2016	NaN	NaN	NaN	NaN	NaN	NaN	NaN	NaN	NaN	NaN	NaN	NaN	NaN
2017	NaN	NaN	NaN	NaN	NaN	NaN	NaN	NaN	NaN	NaN	NaN	NaN	NaN

DataFrame のインデックスを Series のインデックスとアラインメントする必要があり，そのためには，div メソッドを使い，axis パラメータでアラインメントの方向を変える．調整した犯罪率のヒートマップは手順 13 でプロットする．

補足

この分析の最後に，このレシピの全手順を一度に完了し，特定の犯罪を選ぶ能力を追加した関数を書く．

```
>>> ADJ_2017 = .748
>>> def count_crime(df, offense_cat):
        df = df[df['OFFENSE_CATEGORY_ID'] == offense_cat]
        weekday = df['REPORTED_DATE'].dt.weekday_name
        year = df['REPORTED_DATE'].dt.year
        ct = df.groupby([year, weekday]).size().unstack()
        ct.loc[2017] = ct.loc[2017].div(ADJ_2017).astype('int')
        pop = pd.read_csv('data/denver_pop.csv', index_col='Year')
        pop = pop.squeeze().div(100000)
        ct = ct.div(pop, axis=0).astype('int')
        ct = ct.reindex(columns=days)
        sns.heatmap(ct, cmap='Greys')
        return ct
>>> count_crime(crime, 'auto-theft')
```

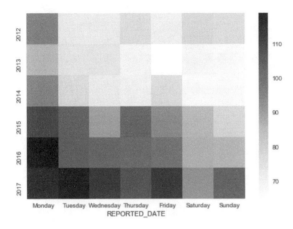

参照

- reindex メソッドの pandas 公式文書 (http://bit.ly/2y40eyE)
- heatmap 関数の seaborn 公式文書

レシピ88 DatetimeIndex で無名関数を使いグループ分け

DataFrame を DatetimeIndex で使うと，本章のレシピで見られる新たな様々な演算への扉が開く．

内容

このレシピでは，DatetimeIndex をもつ DataFrame で groupby メソッドを使った多機能性を示す．

手順

1) crime hdf5 データセットを読み込み，インデックスを REPORTED_DATE にし，ソートする．

```
>>> crime_sort = pd.read_hdf('data/crime.h5', 'crime') \
                   .set_index('REPORTED_DATE') \
                   .sort_index()
```

2) DatetimeIndex そのものには，pandas Timestamp と同じ属性とメソッドがある．共通なものをいくつか見てみる．

```
>>> common_attrs = set(dir(crime_sort.index)) & set(dir(pd.Timestamp))
>>> print([attr for attr in common_attrs if attr[0] != '_'])
['to_pydatetime', 'normalize', 'day', 'dayofyear', 'freq', 'ceil',
'microsecond', 'tzinfo', 'weekday_name', 'min', 'quarter', 'month', 'tz_
convert', 'tz_localize', 'is_month_start', 'nanosecond', 'tz', 'to_datetime',
'dayofweek', 'year', 'date', 'resolution', 'is_quarter_end', 'weekofyear', 'is_
quarter_start', 'max', 'is_year_end', 'week', 'round', 'strftime', 'offset',
'second', 'is_leap_year', 'is_year_start', 'is_month_end', 'to_period',
'minute', 'weekday', 'hour', 'freqstr', 'floor', 'time', 'to_julian_date',
'days_in_month', 'daysinmonth']
```

3) 前の**レシピ 87 曜日と年での犯罪件数の測定**の手順 2 と同様に，インデックスを使って曜日名を見つける．

```
>>> crime_sort.index.weekday_name.value_counts()
Monday       70024
Friday       69621
Wednesday    69538
Thursday     69287
Tuesday      68394
Saturday     58834
Sunday       55213
Name: REPORTED_DATE, dtype: int64
```

4) 驚くべきことに，groupby メソッドには関数を引数に取る機能がある．関数がインデックスに暗黙に渡され，戻り値を使ってグループができる．インデックスを曜日にする関数を使ってこれを行い，犯罪と交通事故の件数を別々に数える．

```
>>> crime_sort.groupby(lambda x: x.weekday_name) \
            ['IS_CRIME', 'IS_TRAFFIC'].sum()
```

	IS_CRIME	IS_TRAFFIC
Friday	48833	20814
Monday	52158	17895
Saturday	43363	15516
Sunday	42315	12968
Thursday	49470	19845
Tuesday	49658	18755
Wednesday	50054	19508

5) 関数のリストを使い，時間帯と年の両方でグループ分けして，読みやすいように

テーブルの形式を整える．

```
>>> funcs = [lambda x: x.round('2h').hour, lambda x: x.year]
>>> cr_group = crime_sort.groupby(funcs) \
                        ['IS_CRIME', 'IS_TRAFFIC'].sum()
>>> cr_final = cr_group.unstack()
>>> cr_final.style.highlight_max(color='lightgrey')
```

	IS_CRIME						IS_TRAFFIC					
	2012	2013	2014	2015	2016	2017	2012	2013	2014	2015	2016	2017
0	2422	4040	5649	5649	5377	3811	919	792	978	1136	980	782
2	1888	3214	4245	4050	4091	3041	718	652	779	773	718	537
4	1472	2181	2956	2959	3044	2255	399	378	424	471	464	313
6	1067	1365	1750	2167	2108	1567	411	399	479	494	593	462
8	2998	3445	3727	4161	4488	3251	1957	1955	2210	2331	2372	1828
10	4305	5035	5658	6205	6218	4993	1979	1901	2139	2320	2303	1873
12	4496	5524	6434	6841	7226	5463	2200	2138	2379	2631	2760	1986
14	4266	5698	6708	7218	6896	5396	2241	2245	2630	2840	2763	1990
16	4113	5889	7351	7643	7926	6338	2714	2562	3002	3160	3527	2784
18	3660	5094	6586	7015	7407	6157	3118	2704	3217	3412	3608	2718
20	3521	4895	6130	6360	6963	5272	1787	1806	1994	2071	2184	1491
22	3078	4318	5496	5626	5637	4358	1343	1330	1532	1671	1472	1072

解説

手順1ではデータを読み込み，Timestampのカラムをインデックスにして DatetimeIndexを作る．手順2ではDatetimeIndexがTimestampオブジェクトと同じ機能を多数もつことを確かめる．手順3では，DatetimeIndexのこれらの機能を直接使って曜日名を抽出する．

手順4では，DatetimeIndexに渡された関数をgroupbyメソッドが受け入れるという特別な機能を活用する．無名関数の引数xはDatetimeIndexであり，これを使って曜日名を取得する．手順5のように，関数のリストをgroupbyに渡すことも可能だ．最初の関数では，DatetimeIndexのroundメソッドを使い，直近の時間に丸める．次の関数は年を取得する．グループ分けと集約後，年をunstackしてカラムに変える．それから，各カラムの最大値をハイライトする．犯罪は午後3時から5時の間，交通事故は午後5時から7時の間が最も多い．

補足

このレシピの最終結果はMultiIndexカラムのDataFrameだ．このDataFrameを使い，犯罪と交通事故をそれぞれ別途選ぶことができる．xsメソッドは，どのようなインデックスレベルからも単一値を選択できる．交通事故の部分だけを抜き出す例を示す．

```
>>> cr_final.xs('IS_TRAFFIC', axis='columns', level=0).head()
```

	2012	2013	2014	2015	2016	2017
0	919	792	978	1136	980	782
2	718	652	779	773	718	537
4	399	378	424	471	464	313
6	411	399	479	494	593	462
8	1957	1955	2210	2331	2372	1828

これは，pandas ではクロスセクションを取ることだ．値の位置指定には，axis と level パラメータを使わねばならない．xs を再度使い，別のレベルの 2016 年からのデータだけを取り出す．

```
>>> cr_final.xs(2016, axis='columns', level=1).head()
```

	IS_CRIME	IS_TRAFFIC
0	5377	980
2	4091	718
4	3044	464
6	2108	593
8	4488	2372

参照

- クロスセクションメソッド xs の pandas 公式文書 (http://bit.ly/2xkLzLv)

レシピ89 Timestamp と別のカラムでグループ分け

resample メソッドはそれだけでは，期間だけでグループ分けできない．しかし，groupby メソッドには期間と他のカラムの両方でグループ分けする機能がある．

内容

このレシピでは，Timestamp と別のカラムとでというよく似ているが違う 2 つの方式でグループ分けする．

手順

1) employee データセットを読み込み，HIRE_DATE カラムで DatetimeIndex を作る．

```
>>> employee = pd.read_csv('data/employee.csv',
                           parse_dates=['JOB_DATE', 'HIRE_DATE'],
                           index_col='HIRE_DATE')
>>> employee.head()
```

HIRE_DATE	UNIQUE_ID	POSITION_TITLE	DEPARTMENT	BASE_SALARY	RACE	EMPLOYMENT_TYPE	GENDER	EMPLOYMENT_STATUS	JOB_DATE
2006-06-12	0	ASSISTANT DIRECTOR (EX LVL)	Municipal Courts Department	121862.0	Hispanic/Latino	Full Time	Female	Active	2012-10-13
2000-07-19	1	LIBRARY ASSISTANT	Library	26125.0	Hispanic/Latino	Full Time	Female	Active	2010-09-18
2015-02-03	2	POLICE OFFICER	Houston Police Department-HPD	45279.0	White	Full Time	Male	Active	2015-02-03
1982-02-08	3	ENGINEER/OPERATOR	Houston Fire Department (HFD)	63166.0	White	Full Time	Male	Active	1991-05-25
1989-06-19	4	ELECTRICIAN	General Services Department	56347.0	White	Full Time	Male	Active	1994-10-22

2) まず，性別でグループ分けして，それぞれの平均給与を求める．

```
>>> employee.groupby('GENDER')['BASE_SALARY'].mean().round(-2)
GENDER
Female    52200.0
Male      57400.0
Name: BASE_SALARY, dtype: float64
```

3) 雇用日に基づいた平均給与を求め，10年のビンでグループ分けする．

```
>>> employee.resample('10AS')['BASE_SALARY'].mean().round(-2)
HIRE_DATE
1958-01-01     81200.0
1968-01-01    106500.0
1978-01-01     69600.0
1988-01-01     62300.0
1998-01-01     58200.0
2008-01-01     47200.0
Freq: 10AS-JAN, Name: BASE_SALARY, dtype: float64
```

4) 性別と5年期間ごとにグループ分けしたいなら，groupbyの直後にresample呼び出す．

```
>>> employee.groupby('GENDER').resample('10AS')['BASE_SALARY'] \
        .mean().round(-2)
GENDER  HIRE_DATE
Female  1975-01-01     51600.0
        1985-01-01     57600.0
        1995-01-01     55500.0
        2005-01-01     51700.0
        2015-01-01     38600.0
Male    1958-01-01     81200.0
        1968-01-01    106500.0
        1978-01-01     72300.0
        1988-01-01     64600.0
        1998-01-01     59700.0
        2008-01-01     47200.0
```

```
Name: BASE_SALARY, dtype: float64
```

5) これでもよいが，女性と男性の給与比較が面倒だ．性別レベルを unstack して，どうなるか調べる．

```
>>> sal_avg.unstack('GENDER')
```

GENDER	Female	Male
HIRE_DATE		
1958-01-01	NaN	81200.0
1968-01-01	NaN	106500.0
1975-01-01	51600.0	NaN
1978-01-01	NaN	72300.0
1985-01-01	57600.0	NaN
1988-01-01	NaN	64600.0
1995-01-01	55500.0	NaN
1998-01-01	NaN	59700.0
2005-01-01	51700.0	NaN
2008-01-01	NaN	47200.0
2015-01-01	38600.0	NaN

6) 女性と男性の10年期間が同じ日付で始まらない．これは，データをまず性別でグループ分けして，それから，性別の中でグループ分けしたためだ．最初の男性の雇用が 1958 年で，女性の最初の雇用が 1975 年なのを確かめる．

```
>>> employee[employee['GENDER'] == 'Male'].index.min()
Timestamp('1958-12-29 00:00:00')
>>> employee[employee['GENDER'] == 'Female'].index.min()
Timestamp('1975-06-09 00:00:00')
```

7) この問題を解決するには，両性を合わせて日付でグループ分けする．これは groupby メソッドでしかできない．

```
>>> sal_avg2 = employee.groupby(['GENDER', pd.Grouper(freq='10AS')]) \
                       ['BASE_SALARY'].mean().round(-2)
>>> sal_avg2
GENDER  HIRE_DATE
Female  1968-01-01        NaN
        1978-01-01    57100.0
        1988-01-01    57100.0
        1998-01-01    54700.0
        2008-01-01    47300.0
Male    1958-01-01    81200.0
        1968-01-01   106500.0
```

```
      1978-01-01     72300.0
      1988-01-01     64600.0
      1998-01-01     59700.0
      2008-01-01     47200.0
Name: BASE_SALARY, dtype: float64
```

8) 今度は unstack して，行のアラインメントがうまくいく．

```
>>> sal_final = sal_avg2.unstack('GENDER')
>>> sal_final
```

GENDER	Female	Male
HIRE_DATE		
1958-01-01	NaN	81200.0
1968-01-01	NaN	106500.0
1978-01-01	57100.0	72300.0
1988-01-01	57100.0	64600.0
1998-01-01	54700.0	59700.0
2008-01-01	47300.0	47200.0

解説

　手順1の read_csv 関数は，カラムを Timestamp にしてインデックスにすると同時に DatetimeIndex を作る．手順2では1つのカラム gender で groupby 演算を行う．手順3では，オフセットエリアス *10AS* の resample メソッドで，10年ごとのグループ分けをする．*A* は年のエリアス，*S* は期間初日をラベルとして使うことを示す．例えば，1988-01-01 というラベルは，その日から1997年12月31日までだ．

　興味深いことに，groupby メソッド呼び出しで返るオブジェクトはそれ自体の resample メソッドをもつが，逆は真ならずだ．

```
>>> 'resample' in dir(employee.groupby('GENDER'))
True
>>> 'groupby' in dir(employee.resample('10AS'))
False
```

　手順4では，最初の雇用日に基づき男女別々の開始日による10年期間が計算される．手順6で，最初の被雇用者の年が手順4の出力に合致することを検証した．手順5の女性と男性の給与比較で生じた不揃いはこれが原因だった．10年期間が同じではなかったからだ．

　この問題を回避するには，性別と Timestamp のグループ分けを一緒に行わないといけない．resample メソッドは，Timestamp の1カラムでしかグループ分けできない．groupby メソッドでのみ，この操作ができる．pd.Grouper で resample の代用ができる．

手順7のように，オフセットエリアスを freq パラメータに渡し，オブジェクトをグループ分けするカラムと一緒にリストに置く．両性ともに10年期間が同じ開始日なので，手順8で形を整えたデータは性別比較が容易になる．男性の給与の方が，雇用期間が長い分だけ高いが，10年の雇用期間では両性とも平均給与が同じだ．

補足

第3者の視点では，手順8での出力行が10年期間だというのは明らかではない．インデックスラベルを改善する1つの方法は，期間の開始終了を示すことだ．これは，現在のインデックスの年に9を足したものを連結すればできる．

```
>>> years = sal_final.index.year
>>> years_right = years + 9
>>> sal_final.index = years.astype(str) + '-' + years_right.astype(str)
>>> sal_final
```

GENDER	Female	Male
1958-1967	NaN	81200.0
1968-1977	NaN	106500.0
1978-1987	57100.0	72300.0
1988-1997	57100.0	64600.0
1998-2007	54700.0	59700.0
2008-2017	47300.0	47200.0

実際にはこのレシピと全く違う方法もある．cut 関数を使って各従業員が雇用された等幅期間を作成し，そこからグループ分けする．

```
>>> cuts = pd.cut(employee.index.year, bins=5, precision=0)
>>> cuts.categories.values
array([Interval(1958.0, 1970.0, closed='right'),
       Interval(1970.0, 1981.0, closed='right'),
       Interval(1981.0, 1993.0, closed='right'),
       Interval(1993.0, 2004.0, closed='right'),
       Interval(2004.0, 2016.0, closed='right')], dtype=object)
>>> employee.groupby([cuts, 'GENDER'])['BASE_SALARY'] \
        .mean().unstack('GENDER').round(-2)
```

GENDER	Female	Male
(1958.0, 1970.0]	NaN	85400.0
(1970.0, 1981.0]	54400.0	72700.0
(1981.0, 1993.0]	55700.0	69300.0
(1993.0, 2004.0]	56500.0	62300.0
(2004.0, 2016.0]	49100.0	49800.0

レシピ90 merge_asof で犯罪率が 20%低かったのは最近ではいつかを見つける

何かが最後に起こったのはいつか知りたいことがよくある．例えば，失業率が5%を切ったのは最近ではいつか，株式市場で5日連騰したのはいつか，8時間寝たのはいつだったかを知りたい．merge_asof 関数は，この種の質問に答える．

内容

このレシピでは，現在の月の犯罪件数を種別ごとに求め，件数が 20% 少なかったのは最近ではいつかを求める．

手順

1) Denver crime データセットを読み込み，インデックスを REPORTED_DATE にし，ソートする．

```
>>> crime_sort = pd.read_hdf('data/crime.h5', 'crime') \
                   .set_index('REPORTED_DATE') \
                   .sort_index()
```

2) 直近1か月分のデータを見つける．

```
>>> crime_sort.index.max()
Timestamp('2017-09-29 06:16:00')
```

3) 9月の1か月全体のデータがないので，データセットから削除する．

```
>>> crime_sort = crime_sort[:'2017-8']
>>> crime_sort.index.max()
Timestamp('2017-08-31 23:52:00')
```

4) 犯罪と交通事故の件数をすべての月で数える．

```
>>> all_data = crime_sort.groupby([pd.Grouper(freq='M'),
                                    'OFFENSE_CATEGORY_ID']).size()
>>> all_data.head()
REPORTED_DATE  OFFENSE_CATEGORY_ID
2012-01-31     aggravated-assault    113
               all-other-crimes      124
               arson                   5
               auto-theft            275
               burglary              343
dtype: int64
```

5) merge_asof 関数は，このインデックスでもよいが，変換した方が簡単だ．

```
>>> all_data = all_data.sort_values().reset_index(name='Total')
>>> all_data.head()
```

	REPORTED_DATE	OFFENSE_CATEGORY_ID	Total
0	2014-12-31	murder	1
1	2013-01-31	arson	1
2	2016-05-31	murder	1
3	2012-12-31	murder	1
4	2016-12-31	murder	1

6) 今月の犯罪数を取得して，目標を表すカラムを作る．

```
>>> goal = all_data[all_data['REPORTED_DATE'] == '2017-8-31'] \
              .reset_index(drop=True)
>>> goal['Total_Goal'] = goal['Total'].mul(.8).astype(int)
>>> goal.head()
```

	REPORTED_DATE	OFFENSE_CATEGORY_ID	Total	Total_Goal
0	2017-08-31	murder	7	5
1	2017-08-31	arson	7	5
2	2017-08-31	sexual-assault	57	45
3	2017-08-31	robbery	108	86
4	2017-08-31	white-collar-crime	138	110

7) merge_asof 関数を使って，カテゴリごとに，月の総犯罪件数が Total_Goal カラムより低かった最後はいつかを見つける．

```
>>> pd.merge_asof(goal, all_data, left_on='Total_Goal',
              right_on='Total', by='OFFENSE_CATEGORY_ID',
              suffixes=('_Current', '_Last'))
```

	REPORTED_DATE_Current	OFFENSE_CATEGORY_ID	Total_Current	Total_Goal	REPORTED_DATE_Last	Total_Last
0	2017-08-31	murder	7	5	2017-01-31	5
1	2017-08-31	arson	7	5	2012-01-31	5
2	2017-08-31	sexual-assault	57	45	2013-01-31	45
3	2017-08-31	robbery	108	86	2015-03-31	86
4	2017-08-31	white-collar-crime	138	110	2016-10-31	110
5	2017-08-31	aggravated-assault	195	156	2016-05-31	154
6	2017-08-31	other-crimes-against-persons	376	300	2014-04-30	285
7	2017-08-31	burglary	432	345	2012-01-31	343
8	2017-08-31	auto-theft	599	479	2017-07-31	477
9	2017-08-31	drug-alcohol	636	508	2015-05-31	505
10	2017-08-31	theft-from-motor-vehicle	675	540	2015-03-31	535
11	2017-08-31	larceny	877	701	2015-01-31	697
12	2017-08-31	public-disorder	878	702	2015-12-31	699
13	2017-08-31	all-other-crimes	1583	1266	2016-11-30	1264
14	2017-08-31	traffic-accident	2126	1700	2013-12-31	1697

解説

データ読み込み後，2017年9月のデータは月として完全ではないから含めないと決定する．2017年9月までの犯罪件数を含むように，部分日付文字列を使いスライシングする．手順4では，カテゴリごとに月ごとの犯罪件数を求める．手順5で，merge_asofに必要なのでソートする．

手順6では，直近のデータを別のDataFrameに選ぶ．この8月のデータをベースラインにして，現在より20%低いTotal_Goalというカラムを作る．手順7では，merge_asofを使って月の犯罪件数がTotal_Goalカラムより低かった最後はいつかを見つける．

補足

TimestampとTimedeltaデータ型の他にpandasはPeriod型で時間を正確に表す．例えば，*2012-05*が2012年5月という期間を表す．次のようにPeriodを作ることができる．

```
>>> pd.Period(year=2012, month=5, day=17, hour=14, minute=20, freq='T')
Period('2012-05-17 14:20', 'T')
```

このオブジェクトは，2012年5月17日午後2時20分という1分間を表す．手順4で，pd.Grouperの代わりにこのPeriodを使ってグループ分けが可能だ．DatetimeIndexをもつDataFrameには，to_periodメソッドがあり，TimestampをPeriodに変換できる．オフセットエリアスで，正確な期間を指定する．

```
>>> ad_period = crime_sort.groupby([lambda x: x.to_period('M'),
                                    'OFFENSE_CATEGORY_ID']).size()
>>> ad_period = ad_period.sort_values() \
                        .reset_index(name='Total') \
                        .rename(columns={'level_0':'REPORTED_DATE'})
>>> ad_period.head()
```

	REPORTED_DATE	OFFENSE_CATEGORY_ID	Total
0	2014-12	murder	1
1	2013-01	arson	1
2	2016-05	murder	1
3	2012-12	murder	1
4	2016-12	murder	1

このDataFrameの最後の2カラムが手順5のall_dataと等しいことを検証する．

```
>>> cols = ['OFFENSE_CATEGORY_ID', 'Total']
>>> all_data[cols].equals(ad_period[cols])
True
```

手順6と7をほぼ同じく次のように行える．

```
>>> aug_2018 = pd.Period('2017-8', freq='M')
>>> goal_period = ad_period[ad_period['REPORTED_DATE'] == aug_2018] \
                        .reset_index(drop=True)
```

```
>>> goal_period['Total_Goal'] = goal_period['Total'].mul(.8).astype(int)
>>> pd.merge_asof(goal_period, ad_period, left_on='Total_Goal',
                  right_on='Total', by='OFFENSE_CATEGORY_ID',
                  suffixes=('_Current', '_Last')).head()
```

	REPORTED_DATE_Current	OFFENSE_CATEGORY_ID	Total_Current	Total_Goal	REPORTED_DATE_Last	Total_Last
0	2017-08	murder	7	5	2017-01	5
1	2017-08	arson	7	5	2012-01	5
2	2017-08	sexual-assault	57	45	2013-01	45
3	2017-08	robbery	108	86	2015-03	86
4	2017-08	white-collar-crime	138	110	2016-10	110

Chapter 11

matplotlib, pandas, seabornによる可視化

◎本章のレシピ

- 91 matplotlib 入門
- 92 matplotlib でデータの可視化
- 93 pandas のプロットの基本
- 94 flights データセットの可視化
- 95 層グラフで今後の傾向を発見する
- 96 seaborn と pandas の違いを理解
- 97 seaborn グリッドで多変量解析
- 98 diamonds データセットの Simpson パラドックスを seaborn で明らかにする

　可視化は探索的データ分析 (EDA) で重要だが，プレゼンやアプリケーションでも重要だ．EDA では，1 人または少人数のグループで作業しているので，データを速く理解するためにプロットする．外れ値や欠損値の検出に役立ち，別の興味深い質問が生じて，さらに分析や可視化が必要になることがある．この種の可視化は通常，エンドユーザを対象にするものではない．基本的に現在の自分の理解をよりよくするものだ．プロットは完全でなくてもかまわない．

　レポートやアプリケーションで可視化をする場合は他人のためなので異なるアプローチを取らねばならない．詳細にも注意しなければならない．さらに，通常は，あらゆる可能な可視化の中からデータを一番よく表現するいくつかの可視化に絞らねばならない．優れたデータ可視化は，読み手が情報抽出の経験を楽しめるものだ．観客を夢中にさせる映画同様，優れた可視化は，本当に興味を掻き立てる情報を多数含んでいる．

　Python の基本的な可視化ライブラリは matplotlib で，2000 年初頭からプロジェクトが始まり，MATLAB のプロット機能を模倣して作られた．Matplotlib にはほぼ想像できる限りのプロット機能が備わっており，ユーザがプロットの全側面を制御できる．ただし，初心者が取り掛かるには敷居が高い．幸いなことに，pandas はデータ可視化

を非常に簡単にしており，通常は，plot メソッドを呼び出すだけで望みのプロットができる．pandas は実際には自分ではプロットしない．内部的に matplotlib 関数を呼び出してプロットを作る．pandas では自分のスタイルを加えることができて，私見では，matplotlib のデフォルトよりもよくなる．

　seaborn も可視化ライブラリで，内部で matplotlib 関数を呼び出し，自分ではプロットしない．seaborn は，見事なプロットを簡単に行い，matplotlib や pandas ですぐには使えない新たな種類のプロットを多数作ることができる．seaborn は整然 (長め) データに，pandas は集約 (幅広) データに適している．seaborn のプロット関数は pandas DataFrame オブジェクトを扱える．

　matplotlib コードで直接プロットを作る必要はないが，時には，プロットの細かい調整のために matplotlib コードが必要になる．そのために，本章の最初の 2 つのレシピは matplotlib の基本を扱い，直接使う場合に役立つ．それ以降のレシピでは，pandas か seaborn を使う．

　Python の可視化には matplotlib に頼る必要はない．Bokeh は最近広まった，ウェブをターゲットにした対話的可視化ライブラリだ．これは matplotlib とは完全に独立で，アプリケーション全体を作ることができる．

レシピ91　matplotlib 入門

　多数のデータサイエンティストは，pandas か seaborn のプロットコマンドを使う．両者とも実際のプロットは matplotlib で行う．pandas も seaborn も matplotlib を置き換えることはせず，場合によると，ユーザは matplotlib を直接使わねばならない．そのために，このレシピは簡単な入門を兼ねて matplotlib の最も重要なことがらを学ぶ．

内容》》

　このレシピではまず，次の図のように matplotlib プロットの解剖を行う．

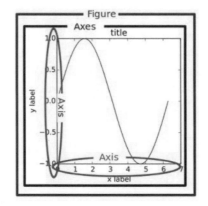

matplotlibはオブジェクト階層を使って出力中の全プロット要素を表示する．この階層は，matplotlibについて理解するカギとなる．**Figure**と**Axes**オブジェクトが，階層の2つの主要成分だ．Figureオブジェクトが階層の最上位だ．プロットされるすべてのもののコンテナだ．Figureには1つ以上のAxesオブジェクトがある．Axesは基本オブジェクトでmatplotlibを使うときに働き，普通は，実際プロットする表面だと考えられる．Axesには，x軸とy軸，点，直線，マーカ，ラベル，凡例，その他プロットに役立つ要素がある．

> 2017年初頭にmatplotlibは2.0版に大変更した．デフォルトのパラメータの多くが変更された．掲載した解剖図は第1版のものだが，第2版 (http://bit.ly/2gmNV7h) のよりもFigureとAxesの区別がはっきりしている．

Axesオブジェクトと軸 (axis) とははっきり区別せねばならない．両者は全く別のオブジェクトだ．Axesオブジェクトは，matplotlibの用語で，axisの複数形と同じ綴りだが，有用なプロット要素を作り制御するオブジェクトだ．軸とは，プロットのx, y, zの (座標) 軸を指す．

> 残念なことに，matplotlibはaxisの複数形axesを全く異なるオブジェクトの名称にした．ライブラリの主要要素なので当分名称変更はないだろう．

Axesオブジェクトが作る有用なプロット要素は，**アーティスト**と呼ばれる．FigureやAxes自身もアーティストだ．このレシピではアーティストの区別は重要ではないが，より高度なmatplotlibプロット (の文書を読むときなど) で役立つ．

matplotlibのオブジェクト指向ガイド

matplotlibは2つの異なるインタフェースをプロット開発者に提供する．**ステートフル**インタフェースでは，pyplotモジュールを直接呼び出す．このインタフェースがステートフルと呼ばれるのは，matplotlibが暗黙にプロット環境の状態を記録するからだ．ステートフルインタフェースでは，プロットを作ると，matplotlibが現在の

FigureまたはAxesに対して変更を加える．この方式は，迅速にプロットできるという利点があるが，多数のFigureやAxesを扱う場合には面倒になる．

matplotlibにはステートレス，すなわち**オブジェクト指向**インタフェースもあり，プロットオブジェクトを参照する変数を明示的に操作する．変数を用いてプロットの属性を変える．オブジェクト指向方式は明示的で，どのオブジェクトが変更されるかが分かる．

残念ながら，2つのオプションがあるために混乱が生じ，matplotlibには学習困難という評判が付きまとう．文書には両方式の例が掲載されている．チュートリアル，ブログ，Stack Overflowなどで混乱が続いている．このレシピでは，よりPython的で，pandasの処理方式とも類似性があるので，オブジェクト指向方式だけを使う．

matplotlibが初めての読者は，両方式の違いが分からないだろう．ステートフルインタフェースでは，全コマンドがpyplotで，通常はエリアスpltを使う．簡単な線プロットで，両方の軸にラベルを付けるコードが次のようになる．

```
>>> import matplotlib.pyplot as plt
>>> x = [-3, 5, 7]
>>> y = [10, 2, 5]
>>> plt.figure(figsize=(15,3))
>>> plt.plot(x, y)
>>> plt.xlim(0, 10)
>>> plt.ylim(-3, 8)
>>> plt.xlabel('X Axis')
>>> plt.ylabel('Y axis')
>>> plt.title('Line Plot')
>>> plt.suptitle('Figure Title', size=20, y=1.03)
```

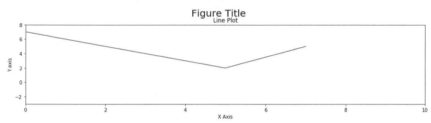

オブジェクト指向方式でもpyplotを使うが，最初にFigureとAxesオブジェクトを作るのに使われるだけだ．作成後は，これらのオブジェクトのメソッド呼び出しでプロットを変える．次のコードは，先ほどのプロットを作る．

```
>>> fig, ax = plt.subplots(figsize=(15,3))
>>> ax.plot(x, y)
>>> ax.set_xlim(0, 10)
```

```
>>> ax.set_ylim(-3, 8)
>>> ax.set_xlabel('X axis')
>>> ax.set_ylabel('Y axis')
>>> ax.set_title('Line Plot')
>>> fig.suptitle('Figure Title', size=20, y=1.03)
```

この例では，2つのオブジェクトFigure (fig) とAxes (ax) だけを作ったが，普通は，プロットには何百ものオブジェクトがあり，それぞれが細かい変更を行うので，ステートフルインタフェースでは，簡単ではない．本章では，空プロットを作って，オブジェクト指向インタフェースでその基本特性をいくつか変更する．

手順

1) オブジェクト指向方式を使ってmatplotlibを始めるには，pyplot モジュールをエイリアス plt でインポートする必要がある．

```
>>> import matplotlib.pyplot as plt
```

2) 普通，オブジェクト指向方式を使う場合，Figureと1つ以上のAxesオブジェクトを作る．subplots関数を使ってFigureとAxesを作る．

```
>>> fig, ax = plt.subplots(nrows=1, ncols=1)
```

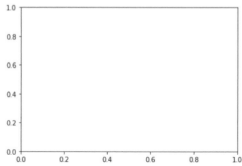

3) subplots関数はFigureと1つ以上(この場合は1つだけ)のAxesオブジェクトを含む2要素タプルを返す．要素を取り出して変数figとaxに格納する．これから先は，これらのオブジェクトを直接メソッド呼び出しのオブジェクト指向方式で使う．これらのオブジェクトの型を調べて，本当にFigureとAxesを使っていることを確認する．

```
>>> type(fig)
matplotlib.figure.Figure

>>> type(ax)
matplotlib.axes._subplots.AxesSubplot
```

4) Figure よりは Axes を使うのだが，両方ともに必要だ．Figure のサイズを調べて大きくする．

```
>>> fig.get_size_inches()
array([ 6., 4.])
>>> fig.set_size_inches(14, 4)
>>> fig
```

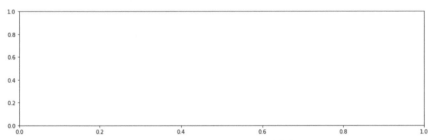

5) スロット開始前に matplotlib 階層を調べる．`axes` 属性で Figure の Axes をすべて取り出せる．

```
>>> fig.axes
[<matplotlib.axes._subplots.AxesSubplot at 0x112705ba8>]
```

6) このコマンドは全 Axes オブジェクトのリストを返す．すでに，変数 ax に Axes オブジェクトを格納済みだ．同じオブジェクトだということを検証する．

```
>>> fig.axes[0] is ax
True
```

7) 見た目でも Figure と Axes を区別するには，それぞれに異なる facecolor を与える．matplotlib には色の様々な入力型が使える．約 140 の HTML の色が文字列名でサポート (次のリスト http://bitly/2y52Ut0 参照) される．影の程度を表す 0 から 1 までの浮動小数点数を含む文字列を使うこともできる．

```
>>> fig.set_facecolor('.9')
>>> ax.set_facecolor('.7')
>>> fig
```

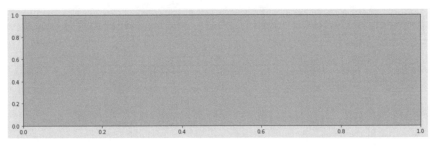

8) Figure と Axes を区別できたので，get_children メソッドで Axes の直接の子すべてを調べる．

```
>>> ax_children = ax.get_children()
>>> ax_children
[<matplotlib.spines.Spine at 0x11145b358>,
 <matplotlib.spines.Spine at 0x11145b0f0>,
 <matplotlib.spines.Spine at 0x11145ae80>,
 <matplotlib.spines.Spine at 0x11145ac50>,
 <matplotlib.axis.XAxis at 0x11145aa90>,
 <matplotlib.axis.YAxis at 0x110fa8d30>,
 ...]
```

9) 基本プロットには4つの spine と2つの軸がある．spine はデータ境界を表し，灰色の四角形 (Axes) の境界の4本の線だ．x 軸及び y 軸オブジェクトには，目盛りやラベル，軸全体のラベルなど，より多くのプロットオブジェクトを含む．このリストから spine を選ぶこともできるが，それは普通ではない．spines 属性で直接アクセスできる．

```
>>> spines = ax.spines
>>> spines
OrderedDict([('left', <matplotlib.spines.Spine at 0x11279e320>),
             ('right', <matplotlib.spines.Spine at 0x11279e0b8>),
             ('bottom', <matplotlib.spines.Spine at 0x11279e048>),
             ('top', <matplotlib.spines.Spine at 0x1127eb5c0>)])
```

10) spine は順序付き辞書に蓄える．左 spine を選んで位置と太さを変えて目立つようにし，底辺の spine を見えないようにする．

```
>>> spine_left = spines['left']
>>> spine_left.set_position(('outward', -100))
>>> spine_left.set_linewidth(5)
>>> spine_bottom = spines['bottom']
>>> spine_bottom.set_visible(False)
>>> fig
```

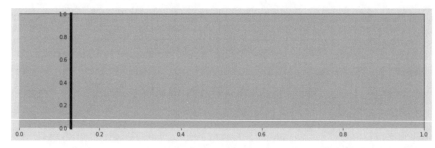

11) 次は軸オブジェクト．xaxis と yaxis 属性で直接アクセスできる．軸の属性は Axes オブジェクトからもアクセスできる．この手順では，軸の特性を両方式で変更する．

```
>>> ax.xaxis.grid(True, which='major', linewidth=2,
                  color='black', linestyle='--')
>>> ax.xaxis.set_ticks([.2, .4, .55, .93])
>>> ax.xaxis.set_label_text('X AXxis', family='Verdana', fontsize=15)
>>> ax.set_ylabel('Y Axis', family='Calibri', fontsize=20)
>>> ax.set_yticks([.1, .9])
>>> ax.set_yticklabels(['point 1', 'point 9'], rotation=45)
>>> fig
```

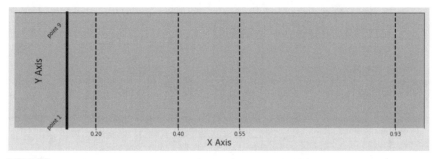

解説

オブジェクト指向方式で重要なことは，プロット要素に**ゲッタ**と**セッタ**の両メソッドがあることだ．ゲッタメソッドはすべて get_ で始まり，特性や他のプロットオブジェクトを取得する．例えば，ax.get_yscale() は y 軸のスケールの型を文字列 (デフォルトは linear) で取得，ax.get_xticklabels() は，自分のゲッタ / セッタメソッドがある matplotlib のテキストオブジェクトを取得．セッタメソッドは，特性を変更したり，オブジェクトのグループ全体を変更する．matplotlib の多くの作業は，あるプロット要素にたどり着き，ゲッタ / セッタメソッドで調べたり変更したりすることに帰着する．

> matplotlibの階層を家と比較するとよい．家とその中身すべてがFigureに当たる．個別の部屋がAxesに当たり，部屋の中身がアーティストだ．

オブジェクト指向インタフェースを使い始めるもっとも簡単な方式は，手順1のように通常はエリアス plt で pyplot モジュールを使うことだ．手順2は，オブジェクト指向方式を始める一番よく使われる手法を示す．plt.subplots 関数は，1つの Figure に格子状の Axes オブジェクトを作る．パラメータの先頭2つ nrows と ncols は，Axes オブジェクトの一様格子を定義する．例えば，plt.subplots(2,4) は，Figure の内側に全部で8つの同じサイズの Axes オブジェクトを作る．

plt.subplots 関数には，2要素タプルを返すという奇妙なところがある．第1要素が Figure，第2要素が Axes オブジェクト．このタプルをばらして fig と ax という変数に代入する．タプルの分解に慣れていなければ，手順2を次のように書くと理解の役に立つだろう．

```
>>> plot_objects = plt.subplots(nrows=1, ncols=1)
>>> type(plot_objects)
tuple
>>> fig = plot_objects[0]
>>> ax = plot_objects[1]
```

plt.subplots で2つ以上の Axes を作れば，タプルの第2要素が全 Axes を含む NumPy 配列となる．次にそれを示す．

```
>>> plot_objects = plt.subplots(2, 4)
```

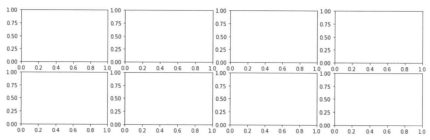

変数 plot_objects は，Figureを第1要素，NumPy配列を第2要素とするタプル．

```
>>> plot_objects[1]
array([[<matplotlib.axes._subplots.AxesSubplot object at 0x133b70a20>,
        <matplotlib.axes._subplots.AxesSubplot object at 0x135d6f9e8>,
        <matplotlib.axes._subplots.AxesSubplot object at 0x1310e4668>,
        <matplotlib.axes._subplots.AxesSubplot object at 0x133565ac8>],
       [<matplotlib.axes._subplots.AxesSubplot object at 0x133f67898>,
        <matplotlib.axes._subplots.AxesSubplot object at 0x1326d30b8>,
        <matplotlib.axes._subplots.AxesSubplot object at 0x1335d5eb8>,
```

```
              <matplotlib.axes._subplots.AxesSubplot object at 0x133f78f28>]],
dtype=object)
```

　手順 3 は実際に Figure と Axes オブジェクトが変数で参照されていることを検証する．手順 4 でゲッタ / セッタメソッドの最初の例を示す．matplotlib のデフォルトは，Figure は 6 インチ幅 4 インチ高で，スクリーンの実寸ではないが，ファイルに格納したらそのサイズになる．

　手順 5 は，ゲッタメソッドの他に属性でもプロットオブジェクトに直接アクセスできることを示す．しばしば，属性とゲッタメソッド両方が同じオブジェクトの取得に用いられる．例えば，このような例がある．

```
>>> fig.axes == fig.get_axes()
True
>>> ax.xaxis == ax.get_xaxis()
True
>>> ax.yaxis == ax.get_yaxis()
True
```

　アーティストの多くに facecolor 特性があり，手順 7 のように表面全体をある色にできる．手順 8 では，get_children メソッドを使ってオブジェクト階層をよく理解する．Axes 直下の全オブジェクトのリストが返される．このリストから全オブジェクトを選び，セッタメソッドで特性を変えるが，これは通例ではない．普通は，オブジェクトを属性直接かゲッタメソッドで取得する．

　プロットオブジェクトの取得では，しばしば，リストや辞書のようなコンテナで返されることがある．それが，手順 9 の spine の取得で生じた．手順 10 のように，個別オブジェクトをコンテナから取り出して，ゲッタ / セッタメソッドを使う必要がある．通常，for ループを使って，1 つずつ処理する．

　手順 11 は，特殊な格子線を追加した．get_grid と set_grid メソッドが予期されるが，grid メソッドしかない．第 1 引数が Boolean で，線の表示のオンオフを行う．軸には主目盛りと副目盛りがある．デフォルトでは副目盛りは使わない．どの種類の目盛りを使うかは，which パラメータで選ぶ．

　手順 11 の前の 3 行は，xaxis 属性を選んで，そのメソッドを呼び出し，後ろの 3 行は等価なメソッドを Axes オブジェクトそのものから呼び出していることに注意．2 番目のメソッド方式は，matplotlib のおかげで，打鍵数を減らせる．通常，オブジェクトは自分の特性だけを設定できて，子の属性は設定できない．軸レベル特性の多くは Axes から設定できない．この手順の場合は一部についてできた．どちらの手法も使える．

　手順 11 の 1 行目で格子線を追加するとき，linewidth, color, linestyle という特

性を設定した．これらは，matplotlib の線の特性で，Line2D オブジェクトだ．特性のすべては http://bit.ly/2kE6MiG で見ることができる．set_ticks メソッドは，浮動小数点数シーケンスを取って，その位置に目盛りを書く．空リストを与えると，すべての目盛りが消える．

各軸のラベルにテキストを与えることができるが，matplotlib の正式の方式は Text オブジェクトを使う．テキスト特性 (http://bit.ly/2yXIZfP) は一部だけ変更できる．Axes メソッド set_yticklabels は，文字列のリストを取り，目盛りのラベルにする．テキスト属性も好きなだけ設定できる．

補足

プロットオブジェクトの全属性を見るには，特性メソッドを呼び出せばよい．辞書として表示する．axis オブジェクトの特性のリストは次のようになる．

```
>>> ax.xaxis.properties()
{'alpha': None,
 'gridlines': <a list of 4 Line2D gridline objects>,
 'label': Text(0.5,22.2,'X Axis'),
 'label_position': 'bottom',
 'label_text': 'X Axis',
 'tick_padding': 3.5,
 'tick_space': 26,
 'ticklabels': <a list of 4 Text major ticklabel objects>,
 'ticklocs': array([ 0.2 , 0.4 , 0.55, 0.93]),
 'ticks_position': 'bottom',
 'visible': True}
```

参照

- matplotlib の公式利用ガイド (http://bit.ly/2xrKjeE)
- Axes オブジェクトの全メソッドの分類リスト (http://bit.ly/2kEhi9w)
- 主要な貢献者 Ben Root による Anatomy of Matplotlib というチュートリアルビデオ (http://bit.ly/2y86c1M)
- ステートフル pyplot モジュールとオブジェクト指向方式の API の matplotlib 公式文書 (http://bit.ly/2xqYnVR)
- Artist tutorial という matplotlib 公式文書 (http://bit.ly/2kwS2SI)

レシピ92　matplotlib でデータの可視化

matplotlib には何十ものプロットメソッドがあり，ほとんどあらゆるプロットができる．線グラフ，棒グラフ，散布図，箱ひげ図，バイオリン図，輪郭図，円グラフ，他にも Axes オブジェクトのメソッドとして多くのプロットがある．matplotlib が pandas DataFrame を受け付けるようになったのは 1.5 版 (2015 年リリース) からだ．そ

れまでは，NumPy 配列か Python のリストで渡さねばならなかった．

内容

このレシピでは，映画制作費の時間傾向を可視化するが，データを pandas DataFrame から NumPy 配列に簡約し，それを matplotlib のプロット関数に渡す．

手順

1) プロットする要素をどのように選んで属性を変えればよいか分かっているので，実際にデータを可視化する．movie データセットを読み込み，年ごとの制作費のメディアンを計算し，5 年移動平均でデータを平滑化する．

```
>>> movie = pd.read_csv('data/movie.csv')
>>> med_budget = movie.groupby('title_year')['budget'].median() / 1e6
>>> med_budget_roll = med_budget.rolling(5, min_periods=1).mean()
>>> med_budget_roll.tail()
title_year
2012.0    20.893
2013.0    19.893
2014.0    19.100
2015.0    17.980
2016.0    17.780
Name: budget, dtype: float64
```

2) データを NumPy 配列にする．

```
>>> years = med_budget_roll.index.values
>>> years[-5:]
array([ 2012., 2013., 2014., 2015., 2016.])

>>> budget = med_budget_roll.values
>>> budget[-5:]
array([ 20.893, 19.893, 19.1 , 17.98 , 17.78 ])
```

3) plot メソッドを使って線グラフを描く．新たな Figure で制作費の移動平均メディアンを時間軸でプロットする．

```
>>> fig, ax = plt.subplots(figsize=(14,4), linewidth=5, edgecolor='.5')
>>> ax.plot(years, budget, linestyle='--',
...         linewidth=3, color='.2', label='All Movies')
>>> text_kwargs=dict(fontsize=20, family='cursive')
>>> ax.set_title('Median Movie Budget', **text_kwargs)
>>> ax.set_ylabel('Millions of Dollars', **text_kwargs)
```

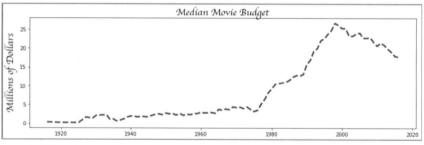

4) 映画制作費のメディアンが2000年でピークになり，その後は減っているのが興味深い．これはおそらくデータセットの構成によるものだ．全映画の最近のデータが，大衆向け以外に多く含まれている．年ごとの映画本数を数えよう．

```
>>> movie_count = movie.groupby('title_year')['budget'].count()
>>> movie_count.tail()
title_year
2012.0    191
2013.0    208
2014.0    221
2015.0    192
2016.0     86
Name: budget, dtype: int64
```

5) 1つのAxesにいくつでもプロットできる．数えた本数を棒グラフで制作費メディアンのプロットに重ねられる．2つのプロットの単位が全く異なる(ドル対本数)ので，2次的なy軸を作るか本数を制作費と同じ範囲にするかどちらも可能だ．後者を選び，棒に値をテキストラベルでその上に書く．データは最近のが多数なので，1970年以降の映画に限る．

```
>>> ct = movie_count.values
>>> ct_norm = ct / ct.max() * budget.max()
>>> fifth_year = (years % 5 == 0) & (years >= 1970)
>>> years_5 = years[fifth_year]
>>> ct_5 = ct[fifth_year]
>>> ct_norm_5 = ct_norm[fifth_year]
>>> ax.bar(years_5, ct_norm_5, 3, facecolor='.5',
           alpha=.3, label='Movies per Year')
>>> ax.set_xlim(1968, 2017)
>>> for x, y, v in zip(years _5, ct_norm_5, ct_5):
        ax.text(x, y + .5, str(v), ha='center')
>>> ax.legend()
>>> fig
```

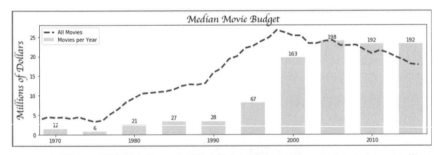

6) この傾向は，制作費上位 10 本だけを取れば成り立たないかもしれない．上位 10 本だけの年ごとのデータの 5 年移動平均メディアンを求める．

```
>>> top10 = movie.sort_values('budget', ascending=False) \
            .groupby('title_year')['budget'] \
            .apply(lambda x: x.iloc[:10].median() / 1e6)
>>> top10_roll = top10.rolling(5, min_periods=1).mean()
>>> top10_roll.tail()
title_year
2012.0    192.9
2013.0    195.9
2014.0    191.7
2015.0    186.8
2016.0    189.1
Name: budget, dtype: float64
```

7) この数値は，全データについて手順 1 で求めた数値より 1 桁多い．2 つのプロットを同じスケールで表示するのはよくない．新たな Figure を作り，2 つのサブプロット (Axes) を使い，このデータを 2 番目の Axes にプロットする．

```
>>> fig2, ax_array = plt.subplots(2, 1, figsize=(14,8), sharex=True)
>>> ax1 = ax_array[0]
>>> ax2 = ax_array[1]
>>> ax1.plot(years, budget, linestyle='--', linewidth=3,
             color='.2', label='All Movies')
>>> ax1.bar(years_5, ct_norm_5, 3, facecolor='.5',
            alpha=.3, label='Movies per Year')
>>> ax1.legend(loc='upper left')
>>> ax1.set_xlim(1968, 2017)
>>> plt.setp(ax1.get_xticklines(), visible=False)
>>> for x, y, v in zip(years_5, ct_norm_5, ct_5):
        ax1.text(x, y + .5, str(v), ha='center')
>>> ax2.plot(years, top10_roll.values, color='.2', label='Top 10 Movies')
```

```
>>> ax2.legend(loc='upper left')
>>> fig2.tight_layout()
>>> fig2.suptitle('Median Movie Budget', y=1.02, **text_kwargs)
>>> fig2.text(0, .6, 'Millions of Dollars', rotation='vertical',
...           ha='center', **text_kwargs)
>>> import os
>>> path = os.path.expanduser('~/Desktop/movie_budget.png')
>>> fig2.savefig(path, bbox_inches='tight')
```

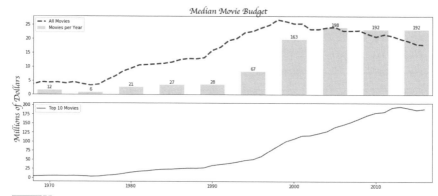

解説

映画制作費の分析をメディアンを求める手順1から始めた．各年のメディアンを計算した後で，変動が多いので平滑化を決めた．一般傾向を求めていて，その年の厳密な値には興味がないのでデータを平滑化する．

この手順では，rollingメソッドで，過去5年間の平均に基づき新たな値を計算する移動平均を求める．例えば，2011年から2015年の制作費のメディアンを平均する．結果が2015年の新たな値になる．rollingメソッドのパラメータはウィンドウサイズだけで，デフォルトでは現在の年の終わりになる．

rollingメソッドは，groupbyのようなオブジェクトを返し，そのグループを別の関数に渡して結果を出す．以前の年のいくつかでrollingメソッドが期待通りに動作しているか検証する．

```
>>> med_budget.loc[2012:2016].mean()
17.78
>>> med_budget.loc[2011:2015].mean()
17.98
>>> med_budget.loc[2010:2014].mean()
19.1
```

これらの値は，手順 1 の出力と同じだ．手順 2 では，データを NumPy 配列に変えて matplotlib を使う準備をする．手順 3 で Figure と Axes を作り，オブジェクト指向インタフェースの用意をする．plt.subplots メソッドは様々な入力を扱える．figure 関数も含めてパラメータに何があるかは文書 (http://bit.ly/2ydM8ZU と http://bit.ly/2ycno40) 参照．

plot メソッドの先頭の 2 パラメータは，線グラフの x 座標 y 座標の値．線の特性は，plot 呼び出しの中で変更可能．Axes メソッドの set_title は，表題を指定するが，テキスト属性は呼び出しの内部で設定できる．同じことは set_ylablel メソッドでも言える．多数のオブジェクトに同じ特性を設定するのなら，辞書にまとめて，**text_kwargs でと同じように引数で渡すとよい．

手順 4 では，2000 年以降制作費のメディアンが予期せず減少することに気付く．年ごとに集計されている映画の本数がこれを説明するのではないかと思いつく．1970 年以降，5 年ごとに棒グラフでこの情報をグラフに追加することにする．手順 5 で NumPy データ配列で Boolean 選択を使い，pandas Series でと同じようにする．

bar メソッドは棒の x 値，高さ，幅を先頭 3 引数に取り，棒の中心を x 値にする．棒の高さは映画の本数から取り，まず 0 から 1 の間にスケールを取ってから，制作費の最大値を掛ける．棒の高さは変数 ct_norm_5 に格納する．棒にラベルを正しく付けるために，棒の中心，高さ，本数をまずまとめる．それからまとめたオブジェクトの各々について，x 値，y 値，文字列を引数とする text メソッドで棒の上に本数を書く．y 値が棒の少し上にくるようにして，水平アラインメントパラメータ ha を使ってテキストを中央に位置させる．

手順 3 を見直すと，plot メソッドの label パラメータが All Movies なのに気付く．これは，プロットに凡例を付けるとき，matplotlib が使う値だ．Axes メソッド legend を呼び出すと，凡例にこのラベルの値が使われる．

制作費のメディアンの予期せぬ落ち込みを調べるために，各年の制作費上位 10 本の映画だけを取り上げる．手順 6 では，年でグループ分けした後，集約関数を定義して，結果を以前と同様に平滑化する．この結果を同じグラフ上でプロットしてもよいが，値が大きすぎるので，2 つの Axes のある新たな Figure を作ることにする．

手順 7 では，2 つのサブプロットを縦に並べた 1 列格子の Figure を作ることから始める．サブプロットを複数作ると全 Axes が NumPy 配列に格納されることを思い出す．手順 5 と同じ最終結果が上の Axes に作られる．制作費上位 10 本のプロットは下の Axes だ．上下の Axes で年がアラインメントしていることに注意．Figure を作るとき，sharex パラメータを True にしていたからだ．軸を共有すると，matplotlib が目盛りのラベルをすべて取り除き，目盛りの線だけを残す．この目盛り線を取り除くには関数を使う．pyplot の setp 関数を使う．これは，オブジェクト指向ではないが，プロッ

トオブジェクトのシーケンスで特性設定に非常に役立つ明示的な関数だ．これで目盛りがなくなる．

最後に，Figure のメソッドをいくつか呼び出す．これは，通常の Axes メソッド呼び出しとの決別だ．`tight_layout` メソッドは，2 つのサブプロットが重なり合わず余分な空白を作らず，見かけがよくなるように調整する．`suptitle` メソッドは，個別 Axes の表題を作る Axes メソッド `set_title` とは異なり，Figure 全体の表題を作る．**figure 座標系**は，(0, 0) が左下，(1, 1) が右上だが，その x, y 座標を `suptitle` に渡す．デフォルトで y 値は 0.98 だが，少し上の 1.02 にする．

 各 Axes にも座標系があり，(0, 0) が左下，(1, 1) が右上．さらに，この座標系の他に，各 Axes にはデータ座標系もある．ほとんどの人にはこの方が自然で，x, y 軸の限界を示す．限界は `ax.get_xlim()` と `ax.get_ylim()` で取得する．以前のプロットでは，このデータ座標系を用いていた．座標系についてさらに学ぶには Transformations tutorial (http://bit.ly/2gxDkX3) を参照．

両方の Axes で y 軸に同じ単位を使うので，Figure メソッド `text` を使い figure 座標系でそれぞれの Axes の y 軸のラベルを直接指定する．最後に，この図をデスクトップパソコンに保存する．パスのチルダ記号「~」はホームディレクトリを表すが，`savefig` メソッドは理解できないかもしれない．os ライブラリの `expanduser` 関数を使い，完全パスを作る必要がある．例えば，`path` 変数の値は私のマシンでは次のようになる．

```
>>> os.path.expanduser('~/Desktop/movie_budget.png')
'/Users/Ted/Desktop/movie_budget.png'
```

これで `savefig` メソッドは正しくファイルを作る．デフォルトでは `savefig` は，figure 座標系の (0, 0) から (1, 1) の範囲しか保存しない．表題はこの範囲から少しずれているので，一部が欠けてしまう．`bbox_inches` パラメータを `tight` にすると，matplotlib がこの領域の外にはみ出した表題やラベルを含めるようになる．

補足

matplotlib が pandas DataFrame でプロットするようになったのは 1.5 版のリリース後．DataFrame は，`data` パラメータでプロットメソッドに渡される．そうすれば，カラムを文字列名で参照できる．次のスクリプトでは，2000 年以降の映画 100 本を無作為に選び，y 軸に IMDB のスコア，x 軸を年の散布図にした．点の大きさが制作費を反映する．

```
>>> cols = ['budget', 'title_year', 'imdb_score', 'movie_title']
>>> m = movie[cols].dropna()
>>> m['budget2'] = m['budget'] / 1e6
>>> np.random.seed(0)
>>> movie_samp = m.query('title_year >= 2000').sample(100)
>>> fig, ax = plt.subplots(figsize=(14,6))
>>> ax.scatter(x='title_year', y='imdb_score',
```

```
              s='budget2', data=movie_samp)
>>> idx_min = movie_samp['imdb_score'].idxmin()
>>> idx_max = movie_samp['imdb_score'].idxmax()
>>> for idx, offset in zip([idx_min, idx_max], [.5, -.5]):
        year = movie_samp.loc[idx, 'title_year']
        score = movie_samp.loc[idx, 'imdb_score']
        title = movie_samp.loc[idx, 'movie_title']
        ax.annotate(xy=(year, score),
            xytext=(year + 1, score + offset),
            s=title + ' ({})'.format(score),
            ha='center',
            size=16,
            arrowprops=dict(arrowstyle="fancy"))
>>> ax.set_title('IMDB Score by Year', size=25)
>>> ax.grid(True)
```

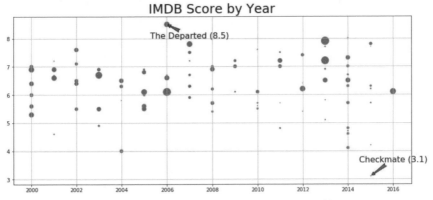

散布図の後,最高点と最低点の映画を annotate メソッドでラベル付けした.xy パラメータが注釈を付けたい点のタプル.xytext パラメータはテキストの位置座標を示すタプル.ha パラメータが center なので,テキストは中央位置になる.

参照

- 凡例についての matplotlib 公式 Legend ガイド (http://bit.ly/2yGvKUu)
- 散布図の scatter メソッドの matplotlib 公式文書 (http://bit.ly/2i3N2nI)
- 注釈についての matplotlib 公式 Annotation ガイド (http://bit.ly/2yhYHoP)

レシピ 93 pandas のプロットの基本

pandas では,手続きの自動化によりプロットが簡単だ.pandas のプロットはすべて内部的には matplotlib で行われ,DataFrame や Series の plot メソッドでアクセスできる.

pandas の plot メソッドは matplotlib の**ラッパー**だと言える．pandas でプロットを作ると matplotlib の Axes か Figure が返る．求める結果が得られるまで matplotlib の全機能を活用してオブジェクトの修正ができる．

pandas では，線グラフ，棒グラフ，箱ひげ図，散布図，**カーネル密度推定 (KDE)**，ヒストグラムといった，matplotlib の一部のプロットしかできない．pandas でプロットする利点は，通常 1 行で収まるほどにプロセスが簡単かつ効率的で，データを探索するときに時間を節約できることだ．

内容

pandas のプロットを理解するカギは，メソッドでプロットするのに必要な変数が 1 つか 2 つかを知ることだ．例えば，線グラフや散布図には 2 変数必要だ．棒グラフでも同じで，x 座標で棒の位置，別の変数が棒の高さを示す．箱ひげ図，ヒストグラム，カーネル密度推定には，1 変数あればよい．

2 変数の線グラフや散布図では，デフォルトでインデックスを x 軸，カラムの値を y 軸に取る．1 変数プロットはインデックスを無視して，各変数に変換または集約を行いプロットする．このレシピでは，pandas における 2 変数と 1 変数のプロットの違いを検討する．

手順

1) まともなインデックスの小さな DataFrame を作る．

```
>>> df = pd.DataFrame(index=['Atiya', 'Abbas', 'Cornelia', 'Stephanie',
                             'Monte'],
                      data={'Apples':[20, 10, 40, 20, 50],
                            'Oranges':[35, 40, 25, 19, 33]})
```

	Apples	Oranges
Atiya	20	35
Abbas	10	40
Cornelia	40	25
Stephanie	20	19
Monte	50	33

2) 棒グラフはラベルのインデックスを x 軸，カラム値を棒の高さに取る．kind パラメータを bar にして plot メソッドを使う．

```
>>> color = ['.2', '.7']
>>> df.plot(kind='bar', color=color, figsize=(16,4))
```

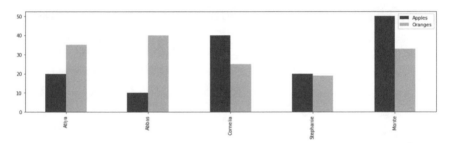

3) KDE プロットはインデックスを無視して各カラム値を x 軸，確率密度を y 値に取る．

```
>>> df.plot(kind='kde', color=color, figsize=(16,4))
```

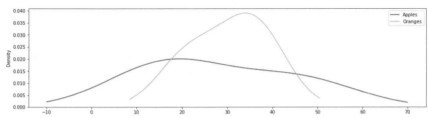

4) 2 変数プロットすべてを 1 つの Figure に示す．散布図だけが x 値 y 値のカラムを指定する必要がある．散布図にインデックスを使いたければ，reset_index メソッドを使いカラムにする．他の 2 つのプロットでは，インデックスを x 軸に使い，数値カラムで線／棒を描く．

```
>>> fig, (ax1, ax2, ax3) = plt.subplots(1, 3, figsize=(16,4))
>>> fig.suptitle('Two Variable Plots', size=20, y=1.02)
>>> df.plot(kind='line', color=color, ax=ax1, title='Line plot')
>>> df.plot(x='Apples', y='Oranges', kind='scatter', color=color,
            ax=ax2, title='Scatterplot')
>>> df.plot(kind='bar', color=color, ax=ax3, title='Bar plot')
```

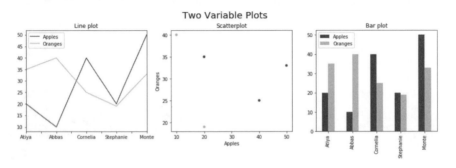

5) すべての 1 変数プロットも同じ Figure にする．

```
>>> fig, (ax1, ax2, ax3) = plt.subplots(1, 3, figsize=(16,4))
>>> fig.suptitle('One Variable Plots', size=20, y=1.02)
>>> df.plot(kind='kde', color=color, ax=ax1, title='KDE plot')
>>> df.plot(kind='box', ax=ax2, title='Boxplot')
>>> df.plot(kind='hist', color=color, ax=ax3, title='Histogram')
```

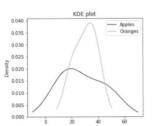
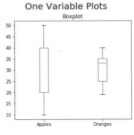
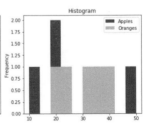

解説

手順 1 では小さな DataFrame の例を作り，pandas の 1 変数プロットと 2 変数プロットの違いを説明する．デフォルトで pandas は DataFrame の数値カラムを使って棒グラフ，線グラフ，KDE，箱ひげ図，ヒストグラムを作り，2 変数プロットではインデックスを x 値に取る．例外は散布図で，x 値，y 値にカラムを割り当てないといけない．

pandas の `plot` メソッドは機能豊富で多数のパラメータがあり，結果を好きなようにカスタマイズできる．例えば，Figure のサイズ，格子線の表示の有無，x 軸 y 軸の範囲，プロットの色，目盛りの回転，その他多くができる．

matplotlib のプロットメソッドの引数を使うこともできる．`plot` メソッドの `**kwds` パラメータが余分な引数を保持して，基盤 matplotlib 関数に正しく渡す．例えば，手順 2 では，棒グラフを作った．これは，matplotlib の `bar` 関数 (http://bit.ly/2z2l3rJ) の全パラメータを pandas `plot` メソッド同様使えることを意味する．

手順 3 では，DataFrame の各数値カラムの密度推定をした 1 変数 KDE プロットを作る．手順 4 は 2 変数プロット全部を同じ Figure に入れる．同様に，手順 5 は全 1 変数プロットを一緒にする．手順 4 と 5 は 3Axes オブジェクトの Figure を作る．コマンド `plt.subplots(1, 3)` が 3 つの Axes を 1 行 3 列に並べた Figure を作る．Figure と Axes の 1 次元 NumPy 配列の 2 要素タプルを返す．先頭要素は取り出して変数 `fig` に格納．第 2 要素は，各 Axes をそれぞれの変数に格納する．pandas の `plot` メソッドには便利な `ax` パラメータがあり，プロットの結果を Figure の指定した Axes に置くことができる．

補足

散布図を除き，プロットではカラムを指定しない．デフォルトで pandas はすべての数値カ

ラムを，2変数プロットの場合はインデックスも使う．もちろん，使うカラムを x 値，y 値に
指定することもできる．

```
>>> fig, (ax1, ax2, ax3) = plt.subplots(1, 3, figsize=(16,4))
>>> df.sort_values('Apples').plot(x='Apples', y='Oranges', kind='line', ax=ax1)
>>> df.plot(x='Apples', y='Oranges', kind='bar', ax=ax2)
>>> df.plot(x='Apples', kind='kde', ax=ax3)
```

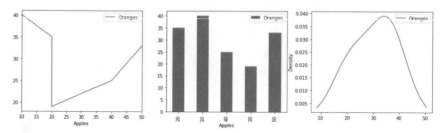

参照

- 可視化の pandas 公式文書 (http://bit.ly/2zhUqQv)

レシピ94　flights データセットの可視化

　探索的データ分析 (EDA) は可視化を主に使い，pandas は迅速かつ余分な手間をかけずに可視化する便利なインタフェースを提供する．データセットで可視化を開始する単純な戦略は，1 変数プロットに焦点を絞ること．よく使われる 1 変数プロットは，カテゴリデータ (通常は文字列) の棒グラフ，ヒストグラム，箱ひげ図，連続データ (常に数値) の KDE だ．プロジェクトの最初から，複数変数を同時に分析するのは，非常な困難が伴う可能性がある．

内 容

　このレシピでは，flights データセットで基本的 EDA を行い，pandas で 1 変数と多変数プロットを作る．

手 順

1) flights データセットを読み込み，先頭 5 行を出力する．

```
>>> flights = pd.read_csv('data/flights.csv')
>>> flights.head()
```

	MONTH	DAY	WEEKDAY	AIRLINE	ORG_AIR	DEST_AIR	SCHED_DEP	DEP_DELAY	AIR_TIME	DIST	SCHED_ARR	ARR_DELAY	DIVERTED	CANCELLED
0	1	1	4	WN	LAX	SLC	1625	58.0	94.0	590	1905	65.0	0	0
1	1	1	4	UA	DEN	IAD	823	7.0	154.0	1452	1333	-13.0	0	0
2	1	1	4	MQ	DFW	VPS	1305	36.0	85.0	641	1453	35.0	0	0
3	1	1	4	AA	DFW	DCA	1555	7.0	126.0	1192	1935	-7.0	0	0
4	1	1	4	WN	LAX	MCI	1720	48.0	166.0	1363	2225	39.0	0	0

2) プロットを始める前に，遅延便，定刻便，行先変更便，キャンセル便の各便数を数える．行先変更とキャンセル便についてはすでにバイナリカラムがある．到着が予定より15分以上遅れると遅延便になる．遅延便と定刻便のバイナリカラムを新たに作る．

```
>>> flights['DELAYED'] = flights['ARR_DELAY'].ge(15).astype(int)
>>> cols = ['DIVERTED', 'CANCELLED', 'DELAYED']
>>> flights['ON_TIME'] = 1 - flights[cols].any(axis=1)

>>> cols.append('ON_TIME')
>>> status = flights[cols].sum()
>>> status
DIVERTED       137
CANCELLED      881
DELAYED      11685
ON_TIME      45789
dtype: int64
```

3) カテゴリカラムと連続カラムの両方で同じFigureにいくつかのプロットを描く．

```
>>> fig, ax_array = plt.subplots(2, 3, figsize=(18,8))
>>> (ax1, ax2, ax3), (ax4, ax5, ax6) = ax_array
>>> fig.suptitle('2015 US Flights - Univariate Summary', size=20)

>>> ac = flights['AIRLINE'].value_counts()
>>> ac.plot(kind='barh', ax=ax1, title='Airline')

>>> oc = flights['ORG_AIR'].value_counts()
>>> oc.plot(kind='bar', ax=ax2, rot=0, title='Origin City')

>>> dc = flights['DEST_AIR'].value_counts().head(10)
>>> dc.plot(kind='bar', ax=ax3, rot=0, title='Destination City')

>>> status.plot(kind='bar', ax=ax4, rot=0,
                log=True, title='Flight Status')
>>> flights['DIST'].plot(kind='kde', ax=ax5, xlim=(0, 3000),
                         title='Distance KDE')
>>> flights['ARR_DELAY'].plot(kind='hist', ax=ax6, title='Arrival Delay',
 range=(0,200))
```

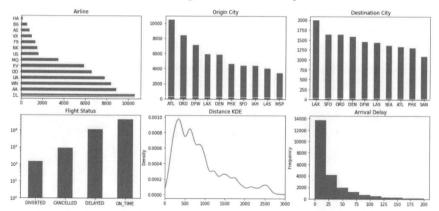

4) これは，1変数統計量すべてを表示したものではないが，変数についてある程度詳細を示している．多変数プロットに移る前に，毎週の便数をプロットする．これは，x軸の日付で時系列プロットを使うにふさわしい状況だ．残念ながら，pandasのTimestampがどのカラムにもない．でも月と日がある．to_datetime関数がTimestamp要素に合致するカラム名を見つけるという優れた機能をもつ．例えば，year, month, dayという3カラムのDataFrameがあれば，このDataFrameをto_datetime関数に渡すと，Timestampのシーケンスが返る．現在のDataFrameに関しては，年のカラムを追加し，予定出発時刻を使って時間と分を得る．

```
>>> hour = flights['SCHED_DEP'] // 100
>>> minute = flights['SCHED_DEP'] % 100
>>> df_date = flights[['MONTH', 'DAY']].assign(YEAR=2015, HOUR=hour,
                                                MINUTE=minute)
>>> df_date.head()
```

	MONTH	DAY	HOUR	MINUTE	YEAR
0	1	1	16	25	2015
1	1	1	8	23	2015
2	1	1	13	5	2015
3	1	1	15	55	2015
4	1	1	17	20	2015

5) それから，このDataFrameをto_datetime関数でTimestampのSeriesにいとも簡単に変換する．

```
>>> flight_dep = pd.to_datetime(df_date)
>>> flight_dep.head()
```

```
0   2015-01-01 16:25:00
1   2015-01-01 08:23:00
2   2015-01-01 13:05:00
3   2015-01-01 15:55:00
4   2015-01-01 17:20:00
dtype: datetime64[ns]
```

6) 結果を新たなインデックスとして，resampleメソッドで毎週の便数を求める．

```
>>> flights.index = flight_dep
>>> fc = flights.resample('W').size()
>>> fc.plot(figsize=(12,3), title='Flights per Week', grid=True)
```

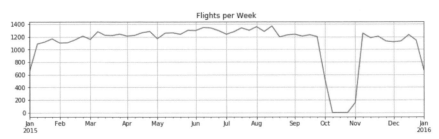

7) このプロットは示唆に富む．10月のデータがないらしい．この欠損データのために，傾向があっても可視化で傾向分析が難しい．月の第1週と最終週も普通より便数が少ないが，おそらく1週間7日全部でないからだろう．週のデータが1000便より少ないと欠損値にしよう．それから，interpolateメソッドで欠損値を補間する．

```
>>> fc_miss = fc.where(fc > 1000)
>>> fc_intp = fc_miss.interpolate(limit_direction='both')
>>> ax = fc_intp.plot(color='black', figsize=(16,4))
>>> fc_intp[fc < 500].plot(linewidth=10, grid=True, color='.8', ax=ax)
>>> ax.annotate(xy=(.8, .55), xytext=(.8, .77),
                xycoords='axes fraction', s='missing data',
                ha='center', size=20, arrowprops=dict())
>>> ax.set_title('Flights per Week (Interpolated Missing Data)')
```

8) 方向を変えて，多変数プロットに取り組む．次の 10 空港を見つける．
   - 到着便の平均飛行距離が最も長い
   - 全便数が最低で 100 便

```
>>> flights.groupby('DEST_AIR')['DIST'] \
        .agg(['mean', 'count']) \
        .query('count > 100') \
        .sort_values('mean') \
        .tail(10) \
        .plot(kind='bar', y='mean', rot=0, legend=False,
              title='Average Distance per Destination')
```

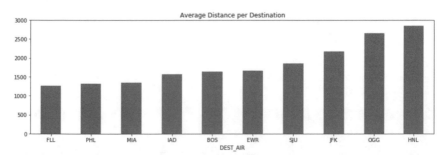

9) 上位 2 つの目的地空港がハワイなのは当然だ．2000 マイル以下の全便の距離と飛行時間の散布図を作って，同時に 2 変数を分析する．

```
>>> fs = flights.reset_index(drop=True)[['DIST', 'AIR_TIME']] \
                .query('DIST <= 2000').dropna()
>>> fs.plot(x='DIST', y='AIR_TIME', kind='scatter', s=1, figsize=(16,4))
```

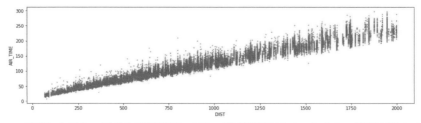

10) 予期した通り，距離と飛行時間には強い線形関係がある．しかし，距離が増えると分散が大きくなる．傾向線から大きく外れる便もいくつかある．それらを見つけよう．線形回帰モデルを使って計算することもできるが，pandas が線形回帰を直接サポートしていないので，手作業に近い方式を取る．cut 関数で飛行距離を 8 つにグループ分けする．

```
>>> fs['DIST_GROUP'] = pd.cut(fs['DIST'], bins=range(0, 2001, 250))
>>> fs['DIST_GROUP'].value_counts().sort_index()
(0, 250]        6529
(250, 500]     12631
(500, 750]     11506
(750, 1000]     8832
(1000, 1250]    5071
(1250, 1500]    3198
(1500, 1750]    3885
(1750, 2000]    1815
Name: DIST_GROUP, dtype: int64
```

11) 各グループの便はすべて同じような飛行時間だと仮定し，飛行時間がグループ平均より乖離しているなら，標準偏差でいくつ乖離しているか計算する．

```
>>> normalize = lambda x: (x - x.mean()) / x.std()
>>> fs['TIME_SCORE'] = fs.groupby('DIST_GROUP')['AIR_TIME'] \
                         .transform(normalize)
>>> fs.head()
```

	DIST	AIR_TIME	DIST_GROUP	TIME_SCORE
0	590	94.0	(500, 750]	0.490966
1	1452	154.0	(1250, 1500]	-1.267551
2	641	85.0	(500, 750]	-0.296749
3	1192	126.0	(1000, 1250]	-1.211020
4	1363	166.0	(1250, 1500]	-0.521999

12) 外れ値を見つける方法が必要だ．箱ひげ図が外れ値検出に適した表示を提供する．残念ながら，plot メソッドで箱ひげ図を描こうとするとバグがあった．しかし，うまく働く DataFrame の boxplot メソッドがある．

```
>>> ax = fs.boxplot(by='DIST_GROUP', column='TIME_SCORE', figsize=(16,4))
>>> ax.set_title('Z-Scores for Distance Groups')
>>> ax.figure.suptitle('')
```

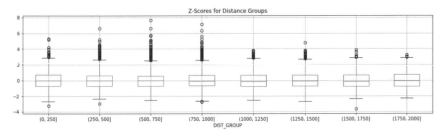

13) 平均から6標準偏差離れている点を取り出す．手順9で fs DataFrame のインデックスをリセットしているので，それを使って flights DataFrame の行を調べる．外れ値だけの別の DataFrame を作る．

```
>>> outliers = flights.iloc[fs[fs['TIME_SCORE'] > 6].index]
>>> outliers = outliers[['AIRLINE','ORG_AIR', 'DEST_AIR', 'AIR_TIME',
                         'DIST', 'ARR_DELAY', 'DIVERTED']]
>>> outliers['PLOT_NUM'] = range(1, len(outliers) + 1)
>>> outliers
```

	AIRLINE	ORG_AIR	DEST_AIR	AIR_TIME	DIST	ARR_DELAY	DIVERTED	PLOT_NUM
2015-04-08 09:40:00	DL	ATL	CVG	121.0	373	54.0	0	1
2015-05-25 16:30:00	F9	MSP	ATL	199.0	907	79.0	0	2
2015-09-10 20:00:00	UA	IAH	MCI	176.0	643	76.0	0	3
2015-12-10 19:53:00	OO	PHX	SFO	164.0	651	146.0	0	4
2015-12-26 09:15:00	NK	ORD	DFW	210.0	802	98.0	0	5

14) このテーブルから，手順9のプロットの外れ値を見つけられる．pandas には，グラフの下部に表を付加する機能がある．

```
>>> ax = fs.plot(x='DIST', y='AIR_TIME', kind='scatter', s=1,
                figsize=(16,4), table=outliers)
>>> outliers.plot(x='DIST', y='AIR_TIME',
                  kind='scatter', s=25, ax=ax, grid=True)
>>> outs = outliers[['AIR_TIME', 'DIST', 'PLOT_NUM']]
>>> for t, d, n in outs.itertuples(index=False):
        ax.text(d + 5, t + 5, str(n))
>>> plt.setp(ax.get_xticklabels(), y=.1)
>>> plt.setp(ax.get_xticklines(), visible=False)
>>> ax.set_xlabel('')
>>> ax.set_title('Flight Time vs Distance with Outliers')
```

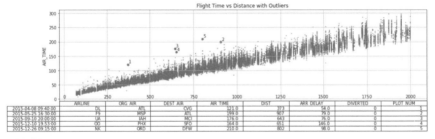

解説

 手順 1 でデータを読み込み，遅延便と定刻便のカラムを計算した後では，1 変数プロットの準備ができている．手順 3 の `subplots` 関数呼び出しで等しいサイズの 2×3 Axes ができた．参照できるように，各 Axes を取り出して変数に格納した．`plot` メソッドの各呼び出しは，`ax` パラメータで Figure の各 Axes を参照する．`value_counts` メソッドを使い，上の行のプロットから，3 つの Series を作る．`rot` パラメータは，目盛ラベルを指定角度で回転する．

 左下隅のプロットは，定刻便数がキャンセル便数より 2 桁多いので，y 値に対数スケールを使う．対数スケールでないと，左の棒 2 つは表示できない．デフォルトで，KDE プロットは，下の行のプロットで負のマイルのような不可能値に正の領域を与える結果になることがある．そのために，x 値の範囲を `xlim` パラメータで限っている．

 右下隅の到着遅延のヒストグラムは，`range` パラメータを渡される．これは pandas `plot` メソッドのメソッドシグネチャの一部ではない．このパラメータは，`**kwds` 引数で集められて matplotlib の `hist` 関数とともに渡された．その前のプロットで行ったと同様に `xlim` を使うのは，この場合にはうまくいかない．プロットは，新たなビンの幅をグラフのその部分に合わせて再計算しないで，切り捨てるだけだ．しかし，`range` パラメータなら，x 軸に制限を課して，ビンの幅を範囲に合わせて計算する．

 手順 4 は，日付成分だけのカラムをもつ特別な DataFrame を作り，手順 5 で `to_datetime` 関数により各行を `Timestamp` にできるようにする．`resample` メソッドはデフォルトでインデックスを使い，渡された日付オフセットに基づきグループ分けする．週ごとの (W) 便数を Series で返し，`plot` メソッドを呼び出すと，インデックスを x 軸にうまくフォーマットする．10 月という穴がはっきりわかる．

 この穴を埋めるため，手順 7 の 1 行目で `where` メソッドを使い 1000 より少ない値を欠損値にする．そして，線形内挿で欠損データを補間する．デフォルトでは，`interpolate` メソッドは前方向にしか補間しないので，DataFrame の先頭行の欠損値が残る．`limit_direction` パラメータを `both` に設定することで，欠損値が残らないようにできる．`fc_intp` に格納された新たなデータをプロットする．欠損値をよりはっ

レシピ 94 flights データセットの可視化

きり示すために，元のデータで欠損している点を選び，前の線に重ねて，同じ Axes に線プロットする．通常，プロットに注釈を加える場合，データ座標を使うが，この場合には，x 座標が明確ではない．Axes の座標系 ((0, 0) から (1, 1) の範囲) を使うには，xycoords パラメータを axes fraction に設定する．この新たなプロットは，怪しいデータを取り除いているので，傾向がよりはっきり分かる．夏の時期には，他の時期よりも航空便数がはるかに多い．

手順 8 では，長いメソッドチェイニングを使い目的地空港でグループ分けして，mean と count という 2 関数を適用して，距離カラムにする．メソッドチェイニングでは，所与の条件下で目的データ行を明確かつ簡潔に選ぶことから query メソッドが有効だ．plot メソッドを使うところでは，DataFrame に 2 カラムあり，デフォルトだとそれぞれの棒グラフを作る．count カラムには興味がないので，mean カラムだけで棒グラフを作る．DataFrame をプロットするとき，カラム名が凡例に出る．そうすると，mean という語が凡例に登場するが，それは役に立たないので，legend パラメータを False にする．

手順 9 で，飛行距離と飛行時間の関係について新たな分析を始める．点の個数が膨大なので，s パラメータでサイズを縮める．平均よりも長く時間のかかった便を見つけるために，手順 10 で 250 マイルごとの塊に便をグループ分けして，手順 11 でグループ平均よりも標準偏差いくつ分乖離しているか計算する．

手順 12 で，同じ Axes に by パラメータで異なる値ごとに新たな箱ひげ図を作る．boxplot 呼び出し後に変数に格納して Axes オブジェクトを確保する．boxplot は不必要な表題を Figure に作るので，最初に Figure にアクセスしたときに消して，suptitle を空文字列に設定する．

手順 13 で現在の DataFrame fs が最も遅い便を見つけるのに必要な情報をもっているが，これはさらに探索を進めるのに必要な元データすべてを含んでいない．手順 9 で fs のインデックスをリセットしたため，元のと同じ行を見つけるのにそのインデックスが使える．手順 9 の第 1 行がそれをする．外れ値の行には，それぞれ異なる整数を与えて，プロットするときに識別できるようにする．

手順 14 では，手順 9 と同じ散布図で始めるが，table パラメータを使い外れ値の表をプロットの下部に追加する．外れ値を散布図で線グラフの上にプロットし，見分けやすいように点を太くする．itertuples メソッドが DataFrame の行をイテレーションして，値をタプルで返す．対応する x 値と y 値を取り出して，割り当てた数をラベルにしてプロットする．

表がプロットの直下にあるので，x 軸のプロットオブジェクトと干渉する．目盛りラベルを軸の内側に移し，目盛りの線と軸ラベルを削除する．この表は，このような外れ値の事象について興味のある人には貴重な情報となる．

参照

- 表のあるプロットについての pandas 公式文書 (http://bit.ly/2yhdBd7)

レシピ95　層グラフで今後の傾向を発見する

　層グラフ (積み上げ面グラフ) は，特に市場における今後の傾向を発見するための重要な可視化ツールだ．インターネットブラウザ，携帯電話，車などの市場シェアを表示するのによく使われる．

内容

　このレシピでは，よく知られたウェブサイト meetup.com [訳注] で集められたデータを使う．層グラフを使い，5つのデータサイエンスに関連したミートアップグループのメンバーの分布を示す．

[訳注] https://ja.wikipedia.org/wiki/Meetup に解説がある．

手順

1) meetup データセットを読み込み，`join_date` カラムを `Timestamp` に変換し，インデックスにして，先頭5行を出力する．

```
>>> meetup = pd.read_csv('data/meetup_groups.csv', parse_dates=['join_date'],
                         index_col='join_date')
>>> meetup.head()
```

join_date	group	city	state	country
2016-11-18 02:41:29	houston machine learning	Houston	TX	us
2017-05-09 14:16:37	houston machine learning	Houston	TX	us
2016-12-30 02:34:16	houston machine learning	Houston	TX	us
2016-07-18 00:48:17	houston machine learning	Houston	TX	us
2017-05-25 12:58:16	houston machine learning	Houston	TX	us

2) 週ごとに各グループに参加した人数を得る．

```
>>> group_count = meetup.groupby([pd.Grouper(freq='W'), 'group']).size()
>>> group_count.head()
join_date   group
2010-11-07  houstonr     5
2010-11-14  houstonr    11
2010-11-21  houstonr     2
2010-12-05  houstonr     1
2011-01-16  houstonr     2
dtype: int64
```

3) グループレベルを `unstack` して，各ミートアップグループがカラムをもつよう

にする.

```
>>> gc2 = group_count.unstack('group', fill_value=0)
>>> gc2.tail()
```

group join_date	houston data science	houston data visualization	houston energy data science	houston machine learning	houstonr
2017-09-17	16	2	6	5	0
2017-09-24	19	4	16	12	7
2017-10-01	20	6	6	20	1
2017-10-08	22	10	10	4	2
2017-10-15	14	13	9	11	2

4) このデータはある週に参加したメンバー数を表す.各カラムの累積和を取り,メンバーの総数を得る.

```
>>> group_total = gc2.cumsum()
>>> group_total.tail()
```

group join_date	houston data science	houston data visualization	houston energy data science	houston machine learning	houstonr
2017-09-17	2105	1708	1886	708	1056
2017-09-24	2124	1712	1902	720	1063
2017-10-01	2144	1718	1908	740	1064
2017-10-08	2166	1728	1918	744	1066
2017-10-15	2180	1741	1927	755	1068

5) 多くの層グラフが各行で足し合わせると 100% になるパーセントを使う.各行で行の総和で割ってパーセントを得る.

```
>>> row_total = group_total.sum(axis='columns')
>>> group_cum_pct = group_total.div(row_total, axis='index')
>>> group_cum_pct.tail()
```

group join_date	houston data science	houston data visualization	houston energy data science	houston machine learning	houstonr
2017-09-17	0.282058	0.228862	0.252713	0.094868	0.141498
2017-09-24	0.282409	0.227629	0.252892	0.095732	0.141338
2017-10-01	0.283074	0.226829	0.251914	0.097703	0.140481
2017-10-08	0.284177	0.226712	0.251640	0.097612	0.139858
2017-10-15	0.284187	0.226959	0.251206	0.098423	0.139226

6) カラムを順に積み重ねた層グラフを作る.

```
>>> ax = group_cum_pct.plot(kind='area', figsize=(18,4),
                            cmap='Greys', xlim=('2013-6', None),
                            ylim=(0, 1), legend=False)
>>> ax.figure.suptitle('Houston Meetup Groups', size=25)
>>> ax.set_xlabel('')
```

```
>>> ax.yaxis.tick_right()
>>> plot_kwargs = dict(xycoords='axes fraction', size=15)
>>> ax.annotate(xy=(.1, .7), s='R Users',
                color='w', **plot_kwargs)
>>> ax.annotate(xy=(.25, .16), s='Data Visualization',
                color='k', **plot_kwargs)
>>> ax.annotate(xy=(.5, .55), s='Energy Data Science',
                color='k', **plot_kwargs)
>>> ax.annotate(xy=(.83, .07), s='Data Science',
                color='k', **plot_kwargs)
>>> ax.annotate(xy=(.86, .78), s='Machine Learning',
                color='w', **plot_kwargs)
```

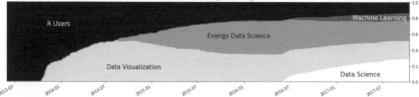

解説

目標は，ヒューストンの5つのデータサイエンスミートアップグループのメンバー分布の時間経過を求めることだ．そのためには，各グループの発足以来の全時点のメンバー総数を求めねばならない．各人がグループに参加した正確な日付時間が得られている．手順2では，週ごとに(オフセットエリアス W) 各ミートアップグループごとにグループ分けして，size メソッドで参加人数を返す．

結果の Series は，pandas でプロットするには適さない．ミートアップグループごとにカラムが必要なので，group インデックスレベルをカラムに変換する．オプションの fill_value をゼロにして，ある週にメンバーのいないグループが欠損値をもたないようにする．

各週のメンバーの総数が必要だ．手順4の cumsum メソッドが役立つ．この手順の後で層グラフを作ることもできるが，全メンバー数を可視化するにはよいだろう．手順5では，各グループの分布を全体のパーセントで得る．これは，各グループの値を行の総和で割って得られる．デフォルトでは，pandas はオブジェクトをカラムでアラインメントするので，除算演算子が使えない．アラインメントの軸をインデックスに変換して，div メソッドを使わなければならない．

データは完璧な状態になったので，手順6で層グラフを作る．pandas では軸限界を時間日付文字列に設定できることに注意．これは，ax.set_xlim メソッドを使い

matplotlibで直接やろうとするとうまくいかない．ヒューストンRユーザグループが他のグループより早く活動を始めていたために，プロットを2,3年早める必要がある．

補足

データ可視化の専門家からは通常顔をしかめられるのだが，pandasはパイチャートを作れる．この例では，パイチャートで全体のグループ分布の時間経過のスナップショットを取ることができる．まず，データ収集終了の18か月前から始めて3か月ごとにデータを選択する．日付時間値がインデックスにあるDataFrameでしか動かないasfreqメソッドを使う．オフセットエリアス*3MS*を使い，3か月ごとを表す．group_cum_pctが週次で集約されるので，月の初日が常にあるとは限らない．methodパラメータをバックフィルを意味するbfillに設定する．時間をさかのぼってデータのある月の初日を見つける．それから，to_periodメソッド（これもインデックスに日付時間がないと動かない）を使い，インデックスの値をpandasの時刻に変える．最後に，データを転置して，各カラムがその月のミートアップグループのメンバー分布を表すようにする．

```
>>> pie_data = group_cum_pct.asfreq('3MS', method='bfill')
                             .tail(6).to_period('M').T
>>> pie_data
```

join_date group	2016-06	2016-09	2016-12	2017-03	2017-06	2017-09
houston data science	0.016949	0.110375	0.171245	0.212289	0.244033	0.280162
houston data visualization	0.337827	0.306052	0.277244	0.261103	0.242085	0.230332
houston energy data science	0.416025	0.354467	0.312271	0.288859	0.267576	0.253758
houston machine learning	0.000000	0.037176	0.051969	0.071593	0.087839	0.093026
houstonr	0.229199	0.191931	0.187271	0.166156	0.158467	0.142722

ここからは，plotメソッドを使い，パイチャートを作る．

```
>>> from matplotlib.cm import Greys
>>> greys = Greys(np.arange(50,250,40))
>>> ax_array = pie_data.plot(kind='pie', subplots=True,
                             layout=(2,3), labels=None,
                             autopct='%1.0f%%', pctdistance=1.22,
                             colors=greys)
>>> ax1 = ax_array[0, 0]
>>> ax1.figure.legend(ax1.patches, pie_data.index, ncol=3)
>>> for ax in ax_array.flatten():
        ax.xaxis.label.set_visible(True)
        ax.set_xlabel(ax.get_ylabel())
        ax.set_ylabel('')
>>> ax1.figure.subplots_adjust(hspace=.3)
```

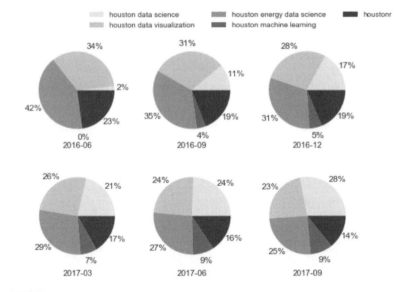

レシピ96　seabornとpandasの違いを理解

　pandas以外ではseabornライブラリがPythonデータサイエンスコミュニティで可視化を作成するためによく使われる．pandas同様，seabornは実際にプロットするのではなく，matplotlibに完全に依存する．seabornのプロット機能ではpandas DataFrameを直接扱い，美的に好ましい可視化ができる．

　seabornとpandasは両方ともmatplotlibのオーバヘッドを減らすが，データへの方式は全く異なる．seabornのプロット機能のほとんどは整然(長い)データを必要とする．整然データは，関数を適用して結果が出るまでは処理や解釈の準備ができていない．整然データは，他の分析ができる生の素材だ．データ分析では整然データを処理して，集約(ワイド)データができる．このデータのワイド形式をpandasがプロットに使う．

内容

　このレシピでは，seabornとpandasの両方で同じようなプロットを作り，整然データとワイドデータが受け入れられることを示す．

手順

1) employeeデータセットを読み込み，先頭5行を出力する．

```
>>> employee = pd.read_csv('data/employee.csv',
                           parse_dates=['HIRE_DATE', 'JOB_DATE'])
>>> employee.head()
```

UNIQUE_ID	POSITION_TITLE	DEPARTMENT	BASE_SALARY	RACE	EMPLOYMENT_TYPE	GENDER	EMPLOYMENT_STATUS	HIRE_DATE	JOB_DATE
0	ASSISTANT DIRECTOR (EX LVL)	Municipal Courts Department	121862.0	Hispanic/Latino	Full Time	Female	Active	2006-06-12	2012-10-13
1	LIBRARY ASSISTANT	Library	26125.0	Hispanic/Latino	Full Time	Female	Active	2000-07-19	2010-09-18
2	POLICE OFFICER	Houston Police Department-HPD	45279.0	White	Full Time	Male	Active	2015-02-03	2015-02-03
3	ENGINEER/OPERATOR	Houston Fire Department (HFD)	63166.0	White	Full Time	Male	Active	1982-02-08	1991-05-25
4	ELECTRICIAN	General Services Department	56347.0	White	Full Time	Male	Active	1989-06-19	1994-10-22

2) seaborn ライブラリをインポートして，sns をエリアスにする．

```
>>> import seaborn as sns
```

3) seaborn で部門別の人数を数えて棒グラフを作る．

```
>>> sns.countplot(y='DEPARTMENT', data=employee)
```

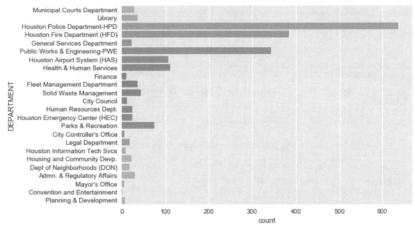

4) pandas で同じグラフを作るには，前もってデータを集約する必要がある．

```
>>> employee['DEPARTMENT'].value_counts().plot('barh')
```

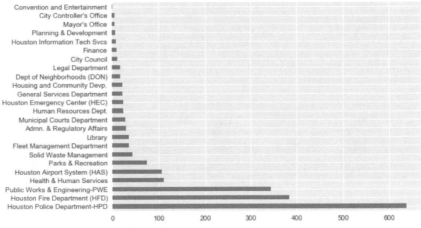

5) seabornで人種別に平均給与を求める．

```
>>> ax = sns.barplot(x='RACE', y='BASE_SALARY', data=employee)
>>> ax.figure.set_size_inches(16, 4)
```

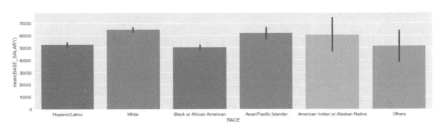

6) pandasで同じことをするには，各人種でグループ分けの必要がまずある．

```
>>> avg_sal = employee.groupby('RACE', sort=False)['BASE_SALARY'].mean()
>>> ax = avg_sal.plot(kind='bar', rot=0, figsize=(16,4), width=.8)
>>> ax.set_xlim(-.5, 5.5)
>>> ax.set_ylabel('Mean Salary')
```

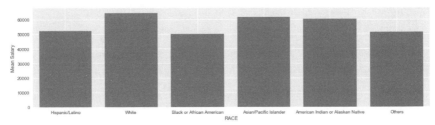

7) seabornには，ほとんどのプロット関数で第3変数hueにより，グループを区別

レシピ96　seabornとpandasの違いを理解　345

する機能がある．人種と性別で平均給与を求める．

```
>>> ax = sns.barplot(x='RACE', y='BASE_SALARY', hue='GENDER',
                     data=employee, palette='Greys')
>>> ax.figure.set_size_inches(16,4)
```

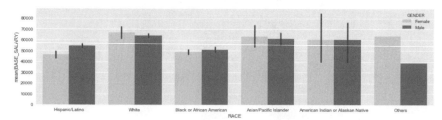

8) pandas では人種と性別でグループ分けして，性別をカラム名として unstack する．

```
>>> employee.groupby(['RACE', 'GENDER'], sort=False) \
        ['BASE_SALARY'].mean().unstack('GENDER') \
        .plot(kind='bar', figsize=(16,4), rot=0,
              width=.8, cmap='Greys')
```

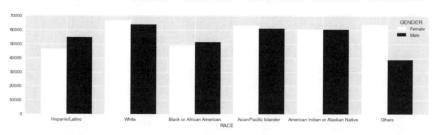

9) 箱ひげ図は seaborn と pandas の両方にある別の種類のプロットだ．seaborn で人種と性別で給与の箱ひげ図を作る．

```
>>> sns.boxplot(x='GENDER', y='BASE_SALARY', data=employee,
                hue='RACE', palette='Greys')
>>> ax.figure.set_size_inches(14,4)
```

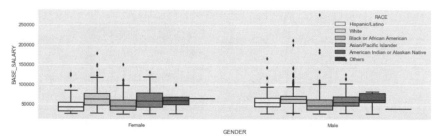

10) pandas で同じ箱ひげ図を作るのはたやすくない．2つの別の Axes を性別に作り，人種ごとに給与の箱ひげ図を作る．

```
>>> fig, ax_array = plt.subplots(1, 2, figsize=(14, 4), sharey=True)
>>> for g, ax in zip (['Female'n, 'Male'], ax_array):
        employee.query('GENDER== @g') \
                .boxplot(by='RACE', column='BASE_SALARY', ax=xa, rot=20)
        ax.set_title(g + ' Salary')
        ax.set_xlabel('')
>>> fig.suptitle('')
```

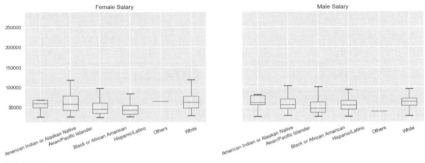

解説

手順2で seaborn をインポートすると，matplotlib のデフォルト特性の多くが変わる．約300のデフォルトプロットパラメータが辞書的なオブジェクト `plt.rcParams` においてアクセスできる．matplotlib のデフォルトに戻すには，`plt.rcdefaults` 関数を引数なしで呼び出す．pandas のプロットスタイルも seaborn のインポートで影響を受ける．employee データセットは，整然データの要件を満たし，ほとんどすべての seaborn プロット関数を使うのには完璧だ．

seaborn が集約をすべて行う．`data` パラメータに DataFrame を渡し，カラムを文字列名で参照するだけでよい．例えば，手順3では `countplot` 関数が `DEPARTMENT` の個数を数えて棒グラフを作る．seaborn のプロット関数には，x と y パラメータがある．y ではなく x を使えば鉛直棒グラフができる．pandas で同じプロットを作るためには作業がもっと必要だ．手順4では，`value_counts` メソッドを使いビンの高さを前もって計算しなければならない．

seaborn は，手順5と7で見るように，もっと複雑な集約も `barplot` 関数でできる．`hue` パラメータは x 軸でグループ分けする．pandas では手順6と8のように，x と `hue` 変数でのグループ分けで同じようなプロットを作る．

箱ひげ図は seaborn と pandas の両方で使え，集約なしに整然データを直接プロットする．集約は不要だが，seaborn の方が，hue パラメータでデータをうまくグループ

分けする点で優れている．pandas では，手順 10 に見るように，この seaborn の機能を簡単に実現できない．各グループを query メソッドで分割し，Axes ごとにプロットする．pandas でも by パラメータにリストを渡して，複数変数分割ができるが，結果はそんなにきれいではない．

```
>>> ax = employee.boxplot(by=['GENDER', 'RACE'], column='BASE_SALARY',
                          figsize=(16,4), rot=15)
>>> ax.figure.suptitle('')
```

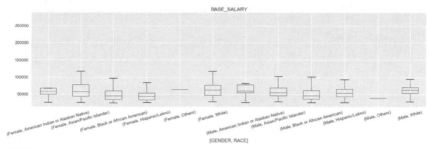

参照

- seaborn のチュートリアル (http://bit.ly/2yhwuPy)
- seaborn の全 API (http://bit.ly/2ghWN0T)

レシピ97　seaborn グリッドで多変量解析

seaborn をさらに理解するには，seaborn Grid として複数 Axes を返す関数と 1 つの Axes を返す関数との階層を知っておくと役立つ．

Grid 型	Grid 関数	Axes 関数	変数型
FacetGrid	factorplot	stripplot, swarmplot, boxplot, violinplot, lvplot, pointplot, barplot, countplot	カテゴリ
FacetGrid	lmplot	regplot	連続
PairGrid	pairplot	regplot, distplot, kdeplo	連続
JointGrid	jointplot	regplot, kdeplot, residplot	連続
ClusterGrid	clustermap	heatmap	連続

seaborn の Axes 関数はプロットを作るために独立に呼び出せる．Grid 関数はほとんどの場合 Axes 関数を使いグリッドを作る．Grid 関数が返す最終オブジェクトは 4 種類の Grid 型だ．高度なユースケースでは，Grid 型を直接使う必要があるが，たいていの場合は，基盤 Grid 関数を呼び出して，Grid を作ればよく，コンストラクタを呼び出す必要はない．

内容》

このレシピでは，経験年数と給与の関係を性別と人種で検討する．簡単な回帰プロットを seaborn の Axes 関数で作ることから始めて，Grid 関数でプロットに次元を追加する．

手順》

1) employee データセットを読み込み，経験年数カラムを作る．

```
>>> employee = pd.read_csv('data/employee.csv',
                parse_dates=['HIRE_DATE', 'JOB_DATE'])
>>> days_hired = pd.to_datetime('12-1-2016') - employee['HIRE_DATE']
>>> one_year = pd.Timedelta(1, unit='Y')
>>> employee['YEARS_EXPERIENCE'] = days_hired / one_year
>>> employee[['HIRE_DATE', 'YEARS_EXPERIENCE']].head()
```

	HIRE_DATE	YEARS_EXPERIENCE
0	2006-06-12	10.472494
1	2000-07-19	16.369946
2	2015-02-03	1.826184
3	1982-02-08	34.812488
4	1989-06-19	27.452994

2) 散布図を作り，経験年数と給与の関係を表す適合回帰直線を描く．

```
>>> ax = sns.regplot(x='YEARS_EXPERIENCE', y='BASE_SALARY', data=employee)
>>> ax.figure.set_size_inches(14,4)
```

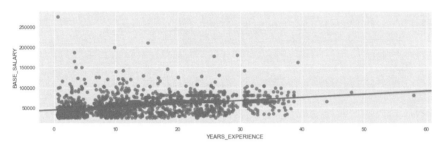

3) 異なるレベルの第 3 変数の複数回帰直線を regplot 関数は描けない．親関数 lmplot を使い男性と女性の同じ回帰直線を追加した seaborn Grid をプロットする．

```
>>> g = sns.lmplot('YEARS_EXPERIENCE', 'BASE_SALARY',
                hue='GENDER', palette='Greys',
                scatter_kws={'s':10}, data=employee)
>>> g.fig.set_size_inches(14, 4)
>>> type(g)
```

レシピ 97　seaborn グリッドで多変量解析　349

```
seaborn.axisgrid.FacetGrid
```

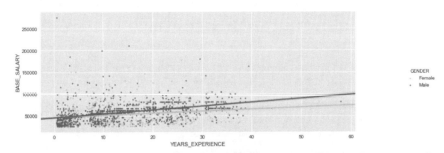

4) seaborn Grid 関数の実力は，他の変数に基づいて Axes を追加する機能にある．各 seaborn Grid にはデータをさらに異なるグループに分ける col と row パラメータがある．例えば，データセットの人種ごとに別のプロットを描いて，性別で回帰直線を適合させることができる．

```
>>> grid = sns.lmplot(x='YEARS_EXPERIENCE', y='BASE_SALARY',
                      hue='GENDER', col='RACE', col_wrap=3,
                      palette='Greys', sharex=False,
                      line_kws = {'linewidth':5},
                      data=employee)
>>> grid.set(ylim=(20000, 120000))
```

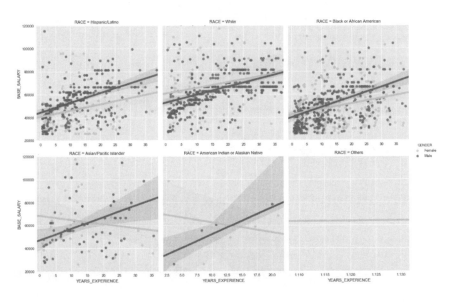

解説

手順1ではpandasの日付機能を使い連続変数を作る．このデータは2016年12月1日にヒューストンで収集した．この日付で従業員がどれだけ長く市で働いてきたかが分かる．2行目のように日付を引くと最長単位が日のTimedeltaオブジェクトが返される．これを単純に365で割って経験年数を計算することもできる．その代わりに，`Timedelta(1, unit='Y')`を使って，より正確な計測，365日5時間42分19秒に基づいて結果を得る．

手順2はseaborn Axes関数`regplot`を使って，散布図と推定回帰直線を作る．Axesが返されるので，それを使いFigureのサイズを変える．2つの性別の回帰直線を作るには，親関数`lmplot`を使わねばならない．その`hue`パラメータで，変数の異なる値ごとに新たな回帰直線を作る．手順3の最後で，`lmplot`がseaborn Gridオブジェクトを返すことを検証する．

seaborn Gridは本質的にはFigure全体のラッパーで，要素変更に便利なメソッドがある．seaborn Gridはすべて基盤Figureに`fig`属性でアクセスできる．手順4は，第3あるいは第4変数に基づき複数のプロットを作る，よく知られたseaborn Grid関数のユースケースを示す．`col`パラメータをRACEにした．データセットの6つの異なる人種ごとに6つの回帰プロットができた．通常，これは1行6列のグリッドになるが，`col_wrap`パラメータで列数を3にした．

Gridの重要な側面を制御するパラメータが他にもいくつかある．基盤となる直線と散布図のmatplotlib関数の`use`パラメータを変えることも可能だ．それには，`scatter_kws`や`line_kws`パラメータをmatplotlibパラメータが文字列と値の対の辞書になるよう設定すればよい．

補足

カテゴリデータでも同様の分析ができる．まず，カテゴリ変数raceとdepartmentのレベル数を上位2と3に減らす．

```
>>> deps = employee['DEPARTMENT'].value_counts().index[:2]
>>> races = employee['RACE'].value_counts().index[:3]
>>> is_dep = employee['DEPARTMENT'].isin(deps)
>>> is_race = employee['RACE'].isin(races)
>>> emp2 = employee[is_dep & is_race].copy()
>>> emp2['DEPARTMENT'] = emp2['DEPARTMENT'].str.extract('(HPD|HFD)',
                                                        expand=True)
>>> emp2.shape
(968, 11)

>>> emp2['DEPARTMENT'].value_counts()
HPD 591
HFD 377
```

```
Name: DEPARTMENT, dtype: int64
>>> emp2['RACE'].value_counts()
White 478
Hispanic/Latino 250
Black or African American 240
Name: RACE, dtype: int64
```

バイオリン図のようなより単純な Axes 関数を使い性別の経験年数分布を調べる．

```
>>> common_depts = employee.groupby('DEPARTMENT') \
                          .filter(lambda x: len(x) > 50)
>>> ax = sns.violinplot(x='YEARS_EXPERIENCE', y='GENDER', data=common_depts)
>>> ax.figure.set_size_inches(10,4)
```

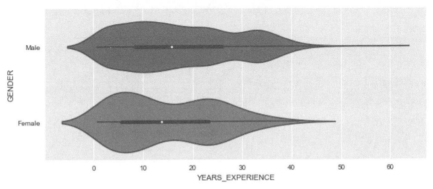

次に Grid 関数 factorplot を使い col と row パラメータで部門と人種の異なる組み合わせごとにバイオリン図を加える．

```
>>> sns.factorplot(x='YEARS_EXPERIENCE', y='GENDER',
                   col='RACE', row='DEPARTMENT', size=3, aspect=2,
                   data=emp2, kind='violin')
```

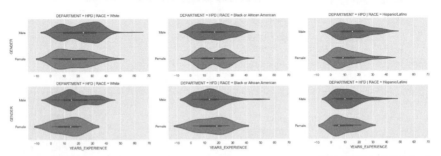

レシピの冒頭の表に戻る．関数 factorplot は 8 つの seaborn Axes 関数のどれかを使わねばならない．そのため，kind パラメータに文字列で名前を渡す．

レシピ98 diamonds データセットの Simpson パラドックスを seaborn で明らかにする

残念ながら，データ分析で誤った結果を報告することは極めて簡単だ．Simpson のパラドックスは，データ分析でありがちな非常によく見かける現象だ．これは，すべてのデータを集約したときに，1つのグループが他のグループよりも高い結果を示すのに，データをセグメントに分割すると，反対の結果が生じる現象だ．例えば，生徒 A と B がいて，100 題の試験を受けたとする．生徒 A は 50% 正解で，生徒 B は 80% 正解した．この結果は，明らかに，生徒 B の方ができがよいことを示す．

	Raw Score	Percent Correct
Student A	50/100	50
Student B	80/100	80

2つの試験が実は非常に異なるものだと分かった．生徒 A の試験では，95 問が難度が高く，5問だけ易しい問題だった．生徒 B の試験は，その反対だった．

	Difficult	Easy	Difficult Percent	Easy Percent	Total Percent
Student A	45/95	5/5	47	100	50
Student B	2/5	78/95	40	82	80

こうなると，話は全く違ってくる．生徒 A の方が難度の高い問題でも，低い問題でも正答率が高いのに，全体の正答パーセントは低くなる．これが Simpson のパラドックスの典型的な例だ．全体を集約すると，個別セグメントと反対の結果になる．

内容

このレシピではまず，高品質ダイヤモンドが低品質より価格が安いという戸惑う結果に達する．データをより詳細に分析して実は反対であることを示す Simpson パラドックスを明らかにする．

手順

1) diamonds データセットを読み込み，先頭 5 行を出力する．

```
>>> diamonds = pd.read_csv('data/diamonds.csv')
>>> diamonds.head()
```

	carat	cut	color	clarity	depth	table	price	x	y	z
0	0.23	Ideal	E	SI2	61.5	55.0	326	3.95	3.98	2.43
1	0.21	Premium	E	SI1	59.8	61.0	326	3.89	3.84	2.31
2	0.23	Good	E	VS1	56.9	65.0	327	4.05	4.07	2.31
3	0.29	Premium	I	VS2	62.4	58.0	334	4.20	4.23	2.63
4	0.31	Good	J	SI2	63.3	58.0	335	4.34	4.35	2.75

2) 分布を始める前に cut, color, clarity カラムを順序カテゴリ変数に変える．

```
>>> cut_cats = ['Fair', 'Good', 'Very Good', 'Premium', 'Ideal']
>>> color_cats = ['J', 'I', 'H', 'G', 'F', 'E', 'D']
>>> clarity_cats = ['I1', 'SI2', 'SI1', 'VS2',
                    'VS1', 'VVS2', 'VVS1', 'IF']
>>> diamonds['cut'] = pd.Categorical(diamonds['cut'],
                                     categories=cut_cats,
                                     ordered=True)
>>> diamonds['color'] = pd.Categorical(diamonds['color'],
                                       categories=color_cats,
                                       ordered=True)
>>> diamonds['clarity'] = pd.Categorical(diamonds['clarity'],
                                         categories=clarity_cats,
                                         ordered=True)
```

3) seaborn はカテゴリ順序をプロットに使う．カット，色，透明度のレベルごとに平均価格の棒グラフを作る．

```
>>> import seaborn as sns
>>> fig, (ax1, ax2, ax3) = plt.subplots(1, 3, figsize=(14,4))
>>> sns.barplot(x='color', y='price', data=diamonds, ax=ax1)
>>> sns.barplot(x='cut', y='price', data=diamonds, ax=ax2)
>>> sns.barplot(x='clarity', y='price', data=diamonds, ax=ax3)
>>> fig.suptitle('Price Decreasing with Increasing Quality?')
```

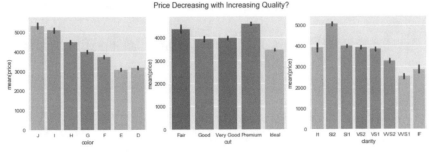

4) 色と価格は下がる傾向にある．最高品質のカットと透明度レベルも低価格だ．どうしてなのか．ダイヤモンドの各色と価格とを再度，透明度のレベルごとに新たなプロットをして，より深く検討する．

```
>>> sns.factorplot(x='color', y='price', col='clarity',
                   col_wrap=4, data=diamonds, kind='bar')
```

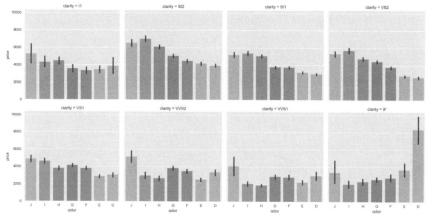

5) このプロットで少し分かってきた．価格は，色品質増大に反して下がるようだが，それは透明度が最高の場合だ．実際には，価格は上がっている．そのサイズを無視して価格にだけ注目する必要がある．手順3のプロットを，価格のところにカラットサイズを使い，再度描く．

```
>>> fig, (ax1, ax2, ax3) = plt.subplots(1, 3, figsize=(14,4))
>>> sns.barplot(x='color', y='carat', data=diamonds, ax=ax1)
>>> sns.barplot(x='cut', y='carat', data=diamonds, ax=ax2)
>>> sns.barplot(x='clarity', y='carat', data=diamonds, ax=ax3)
>>> fig.suptitle('Diamond size decreases with quality')
```

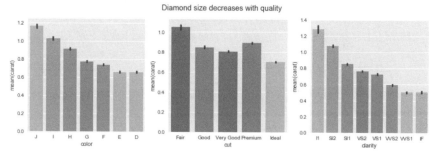

6) 分析が意味をもってきた．品質の高いダイヤモンドはサイズが小さい．これは直感的に納得できる．新たな変数でカラット値を5つに分割し点プロットを作る．次のプロットでは，サイズで区分けした場合，高品質ダイヤモンドの方が価格が高いことを正しく示す．

```
>>> diamonds['carat_category'] = pd.qcut(diamonds.carat, 5)
>>> from matplotlib.cm import Greys
>>> greys = Greys(np.arange(50,250,40))
```

```
>>> g = sns.factorplot(x='clarity', y='price', data=diamonds,
                       hue='carat_category', col='color',
                       col_wrap=4, kind='point', palette=greys)
>>> g.fig.suptitle('Diamond price by size, color and clarity',
                   y=1.02, size=20)
```

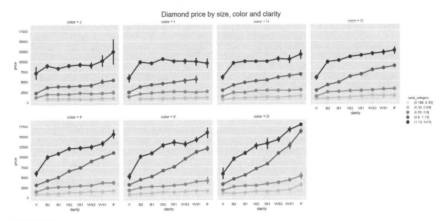

解説

このレシピでは，カテゴリカラムが順序付け可能なので非常に重要だ．seaborn は，この順序を用いてプロットのラベルを付ける．手順3と4は，ダイヤモンドの品質が上がると値段が下がるという傾向を明らかに示す．これが Simpson パラドックスだ．この全体集約結果は，この後検討する他の変数から疑問が出される．

このパラドックスを解くカギはカラットサイズだ．手順5は品質の増大とともにカラットサイズも減少していることが分かる．この事実を踏まえ，ダイヤモンドサイズを5つの等サイズのビンに qcut 関数で分ける．デフォルトで，この関数は変数を与えられた分位の離散カテゴリにする．オプションで，明示的非正則分位のシーケンスを渡すこともできる．

新たな変数で，手順6のようにダイヤモンドのサイズでグループごとに平均価格をプロットする．seaborn の点プロットは，各カテゴリの平均をつなげる線プロットを作る．各点の鉛直の棒がグループの標準偏差だ．このプロットは，カラットサイズが一定なら，ダイヤモンドの品質が上がれば価格が上がることを確認する．

補足

手順3と5の棒グラフは，2変数関係をプロットできる，より高度な seaborn の PairGrid コンストラクタで作ることもできた．PairGrid を使うプロセスは，2段階だ．最初の PairGrid 呼び出しは，どの変数が x あるいは y かを示してグリッドの準備をする．次の段階で，x と y カラムの全組み合わせでプロットする．

```
>>> g = sns.PairGrid(diamonds,size=5,
                    x_vars=["color", "cut", "clarity"],
                    y_vars=["price"])
>>> g.map(sns.barplot)
>>> g.fig.suptitle('Replication of Step 3 with PairGrid', y=1.02)
```

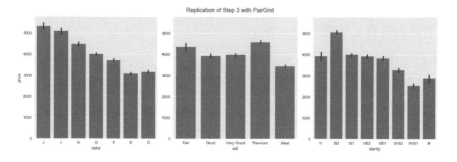

訳者あとがき

本書の特長と位置づけ

　pandas/Python データサイエンスの世界にようこそ．
　pandas の本も，本書を含めて複数出版されるようになり，著者が「日本の読者の皆さんへ」に述べているように，普及に弾みがついてきています．

　本書の特長は，pandas ライブラリの詳細をバージョン(版)による違いなども含めて丁寧に述べていることです．公式文書が参照されていますように，読者の皆さんでも公式文書やソースコードそのものをチェックすれば，本書に書かれていることを学ぶことは原則として可能です．しかし，オープンソースシステムの常として，実際にはそこまでの労力を割いている時間がないという人が大部分でしょう．著者が同じくまえがきで述べているように，ライブラリにはそれなりの癖があり，慣れるまではフラストレーションがたまる体験をする羽目になります．本書なら，著者の Petrou さんの手引きでそのような苦労を省いて，pandas を使いこなせるようになるというのが特長です．
　pandas を使いこなすための便利なツールというわけです．

　基本的な使い方は，皆さんのデータサイエンス課題に応じたレシピを調べて，関連レシピを次々に開いていくというものだと思います．
　もちろん，例えば，グラフ表示をしたいのでと 11 章を読むとか，時系列分析をするのでと 10 章を読むというような使い方もあると思います．
　原書では，レシピをタイトルだけで参照していましたが，電子ブックでない紙の本では，番号を付けたほうが何かと探しやすいので，98 個のレシピすべてに番号を振って引きやすいようにしました．
　pandas 事典，クイックリファレンスとして，お使いいただけると思います．
　大学のゼミや，企業の講習などで，レシピに相当する部分を模範解答として，練習問題集代わりに使うことも可能です．
　補足には，関連事項や，発展問題と考えることのできる話題も提供されています．その意味でも，pandas の自習本として使うこともできるでしょう．

本書の翻訳について

翻訳に当たっては，本書を使いやすいものにすることを主眼としました．そのために原書の 500 ページを超えるページ数を減らし，レシピに通し番号を振って参照しやすくしました．索引も充実させて，読者の便宜を図りました．原書の誤植その他の間違いも著者に確認して修正しました．文体は，ぶっきらぼうになりますが，簡潔を旨として，「だ，である，体言止め」を使いました．

訳語の選定は難しいところでしたが，pandas の専門用語と考えられる部分は，あえて英語のままにして，カタカナの多用を避けました．

正規表現のところは，原書では参照がばらばらだったので，初出でまとめました．

参考文献

本書の読者は，Python にしろ，データサイエンスにしろ，基本的な部分をマスターした人だと思いますが，本書を読んで，あるいは，本書を読みながら，もう一度復習したり，見直したりしたいということがあるかもしれません．

pandas の本

Wes McKinney (瀬戸山雅人，小林儀匡，滝口開資訳)，Python によるデータ分析入門 第 2 版，オライリー・ジャパン，2018

Daniel Y. Chen, Pandas for Everyone: Python Data Analysis (Addison–Wesley Data & Analytics Series), 2018

この 2 冊もほぼ同時期に出版された本です．McKinney のは，pandas 以外のライブラリやデータサイエンスに関することがらも扱っています．

Python の上級編

Brett Slatkin (黒川利明訳)，Effective Python: Python プログラムを改良する 59 項目，オライリー・ジャパン，2016

プログラミングテクニックを高めることも大事です．

アルゴリズムの本

George T. Heineman, Gary Pollice & Stanley Selkow (黒川利明，黒川洋訳)，アルゴリズムクイックリファレンス 第 2 版，オライリー・ジャパン，2016

プログラミングの基礎としてのアルゴリズムの復習用に．

統計からのデータサイエンス

Peter Bruce & Andrew Bruce (黒川利明訳)，データサイエンスのための統計学入門: 予測，分類，統計モデリング，統計的機械学習と R プログラミング，オライリー・ジャパン，2018

統計を学んだ人の立場でデータサイエンスを説明しています．プログラムは R で

書かれていますが，pandas ならどうなるか，練習問題としてもよいでしょう．

R によるデータサイエンス

Hadley Wickham & Garrett Grolemund (黒川利明訳)，R ではじめるデータサイエンス，
オライリー・ジャパン，2017

　Wickham さんのことは本書でも出てきましたが，本書の内容を R だとどうなるかが示されています．例えば，[レシピ 98 　diamonds データセットの Simpson パラドックスを seaborn で明らかにする] と同じことが扱われています．

謝辞

　朝倉書店編集部は本書の翻訳をうまくまとめてくれました．コンパクトでしかも使いやすい本になったのは編集部のおかげです．著者の Petrou さんは多忙な中，誤植や質問などに答えてくれただけでなく，「日本の読者の皆さんへ」と写真を送ってくれました．鈴木駿さんは，原稿を細かくチェックしてくれました．日頃，面倒を見てくれている妻の容子も含めて，皆さんに感謝します．

　　　2019 年 1 月

黒川利明

索引

％（パーセント記号） 274
％timeit 80
＆（アンド記号，アンパーサンド） 91, 92
：（コロン） 119
<, >, ==, !=, <=, >=（比較演算子） 92
__getitem__ 9
__name__ 156
｜（縦棒，パイプ文字） 92, 223
～（チルダ） 91
… 3
68–95–99.7 規則 107

■ A

add メソッド 127
add_suffix メソッド 262
agg メソッド 147, 210
all メソッド 44
Anaconda iv
Anaconda Navigator v
and 91
annotate メソッド 326
any メソッド 39, 140
apply メソッド（groupby） 171, 175, 188
*args 157
Artist tutorial 319
assert_frame_equal 関数 46, 115
assign メソッド 267
astype メソッド 20, 59
.at（スカラー）インデクサ 81, 82
at_time 279
average 関数 175
ax パラメータ 253
Axes オブジェクト 311, 319
axes 属性 314
ax.get_xlim() 325
ax.get_ylim() 325
axis（軸） 311
axis パラメータ 46, 241, 296, 300
ax.set_xlim メソッド 341

■ B

bbox_inches パラメータ 325

between メソッド 105
between_time メソッド 279
Bokeh 310
bool 関数 93
Boolean 6
Boolean インデックス法 88
Boolean 選択 88
boxplot メソッド 335, 338
by パラメータ 338

■ C

Categorical コンストラクタ 171
category データ型 62
clip 113
clip_lower 113
clip_upper 113
cm（カラーマップ）モジュール 253
cmap 295
col パラメータ 350, 352
collections モジュール 174
col_level パラメータ 221
color 319
col_wrap パラメータ 351
concat 関数 215, 216, 239, 253, 255
copy メソッド 126
count メソッド 11, 35, 338
countplot 関数 347
csv モジュール 3
cummax メソッド 70
cummin メソッド 71
cumsum メソッド 48, 183
cut 関数 176, 304

■ D

DataFrame 1
　apply メソッド 181, 223
date ツール 270
date データ型 269
DateOffset オブジェクト 279
datetime 関数 337
datetime データ型 269
datetime モジュール 269, 275

索引 361

DatetimeIndex 275
deep パラメータ 230
del 文 26
describe メソッド 36, 90
diff メソッド 184
dir 関数 10
div メソッド 296, 341
drop パラメータ 21
drop メソッド 136
drop_duplicates メソッド 66, 132
droplevel メソッド 220, 221
dropna メソッド 114
dt アクセサ 253, 289, 294
dtypes 属性 6, 59

■ E
eq メソッド 45, 139
equals メソッド 42, 45, 115
ERDPlus 230
errors 274
expand パラメータ 216
expanduser 関数 325
extract メソッド 223

■ F
facecolor 314
factorplot 関数 352
False（論理値） 88
ffill メソッド 184, 247
Figure 311
figure 関数 324
figure 座標系 325
fill_between 関数 102
fillna(method='ffill') 252
fill_value 341
filter メソッド (DataFrame) 30
filter メソッド (groupby) 165
first メソッド 279
floor メソッド 266
format 274
freq パラメータ 285, 304

■ G
get_children メソッド 315
__getitem__ 9
get_level_values メソッド 153
gmean 関数 175
grid メソッド 318
groupby 演算 146

groupby オブジェクト 146
groupby メソッド 284, 287, 288, 301, 302

■ H
ha パラメータ 326
hasnans 14
head 2
header パラメータ 252
heatmap 関数 297
hist 関数 337
hmean 関数 175

■ I
.iat スカラーインデクサ 82
id_vars パラメータ 195, 225
idxmax メソッド 136
ignore_index 236
.iloc インデクサ 73
include パラメータ 29
Index 4
index_col 21
Index オブジェクト 72, 120
index パラメータ 225
Index メソッド get_loc 80
info メソッド 55
insert メソッド 227
inspect モジュール 157
interpolate メソッド 337
.ipynb vi
IPython.display モジュール 163
isin メソッド 104
isnull メソッド 13, 14, 45
issubclass 4
itertuples メソッド 338
.ix インデクサ 80

■ J
join パラメータ 241
join メソッド 255
Jupyter Notebook iv, 9

■ K
key パラメータ (pd.Grouper) 285
KeyError 28
keys パラメータ（concat） 240
kind パラメータ 327, 352
**kwargs 157

■ L

labelパラメータ　324
lastメソッド　282
left_indexパラメータ　258, 262
legendパラメータ　338
legendメソッド　324
levelパラメータ　300
line_kwsパラメータ　351
linestyle　319
linewidth　319
lmplot関数　349, 351
.locインデクサ　51, 73, 180, 234, 276, 294
lsuffixパラメータ　257

■ M

maskメソッド　113
matplotlib　309, 319
matplotlibカラーマップ　295
maxメソッド　139
McKinney, Wes　269
meanメソッド　89, 295, 338
medianメソッド　47
meltメソッド　190, 194, 224
melting　196
memory_usageメソッド　61, 230
merge　255
merge_asof関数　305, 306
methodパラメータ　342

■ N

__name__　156
namesパラメータ　240
NaN　2
NaT (Not a Time)オブジェクト　274
ndarray　5
nlargestメソッド　64
None　43
normalizeパラメータ　14, 280
not　91
notnull　14
np.nan　43
nsmallestメソッド　64
NumPy　iv, 269
　　sort関数　181
niqueメソッド　136

■ O

objectデータ型　60, 61
onパラメータ　261, 285

or　91
OrderedDictクラス　174
other　255

■ P

PairGrid　356
pandasの内部構造　56
pandas.testingパッケージ　46
patパラメータ　216
pct_changeメソッド　106
pd.Grouperオブジェクト　284
pd.offsetsモジュール　279
pd.TimeGrouper　285
pivotメソッド　169, 190, 201
pivot_tableメソッド　207, 224, 225
plotメソッド　251, 285, 288, 310, 337
pyplotモジュール　311
　　ステートフルpyplotモジュール　319

■ Q

queryメソッド　133, 170, 338

■ R

rangeパラメータ　337
RangeIndex　4, 21
read_csv関数　203, 303
read_html関数　242, 263
read_sql_query関数　267
read_sql_table関数　264
regexパラメータ　30
regplot関数　349, 351
reindexメソッド　294, 297
renameメソッド　22, 190, 198
rename_axisメソッド　190, 210, 225
resampleメソッド　283, 286, 301, 333
reset_indexメソッド　21, 153, 190, 192, 225, 252, 328
right_indexパラメータ　258, 262
rollingメソッド　254, 323
Root, Ben　319
rotパラメータ　337
roundメソッド　42, 299
rowパラメータ　350, 352
rsuffixパラメータ　257, 262

■ S

savefigメソッド　325
scatterメソッド　326
scatter_kwsパラメータ　351

seaborn ライブラリ　295, 310, 343
select メソッド　32
select_dtypes メソッド　135
set_index メソッド　21, 190, 219
setp 関数　324
set_ticks メソッド　319
set_title メソッド　324
set_ylablel メソッド　324
set_yticklabels メソッド　319
shape 属性　55
sharex パラメータ　324
Simpson のパラドックス　353
size メソッド　283, 341
skipna パラメータ　37
skiprows パラメータ　252
sorted 関数　181
sort_index メソッド　127, 213, 295
sort_values メソッド　65, 181
spine　315
spines 属性　315
split メソッド　214
SQLAlchemy　268
sqlalchemy パッケージ　264
SQLite　263
squeeze メソッド　220, 221, 295
stack メソッド　190, 193
Stack Overflow　ii, 9
stacking　196
str アクセサ　190, 213
subplots 関数　313, 337
subsetting　88
sum メソッド　38
swaplevel メソッド　210

■ T
T 属性　206
Text オブジェクト　319
**text_kwargs　324
tidy（整然）データ　189
tight_layout メソッド　325
time オブジェクト　281
time データ型　269
Time Series/Date　275
timedelta オブジェクト　269, 275
timedelta データ型　265
%timeit　80
Timestamp オブジェクト　269
Timestamp スライシング　275
to_datetime 関数　271

to_dict メソッド　237
to_numeric 関数　135, 223
to_period メソッド　342
to_timedelta 関数　272
transform メソッド　168, 170
transpose メソッド　204
True（論理値）　88
type　4
TypeError　40

■ U
Unix 紀元　271
unpivoting　196
unstack メソッド　178, 190, 201, 254, 295, 299, 302, 339, 346
use パラメータ　351
usecols パラメータ　203

■ V
value_counts メソッド　10, 14, 90, 295, 337, 347
value_name パラメータ　195
value_vars パラメータ　195
var_name パラメータ　195

■ W
weekday_name 属性　296
where メソッド　112, 184, 337
which パラメータ　318
Wickham, Hadley　35, 146, 189
wide_to_long 関数　198, 227, 232

■ X, Y, Z
xaxis 属性　316
xs メソッド　299, 300
xycoords パラメータ　338
xytext パラメータ　326

yaxis 属性　316

Zen of Python　210

■ あ行
値　2
アーティスト　311
アライン　2
アラインメント　120
アンカーオフセット　284, 286
アンド記号（アンパーサンド）&　91, 92

1 変量記述統計　55
一様（同種）データ　7
移動平均　253
移動平均メディアン　320
インデクサ　72
インデックス　2
インデックス演算子　73
インデックスラベル　2
インプレース修正　238
インポート　ix

鉛直軸　2

オブジェクト　6
オブジェクト指向インタフェース　312
オフセットエリアス　281, 287

■か行

外部キー（foreign key）　35, 232
外部ジョイン　241
加重平均　174
型名　4
カテゴリ（型）　6
カテゴリデータ　5
カラーマップモジュール cm　253
カラム　2
カラム名　2
関係データベース　35
観察　190
観察ユニット　190
完全修飾クラス名　4
完全パス　325
カンマ区切り　13
カンマの使い方　79
関連テーブル　232

記述統計量　36

組み込み論理演算子（and, or, not）　91
グループ分けカラム　146
クロージャ　159
クロスセクションメソッド xs　299, 300

欠損値　2, 90
ゲッタ　316

コロン（:）　119

■さ行

散布図　326
軸　2
軸（matplotlib）　311
シグネチャ　157
辞書アンパッキング　253
自動補完機能　9
集約カラム　147
集約関数　147
集約メソッド　37, 39
主キー（primary key）　35, 230, 232
順序カテゴリ変数　354
ジョイン　262

水平軸　2
スカラーインデクサ .iat, .at　82
ステートフル pyplot モジュール　319
ステートフルインタフェース　311
ステートレス　312
スライス表記　74, 75

正規化　226, 232
正規表現　30, 32
整数　6
整然（tidy）データ　35, 189
セッタ　316
線形内挿　337

層グラフ　339

■た行

多対多関係　230
縦棒（パイプ文字）|　91, 92, 223
タプル　28
黙って（silently）　37
注釈　326
積み上げ面グラフ　339

デカルト積　122
データ　2
データ型階層　56
データ辞書　57
データモデル　18

等価演算子（==）　43
統制実験　35

特殊メソッド　18
ドット表記　8

■な行
内部ジョイン　241

二分探索　98

濃度　60

■は行
パイチャート　342
パイプ文字（|）　91, 92, 223
箱ひげ図　327
パーセンタイル値　37
パーセント記号（%）　274
バックスラッシュ　19
ハッシュ表　5
パブリック属性　163
凡例（legend）　326

非一様（異種）データ　7
比較演算子（<, >, ==, !=, <=, >=）　92
非キャプチャグループ　217
ヒストグラム　327
日付オフセット　337
日付時間　6
日付書式指定　274
ヒートマップ　295
ビュー　126
標準化　156

ファクトリ　160

複素数　6
浮動小数点数　6
浮動小数点数算術　43
部分日付マッチング　275
プロットオブジェクト　319
分割 – 適用 – 結合（split–apply–combine）　146

変数　190

ボックス形式　viii

■ま行
マジックコマンド %timeit　82
マスキング　113

無名関数　299

メソッドチェイニング　18, 38
メタ文字　199

■や・ら行
ユニットテスト　46

要約統計量　11

リスト内包表記　119
リテラル文字　199

累積値　71

連続データ　5

論理値（True か False）　88

訳者略歴

黒川利明（くろかわ としあき）

1948 年　大阪府に生まれる
1972 年　東京大学教養学部基礎科学科卒業
　　　　東芝(株)，新世代コンピュータ技術開発機構，日本 IBM，(株)CSK
　　　　(現 SCSK(株))，金沢工業大学を経て
現　在　デザイン思考教育研究所主宰
　　　　IEEE SOFTWARE Advisory Board メンバー

［著書］『Scratch で学ぶビジュアルプログラミング―教えられる大人になる―』（朝倉書店）など

［翻訳書］『Python と Q# で学ぶ量子コンピューティング』『Transformer による自然言語処理』『データビジュアライゼーション―データ駆動型デザインガイド―』『事例とベストプラクティス Python 機械学習―基本実装と scikit-learn/TensorFlow/PySpark 活用―』（朝倉書店），『実践 AWS データサイエンス』『データサイエンスのための統計学入門 第 2 版』『Effective Python 第 2 版― Python プログラムを改良する 90 項目』『Python によるファイナンス 第 2 版―データ駆動型アプローチに向けて』『Python 計算機科学新教本』『Python による Web スクレイピング 第 2 版』『Modern C＋＋チャレンジ』『Optimized C＋＋』（オライリー・ジャパン）など多数

---

pandas クックブック
―Python によるデータ処理のレシピ―　　　定価はカバーに表示

2019 年 2 月 5 日　初版第 1 刷
2023 年 4 月 25 日　　第 3 刷

訳　者　黒　川　利　明
発行者　朝　倉　誠　造
発行所　株式会社　朝　倉　書　店
　　　　東京都新宿区新小川町 6-29
　　　　郵便番号　162-8707
　　　　電話　03(3260)0141
　　　　FAX　03(3260)0180
　　　　https://www.asakura.co.jp

〈検印省略〉

© 2019〈無断複写・転載を禁ず〉　　中央印刷・渡辺製本

ISBN 978-4-254-12242-8　C 3004　　Printed in Japan

JCOPY ＜出版者著作権管理機構 委託出版物＞

本書の無断複写は著作権法上での例外を除き禁じられています．複写される場合は，そのつど事前に，出版者著作権管理機構（電話 03-5244-5088，FAX 03-5244-5089，e-mail: info@jcopy.or.jp）の許諾を得てください．

◈ 実践Pythonライブラリー ◈
研究・実務に役立つ／プログラミングの活用法を紹介

愛媛大 十河宏行著
実践Pythonライブラリー
心理学実験プログラミング
―Python/PsychoPyによる実験作成・データ処理―
12891-8 C3341　　　A5判 192頁 本体3000円

Python(PsychoPy)で心理学実験の作成やデータ処理を実践。コツやノウハウも紹介。〔内容〕準備(プログラミングの基礎など)／実験の作成(刺激の作成, 計測)／データ処理(整理, 音声, 画像)／付録(セットアップ, 機器制御)

前東大 小柳義夫監訳
実践Pythonライブラリー
計　算　物　理　学　Ⅰ
―数値計算の基礎/HPC/フーリエ・ウェーブレット解析―
12892-5 C3341　　　A5判 376頁 本体5400円

Landau et al., Computational Physics: Problem Solving with Python, 3rd ed. を2分冊で。理論からPythonによる実装まで解説。〔内容〕誤差／モンテカルロ法／微積分／行列／データのあてはめ／微分方程式／HPC／フーリエ解析／他

前東大 小柳義夫監訳
実践Pythonライブラリー
計　算　物　理　学　Ⅱ
―物理現象の解析・シミュレーション―
12893-2 C3341　　　A5判 304頁 本体4600円

計算科学の基礎を解説したⅠ巻につづき、Ⅱ巻ではさまざまな物理現象を解析・シミュレーションする。〔内容〕非線形系のダイナミクス／フラクタル／熱力学／分子動力学／静電場解析／熱伝導／波動方程式／衝撃波／流体力学／量子力学／他

慶大 中妻照雄著
実践Pythonライブラリー
Pythonによる　ファイナンス入門
12894-9 C3341　　　A5判 176頁 本体2800円

初学者向けにファイナンスの基本事項を確実に押さえた上で, Pythonによる実装をプログラミングの基礎から丁寧に解説。〔内容〕金利・現在価値・内部収益率・債権分析／ポートフォリオ選択／資産運用における最適化問題／オプション価格

海洋大 久保幹雄監修　東邦大 並木　誠著
実践Pythonライブラリー
Pythonによる　数理最適化入門
12895-6 C3341　　　A5判 208頁 本体3200円

数理最適化の基本的な手法をPythonで実践しながら身に着ける。初学者にも試せるようにプログラミングの基礎から解説。〔内容〕Python概要／線形最適化／整数線形最適化問題／グラフ最適化／非線形最適化／付録:問題の難しさと計算量

海洋大 久保幹雄監修　小樽商大 原口和也著
実践Pythonライブラリー
Kivy プ ロ グ ラ ミ ン グ
―Pythonでつくるマルチタッチアプリ―
12896-3 C3341　　　A5判 200頁 本体3200円

スマートフォンで使えるマルチタッチアプリをPython Kivyで開発。〔内容〕ウィジェット／イベントとプロパティ／KV言語／キャンバス／サンプルアプリの開発／次のステップに向けて／ウィジェット・リファレンス／他

愛媛大 十河宏行著
実践Pythonライブラリー
はじめてのPython & seaborn
―グラフ作成プログラミング―
12897-0 C3341　　　A5判 192頁 本体3000円

作図しながらPythonを学ぶ〔内容〕準備／いきなり棒グラフを描く／データの表現／ファイルの読み込み／ヘルプ／いろいろなグラフ／日本語表示と制御文／ファイルの実行／体裁の調整／複合的なグラフ／ファイルへの保存／データ抽出と関数

筑波大 手塚太郎著
しくみがわかる深層学習
12238-1 C3004　　　A5判 184頁 本体2700円

深層学習（ディープラーニング）の仕組みを，ベクトル，微分などの基礎数学から丁寧に解説。〔内容〕深層学習とは／深層学習のための数学入門／ニューラルネットワークの構造を知る／ニューラルネットワークをどう学習させるか／他

同志社大 津田博史監修　新生銀行 嶋田康史編著
FinTech ライブラリー
ディープラーニング入門
―Pythonではじめる金融データ解析―
27583-4 C3334　　　A5判 216頁 本体3600円

金融データを例にディープラーニングの実装をていねいに紹介。〔内容〕定番非線形モデル／ディープニューラルネットワーク／金融データ解析への応用／畳み込みニューラルネットワーク／ディープラーニング開発環境セットアップ／ほか

上記価格（税別）は2023年3月現在